JACQUESON 1995

PROJET

DE

CODE CIVIL

POUR L'EMPIRE DU JAPON

ACCOMPAGNÉ D'UN

COMMENTAIRE

par Mr. G^{ve} **BOISSONADE**

Professeur-agrégé à la Faculté de Droit de Paris.

DEUXIÈME ÉDITION
CORRIGÉE ET AUGMENTÉE.

TOME PREMIER
DES DROITS RÉELS.

TOKIO
XVe ANNÉE DE *MEIJI*
1882.

Traduction et reproduction réservées.

ERNEST THORIN
Libraire du Collège de France
et de l'École Normale Supérieure
7, Rue de Médicis, 7
A PARIS

PROJET
DE
CODE CIVIL.

*Offert par l'auteur
à la Bibliothèque nationale*

SOUS PRESSE:

TOME II.

Livre II, 2ᵉ Partie, Droits personnels ou Obligations (2ᵉ édition).

En préparation:

Livre III, Moyens d'acquérir les droits réels et personnels.

IMPRIMERIE

de la

PREMIÈRE SUCCURSALE DE LA "KOKOUBOUNSHA,"
TOKIO, Nº 12, Takékawatcho.

PROJET
DE
CODE CIVIL
POUR L'EMPIRE DU JAPON

ACCOMPAGNÉ D'UN

COMMENTAIRE

par Mr. G^{ve} BOISSONADE

Professeur-agrégé à la Faculté de Droit de Paris.

DEUXIÈME ÉDITION
CORRIGÉE ET AUGMENTÉE.

TOME PREMIER
DES DROITS RÉELS.

TOKIO
XVe ANNÉE DE *MEIJI*
1882.

Traduction et reproduction réservées.

A Son Excellence
  Monsieur OGHI TAKATO,
    Shanghi et Ministre de la Justice.

Très-honoré Shanghi,

L'hommage de ce nouveau travail est dû à Votre Excellence, autant et plus encore que celui du Projet de Code de Procédure criminelle qu'elle a bien voulu accepter, il y a deux mois.

En me laissant une complète liberté pour la première rédaction du Projet de Code Civil, Votre Excellence m'a permis de mettre plus d'unité de vues dans l'ensemble, plus d'harmonie dans les dispositions et plus de rigueur dans la méthode qu'il ne m'avait été possible de le faire dans les Projets de Codes criminels.

En même temps, par sa présidence effective et assidue, Votre Excellence a entretenu, chez tous les membres de la Commission de rédaction, le zèle dont ils étaient eux-mêmes animés pour cette grande réforme des lois civiles du Japon.

Ce dont je tiens surtout à remercier Votre Excellence, c'est de m'avoir, il y a longtemps déjà, relevé d'un engagement téméraire par lequel j'avais promis d'accomplir l'œuvre énorme de la préparation d'un Code Civil dans un délai que je n'ose pas rappeler aujourd'hui et qui n'a pu même suffire à la première Partie de ce travail.

Je n'avais pourtant pas pour excuse la jeunesse que rien n'effraye ; mais, en de pareils travaux, l'âge ne peut apporter une véritable expérience ; car, outre que bien peu de légistes ont l'honneur d'y être appelés, même dans leur pays, ce n'est jamais qu'un événement unique dans la vie d'un homme.

C'est la grandeur du but qui m'avait fait trop présumer de mes forces. J'étais comme le voyageur dans les montagnes : lorsque le sommet auquel il veut atteindre est plus élevé et plus éclatant, il en croit la distance moins éloignée ; mais il n'a pas prévu de nombreuses vallées à descendre et des hauteurs intermédiaires à franchir.

Quoi qu'il en soit de ma méprise, les assises fondamentales du monument que Votre Excellence a entrepris d'élever à la législation civile du Japon sont maintenant posées : je veux parler de la théorie " des Biens ou des Droits composant le patrimoine des particuliers."

J'ai lieu d'espérer que, désormais, l'achèvement de l'édifice marchera d'autant plus vite que les plans en ont été plus longtemps étudiés et les bases moins précipitées.

Je prie Votre Excellence de me permettre de lui renouveler ici l'hommage de mon profond respect et de mon entier dévouement.

Tokio, le 30 Septembre 1882.

G. BOISSONADE.

AVERTISSEMENT.

Ce premier volume est la seconde édition des Tomes 1ᵉʳ et 2ᵉ du Projet, imprimés déjà, en 1880, pour l'usage de la Commission du Code Civil exclusivement (a).

Il a été apporté peu de changements au Texte et quelques articles seulement y ont été ajoutés. La différence principale porte sur le Commentaire qui a été considérablement augmenté.

Primitivement, l'auteur du Projet présentait la rédaction des articles à la Commission, les développait verbalement devant elle, les expliquait par des exemples et en donnait la justification en raison et en équité, quand cela paraissait nécessaire. Mais on n'a pas tardé à reconnaître les inconvénients d'un système qui entraînait des lenteurs inévitables, demandait trop à la mémoire des commissaires et ne laissait que des souvenirs individuels et fugitifs. C'était la marche déjà suivie pour les deux Codes criminels, mais elle n'avait pas dispensé de rédiger, après coup, un Commentaire pour ces deux Codes.

Il a donc été décidé qu'un Commentaire accompagnerait immédiatement le texte et serait traduit en japonais, imprimé et distribué à la Commission.

Mais le désir qu'avait le Gouvernement d'obtenir un résultat très-prompt fit apporter, tout d'abord, une grande réserve dans le Commentaire. Peu à peu, il fut développé davantage, mais ce n'est guère qu'à partir du Tome III *(Obligations)* que l'étendue en fut suffisamment proportionnée au sujet.

De là, la nécessité de reprendre le Commentaire des

(a) Cette Commission a été composée, dès le principe, des Premiers présidents des Cours et tribunaux siégeant à Tokio, de sénateurs et de secrétaires généraux du *Daïjo-kwan*. Lorsque, plus tard, le Conseil d'Etat *(Sanji-in)* a été créé, quelques-uns de ses membres ont été adjoints à la Commission. C'est une heureuse innovation. Le Projet, arrêté par la commission, se trouvera ainsi dans des conditions plus favorables à son acceptation, lorsqu'il sera présenté officiellement à l'examen séparé du *Daïjo-kwan*, du *Sanji-in* et du *Genro-in*.

deux premiers volumes, pour en faire un Exposé des motifs qui puisse servir à soutenir le Projet devant les Corps constitués, lorsqu'ils auront à l'examiner et, plus tard, être consultés avec fruit par les Cours et tribunaux, comme document donnant d'une façon, au moins semi-officielle, la pensée de la Loi.

On a apporté encore à cette seconde édition des améliorations de forme analogues à celles qui ont été introduites dans la récente publication du Projet de Code de Procédure criminelle : le Commentaire n'a plus lieu par Articles, mais par Chapitre, Section ou Paragraphe ; en marge de chaque article est indiqué son objet ; à la fin du volume se trouve un Sommaire général, correspondant à chaque article du Texte et aux numéros du Commentaire ; puis vient une Table alphabétique et analytique des matières facilitant les recherches et les rapprochements ; enfin, tandis que, d'une part, sous chaque article du Projet on a indiqué les articles correspondants du Code français et ceux du Code italien auxquels on a fait des emprunts, d'autre part, on a donné une table des articles du Code français correspondant à ceux du Projet.

Cette double Concordance permettra de voir facilement que, si l'on a tiré grand profit du Code français, on a cru devoir aussi s'en écarter bien souvent, soit pour le fond des dispositions, soit pour la place à leur donner.

L'œuvre des Législateurs de 1804 n'en est pas moins l'objet de notre respect et de notre admiration, en égard au temps où elle a été accomplie. Si notre Projet a quelque mérite, nous n'hésitons pas à dire que nous le devons à notre modèle, et si les réformes que nous proposons sont exemptes de témérité, nous en reportons sincèrement tout l'honneur à ceux qui ont été nos Maîtres dans l'Enseignement.

G. B.

PROJET
DE
CODE CIVIL.

INTRODUCTION.

On commence ce Projet par le Livre deuxième.

Le Livre premier est en préparation : il comprendra l'*Etat des personnes* dans la société et dans la famille. Ce sont les matières du Livre Ier du Code civil français et de la plupart des autres Codes étrangers.

Cette partie du droit *public et privé* étant, au Japon, fondée sur d'anciennes et fortes traditions, ne devra être codifiée qu'avec de grands ménagements pour les coutumes ; la codification n'en présente pas non plus la même urgence que celle des Biens ; il est donc vraisemblable qu'elle ne sera terminée qu'après les autres Livres du Projet.

On ne trouvera pas ici la division et la classification du Code français, suivies, trop complaisamment, peut-être, par la plupart des Codes étrangers. Elle est, en effet, à plusieurs égards, peu logique.

Ainsi, le Livre II⁰ contient l'accession qui ne devrait figurer qu'au Livre III⁰ consacré aux manières d'acquérir la propriété; ce III⁰ Livre, de son côté, contient beaucoup de matières étrangères à son titre, telles que les obligations, en général, de faire et de ne pas faire, les preuves, les contrats qui ne peuvent produire que des obligations, comme le louage, le prêt à usage, le dépôt, le mandat, les contrats de garantie personnelle et réelle, c'est-à-dire le cautionnement, le nantissement, les priviléges et hypothèques: ce ne sont pas là, évidemment, des manières d'acquérir la propriété.

Pour mieux distribuer et coordonner les matières, on a cru devoir donner cinq Livres au nouveau Code civil.

Le I⁰ʳ Livre restera consacré aux *Personnes*, suivant un usage général et très-satisfaisant.

Le II⁰ Livre comprendra les *Biens*, mais dans un sens plus large et plus complet que celui qu'on lui donne ordinairement: les biens sont les droits composant le patrimoine; ces droits sont de deux sortes: les droits réels et les droits personnels ou droits de créance; dès lors, le II⁰ Livre aura deux Parties: une partie pour chaque sorte de droits. C'est dans la seconde partie que se trouvera la matière des *obligations en général*. On n'y placera pas la théorie des *preuves* que le Code français a, mal à propos, placée dans le titre des Obligations, alors qu'elle s'applique à tous les droits, même aux droits de famille.

Le III⁰ Livre (en préparation) présentera les

Manières d'acquérir les droits, tant réels que personnels : on y trouvera donc d'abord les manières d'acquérir la propriété, puis, celles d'acquérir les droits personnels.

Le IVe Livre sera consacré aux *Garanties* des créances : garanties personnelles, comme le cautionnement et la solidarité ; garanties réelles, comme le gage, le privilége et l'hypothèque.

Enfin, le Ve Livre sera réservé aux *Preuves* qui sont les mêmes, sauf des nuances, pour les droits réels et personnels et pour les droits de famille.

Cependant, comme les matières juridiques sont, plus qu'aucunes autres, difficiles à classer méthodiquement, parce qu'il en est bien peu qui ne tiennent par quelques points à plusieurs autres ; comme aussi, a côté de la théorie pure, le législateur doit se préoccuper beaucoup de l'application, les rédacteurs du Projet japonais ont dû, à leur tour, sacrifier la méthode rigoureuse dans les détails à la simplicité dans l'ensemble.

Ainsi, on a placé au Livre IIe les manières d'acquérir ceux des droits réels qui ne sont que des démembrements de la propriété, comme l'usufruit et les servitudes : il eût été difficile, notamment, de traiter de leur *extinction* (laquelle ne pouvait avoir sa place ailleurs) sans avoir d'abord traité de la manière de les établir, c'est-à-dire de les *acquérir*.

On a été amené aussi à traiter au Livre IIe de la manière la plus fréquente d'acquérir la propriété, de la convention, parce que, traitant des obligations ou droits personnels, on avait à parler de leur *cause* principale, la convention; on devait, dès lors, traiter des *effets* de la convention; or, si elle est un moyen de créer le droit personnel, elle est aussi un moyen d'aliéner et, par là même, d'acquérir la propriété. Il restera donc, pour le Livre IIIe, les autres moyens d'acquérir la propriété (non ses démembrements) et les contrats particuliers qui font acquérir les droits personnels ayant des caractères ou des effets spéciaux. C'est également par égard pour l'application que, dans la IIe partie du Livre IIe, il a été statué sur les combinaisons, très-variées et souvent très-délicates, de la solidarité avec diverses parties des Obligations en général, notamment, avec leurs causes d'extinction, bien que la solidarité, comme garantie personnelle, appartienne au IVe Livre : il eût été plus gênant encore de retrouver, au sujet de la solidarité, les diverses causes générales d'extinction des obligations.

La place de la *Prescription* n'était pas la moins difficile à déterminer; en effet, elle appartient, tout à la fois, aux moyens d'acquérir les droits réels et à ceux de se libérer des droits personnels: il y a une prescription dite "acquisitive" et une autre dite "libératoire." Plus exactement même, elle appartient aux preuves, en quatité de présomption légale. La méthode voudrait donc qu'elle prît place dans les *Preuves*, et ce serait ainsi un moyen de la ramener, par une voie inusitée, à la fin du nouveau Code, place qu'elle occupe ordinairement dans les autres Codes de lois civiles. Mais, tout le monde n'est pas d'avis que la prescription soit une preuve : les praticiens notamment, au Japon comme ailleurs, plus sensibles aux effets qu'aux causes, veulent la considérer comme un *moyen direct* d'acquisition et de libération. Par concession pour leur opinion, on a annoncé (art. 585) que la prescription formerait le dernier Chapitre du IIIe Livre.

Bien qu'on se soit surtout inspiré ici du Code civil français, pour le fond qui est généralement juste, sage et prévoyant, on n'a pas hésité à s'en écarter chaque fois qu'on a cru pouvoir le faire utilement : l'application faite de ce Code, depuis bientôt 80 ans, en a révélé certainement les éminentes qualités, mais elle a fait reconnaître aussi ses imperfections : s'il est rare qu'il s'écarte du juste et de l'utile, il est fréquent qu'il soit obscur, plus fréquent encore qu'il présente des lacunes regrettables.

En France, du moins, les obscurités se trouvent, en partie, éclaircies par les nombreux travaux de jurisconsultes éminents et par la jurisprudence savante des tribunaux ; les lacunes aussi sont plus ou moins comblées par les lumières que donnent le droit romain et l'ancien droit coutumier français. Mais, au Japon, il faut, autant que possible, que la nouvelle législation se suffise à elle-même, qu'elle prévienne les doutes, qu'elle tranche les controverses qui subsistent encore en France.

On a tiré profit aussi du nouveau Code civil italien promulgué en 1866. Bien que ce Code reproduise, avec le plan général du Code français, beaucoup de ses dispositions et souvent jusqu'à ses expressions même, il y a aussi beaucoup de matières qu'il a profondément modifiées et souvent améliorées. Quelquefois, le Projet japonais suivra les corrections apportées par le Code italien ; d'autres fois, il s'écartera de ces deux modèles : on donnera, chemin faisant, les raisons de ces divergences.

Le Code civil de Belgique étant, en grande partie, le Code civil français même, n'a été mis à profit que pour les matières qu'il a spécialement réglées : on ne l'a pas négligé dans la IIe partie de ce Livre, au sujet de la Transcription des aliénations d'immeubles, et il sera d'un grand secours, au Livre IVe, pour la matière des Hypothèques qu'il a profondément modifiée en 1851.

On ne négligera pas, non plus, la nouvelle législation civile de l'Allemagne, dès qu'elle sera terminée.

N.B. — Les chiffres placés dans le texte, entre crochets [ ], à la suite des alinéas ou des articles, se rapportent au Code civil français, quand il n'y a pas d'indication différente : ils ont, d'ailleurs, pour but de signaler aussi bien une dérogation ou une modification qu'un emprunt audit Code.

Les citations du Code italien et des autres Codes étrangers auront surtout pour but de signaler les innovations qui leur sont empruntées, fût-ce même avec des modifications.

Quant aux rapprochements des articles déjà rédigés du Projet même, ils seront indiqués au cours du Commentaire.

LIVRE II.

DES BIENS.

DISPOSITIONS PRÉLIMINAIRES.

DE LA DIVISION DES BIENS ET DES CHOSES.

1. Le Livre premier est consacré aux *Personnes* qui sont les *sujets* des droits, c'est-à-dire à ceux auxquels les droits peuvent appartenir.

Le présent Livre IIe est consacré aux *Biens* ou aux *objets* des droits, c'est-à-dire aux *choses* sur lesquelles portent les droits ou que les droits tendent à faire acquérir.

Mais il y a des choses qui ne sont pas encore l'objet de *droits* et qui, par conséquent, ne sont pas encore des *biens* ; d'autres choses même ne seront jamais des biens, parce qu'elles ne pourront jamais devenir l'objet de droits. La loi doit cependant les mentionner ici, en les caractérisant, pour l'intelligence des dispositions ultérieures qui les concernent, surtout des dispositions prohibitives.

A cet égard, le Projet japonais s'écarte notablement du Code civil français qui n'a traité que des *biens* et a négligé la nomenclature des nombreuses divisions des *choses* que pourtant il devait rencontrer, chemin faisant, et à l'égard desquelles il devait statuer diversement.

Le droit romain, au contraire, après avoir traité des *personnes*, traitait des *choses* ; les *biens* n'y occupaient que le second rang. Les biens étaient les choses *acquises* ou au moins *dues* ; on les appelait, pour cette raison, "choses qui sont dans notre patrimoine" (a).

Le Projet japonais rapproche et réunit ce que les deux législations qu'il prendra le plus souvent pour modèle ont eu le tort de trop séparer. Sans doute, les *biens* l'occuperont davantage ; mais il ne négligera pas les *choses* qui ne sont pas encore acquises, ni celles qui ne sont pas susceptibles de l'être.

On peut même dire que, dans toutes ces Dispositions préliminaires, c'est surtout *la nature* des choses, soit matérielle, soit juridique, qui occupera les Rédacteurs du Projet, et ce n'est que par voie de conséquence des principes ici posés, que, dans la suite, l'on arrivera à montrer, chemin faisant, comment elles se comportent par rapport au patrimoine des particuliers, c'est-à-dire, si et jusqu'à quel point elles deviennent des *biens*.

Biens ou Droits.

Art. 1er. Les Biens sont les droits composant le patrimoine, soit des particuliers ou des corporations, soit de l'Etat, des départements, des communes ou des établissements publics.

Ils sont de deux sortes : les droits *réels* et les droits *personnels*.

Droits réels :

2. Les droits réels, s'exerçant directement sur les choses et opposables à tous, sont *principaux* ou *accessoires*.

principaux,

Les droits réels principaux sont :

(a) Le nom de "biens," en latin : *bona*, paraît venir du verbe *beare* : "rendre heureux," parce que les choses qui sont "dans notre patrimoine" servent à notre utilité, à notre avantage, et contribuent à notre bonheur.

DISPOSITIONS PRÉLIMINAIRES.

1° La propriété, pleine ou démembrée ;
2° L'usufruit, l'usage et l'habitation ;
3° Les droits de bail, d'emphytéose et de superficie ;
4° Le droit de possession.

Ces droits sont l'objet de la Ire Partie du présent Livre.

Les servitudes foncières, accessoires du droit de propriété, sont aussi traitées dans le présent Livre. accessoires.

Les droits réels accessoires, formant la garantie des créances sont :

1° Le gage,
2° L'antichrèse,
3° Le droit de rétention,
4° Le privilége,
5° L'hypothèque.

Ces droits sont l'objet du Livre IVe.

3. Les droits personnels, s'excerçant contre une personne déterminée, pour obtenir d'elle des prestations ou des abstentions auxquelles elle est obligée par les causes que la loi reconnaît, sont également principaux ou accessoires. Droits personnels.

Les droits personnels principaux sont l'objet de la IIe partie du présent Livre ;

Les droits personnels qui garantissent accessoirement d'autres créances, tels que le cautionnement et la solidarité, sont réglés au Livre IVe.

4. Les droits des écrivains, des artistes et des inventeurs, sur la publication de leurs ou- Droits des écrivains, artistes, &c.

vrages, sur la reproduction de leurs œuvres ou l'application de leurs découvertes, sont réglés par des lois spéciales. [C. ital., art. 437.]

<small>Distinctions des choses.</small>

5. Les droits, tant réels que personnels, sont modifiés d'après les diverses distinctions des choses qui en sont l'objet, telles qu'elles résultent, soit de leur nature, soit de la volonté de l'homme, soit des dispositions de la loi, ainsi que ces distinctions sont énoncées ci-après.

<small>Choses corporelles ou non.</small>

6. Les choses sont *corporelles* ou *incorporelles*.

Les choses corporelles sont celles qui tombent sous les sens physiques de l'homme, comme les fonds de terre, les bâtiments, les animaux, les ustensiles.

Les choses incorporelles sont celles que l'intelligence seule perçoit; tels sont :

1° Les droits réels ou personnels eux-mêmes;

2° Les droits de propriété littéraire, artistique ou industrielle, énoncés à l'article 4;

3° L'universalité des biens et des dettes d'une succession ouverte, d'une société dissoute ou d'une communauté en liquidation.

<small>Choses mobilières ou immobilières.</small>

7. Les choses sont *mobilières* ou *immobilières*, suivant qu'elles sont, ou non, susceptibles de déplacement, soit d'après leur nature, soit par la destination que leur donne le propriétaire, soit par la détermination de la loi. [C. civil fr., art. 516.]

8. Sont immeubles par nature :   Immeubles par nature.
1° Les fonds de terre, les chaussées, terrasses et autres parties du sol ; [518.]
2° Les murs de clôture, les haies et palissades ;
3° Les réservoirs, étangs, lacs, fossés, canaux, sources et cours d'eau quelconques ; [C. ital., 412.]
4° Les digues, jetées, pieux et autres ouvrages destinés à contenir ou à amortir les eaux ;
5° Les bains, les moulins à eau ou à vent attachés au sol, les machines hydrauliques ou à vapeur fixes, quel que soit leur usage ; [519.]
6° Les forêts, bois, arbres, arbustes et plantes quelconques tenant au sol, sauf ce qui est dit des pépinières, à l'article 13 ;
7° Les fruits et récoltes, même arrivés à maturité, tant qu'ils ne sont pas détachés du sol ; [520, 521.]
8° Les mines, minières et carrières, de quelque nature qu'elles soient, tant que les produits n'en sont pas détachés du sol ; il en est de même des marnières et tourbières ;
9° Les édifices ou bâtiments fixés ou appuyés au sol, par quelque personne que ce soit, quel que soit leur emploi ou leur destination, et lors même qu'ils devraient être démolis dans un temps fixé, sauf l'exception portée audit article 13 ; [518.]
10° Les tuyaux attachés au sol ou aux bâtiments, pour l'arrivée, la conduite ou la sortie des eaux naturelles ou ménagères, ou pour la conduite du gaz ou de la chaleur ; [523.]

11° Les appareils électriques et leurs accessoires, attachés au sol ou aux bâtiments ;

12° Les fermetures extérieures desdits bâtiments ;

Et, généralement, tous les objets, même mobiles par leur nature, formant des accessoires essentiels des habitations.

Immeubles par destination. **9.** Sont immeubles par destination les objets mobiliers, de quelque nature qu'ils soient, qui ont été placés par leur propriétaire sur le sol ou dans les bâtiments qui lui appartiennent, pour l'exploitation, l'utilité ou l'agrément desdits fonds, soit à perpétuelle demeure, soit pour un temps indéterminé ; il en est de même des objets mobiliers placés sur les fonds, dans le même but, par celui qui a sur lesdits fonds un droit d'usage ou de jouissance temporaire. [524, 525.]

Suite. **10.** Sont présumés immeubles par destination, d'après l'article précédent, s'il n'y a preuve du contraire :

1° Les bêtes de somme ou de trait attachées à la culture ou à l'exploitation d'un fonds ;

2° Les animaux mis sur le fonds pour l'engrais ;

3° Les instruments et ustensiles aratoires ;

4° Les semences, pailles et engrais destinés à la culture d'un fonds, lors même qu'ils ne proviendraient pas dudit fonds ;

5° Les graines de vers-à-soie destinées à l'exploitation des magnaneries ;

6° Les échalas, pieux et bambous destinés à soutenir les vignes, les arbres à fruits et autres ;

7° Les appareils et ustensiles destinés à la transformation ou à la mise en valeur des produits agricoles du fonds, tels que pressoirs, chaudières, alambics, cuves et tonnes ;

8° Les machines, appareils et ustensiles servant à l'exploitation des établissements industriels ;

9° Les bains sur bateaux, les bacs ou barques destinés au service permanent d'un fonds, lors même que les eaux seraient publiques ou appartiendraient à un autre propriétaire ; [c. ital. art. 409.]

10° Les lanternes *(ishi dôrô)*, vases, rochers, placés dans les jardins ; les tableaux, glaces, sculptures et ornements quelconques attachés aux bâtiments, de manière à ne pouvoir en être détachés sans détérioration ;

11° Les *tatami* et les *tatégou* formant les divisions ou fermetures intérieures des maisons, lorsqu'elles ne sont pas habitées et ne contiennent pas d'autres meubles à l'usage des personnes ;

12° Les matériaux détachés d'un édifice en réparation et destinés à y être replacés ; [comp. art. 532.]

13° Les poissons des étangs, les abeilles des ruches à miel et les pigeons des colombiers.

11. Sont immeubles par la détermination de la loi : Immeubles par la détermination de la loi.

1° Les droits réels sur les immeubles corporels ci-dessus énumérés ; [526.]

2° Les droits personnels ou de créance tendant à acquérir ou à recouvrer un droit réel sur un immeuble ;

3° Les rentes sur l'Etat et autres créances mobilières immobilisées par la loi, ou, par les particuliers, en vertu d'une disposition de la loi.

Meubles par nature.

12. Sont meubles par nature les choses susceptibles de déplacement, soit par elles-mêmes, comme les animaux, soit par l'effet d'une force étrangère, comme les choses inanimées, sauf les exceptions portées par les articles 8 et 10 ci-dessus. [528.]

Meubles par destination.

13. Sont meubles, par la destination du propriétaire, les objets qui n'ont été fixés au sol que provisoirement et dans un but momentané; tels sont :

1° Les échafaudages et étais des constructions ;

2° Les hangars destinés à abriter les ouvriers et les matériaux, pendant lesdites constructions ;

3° Les arbres, arbustes et fleurs élevés ou entretenus en terre, pour être vendus, par les pépiniéristes et jardiniers.

Meubles par la détermination de la loi.

14. Sont meubles par la détermination de la loi :

1° Les droits réels sur les meubles ci-dessus désignés ;

2° Les droits personnels ou de créance tendant

à acquérir ou à recouvrer une somme d'argent, des denrées, marchandises ou autres meubles corporels, lors même que des immeubles seraient affectés à la garantie de la créance ;

3° Les créances ayant pour objet d'exiger d'autrui une prestation, l'accomplissement d'un fait ou l'abstention de l'exercice d'un droit, même immobilier ;

4° Les droits dans les sociétés civiles ou commerciales constituant une personne morale ou incorporelle, jusqu'à leur dissolution, lors même que des immeubles appartiendraient auxdites sociétés ; [529.]

5° Les droits de propriété littéraire, artistique et industrielle désignés à l'article 4.

15. La nature mobilière ou immobilière des droits à une part de succession ouverte, de société dissoute ou de communauté de biens en liquidation, est déterminée par la nature des biens que chaque intéressé reçoit lors du partage.

La nature d'une créance alternative ayant pour objet des meubles ou des immeubles, au choix de l'une des parties, est, de même, déterminée par la nature des choses choisies pour le payement.

Détermination ultérieure de la nature des droits.

16. Les choses sont *principales* ou *accessoires*, suivant qu'elles ont, ou non, leur entière utilité, sans être adjointes à d'autres dont elles dépendent.

Ainsi, les immeubles par destination sont

Choses principales ou accessoires.

accessoires des immeubles par nature ; les servitudes foncières sont accessoires du fonds dominant ; les garanties des créances sont accessoires desdites créances.

L'aliénation de la chose principale emporte celle de ses accessoires, si le contraire n'est exprimé. [1615.]

Corps certains.

17. Les choses peuvent être envisagées :
Soit comme objets *individuels* ou *corps certains;* tels qu'une maison, un champ, un animal, spécifiés ou déterminés ;

Choses de quantité.

Soit comme *quantités*, en poids, nombre ou mesure ; tels qu'une somme d'argent, des *kokou* de riz, des tonneaux de vin ;

Choses collectives.

Soit comme *collection d'objets* plus ou moins semblables et susceptibles d'augmentation ou de diminution ; tels qu'un troupeau, les livres d'une bibliothèque, les marchandises d'un magasin ;

Universalités.

Soit, enfin, comme *universalité de biens* formant tout ou partie d'un patrimoine ; tels que : tous les meubles ou tous les immeubles d'une succession, ou la succession toute entière, ou une quote part des mêmes biens. [v. 1003, 1010.]

Choses se consommant par le premier usage ou non.

18. Les choses sont, par leur nature, susceptibles, ou non, *de se consommer par le premier usage.*

Cette distinction reçoit sa principale application en matière d'usufruit, comme il est dit au Chapitre II, ci-après. [587.]

19. Les choses sont *fongibles* ou *non fongibles*, suivant que, d'après l'intention des parties ou la disposition de la loi, elles peuvent, ou non, se remplacer par des choses équivalentes. [1291.]

Les choses de quantité et celles qui se consomment par le premier usage, sont, en général, considérées comme fongibles d'après l'intention des parties.

Choses fongibles ou non.

20. Les choses sont *divisibles* ou *indivisibles*, suivant qu'elles sont, ou non, susceptibles d'être partagées, soit matériellement, soit intellectuellement, c'est-à-dire par parties aliquotes. [1217, 1219, 1221.]

Sont indivisibles par leur nature, la plupart des servitudes foncières et certaines obligations de faire ou de ne pas faire.

Sont indivisibles par la disposition de la loi : l'hypothèque et les autres sûretés réelles des créances. [comp. 2083 et 2114.]

Une chose est indivisible par l'intention des parties, lorsque l'utilité que celles-ci se proposent, dans une convention, ne peut être atteinte aucunement par une prestation partielle de la chose.

Choses divisibles ou non.

21. Les choses sont *appropriées* ou *non appropriées*.

Les choses appropriées sont celles qui font partie, soit d'un patrimoine privé, soit du patrimoine public.

Les choses non appropriées sont, les unes *sans maître*, les autres *communes*. [537 s.]

Choses appropriées ou non.

Choses sans maître.

22. Les choses sans maître sont celles qui n'appartiennent à personne, mais peuvent devenir l'objet d'un droit de propriété; tels sont: les biens abandonnés, les successions en déshérence, les animaux sauvages, les oiseaux vivant en liberté, les poissons des rivières et de la mer.

Choses communes.

23. Les choses communes sont celles dont la propriété ne peut être à personne et dont l'usage appartient à tous; tels sont: l'air, la lumière, l'eau des rivières, la haute mer. [717.]

Choses n'appartenant pas à des particuliers.

24. Les choses appropriées qui n'appartiennent pas à des particuliers font partie du domaine public ou du domaine privé de l'Etat, des départements ou des communes.

L'aliénation et l'administration de ces choses sont réglées par les lois administratives.

Choses du domaine public.

25. Les choses font partie du domaine public, lorsqu'elles sont consacrées à un usage ou à un service national; telles sont:

1° La mer territoriale et les rivages de la mer, jusqu'où s'étend la plus haute marée d'équinoxe;

2° Les routes, rivières navigables, canaux et chemins de fer;

3° Les forteresses, remparts et autres ouvrages de défense des places de guerre ou des côtes;

4° Les arsenaux militaires et maritimes et les armes, engins, trains et équippements de toute sorte qui s'y trouvent;

DISPOSITIONS PRÉLIMINAIRES.   19

5° Les vaisseaux de guerre, de transport militaire et autres navires constituant la marine de l'Etat, avec leurs accessoires ;

6° Les palais impériaux, ceux des *In* et des administrations publiques centrales, départementales et communales ;

7° Les temples, cimetières et autres lieux religieux ;

8° Les bibliothèques, musées, écoles et les collections qui s'y trouvent ;

9° Les établissements pénitentiaires, les prisons, casernes, hopitaux, etc. [538 s.]

26. Font partie du domaine privé de l'Etat, des départements ou des communes, les choses que ces personnes civiles possèdent au même titre que les particuliers et qui sont destinées à donner des revenus appréciables en argent ; tels sont : les relais de la mer, les forêts, bois et pâturages nationaux, départementaux et communaux.

Choses du domaine privé de l'Etat, &c.

Les immeubles qui n'ont pas de maître particulier appartiennent de droit à l'Etat ; il en est de même de la succession de ceux qui meurent sans héritiers. [539, 713.]

La propriété des épaves fluviales et maritimes est réglée par des lois spéciales. [717.]

27. Les choses sont *dans le commerce* ou *hors du commerce*, suivant qu'elles peuvent, ou non, devenir l'objet d'un droit privé de propriété ou de créance, ou que ceux auxquels elles ap-

Choses dans le commerce ou hors du commerce.

partiennent peuvent, ou non, en faire l'objet de conventions particulières. [128.]

Sont hors du commerce, les biens du domaine public et les choses dont la loi défend le commerce, dans l'intérêt de l'ordre public, comme les successions non ouvertes, les titres et dignités honorifiques, les emplois publics, les pensions civiles et militaires.

<small>Choses aliénables ou non.</small>

28. Les choses sont *aliénables* ou *inaliénables*.

Sont inaliénables, bien que se trouvant dans le commerce, en général, les droits d'usage et d'habitation, après qu'ils sont démembrés de la propriété, les servitudes foncières envisagées séparément du fonds dominant, les concessions de mines et autres priviléges ou monopoles accordés par le Gouvernement. [voy. 1554, 1598.]

Les autres choses non déclarées incessibles par la loi, ou par la volonté de l'homme dans les cas où la loi le permet, sont aliénables.

<small>Choses prescriptibles ou non.</small>

29. Les choses sont *prescriptibles* ou *imprescriptibles*, suivant qu'elles sont, ou non, susceptibles d'être acquises par une possession ayant la durée et remplissant les autres conditions fixées par la loi. [1560, 1561, 2226.]

<small>Choses saisissables ou non.</small>

30. Les choses sont *saisissables* ou *insaisissables*, suivant que les créanciers de ceux auxquels elles appartiennent peuvent, ou non, en requérir la vente forcée pour être payés sur le prix.

Sont insaisissables les choses hors du commerce et les choses inaliénables, et, en outre, les choses dont la loi ou la disposition de l'homme interdit la saisie; telles sont: les rentes sur l'Etat et les rentes viagères ou pensions alimentaires déclarées insaisissables par une constitution gratuite. [C. pr. civ. 581 à 582, 592, 593.]

COMMENTAIRE.

Art. 1ᵉʳ.— 2. Aucune législation n'a encore affirmé, avec cette netteté, l'idée, incontestable d'ailleurs, que les seuls *biens* sont les *droits*. En effet, lorsque nous disons que "telle chose nous appartient," nous parlons un langage usuel, mais inexact: ce n'est pas *la chose* qui nous appartient, c'est le *droit de propriété* ou droit *réel;* quand nous disons que "telle chose nous est due," cette *chose* n'est pas encore un *bien* pour nous, puisqu'elle est encore la propriété de notre débiteur; mais ce que nous avons, ce qui nous appartient déjà, ce qui est un *bien* pour nous, c'est le *droit* de l'exiger, le droit de *créance* ou droit *personnel*.

C'est pour avoir négligé ce point de vue si simple et si naturel, que la loi française, après avoir dit, dans l'article 516, que "tous les biens sont meubles ou immeubles," est arrivée, dans les articles 526 et 529, à ce singulier résultat que le propriétaire d'un meuble ou d'un immeuble paraît avoir deux biens: *la chose elle-même* et le *droit de propriété* sur cette chose (*b*).

3. Bien que le rôle du législateur ne soit pas, en

(*b*) Le Code italien, se trompe manifestement, sous un autre rapport, quand il dit (art. 406) que "toutes les choses susceptibles d'être l'objet d'une propriété publique ou privée sont des biens." A ce compte, les animaux sauvages, les oiseaux libres, les poissons de la mer et des rivières, seraient des *biens*, avant qu'on s'en fût emparé, ce qui est insoutenable.

général, de donner des définitions (c), mais seulement de *disposer*, c'est-à-dire, d'ordonner, de permettre ou de défendre, bien qu'il doive, autant que possible, s'abstenir d'énoncer des propositions *dogmatiques* ou de pure doctrine, il est cependant quelquefois nécessaire qu'il le fasse : il y a là une question de mesure et d'opportunité dont il est juge (d). Le Projet japonais n'usera qu'avec beaucoup de réserve de cette faculté. Mais il ne croit pas inutile de proclamer, tout d'abord, cette vérité trop peu reconnue que "les Biens ne sont autre chose que les Droits." Puis, il annonce que "ces droits sont de deux sortes." Incidemment, il déclare qu'ils peuvent appartenir à des individus, à des particuliers, ou à des personnes morales ou incorporelles, c'est-à-dire, à des personnes de pure création juridique, comme l'Etat, les départements, les communes, les corporations ou sociétés, soit publiques, soit privées.

Art. 2.— 4. La loi procède ici autrement que dans l'article précédent : son objet principal et direct, sa *disposition*, n'est pas de définir les droits réels, mais de les diviser en deux classes : principaux et accessoires.

Cependant, la loi donne, *incidemment*, la définition du droit réel, à cause de sa grande importance, et elle nous signale son double caractère :

1º Il porte directement sur une chose, "il s'exerce *sur* elle (e)," sans que celui auquel cette chose appartient aît besoin de s'adresser à une personne ; ce qui,

---

(c) "Toute définition est périlleuse," a dit un auteur latin, et elle l'est surtout en législation, parce que, si le législateur s'est trompé, lui seul peut redresser son erreur.

(d) Les anciens Projets du Code civil français contenaient un grand nombre de définitions ; quelques-unes étaient presque des *sentences*, des axiomes. Dans la suite, on les a peut-être trop généralement exclues. Une de ces sentences est restée (art. 1382) et c'est peut-être la plus belle et la plus utile disposition du Code civil.

(e) Droit *réel* du latin: res, "chose;" *jus in re:* "droit sur une chose."

au contraire, caractérise le droit de créance, ou droit personnel, et lui donne son nom (*f*) ;

2° Il est "opposable à tous," c'est-à-dire à quiconque y fait obstacle par une entreprise ou par une prétention sur cette chose, ce qui le fait appeler droit *absolu*, par opposition encore au droit personnel qui ne peut se faire valoir que contre une personne déterminée, le débiteur, et qui, pour cette raison, est appelé droit *relatif*.

5. Le véritable but de l'article est de donner l'énumération des droits réels, et, comme les uns peuvent exister seuls, tandis que les autres ne sont que les accessoires de droits personnels, ils sont et doivent être présentés en deux groupes, dont la place sera très-différente dans le Code, comme l'indique le présent article 2. En effet, les droits réels qui ne sont que l'accessoire de droits personnels ne peuvent être utilement placés, pour être bien compris, qu'après les droits personnels dont ils sont la garantie.

Les lois ne prennent pas toujours le soin d'énumérer et de classer ainsi les droits réels ; aussi serait-il bien difficile, en parcourant les lois européennes, même le Code français, de savoir combien de droits réels ces lois admettent. Ainsi, par exemple, en France, on est divisé sur le point de savoir si le droit résultant du bail ou du louage d'une chose est réel ou personnel. La difficulté est la même sur le droit d'antichrèse qui est une garantie immobilière, enfin, on ne sait pas même si l'emphytéose est admise par la loi française.

Au Japon, de pareilles questions ne pourraient rester indécises : la loi nouvelle devant innover sur beaucoup de points, par rapport à l'ancienne, devant y ajouter ce qui y manque et conserver ce que les anciens usages ont de bon et d'utile, il ne faut laisser aucun doute

---

(*f*) Du latin : *jus in personam*, "droit *contre* une personne."

sur ce qui est conservé, ni sur ce qui est ajouté, retranché ou changé.

Comme chacun des cinq droits réels accessoires des créances sera l'objet d'un chapitre particulier, il est inutile, quant à présent, de les définir, même sommairement. Il suffit d'avoir indiqué leur nature commune qui est "une relation directe d'une personne avec une chose."

6. On fera, toutefois, une remarque sur le droit de superficie qui, placé à côté et à la suite du bail et de l'emphytéose, semblerait, par là, différer notablement de la propriété. Cependant, le superficiaire est plein propriétaire des bâtiments et plantations sur lesquels porte son droit; mais, comme il n'est qu'emphytéote à l'égard du sol sur lequel portent ses bâtiments et plantations, comme il n'a aucun droit au sous-sol, au *tréfonds*, il est d'usage, dans les lois qui admettent le droit de superficie, de le placer à la suite de l'emphytéose, c'est-à-dire du droit avec lequel il a le plus d'analogie. On a fait de même au Japon.

Art. 3.— 7. Dans le 1ᵉʳ alinéa, la loi caractérise suffisamment le droit personnel par son *sujet passif*, par *les objets* qu'il peut avoir et par ses *causes*.

On ne trouve pas ici une énumération des droits personnels, comme on en a trouvé une pour les droits réels: ceux-ci, en effet, avec des caractères communs, présentent des variétés considérables dans leur nature, dans leurs causes, dans leurs effets et dans leur extinction, et, comme ils sont "opposables à tous," c'est-à-dire même à ceux qui n'ont pas participé à leur établissement, aux tiers, il n'est pas permis aux particuliers d'en créer d'autres que ceux que la loi autorise, ni d'en étendre les effets; cela rend une énumération nécessaire.

Au contraire, il y a une sorte d'unité ou d'uniformité dans les droits personnels. Il est vrai qu'ils ont aussi plusieurs causes ; mais, ici, la cause n'influe pas sur la nature du droit produit ; elle n'influe guère, non plus, sur ses effets ni sur son extinction : entre la créance née d'une convention et celle née d'un dommage causé injustement ou d'une disposition directe de la loi, il peut y avoir quelque différence sur la manière de prouver l'obligation et d'en apprécier l'étendue ; mais les voies d'exécution et les modes d'extinction seront les mêmes, et l'on aura suffisamment désigné la créance quand on aura nommé le débiteur et indiqué le montant de son obligation.

8. Quant au pouvoir des particuliers pour créer le droit personnel, il est plus considérable qu'en matière de droits réels, justement parce que le droit personnel et l'obligation corrélative n'ont d'effet qu'entre les *parties :* elles ne peuvent, sans doute, créer de nouvelles *causes* d'obligation, c'est-à-dire ajouter à "celles que la loi détermine ;" mais elles peuvent tirer de ces causes un nombre, pour ainsi dire, indéfini d'obligations : celui qui ne peut aliéner qu'une fois sa propriété peut s'obliger successivement à donner, à faire ou à ne pas faire des choses semblables ou diverses, soit envers le même créancier, soit envers des créanciers différents ; il n'y a d'autres limites à cette faculté que sa prudence et la confiance qu'inspirent aux autres sa solvabilité et son honnêteté. Les parties peuvent encore, à leur gré, modifier, étendre ou restreindre les effets de leurs obligations et de leurs droits personnels respectifs.

Les droits personnels sont aussi *principaux* et *accessoires ;* mais les uns et les autres sont, au fond, de la même nature. Ainsi, l'obligation de la caution est l'accessoire d'une obligation principale dont une autre personne est tenue ; mais, à part quelques différences de détail, au moment de la poursuite, le créancier auquel appartient ce double droit personnel se comportera de la même manière contre ses deux débiteurs.

9. Malgré cette unité des droits personnels et cette apparence de simplicité qui en devrait résulter, ils occuperont dans le Projet de Code civil une place aussi considérable, si non plus, que les droits réels : leurs causes, leurs effets, leur extinction, donneront lieu à des développements très-étendus dans la II° Partie de ce Livre.

Quant à leur *preuve,* on a déjà dit, dans l'Introduction, pourquoi, au lieu d'être présentée, comme dans le Code français, sur la matière des droits personnels ou des *obligations,* elle rentrera dans un Livre spécial, le V°, où se trouveront réunies les preuves de tous les droits, de ceux de famille aussi bien que de ceux composant le patrimoine.

On ne s'arrêtera pas ici aux deux objets des obligations mentionnés au texte, les *prestations* et les *abstentions :* on verra en son lieu que "l'obligation peut avoir pour objet de donner, de faire ou de ne pas faire ;" l'abstention répond évidemment à l'obligation de ne pas faire : par exemple, de ne pas exercer un droit ou une faculté légale ; la prestation comprend : donner, livrer, faire ; c'est tout fait *actif* qui peut procurer un avantage au créancier.

Art. 4.— 10. Les droits mentionnés aux articles 2 et 3 sont communs à toutes les personnes : ils se trouvent, avec plus ou moins d'étendue, dans chaque patrimoine ; il n'est personne qui, au moins, ne possède *en propriété* quelques objets d'un usage journalier et auquel il ne *soit dû* quelque chose.

Au contraire, les droits dont fait mention l'article 4 ont un caractère exceptionnel ; ils ne se rencontrent que dans quelques patrimoines : tout le monde n'est pas écrivain, artiste, ou inventeur de procédés industriels.

Les droits des écrivains consistent à publier leurs ouvrages, par la voie qui leur convient et à en empêcher la publication par d'autres personnes, même sous le nom de l'auteur; l'écrivain a aussi le droit de modifier son œuvre; il peut même la supprimer, tant qu'elle n'a pas été publiée avec son consentement.

Les droits des artistes (dessinateurs, peintres, graveurs, sculpteurs, architectes) ont les mêmes objets; seulement, dans l'usage, au lieu de *publication*, on dit *reproduction* de leurs œuvres, parce que l'œuvre de l'artiste est déjà complète dans l'original, dans le dessin, le tableau, la statue, lesquels sont, eux-mêmes, l'objet du droit de propriété ordinaire; au contraire, le manuscrit d'un écrivain ne peut guère, en lui-même, être considéré comme une œuvre complète et définitive.

Les compositeurs de musique, quoique compris sous la dénomination générale d'artistes, sont, au point de vue de leurs droits, considérés comme des écrivains.

Les droits des inventeurs de procédés industriels sont d'appliquer eux-mêmes leurs découvertes et d'en empêcher l'application par d'autres, sans leur consentement.

Tous ceux qui, sans la permission des auteurs ou inventeurs, publient ou reproduisent leurs œuvres, ou appliquent leurs découvertes, sont coupables de contrefaçon et peuvent encourir des peines, outre la réparation du préjudice causé.

Les droits qu'on vient d'indiquer sommairement sont des droits *civils*, car ils font partie du patrimoine des particuliers; ils sont *réels*, car ils s'exercent directement sur la chose objet du droit et ils sont opposables à tous.

Quelquefois, cependant, ces droits deviennent *personnels* : c'est ce qui a lieu, lorsque l'auteur a fait une convention avec un libraire pour publier ou éditer son œuvre ; dans ce cas, si l'éditeur n'a pas immédiatement payé une somme unique pour acquérir le droit de publication, s'il s'est engagé à payer des sommes successives, à raison de l'importance de la vente de l'ouvrage, ou de l'étendue qu'il aurait, les *droits d'auteur* sont des droits personnels ou de créance.

La même observation s'applique aux droits des artistes et inventeurs, lorsqu'ils ont fait de pareilles conventions avec des tiers.

11. Il semblerait donc que toute cette théorie, connue en Europe sous le nom de *propriété littéraire, artistique et industrielle*, devrait se trouver réglée dans le Code civil (*g*).

Mais on a remarqué qu'elle est encore peu connue au Japon et il serait difficile, impossible même, de faire, en ce moment, une législation définitive sur ce point.

En Europe même, où, depuis plus d'un siècle, des lois spéciales sont intervenues en cette matière, il n'y a pas un pays qui n'ait fait de fréquentes modifications à ces lois et qui se considère comme arrivé à une législation définitive (*h*).

Il faut donc se résigner à laisser cette matière en dehors du Code civil.

(*g*) Tout le monde n'admet pas que, dans ces divers cas, il y ait une véritable *propriété*. Quelques-uns l'admettent pour les écrivains et les auteurs de compositions musicales; mais pour les inventeurs de procédés ou produits industriels, ils préfèrent le nom de *privilége;* dans aucun cas, le droit n'est ni ne doit être perpétuel; sous ce rapport, il différera toujours de la propriété des choses corporelles.

A l'égard des peintres, sculpteurs et graveurs, la difficulté n'existe que sur le droit *de reproduction* ou *de copie*, car le tableau original, la statue, la planche gravée, sont, évidemment, comme choses corporelles, susceptibles d'une propriété perpétuelle.

(*h*) Les lois intervenues sur la *propriété littéraire et artistique*, en France, depuis la Révolution, sont déjà nombreuses. Les principales sont des 19 juillet 1793, 22 mars 1805, 5 février 1810, 3 août 1844, 8 avril 1854, 16 mai 1866, 14 juillet 1866.

Sur la *propriété industrielle*, il y a une loi sur les Brevets d'invention du 5 juillet 1844, une autre sur les Marques de fabrique, du 23 juin 1857.

Il pourra y avoir des lois différentes pour les écrivains, les artistes et les inventeurs, surtout pour ces derniers. Ces mêmes lois tiendront, d'un côté, au droit civil et au droit commercial, pour les intérêts privés; de l'autre, elles toucheront au droit administratif, pour les intérêts généraux; elles se rattacheront aussi au droit pénal, car elles auront à édicter des peines contre les contrefacteurs.

Art. 5.— 12. Cet article encourrait le reproche d'être purement dogmatique ou doctrinal, s'il ne répondait à une impérieuse nécessité de méthode.

Les nombreuses distinctions des choses, présentées par les articles suivants, ne sembleraient pas avoir leur raison d'être, si la loi ne nous disait qu'elles ont de l'influence sur les droits, qu'elles les modifient et quelquefois même les excluent.

La plupart des législations de l'Europe se bornent à indiquer une seule division des *choses* ou des *biens*, la division en *meubles* et *immeubles* : les autres divisions des choses ne s'y rencontrent qu'incidemment et lorsque l'application s'en présente dans les diverses parties du droit, ce qui est un embarras et comme une surprise pour l'interprète de la loi.

Le Projet japonais suit une méthode plus rationnelle, en donnant, tout d'abord et d'ensemble, la nomenclature des principales divisions des choses, au point de vue juridique. Il arrive ainsi aux douze divisions suivantes:

1° Choses corporelles ou incorporelles (art. 6);

2° Choses mobilières ou immobilières (art. 7 à 15);

3° Choses principales ou accessoires (art. 16);

4° Choses individuelles (corps certains), choses de genre (de quantité), choses collectives, universalités (art. 17);

5° Choses qui se consomment, ou non, par le premier usage (art. 18);

6° Choses fongibles ou non fongibles (art. 19);
7° Choses divisibles ou indivisibles (art. 20);
8° Choses appropriées ou non (art. 21 à 26);
9° Choses dans le commerce ou hors du commerce (art. 27);
10° Choses aliénables ou inaliénables (art. 28);
11° Choses prescriptibles ou imprescriptibles (art. 29);
12° Choses saisissables ou insaisissables (art. 30).

Il va sans dire que ces divisions se combinent les unes avec les autres: toutes les choses, ou presque toutes, peuvent figurer dans chacune d'elles, en ce sens qu'elles ont toutes l'un des deux caractères opposés que présente chaque division. Ainsi une chose est mobilière ou immobilière, ce qui n'empêche pas qu'elle soit en même temps principale ou accessoire, aliénable ou inaliénable: chaque division est faite à un point de vue particulier, elle envisage les choses sous un certain aspect, ce qui n'exclut pas les autres points de vue, les autres aspects. Il n'en est est pas autrement des choses que des personnes: celles-ci se divisent, notamment, au point de vue de l'âge, du sexe, de la nationalité; ainsi, toute personne est d'un sexe ou d'un autre, et, en même temps, elle est majeure ou mineure, nationale ou étrangère.

13. La loi nous apprend, dans cet article, que ces distinctions des choses ont trois causes: leur *nature* même, la volonté ou intention de *l'homme* et la disposition ou détermination de *la loi*. Mais ce n'est pas à dire que ces causes se rencontrent toutes trois et toujours au même degré dans chacune de ces divisions. Assurément, on les trouve réunies dans celles en:

Choses mobilières ou immobilières (art. 7 à 15);
Choses principales ou accessoires (art 16);
Corps certains, choses de genre, et universalités (art. 17);

Choses fongibles ou non fongibles (art. 19);
Choses divisibles ou indivisibles (art. 20).

Au contraire, tout paraît l'œuvre de la loi dans la division en:

Choses dans le commerce ou hors du commerce (art. 27);

Choses prescriptibles ou imprescriptibles (art. 29).

On trouve la volonté de la loi et celle de l'homme dans la division en:

Choses appropriées ou non appropriées (art. 21 à 26);
Choses aliénables ou inaliénables (art. 28);
Choses saisissables ou insaisissables (art. 30).

Mais on ne trouve plus qu'une cause naturelle dans la division en:

Choses corporelles ou incorporelles (art. 6);
Choses qui se consomment, ou non, par le premier usage (art. 18).

Au surplus, si l'on remonte à la cause première, on arrive à reconnaître que toutes ces conditions des choses ont pour base ou pour cause leur nature même: la volonté de l'homme et celle de la loi ne font que la reconnaître et la déclarer; en effet, ce n'est pas arbitrairement que la loi ou les particuliers donnent aux choses certains caractères, c'est en considération de leur nature et de leur aptitude plus ou moins complète à procurer les avantages qu'on y cherche. La loi et l'homme ont la puissance d'étendre juridiquement les effets naturels des choses, comme, en sens inverse, ils peuvent les restreindre.

Art. 6.— 14. Les Romains donnaient une assez grande importance à la division qui se trouve ici la première.

Le Code français lui en donne trop peu, car il n'en parle qu'au sujet de la vente des créances et de la vente d'un droit de succession ouverte (art. 1689 et suiv.).

Le Projet japonais donne le premier rang à cette division des choses, parce qu'elle est la plus large : elle est plus large que celle en meubles ou immeubles, car elle comprend des choses qui ne sont ni meubles ni immeubles : à savoir, l'universalité des biens d'une succession ouverte et d'une société en liquidation.

Rigoureusement, la division en meubles ou immeubles ne devrait comprendre que des choses *corporelles* et n'être qu'une subdivision de ces choses ; car les droits, tant réels que personnels, ne peuvent être considérés comme meubles ou immeubles que par une fiction qui leur donne la même nature qu'aux objets matériels sur lesquels ils portent ou à l'acquisition desquels ils tendent.

Cette première division des choses en corporelles ou incorporelles a une grande importance en matière de possession et, par suite, de prescription ; elle influe aussi sur la vente ou autre cession desdites choses ; ces différences seront relevées en temps et lieu.

Quant à la définition que donne la loi des choses corporelles ou incorporelles, elle n'a pas besoin de développements : les Romains disaient que "les choses corporelles sont celles qui peuvent se *toucher* et les choses incorporelles celles qui ne le peuvent ; " mais c'était insuffisant, même en admettant que les yeux soient "une longue main," *longa manus* : les fluides pondérables, l'air, les gaz, sont des choses corporelles et, cependant, il est difficile de dire qu'ils puissent se toucher ni même se voir ; mais ils tombent sous les sens, puisqu'ils peuvent se mesurer, se peser, se condenser : ils ont donc *un corps*.

Les exemples que donne la loi de choses corporelles et de choses incorporelles sont purement énonciatifs et non limitatifs.

On fera seulement quelques observations sur les derniers exemples de choses incorporelles.

Pour les successions, la loi suppose qu'elles sont "ouvertes," c'est-à-dire que celui auquel les biens appartenaient *est mort;* c'est qu'en effet, si le propriétaire n'est pas mort, il n'y a pas encore de *succession:* il n'y a pas lieu de *prendre sa place* (i); aussi est-il défendu de faire des conventions sur une succession *non ouverte:* ce serait traiter sur une chose qui n'existe pas et faire, en outre, une spéculation malhonnête (voy. art. 342).

Pour les sociétés, la loi les suppose ici "dissoutes et en liquidation:" en effet, si la société existe encore, elle n'est pas une *chose,* mais une *personne,* une personne morale ou juridique. Au contraire, lorsque la société est dissoute et en liquidation, l'ensemble des droits qu'elle laisse constitue une universalité de biens qui a une grande analogie avec la succession d'un défunt. A la vérité, ces biens sont, les uns meubles, les autres immeubles et, par conséquent, corporels; mais une succession se compose, de même, de meubles et d'immeubles; cependant, comme elle a aussi un passif ou des dettes, il est admis, depuis les Romains, qu'elle est une unité abstraite, une chose incorporelle. Il n'en est pas autrement d'une société dissoute.

En ce qui concerne les communautés de biens, il faut supposer qu'avant d'être en liquidation elles avaient aussi le caractère de personnes juridiques: autrement, elles ne sont que des cas de copropriété ordinaire (voy. art. 38 et suiv.), pouvant porter sur des meubles et des immeubles, tout à la fois (voy. aussi art. 14 et 15).

En France, on reconnaît généralement le caractère de personne morale à la communauté entre époux. La loi japonaise n'est pas encore fixée sur ce point; mais l'article 6 aura toujours quelque utilité, car la person-

---

(i) *Succession* vient du latin *succedere,* "marcher après quelqu'un, dans ses pas," c'est-à-dire, prendre sa place. Le mot *succession* a ainsi deux sens: c'est le fait de prendre la place d'un défunt (moyen d'acquérir); c'est aussi l'ensemble des biens de celui-ci.

nalité de certaines communautés, de syndicats de propriétaires, pourra être admise.

Art. 7.—15. Cette division des choses en mobilières ou immobilières, *mobiles* ou *immobiles*, ou, plus simplement, en meubles ou immeubles, est certainement celle qui a le plus d'importance pratique en Europe et qui en aura le plus aussi au Japon. Elle y est déjà consacrée par l'usage.

Au premier abord, on peut s'étonner qu'un caractère aussi matériel des choses exerce une influence si notable sur le droit, mais cela s'explique assez facilement.

On ne s'étonnerait pas, en effet, si le droit variait avec la valeur des choses : notamment, si l'aliénation ou la transmission des choses était entourée de plus de garanties ou de précautions, quand elles ont une grande valeur que quand elles en ont une faible. Or, c'est là l'idée que les lois anciennes ont voulu réaliser, lorsqu'elles ont, pour la première fois, établi la division des choses en mobilières ou immobilières : autrefois, on considérait les choses mobilières comme de peu de valeur (*j*) ; tout l'intérêt se portait sur les immeubles.

Plus tard, avec le développement du luxe, les objets de métal précieux, les pierreries, les objets d'art, ont acquis de l'importance dans les sociétés ; mais les immeubles aussi ont augmenté d'importance par les progrès de l'agriculture, par le luxe des constructions et par l'accroissement de la population, de sorte que la valeur proportionnelle ou relative des choses est restée en faveur des immeubles.

Sans doute, il y a souvent de bien petits bâtiments, des terrains bien limités et de très-peu de valeur; mais la même observation peut se faire pour les meubles, lesquels peuvent descendre à la valeur la plus infime.

(*j*) *Vilis mobilium possessio :* "la possession des meubles est vile."

16. Plusieurs autres considérations, qui sont de tous les temps et de tous les pays, ont fait maintenir une différence profonde entre les meubles et les immeubles.

Les premiers, sont, naturellement, l'objet, de fréquentes aliénations, ces aliénations ne doivent donc pas être entravées par des formalités légales; tandis que l'aliénation des immeubles, étant plus rare, peut être entourée de formes qui sont des garanties pour les intéressés et d'une certaine publicité qui est une garantie pour les tiers contre les surprises.

En outre, ceux qui aliènent les meubles ne justifient guère de leur droit de propriété que par le fait même de leur possession et, généralement, la tradition en est faite immédiatement à l'acquéreur; pour les immeubles, au contraire, la tradition est souvent ajournée assez loin de l'aliénation; il est donc nécessaire que celui qui aliène justifie de ses droits, pour que son engagement soit sérieux.

Enfin, les choses mobilières changent souvent de mains, et leur identité est difficile à distinguer des choses de même nature; tandis que les immeubles ont une assiette fixe et ils ne peuvent jamais être confondus avec d'autres immeubles.

Ces considérations, et d'autres que les dispositions de la loi donneront occasion de signaler, justifient suffisamment qu'il y ait une distinction législative entre les meubles et les immeubles.

Les différences se rencontreront dans toutes les parties du droit: notamment, dans l'administration des tutelles, dans les moyens d'acquérir, dans la matière de l'usufruit, dans celle du gage et des hypothèques, dans la compétence des juridictions et dans la saisie des biens.

L'article 7 indique les trois causes déjà connues qui donnent aux choses le caractère de meubles ou d'immeubles; chacune de ces causes sera reprise dans un article séparé; d'abord pour les immeubles, ensuite pour les meubles.

Art. 8.—17. Bien que l'énumération de cet article ne procède pas aussi formellement par voie d'exemples que la plupart des articles qui vont suivre, bien que le législateur ait cherché à être complet, il n'en faut pas conclure que cette énumération soit limitative. Comme il s'agit ici de la condition naturelle des choses, il suffit que la loi ne change pas cette nature, par voie d'autorité ou d'interprétation de la volonté de l'homme, pour que le caractère de ces choses leur soit reconnu tel que la nature le fait.

D'ailleurs, le dernier alinéa a été ajouté, afin de ne pas laisser de doute sur ce point.

On va reprendre séparément les douze alinéas de cet article, en leur donnant quelques développements explicatifs ou justificatifs.

1° Le sol est le principal immeuble par nature; on pourrait presque dire qu'il est le seul, les autres choses ne devenant immeubles que par une attache au sol, plus ou moins intime, plus ou moins immédiate.

Le sol semble pourtant mobile, en ce sens qu'il peut être désagrégé, divisé et déplacé par parties; mais ce qui constitue le véritable immeuble, c'est moins la substance du sol que l'espace qu'il occupe, en sorte qu'une cavité profonde qui ne pourrait servir, comme telle, à un usage lucratif, aurait encore une valeur comme surface, puisqu'on pourrait, soit la combler, soit la couvrir, pour y construire ou y cultiver.

La loi déclare encore immeubles les chaussées ou terrasses qui sont des élévations du sol, provenant du travail de l'homme. Mais elles ne sont pas, pour cela, des immeubles par la *volonté de l'homme* ni par *la détermination de la loi* : quoique modifié par le travail humain, le sol reste toujours immeuble *par sa nature*.

2° Les clôtures sont toujours un assemblage de choses qui primitivement ont été mobilières, comme des pierres, des bois ou des arbustes ; mais, une fois attachées au sol, elles participent de sa nature, parce qu'elles font un corps, un tout, avec lui.

3° Les réservoirs, étangs, lacs, fossés, canaux, sont immeubles, autant parce que l'eau y est plus ou moins dormante qu'à cause du sol qui la supporte ; pour les sources et cours d'eau, c'est surtout le sol sous-jacent qui leur donne le caractère d'immeuble par nature ; mais, lors même qu'on considère l'eau courante elle-même, sa "nature fugitive" n'est pas un obstacle à la considérer comme immeuble, puisqu'elle se renouvelle en quantités plus ou moins semblables. Il n'y a pas, du reste, à distinguer ici, si les cours d'eau sont du domaine public, comme les fleuves et les rivières, ou du domaine des particuliers comme les ruisseaux et les torrents, ni s'ils bordent les propriétés ou s'ils les traversent, ni s'ils sont creusés par la nature ou par le travail de l'homme, comme les canaux.

4° Les *digues* sont des relevées de terre ou de pierre qui servent à empêcher le débordement des eaux ; les *jetées* sont des constructions ordinairement en bois, qui s'avancent du rivage de la mer et facilitent l'entrée des navires dans les ports, en brisant les vagues ; les *pieux* sont des pièces de bois plantées le long du rivage de la mer ou des grands cours d'eau, pour amortir la force des vagues et préserver les terrains riverains de la dégradation ; on devrait décider de même pour les pieux et autres appareils destinés, au Japon, à recueillir les herbes marines.

5° L'usage des moulins à vent n'est pas aussi répandu au Japon qu'en Europe, parce qu'on a moins besoin d'y réduire les grains en farine ; mais, lorsqu'on y cultivera davantage le blé et le seigle, on ne manquera pas d'utiliser la force du vent par des moulins.

Les moulins à eau peuvent servir au même usage et à d'autres usages industriels. Les machines hydrauliques sont des appareils que l'eau met en mouvement ; on les emploie à faire fonctionner des marteaux, des pilons, des scies, etc. Dans les lieux où il n'y a pas d'eau courante, on peut employer la vapeur.

Ces appareils, lorsqu'ils sont fixés au sol, deviennent, comme lui, immeubles par nature.

6° et 7° Il s'agit ici d'objets qu'il est bien facile de détacher du sol et de rendre meubles ; mais tant qu'ils y sont attachés, ils font corps avec lui et sont immeubles par nature.

Lorsqu'il s'agit de bois à couper, de fruits à récolter, ils ne deviennent meubles qu'au fur et à mesure qu'ils sont détachés du sol.

De même, s'il s'agit de plantations ou de semis, les arbres, les semences, deviennent immeubles au fur et à mesure qu'ils sont placés dans le sol, lors même qu'ils n'y auraient pas encore pris racine.

L'exception portée à l'article 13 sera expliquée en son lieu.

8° Les *mines* sont les agglomérations de substances métalliques ou minérales, se trouvant en *couches*, en *amas* ou en *filons*, dans le sein de la terre, et s'exploitant, en général, par galeries souterraines.

Le charbon de terre est une stratification, presque une pétrification d'immenses forêts englouties par les anciens bouleversements du globe ; il rentre aussi dans les mines, par le mode de son exploitation.

Les *minières* sont des amas de fer, se trouvant à la surface du sol ou à une faible profondeur et s'exploitant, en général, à ciel ouvert.

Les *carrières* sont des amas ou couches de pierre, de marbre, de terre calcaire ou autres substances analogues, s'exploitant aussi, soit à ciel ouvert, soit par galeries.

La *tourbe* est une terre composée de *détritus* végétaux

qu'on trouve dans les marais anciens et qui, une fois désséchée, donne un combustible assez utile dans l'industrie.

La *marne* est une terre calcaire qui sert à amender les terres.

Cette distinction géologique des métaux, des minéraux et des végétaux transformés, a de l'importance en matière d'usufruit et aussi au point de vue du droit administratif; mais elle laisse à ces diverses natures du sol le caractère d'immeuble, quoiqu'il soit destiné à être exploité, c'est-à-dire détaché par parties et enlevé. Ce n'est qu'au fur et à mesure que des parties en sont détachées qu'elles deviennent meubles.

9° La loi arrive enfin aux constructions ou édifices qui, bien que composés de choses mobilières, dans le principe, deviennent immeubles par leur attache au sol.

On pourrait hésiter à classer les maisons, au Japon, parmi les immeubles par nature, car elles ne sont, en général, que posées sur le sol; il n'est pas rare de voir déplacer une maison entière; mais c'est là une particularité locale qui peut être négligée dans la loi; les maisons ne sont pas au Japon, pas plus qu'ailleurs, destinées à être ainsi déplacées: un arbre, une plante, sont bien plus faciles à déplacer, et cependant, une fois fixés au sol, ils sont considérés comme devant y rester et participent de sa nature; il en est de même des maisons.

La loi le déclare même spécialement pour les maisons qui devraient être démolies après un certain temps, comme lorsqu'une maison a été construite par une personne qui n'est pas propriétaire du sol et qu'on nomme *superficiaire*, circonstance très-fréquente au Japon. Tant que l'édifice n'est pas démoli, il tient au sol et participe de sa nature.

10° Les tuyaux intérieurs ou extérieurs, les gouttières, sont immeubles par nature, quelque légère que soit leur attache au sol ou aux bâtiments : ils complètent la maison.

11° Les appareils électriques ne sont pas encore d'un grand usage dans les propriétés privées ; mais ils se répandront au Japon, comme partout, et la loi prévient tout doute à leur égard, en les déclarant immeubles par nature, du moment qu'ils sont fixés au sol ou aux bâtiments.

12° Les bâtiments ne sont complets et propres à l'usage de l'homme que lorsqu'ils ont des fermetures extérieures. Bien que, si on les considère en elles-mêmes, elles soient souvent tout à fait mobiles, elles sont immobilières, si on considère qu'elles complètent la maison et contribuent à la rendre habitable. Il en est autrement des fermetures ou divisions mobiles placées à l'intérieur des maisons : elles ne sont immeubles que par la destination du propriétaire (voy. art. 9-11°).

Le dernier alinéa ôte à notre article tout caractère limitatif. Ainsi, on devrait considérer les paratonnerres comme immeubles par nature ; ainsi encore, la loi ne parle pas des puits et de leurs accessoires indispensables (poulies, cordes, seaux, pompes et tuyaux), ce sont certainement des immeubles par nature.

Les progrès de la civilisation amèneront sans doute encore l'usage d'autres appareils pour améliorer l'usage des habitations.

Art. 9 et 10.— 18. Les choses dont il s'agit ici sont mobilières par leur nature ; c'est la volonté ou l'intention de l'homme qui leur donne le caractère d'immeuble, en les attachant à un immeuble par nature.

Trois conditions sont, pour cela, exigées par la loi :

1° Il faut qu'elles soient attachées à l'immeuble par le propriétaire dudit immeuble ou par celui qui a sur l'immeuble un droit réel d'usage ou de jouissance, comme un locataire ou un usufruitier.

2° Il faut qu'elles soient elles-mêmes la propriété de celui qui les a attachées : celui qui aurait attaché à son fonds des objets ne lui appartenant pas, ne les aurait pas immobilisés.

3° Il faut que l'attache, dans l'intention du propriétaire du sol, soit ou à perpétuité ou, du moins, sans durée fixée, et, s'il s'agit du titulaire d'un droit temporaire, qu'elle soit pour la durée de son droit, ou aussi, sans durée fixée.

Bien entendu, le caractère immobilier cesserait si la chose était changée de destination.

L'énumération que fait la loi n'a évidemment rien de limitatif. La loi ne fait, d'ailleurs, que *présumer* l'intention du propriétaire, d'après la nature des objets et l'usage ordinaire auquel ils sont consacrés, et cette présomption peut être combattue par la preuve contraire ; ce n'est pas une présomption *absolue*, c'est ce qu'on appelle, dans la théorie des preuves, une présomption *simple*. Pour les objets non prévus par la loi, la présomption légale cesse, mais la preuve directe serait toujours permise.

Il est à peine nécessaire de reprendre chacun des alinéas de l'article; on ne fera que les justifier brièvement.

1° Les bêtes de *somme* sont les chevaux, ânes ou mulets qui portent des fardeaux sur leur dos, à l'aide d'appareils appelés *bâts*, auxquels on attache des sacs, paniers, baquets ; les bêtes de *trait* sont les mêmes, plus les bœufs, que l'on attelle à des chariots ou à la charrue.

Ces animaux sont nécessaires aux grandes exploitations agricoles : l'usage s'en étendra, au Japon, avec les développements de la grande culture.

2° Les moutons, bœufs et vaches sont quelquefois mis sur les fonds pour engraisser les terres par leur fumier ; sans doute, ils seront vendus, au bout d'un certain temps et remplacés par d'autres ; mais quand ils ne sont pas mis sur le fonds comme élevage de bétail, quand ils ne sont pas eux-mêmes l'objet de cette industrie agricole, ils sont immeubles, comme accessoires du fonds. Il en serait autrement du bétail qu'un propriétaire élèverait sur son fonds, en plus ou moins grand nombre, pour le vendre périodiquement et le remplacer par le croît : ces animaux seraient meubles.

3° Les charrues, pioches, outils de culture et de jardinage sont nécessaires au labour des terres et à l'entretien des jardins, lesquels seraient improductifs sans ces moyens de travail, de même que ces instruments seraient inutiles sans une terre à cultiver.

4° Les propriétaires de terres ont toujours un certain approvisionnement de semences, pailles et engrais, qui sont un accessoire obligé du fonds ; le plus souvent, ils proviennent du fonds lui-même : mais, lors même qu'ils auraient été achetés ou proviendraient d'un autre fonds, ils n'en seraient pas moins immeubles.

5° L'élevage des vers-à-soie est une des grandes industries agricoles du Japon : les graines de vers, conservées d'une saison à l'autre pour la reproduction, sont assimilées aux semences destinées à la terre ; bien entendu, il faut, comme le dit le texte, qu'il s'agisse d'une magnanerie, c'est-à-dire d'un établissement consacré à cette industrie.

6° L'usage n'est pas au Japon de tenir les vignes à la hauteur de 3 ou 4 pieds, comme en France, ce qui y nécessite des échalas ou supports que l'on place après la pousse du printemps et que l'on retire après la vendange : au Japon, les vignes sont laissées à un plus grand développement et leurs supports sont généralement fixes ; mais la culture de la vigne se modifiera, sans doute, avec l'introduction des espèces étrangères, et l'usage des échalas mobiles s'y introduira aussi ; ils seront immeubles par destination.

7° L'industrie des distilleries est encore une de celles qui prendront de l'extension au Japon. Déjà on y fabrique des sakés et bières ; plus tard, on y fabriquera des vins et liqueurs ; pour que les objets ici désignés soient immeubles, il suffit qu'ils soient destinés à transformer les produits du fonds auquel ils sont attachés.

8° Ici, les appareils, machines et ustensiles sont supposés employés à transformer des matières premières venant du dehors ; pour qu'ils soient immeubles, il faut qu'ils soient placés dans un établissement construit ou disposé spécialement pour cette industrie ; autrement, ils resteraient meubles.

Ainsi, les métiers d'une filature, les chaudières d'une papeterie, les appareils d'une fonderie, seront généralement considérés comme immeubles, parce que les bâtiments sont disposés spécialement pour ces industries compliquées ; au contraire, les presses et ustensiles d'une imprimerie seront meubles, parce qu'une imprimerie peut se transférer facilement d'un local dans un autre, sans qu'il y ait à disposer les lieux d'une manière particulière.

Les matières premières se trouvant dans l'établissement restent meubles, ainsi que celles transformées en objets nouveaux par l'industrie.

9° Quand une propriété est voisine d'un cours d'eau ou d'un lac, il arrive souvent que le propriétaire y établit un bain flottant, qui s'élève ou s'abaisse naturellement, suivant l'abondance ou la rareté de l'eau ; souvent aussi, il attache à la rive un bateau d'utilité ou d'agrément : le bateau devient alors un accessoire de l'immeuble ; mais, comme le texte le dit, par emprunt au Code italien, il n'est pas nécessaire que les eaux appartiennent au même propriétaire : elles pourraient être publiques.

10° Les ornements des jardins ou des maisons, énumérés à cet alinéa, sont de pur agrément ; mais ils sont considérés comme faisant partie intégrante de l'immeuble, par l'intention du propriétaire ; on devra décider de même pour des objets qui pourraient se déplacer sans détérioration, s'ils avaient été établis dans des dimensions exactement adaptées aux lieux; comme des caisses de fleurs, des gradins dans une serre; seulement, en pareil cas, ce ne serait plus par présomption *légale*, mais par présomption *de fait*.

11° Les objets dont parle cet alinéa sont des compléments naturels des habitations japonaises; comme ils ne sont pas aussi nécessaires que les fermetures extérieures, ils ne sont pas immeubles *par nature*, ils ne le sont que *par l'intention présumée* du propriétaire, et encore la loi subordonne-t-elle cette présomption d'intention à la circonstance qu'il n'y ait pas d'autres meubles et que, par conséquent, la maison soit inhabitée; autrement, il n'y aurait pas de raison suffisante de distinguer ces objets des autres meubles garnissant la maison.

12° Les matériaux qui ne sont que momentanément déplacés pour une réparation d'immeuble doivent être considérés comme appartenant encore à l'immeuble; mais ils ne sont plus immeubles *par nature*: ils le sont *par l'intention* du propriétaire (*k*).

13° Les trois sortes d'animaux prévus par cet alinéa sont des accessoires des immeubles; car ils ne pourraient guère exister séparément.

19. Il n'est pas hors de propos de signaler ici l'utilité des deux articles précédents; elle se rencontre surtout lorsqu'il y a aliénation d'un immeuble. Il arrive souvent que les parties négligent de s'expliquer sur le point de savoir si ces objets sont compris, ou non, dans la vente, et la difficulté naît au moment de la livraison. Grâce aux désignations que fait la loi, on décidera que tous les objets énumérés aux deux ar-

---

(*k*) Il ne faudrait pas, du reste, considérer cette disposition comme contraire à celle de l'article 532 du Code français: cet article ne suppose pas un déplacement momentané des matériaux, mais une démolition définitive ou de nouveaux matériaux préparés pour une construction.

ticles précédents sont considérés comme compris dans l'aliénation, s'il n'y a convention contraire (comp. c. civ. fr., art. 1615).

Il y a encore intérêt pour la saisie des biens : tous les objets compris dans les deux articles précédents ne pourraient être saisis comme meubles, ils ne pourraient l'être qu'avec l'immeuble (*Ib.*, art. 2204).

De même, étant accessoires d'un immeuble, ils ne pourraient être hypothéqués séparément de l'objet principal (*Ib.*, art. 2218).

Au contraire, ils pourraient être vendus séparément ou donnés en gage, comme meubles, par le propriétaire, lequel pourrait de même vendre, par parties, les matériaux de sa maison, les arbres de son jardin, les ustensiles agricoles ou industriels.

Art. 11.— 20. Ici, il s'agit de choses qui, par leur nature, ne sont ni meubles ni immeubles, étant *incorporelles*; mais ce caractère peut leur être imprimé par la loi, au moyen d'une sorte de fiction qui ne nuit à aucun intérêt et qui, au contraire, répond à un besoin de simplicité dans la classification des choses.

Les présentes Dispositions générales formant une division des Droits ou Biens, autant et plus encore que des Choses, il fallait faire rentrer les *droits* dans les *biens* mobiliers ou immobiliers.

Le procédé le plus simple était de s'attacher à la nature physique des objets sur lesquels le droit s'exerce directement, ou à l'acquisition desquels il tend ; dès lors, on pouvait, sans s'écarter de la raison, donner aux droits la même nature figurée ou fictive. C'est le procédé qu'a suivi le Projet japonais.

La loi française a ici manqué de logique au fond, et de précision dans son langage. Lorsqu'il s'agit de droits portant sur des immeubles, elle leur donne la qualification " d'immeubles par l'objet auquel *ils* s'appliquent;" lorsqu'il s'agit de droits portant sur des meubles ou tendant à les acquérir (droits personnels) elle les nomme "meubles par la détermination de la loi." Or, la même formule devait leur être commune, et la seconde était incontestablement la meilleure.

Assurément, la nature physique et corporelle des choses qui sont l'objet du droit a ici une importance capitale, déterminante ; mais elle ne suffirait pas, sans l'intervention de la loi qui crée ou, au moins, ratifie la fiction que suggère la raison.

Les droits réels portant sur les immeubles corporels et les droits personnels ou de créance tendant à les acquérir sont donc immobiliers "par la détermination de la loi." Telle est la disposition des deux premiers alinéas de l'article 11.

21. Le 3e alinéa présente une intervention encore plus puissante de la loi, en ce sens que les *objets* sur lesquels porte ou auxquels tend le droit sont meubles et cependant le *droit* est immeuble.

L'application de ce troisième alinéa ne paraît pas encore exister au Japon ; mais elle ne manquera pas de se rencontrer quand la loi l'aura déclarée possible.

En France, et dans d'autres pays d'Europe suivant à peu près les mêmes principes, il arrive quelquefois que, pour donner plus de stabilité à certaines fortunes, on imprime le caractère d'immeubles, avec les garanties qui s'y rattachent, à des valeurs mobilières qui les composent.

Le Code civil (art. 896) admettait, sous le 1er Empire, l'institution des *majorats* ou fortunes créées, soit avec des biens de l'Etat, en récompense de services publics, soit avec des biens privés, avec autorisation du Gouvernement ; ces *majorats* étaient, comme l'indique leur nom, transmissibles à l'*aîné* seul des enfants du titulaire, de mâle en mâle.

L'usage était de les constituer plutôt en immeubles qu'en meubles, et ces immeubles étaient inaliénables par les détenteurs successifs du bien. Mais, lorsque le majorat ne pouvait être constitué en immeubles corporels, ou que les immeubles ne donnaient que des revenus insuffisants, on pouvait y attacher une *dotation* en rentes sur l'Etat, ou en actions de la Banque de France auxquelles on donnait le caractère immobilier, avec l'inaliénabilité (Décret du 1er mars 1808).

Les majorats ont été interdits pour l'avenir, par une loi du 12 mai 1835; ils ont encore été réduits par une loi du 7 mai 1849; mais ils ne sont pas tous éteints.

Au Japon, il ne serait pas déraisonnable de les admettre dans certaines familles princières, "pour conserver l'éclat du nom et du rang," suivant l'expression autrefois consacrée. Ces institutions ont cependant des inconvénients économiques aujourd'hui reconnus; mais ce qui serait inadmissible, à tous les points de vue, dans les pays démocratiques, peut, dans des limites modérées, être en harmonie avec les institutions monarchiques.

Il y a encore une autre situation analogue qui pourra se produire au Japon.

La conservation de la dot des femmes mariées a préoccupé le législateur de tous les pays et en tout temps. En France, lorsque les époux sont mariés sous le régime matrimonial appelé *régime dotal*, les immeubles de la femme sont inaliénables. Lorsqu'elle n'a pas d'immeubles, elle peut se constituer en dot des rentes sur l'Etat ou des valeurs considérées comme analogues et elles sont inaliénables également. Elles ne sont pas *immobilisées* à tous égards, mais l'analogie est bien grande.

Rien n'empêchera, au Japon, d'adopter quelques-unes de ces règles, lorsqu'on rédigera le Contrat de mariage.

Ce que la loi devait faire ici, pour ne pas entraver l'avenir, c'était d'admettre le principe de l'immobilisation possible des rentes sur l'Etat ou d'autres créances mobilières.

On pourrait croire que dans le cas où la volonté des particuliers est nécessaire pour immobiliser les rentes ou autres créances, on rencontre alors des immeubles par destination ou volonté de l'homme; mais, comme cette volonté ne suffit pas, comme elle doit être limitée aux cas prévus par la loi et en conformité à ses conditions, il est mieux de rapporter l'immobilisation à la disposition de la loi et l'on évite en même temps des distinctions trop multipliées.

Art. 12.— 22. Cet article ne présente aucune difficulté. Il est la contre-partie de l'article 8 qui a déterminé les objets immeubles par nature.

Les exceptions que la loi rappelle ici sont connues : certains objets sont meubles par nature, considérés en eux-mêmes; mais, quand ils sont les accessoires nécessaires d'immeubles, ou quand la volonté du propriétaire les y a attachés, pour augmenter les avantages d'un immeuble, ils cessent d'être considérés comme meubles.

De là, le renvoi aux articles 8 et 10.

Il n'est pas nécessaire de revenir sur ce point.

Art. 13.— 23. On ne trouve pas cette classe de meubles dans la loi française; c'est une omission certaine que la jurisprudence a dû combler, quand les cas se sont présentés devant les tribunaux.

Il est naturel que, de même que c'est la volonté de l'homme qui donne à certains meubles le caractère immobilier, par leur attache permanente et définitive à un immeuble, de même cette volonté puisse maintenir le caractère de meubles à des objets qui semblent devenus immeubles par leur incorporation au sol.

Le présent article recevra son application quand un propriétaire vendra une construction commencée ou achevée, dont les échafaudages et hangars n'auront pas été retirés et à l'égard desquels il n'aura été fait aucune stipulation particulière.

Il en sera de même si, au moment d'une fête, un propriétaire a construit sur son terrain un amphithéâtre provisoire, pour un spectacle de lutteurs ou pour un divertissement public, comme cela est fréquent au Japon, ou bien encore un baraquement pour abriter temporairement des incendiés ; puis, il a vendu son terrain avant la démolition de ces ouvrages, sans avoir eu soin de les excepter de la vente comme meubles.

Enfin, le présent article sera encore applicable au cas où un propriétaire dont le métier est d'élever des arbres, arbustes ou fleurs a vendu un terrain exploité en pépinière, par conséquent, planté en végétaux qui sembleraient immeubles d'après l'article 8, 6° alinéa ; mais la destination de ces arbres et arbustes était de ne rester que temporairement attachés au même sol : comme ils étaient destinés à être vendus, ils n'étaient pas immeubles dans l'intention du propriétaire.

La décision ne serait pas la même s'il ne s'agissait pas d'un pépiniériste, mais bien d'un grand propriétaire qui aurait affecté une petite portion de son domaine à élever les arbres, arbustes et fleurs nécessaires à l'entretien et au renouvellement de ses plantations : en pareil cas, les jeunes plants, ne devant changer que de place et non de domaine, resteraient immeubles par nature et se trouveraient vendus avec le domaine.

La distinction entre les pépinières attachées à de grands domaines et celle qui fournissent des arbres au dehors, se retrouvera au sujet de l'Usufruit (art. 64).

Art. 14.—24. On a déja dit que les droits, étant des choses incorporelles, ne sont, par leur nature, ni meubles ni immeubles; mais comme les droits ont toujours un objet direct ou immédiat et quelquefois un objet indirect ou subsidiaire, la nature de l'un ou de l'autre de ces objets déterminera la nature du droit, et comme cette influence de l'objet sur le droit ne doit pas être incertaine et discutable, loi la détermine et la proclame.

Chacun des cinq alinéas ne demande que peu d'explications.

1° Le droit de propriété, l'usufruit, l'usage donné ou loué, d'un meuble corporel, sont des droits mobiliers, comme la propriété, l'usufruit ou l'usage d'une maison ou d'un champ, sont des droits immobiliers.

Le Projet japonais a exprimé ces deux idées, tandis que le Code civil français, on ne sait pourquoi, n'a exprimé que la seconde et encore l'a-t-il fait d'une façon équivoque (art. 526).

2° Les créances d'argent, de denrées ou de marchandises, tendent à procurer au créancier des objets mobiliers, elles ont donc la nature de leur objet. La loi ajoute que le droit ne serait pas moins mobilier, quoiqu'il fût garanti par un droit immobilier, comme une hypothèque : le droit de créance, en effet, tire sa nature de son objet principal et non de l'objet accessoire (voy. c. it., art. 418).

3° C'est ici que l'on doit tenir compte, non plus de l'objet *direct* du droit, mais de son objet indirect et *subsidiaire*.

Ainsi, quelqu'un s'est engagé à prêter ou à louer l'usage d'une chose, le créancier n'a pas, comme dans le cas du premier alinéa, un droit réel sur la chose, ni, comme dans le cas du deuxième, un droit tendant à l'acquérir : il n'a droit qu'à obtenir une prestation, la livraison de la chose ; or, la livraison, considérée en elle-même, est *un fait :* elle ne peut être ni meuble, ni immeuble ; cela est évident, s'il s'agit du droit d'exiger un travail manuel ou intellectuel, salarié ou non ; c'est plus évident encore, si quelqu'un a promis de ne pas exercer temporairement un droit qui lui appartient (*l*), par exemple, un droit d'usufruit ou de louage : un fait ou une abstention ne sont pas des choses corporelles ; par conséquent, ce ne sont pas des choses qu'on puisse dire mobilières ou immobilières. Mais, si l'on suppose que le débiteur n'exécute pas sa promesse, le créancier pourra demander et obtenir des dommages-intérêts ; c'est là l'objet indirect et subsidiaire de son droit et c'est ce qui le rend mobilier.

La solution serait la même, si le débiteur s'était engagé à construire une maison ; bien que la maison, une fois construite, même partiellement, soit un immeuble, le créancier ne pouvant, par la force, contraindre le débiteur à faire une maison, ne pourra, à défaut d'exécution volontaire, réclamer que des dommages-intérêts.

4° On a déjà eu occasion de distinguer les sociétés en cours d'existence et les sociétés dissoutes ou en liquidation (art. 6 et p. 33) : on a remarqué, à ce sujet, que les sociétés en cours d'existence sont, au moins en général, des personnes morales ou juridiques. Le Projet reconnaît même la personnalité des sociétés d'une façon beaucoup plus large que le Code français (art. 526) et que le Code italien (art. 418) ; car ceux-ci ne reconnaissent ce caractère, au moins explicitement, qu'aux "sociétés de finance, de commerce et d'industrie," ce qui laisse très-discutable et très-discutée la personnalité des sociétés civiles et agricoles : la question se représentera, pour le Projet, lorsqu'on arrivera à la matière même des sociétés civiles, et, s'il doit y avoir

---

(*l*) Nous disons : *temporairement*, parce que si la renonciation était *pour toujours*, il y aurait *extinction* du droit d'usufruit ou de louage et non obligation de s'abstenir, ce qui serait une autre situation.

quelques limites et conditions à leur personnalité, c'est là qu'on les posera.

Lorsque la société est dissoute, la situation est analogue à celle où une personne ordinaire est décédée.

Cette distinction influe profondément sur la nature du droit des associés aux deux époques : la loi règle ici le premier cas, et le second dans l'article suivant.

Si la société possède des immeubles pour son exploitation civile, commerciale ou agricole, c'est à elle, non aux associés, que le droit de propriété appartient et l'on dira, comme d'un particulier, qu'elle a des meubles et des immeubles des diverses qualités déjà connues.

Cependant, les associés eux-mêmes ont un droit : ce droit tend à obtenir une partie des bénéfices de la société, en proportion de la mise ou des apports de chacun ; or, ces bénéfices, une fois réalisés, donneront à chacun une somme d'argent ; le droit est donc mobilier par son objet.

5° Les droits désignés à l'article 4 tendent surtout à obtenir d'autrui des faits ou des abstentions ; ils sont encore mobiliers, parce qu'ils se résolvent finalement en sommes d'argent ou en autres valeurs mobilières.

Art. 15.—25. Quand la société est dissoute par une des causes que la loi détermine, chaque associé succède pour une part à l'être moral société et le droit de chacun, devenant un droit de propriété dans l'ancien actif social, est mobilier ou immobilier, ou a les deux caractères, suivant la nature des biens que possédait la société, sauf l'effet du partage tel qu'on va expliquer.

Dans le 1er alinéa, la loi tranche par avance, une question qui se présentera trois fois, au moins, dans la suite, c'est-à-dire sous chacune des matières ici indiquées : successions, sociétés, communautés de biens.

Il s'écoule toujours un certain temps entre l'ouverture d'une succession et le partage des biens qui la composent, de même, entre la dissolution d'une société ou d'une communauté de biens et la distribution de son *actif*, de son avoir, après le payement des dettes.

Si la loi laissait ici fonctionner les principes généraux, sans y intervenir, voici ce qui ce produirait : chacun des héritiers, des anciens associés ou des communistes, se trouverait copropriétaire *par indivis*, pour une part égale ou inégale à celle des autres, de chacun des biens, meubles ou immeubles, composant la masse (*m*). Puis, lorsque viendrait le partage ou la distribution des biens, donnant à chacun une certaine quantité d'objets dont il aurait dès lors la propriété entière et exclusive, il tiendrait son droit des autres, pour leur part dans lesdits objets, jointe à la part qu'il avait déjà de son chef ; réciproquement et en compensation, les autres recevraient sa part dans chacun des objets à eux échus en partage.

Cette théorie qui est la plus naturelle a été en vigueur dans le droit romain et aussi dans l'ancien droit français : on disait alors que le partage était *translatif* ou *attributif* de propriété.

Mais elle a des inconvénients : pendant que dure l'indivision, chaque copropriétaire ne peut aliéner aucun objet que pour la part indivise qu'il a lui-même, ce qui détournera les tiers de faire de pareilles acquisitions et, par conséquent, sera une entrave à la libre circulation des biens ; car l'indivision, déjà gênante entre cohéritiers ou entre anciens associés, l'est bien davantage entre gens qui n'ont aucun lien antérieur.

Si même, un tiers a acquis cette part indivise, il y a un autre inconvénient, car celui-ci doit figurer au partage ; or, l'admission d'un étranger à une opération qui déjà est délicate, la rendra plus difficile et pourra susciter des contestations ; enfin, le mal sera plus grand

---

(*m*) Voir aussi, sur la copropriété indivise, les articles 38 à 41

encore, si l'un des copropriétaires a hypothéqué sa part indivise: ceux-ci se trouveront, plus tard, obligés de payer la dette hypothécaire ou ils subiront l'éviction par l'effet de l'action du créancier, car l'hypothèque est considérée comme indivisible et toutes les parties de l'immeuble garantissent la dette entière (voy. c. civ. fr., art. 2114; comp. art. 20, ci-après); ils auront, il est vrai, un recours contre le débiteur, mais ce recours pourra souvent être inefficace.

26. Pour prévenir ces nombreux inconvénients, plusieurs législations modernes ont admis que le droit des co-propriétaires ou co-héritiers est indéterminé, quant aux objets, jusqu'au partage, et qu'une fois le lotissement effectué, "chacun est *censé* avoir succédé seul aux "objets compris dans son lot et n'avoir eu aucun droit "sur les objets échus aux autres" (voy. c. civ. fr., art. 883; c. ital., art. 1034); par conséquent, les droits qui auraient pu être concédés à des tiers sont subordonnés à l'effet du partage: ils sont valables, si les objets cédés aux tiers sont échus à l'héritier même qui les a cédés et nuls s'ils sont échus à un autre. Mais, pour éviter que le partage soit fait de manière à frauder le tiers de ses droits, on doit l'admettre à assister au partage (c. fr., art. 765 et 882).

D'après cette théorie, le partage n'est plus *translatif* ou *attributif* de propriété, il est *décralatif*: il détermine les objets sur lesquels le droit de chacun est *censé* avoir porté pendant le temps qu'a duré l'indivision (*n*).

(*n*) Il ne faut pas, du reste, attribuer l'invention de cette fiction aux auteurs du Code civil français: elle est bien plus ancienne, mais aussi d'origine française; elle est due à un célèbre jurisconsulte coutumier, à Dumoulin, vivant au XVIe siècle, et aux légistes de son temps.

La fiction du partage *déclaratif* de droits a eu encore d'autres causes que celles exposées ci-dessus: notamment, d'éviter le payement, au seigneur féodal, d'un nouveau droit fiscal de mutation, lors du partage.

Cet avantage subsiste encore aujourd'hui, en France, au sujet de l'enregistrement, et il y a le même intérêt à le signaler ici, puisque, mainte-

Il paraît préférable de lui donner le même caractère au Japon : il y aura les mêmes avantages qu'en Europe, et encore celui de permettre aux tribunaux du pays, dans les cas embarrassants, de recourir aux travaux de la jurisprudence moderne, française et autre, plutôt qu'aux anciens jurisconsultes romains peu connus au Japon et peu faciles à y étudier.

27. Le 2ᵉ alinéa donne la même solution pour un cas analogue :

Ordinairement, une obligation a un objet immédiatement déterminé, lors même que l'exécution en est ajournée à un temps plus ou moins éloigné. Mais il a pu entrer dans les convenances des parties de laisser le choix de l'objet à l'une d'elles, soit au créancier qui demandera celui qui lui convient le mieux, soit au débiteur qui payera celui qui lui est le moins onéreux à donner ; bien entendu, le choix est toujours, raisonnablement, limité entre un petit nombre d'objets, de valeurs à peu près égales. Les obligations ou créances de ce genre s'appellent *alternatives* (voy. Projet, art. 448 et suiv.).

Quant les objets parmi lesquels le choix pourra s'exercer sont de même nature, soit meubles, soit immeubles, la créance a le même caractère et elle ne présente rien de particulier, au point de vue de la présente division des biens ; mais, si l'un des objets dus alternativement est meuble et l'autre immeuble, la créance n'a pas les deux caractères, à la fois, comme cela aurait lieu dans le cas du 1ᵉʳ alinéa, si la loi ne s'y opposait ; il n'y a qu'un objet réellement dû et qui puisse donner à la créance sa nature mobilière ou immobilière ; mais quel est cet objet ? On ne le saura que

---

nant, au Japon, il y a des droits à payer pour les mutations par succession et par actes entre-vifs : on ne devra donc pas payer un nouveau droit lors des partages.

lorsque le créancier exercera son choix par la demande ou le débiteur par le payement.

27 bis. Ici se termine l'importante division des choses en meubles et immeubles ; la loi passe aux autres divisions qui, ainsi qu'on l'a remarqué, comprennent, toujours et nécessairement, les mêmes objets, mais envisagés sous un autre point de vue.

Art. 16.— 28. Il y a dans toutes les parties du droit des occasions de rechercher si une chose est accessoire d'une autre, laquelle est considérée comme principale. Cette distinction présentera, notamment, une grande utilité au sujet d'un moyen d'acquérir appelé justement *accession*, parce qu'on y suit la règle que "l'accessoire suit le principal".

La loi se borne à donner ici le caractère distinctif de chacune de ces deux choses, avec quelques exemples, et avec une des conséquences pratiques de cette distinction des choses.

Parmi les *effets des contrats,* on en trouvera aussi de principaux et d'accessoires; les rapports des uns et des autres seront analogues à ceux qui se présentent ici entre les *choses.* Ainsi, les parties contractantes peuvent augmenter ou diminuer, par convention, les effets légaux d'un contrat ; si l'addition ou le retranchement concernent un effet principal, certains effets accessoires sont, par cela même, ajoutés ou retranchés; si, au contraire, la convention ne concerne que des effets accessoires, rien ne se trouve changé aux effets principaux (comp. Proj. art. 323).

Art. 17.— 29. Cette distinction des choses ou des biens a une importance considérable et des applications variées. La plus intéressante de ces applications est en matière de transmission de la propriété.

Lorsqu'une vente, un échange, ou un autre contrat d'aliénation a pour objet une chose individuellement déterminée, un *corps certain*, suivant l'expression consacrée par l'usage et employée ici par la loi, la propriété se trouve immédiatement transférée, par le seul effet de la convention; lorsqu'au contraire, la convention a pour objet une quantité, en poids, nombre ou mesure, de choses qui ne sont déterminées que quant au genre ou à l'espèce, comme de l'argent, du riz, du blé, de la soie, même avec indication de la qualité ou de la provenance, la propriété ne peut être transférée que lorsque les choses auront été individuellement déterminées contradictoirement, c'est-à-dire, pesées, comptées ou mesurées; il ne sera pas nécessaire qu'elles soient *livrées*, qu'il y en ait eu *tradition:* mais il faudra qu'elles soient devenues *corps certains*, par l'une des opérations indiquées (voy. c. fr., art. 1138 et 1583 ; comp. Proj., art. 351 et 352).

30. Il n'est pas hors de propos de rechercher ce qui, dans cette solution, est commandé par la nature des choses et ce qui peut être subordonné au droit positif de chaque pays. La transmission de la propriété, par le seul effet du consentement, à l'égard d'un *corps certain*, est raisonnable, logique, simple et utile, mais elle n'est pas impérativement commandée par la nature des choses. Ce qui le prouve, c'est que pendant tout le temps qu'ont duré la législation romaine et l'ancienne jurisprudence française, la tradition était nécessaire pour la transmission de la propriété, même d'un *corps certain*. Au contraire, la nature des choses s'oppose à ce que la propriété d'une *quantité* soit transférée avant qu'il y ait eu tradition ou au moins détermination des choses à l'état d'individualité.

On retrouvera cette distinction des choses à l'occasion de l'effet des conventions en général (Livre II°

IIe partie) et des autres moyens d'acquérir la propriété (Livre IIIe).

31. Les choses *collectives* sont, en réalité, des corps certains, réunis en nombre plus ou moins déterminé, mais suffisamment pour n'être pas confondus avec d'autres. Les exemples que donne la loi suffisent pour comprendre ce dont il s'agit.

L'utilité de cette distinction des choses se retrouvera à propos de l'usufruit, pour le troupeau, à propos des legs ou testaments, pour les livres d'une bibliothèque et encore pour le troupeau. Il suffit d'indiquer ici son principal intérêt en matière de legs: quelqu'un a légué sa bibliothèque pour l'époque de son décès, sans énumérer chaque ouvrage la composant; pendant sa vie, il a acquis de nouveaux livres; il peut aussi en avoir donné ou cédé (c'est un droit qu'il a conservé); à sa mort, le légataire aura la bibliothèque, telle qu'elle se trouvera alors composée. Si le legs eût été, soit d'une *quantité*, soit d'un *corps certain ordinaire*, il aurait pu se trouver diminué par les aliénations, mais il ne se serait pas augmenté des acquisitions nouvelles; au contraire, la nature collective de la chose fait qu'elle s'étend ou diminue au profit ou au préjudice du légataire. L'effet serait le même pour un troupeau légué ou pour les marchandises formant le fonds d'un magasin.

Enfin, les choses constituant une *universalité* de biens ont le caractère des *collectivités* qui précèdent, mais à un plus haut degré, puisqu'elles constituent tout ou une partie aliquote d'un patrimoine (voy. art. 6-3° et 48, 3e al.); comme telles, elles sont susceptibles d'augmentation ou de diminution continuelles et presque journalières.

Ce qui autorise à leur donner une place spéciale, c'est qu'elles se trouvent toujours accompagnées de charges ou dettes (le passif) qui en diminuent virtuellement l'émolument (l'actif) (o).

Art. 18.— 32. La distinction portée par cet article n'est pas très-fréquemment appliquée en droit. La loi annonce qu'on la rencontrera surtout en matière d'usufruit; elle pourra se représenter dans le contrat de mariage, avec des effets analogues (comp. c. civ. fr., art. 1532); mais il faut se garder de la confondre avec la division suivante, ce que le Code français n'a pas toujours évité (v. art. 1902).

Art. 19.—33. L'expression française *fongible* vient, comme beaucoup des expressions techniques du droit, d'un mot latin : ici, de *fungi*, qui veut dire " s'acquitter, faire une fonction." En effet, quand une chose a dans la nature des équivalents parfaits, les autres choses pareilles la remplacent, l'une acquitte l'autre, toutes *font fonction* l'une de l'autre.

Cette assimilation de certaines choses les unes aux autres n'est pas, comme la précédente, un effet de la nature seule des choses : il faut encore que les parties l'aient admise expressément ou tacitement, ou que la loi l'ait établie, sinon impérativement, au moins, par présomption de l'intention des parties.

Il est naturel que les choses qui se consomment par le premier usage soient considérées comme fongibles entre elles, d'après l'intention des parties : ainsi, celui auquel il a été prêté de l'argent, du riz ou de l'huile, se libérera valablement en rendant, non le même argent, le même riz ou la même huile, mais pareille somme, du riz ou de l'huile, en pareilles quantité et qualité.

Réciproquement, il peut arriver que des choses qui se consomment par le premier usage aient été con-

---

(o) De là, l'axiome latin bien connu: *non sunt bona nisi ære alieno deducto*, "il n'y a pas d'universalité de biens, sans déduction des dettes."

sidérées par les parties comme non fongibles et doivent être rendues identiquement : ainsi un marchand de riz ou d'huile peut avoir consenti à prêter une certaine quantité de ces denrées à un de ses confrères, pour que ses magasins paraissent bien approvisionnés, mais en stipulant que les denrées lui seraient rendues identiquement (*p*).

La fongibilité résultant de la disposition de la loi peut aller plus loin et être établie entre choses de nature différente; ainsi, la loi française considère comme fongibles avec l'argent "les denrées cotées aux mercuriales" (art. 1291), c'est-à-dire celles dont le prix courant est constaté périodiquement aux marchés publics. L'application a lieu en matière de compensation : si celui qui doit de l'argent est, en même temps, créancier d'une certaine quantité de riz, d'huile ou d'autres produits cotés, il se trouve libéré d'autant qu'il est lui-même créancier.

Le Projet japonais admet la même théorie (art. 544). On retrouvera la fongibilité des choses au sujet de la compensation et du prêt.

Art. 20.— 34. Le Code français a traité des choses divisibles et indivisibles à l'occasion des obligations (art. 1217 et suivants) et c'est plutôt l'obligation même qu'il déclare divisible, ou non, que la chose ou le fait qui en est l'objet.

Le même Code déclare l'hypothèque indivisible par sa nature (art. 2114) et il paraît attribuer la même indivisibilité au gage (art. 2083).

Le Projet, au contraire, attribue à la loi l'indivisibilité de l'hypothèque et du gage : la nature des choses est complétement étrangère à ce résultat et c'est seule-

---

(*p*) C'est ce que les Romains et même les jurisconsultes modernes appellent prêt *ad pompam et ostentationem :* "pour la pompe et la montre."

ment par des considérations de crédit que la loi a décidé que chaque partie de la chose engagée garantit toute la dette ; ce qui prouve que la nature des choses est étrangère à ce résultat, c'est que les parties pourraient le modifier et même le supprimer.

Mais l'indivisibilité vraiment naturelle se trouve dans les servitudes foncières : il y en a pourtant de divisibles, au moins quant à l'émolument qu'elles donnent, comme le droit de prendre de l'eau ou du sable sur le fonds voisin ; mais le plus grand nombre sont absolument indivisibles, comme le droit de passage, de vue, d'aqueduc, exercés sur le fonds d'autrui, et les parties n'y pourraient rien changer.

On expliquera, en leur place, les conséquences de cette indivisibilité des servitudes (art. 287) ; de même, celle des obligations, du gage et de l'hypothèque.

Art. 21, 22 et 23.— 35. Dans l'énoncé de cette division des choses, la loi, suivant le langage naturel, place les choses *appropriées* avant les choses *non appropriées* ; mais comme, en remontant à l'origine des sociétés, les choses ont commencé par n'avoir pas de propriétaire, c'est par les choses non appropriées que la loi reprend les subdivisions.

Les choses qui sont *sans maître* peuvent en avoir un par l'occupation, c'est-à-dire par la prise de possession originaire, ou de celui qui s'en empare le premier. On parlera plus au long, au livre IIIe, de l'occupation considérée comme moyen d'acquérir la propriété.

Il y a, du reste, des choses sans maître que la loi ne permet pas d'acquérir par occupation, de peur qu'elles ne donnent occasion à des violences ou à des surprises ; ce sont les parties du sol qui n'ont jamais été occupées ou qui sont abandonnées volontairement, et les successions en déshérence, c'est-à-dire laissées par des défunts qui n'ont pas d'héritiers : la loi en attribue immédiatement la propriété à l'Etat, sans aucun acte d'appréhension ou d'occupation de sa part, sans même qu'il connaisse que son droit est ouvert. On ne peut donc guère dire, à proprement parler, que ces choses soient sans maître, puisqu'elles ont aussitôt l'Etat pour propriétaire. Le Code français est encore plus négligé quand il parle de *biens* sans maître (art. 539 et 713) : ces expressions sont contradictoires (v. p. 21, *b*).

L'énumération des choses *sans maître* que donne la loi n'est évidemment pas limitative, mais simplement énonciative ; ainsi, on peut y ajouter les produits de la mer autres que les poissons, comme les crustacées (*q*), les coquillages et les herbes marines, si variées et si utiles au Japon.

36. Quant aux choses *communes*, elles diffèrent à la fois des choses sans maître et des choses appropriées.

Elles diffèrent des choses sans maître, en ce que chacun en a l'usage direct, à son gré ; elles diffèrent des choses appropriées, en ce qu'elles ne peuvent jamais devenir la propriété exclusive de personne : on n'en comprendrait pas l'occupation totale ; chacun n'en acquiert que de minimes parties, par l'usage qu'il en fait, comme de l'eau qu'il puise à la rivière, de l'air qu'il respire et de la chaleur du soleil qui entretient la vie sur le globe.

Elles sont d'ailleurs accessibles à l'usage des étrangers autant qu'à celui des nationaux, même dans les pays qui, comme le Japon, la Russie et quelques autres, n'admettent pas encore les étrangers chez eux à la jouissance de tous les droits civils.

Art. 24.—37. Cet article écarte d'abord les choses appartenant à des particuliers : justement, parce que

---

(*q*) On nomme, en histoire naturelle, *crustacées*, les animaux amphibies, vivant dans l'eau et hors de l'eau, et revêtus d'une carapace, tels que : homards, langoustes, écrevisses (*ébi*), crâbes (*kani*), tortues (*kamé*), etc.

le présent Code les aura pour objet principal de ses dispositions; au contraire, il ne s'occupera qu'incidemment des choses qui n'appartiennt pas à des particuliers : le Projet ne doit cependant pas les négliger, au moins ici, parce qu'elles se lient, sans se confondre, avec les deux divisions qui vont suivre.

La distinction du domaine public et du domaine privé de l'Etat a des conséquences pratiques considérables : principalement, au point de vue de l'aliénation et de l'administration de ces biens.

Les biens du domaine public sont, en principe, inaliénables et imprescriptibles ; pour qu'ils pussent être aliénés et qu'ils devinssent susceptibles de prescription, il faudrait qu'ils eussent été d'abord *déclassés*, dépouillés de leur caractère public ; ce qui ne se fait que par une loi, ou par un changement régulier de destination. Quant à l'administration des mêmes biens du domaine public, elle appartient, en général, au chef de l'établissement auquel est consacré l'édifice public, et, s'il s'agit de biens du domaine privé de l'Etat, l'administration en est confiée aux préfets.

La loi renvoie aux lois administratives pour les règles relatives à ces deux sortes de biens.

Les deux articles suivants se bornent à énumérer les principaux biens composant le domaine public et le domaine privé, tant général que départemental et communal.

Art. 25.— 38. L'énumération de cet article n'est évidemment pas limitative, mais énonciative, comme la plupart de celles qui précèdent : la définition donnée au 1er alinéa, rapprochée de celle de l'article suivant, suffira pour fixer les cas douteux.

Art. 26.— 39. Lorsqu'un bien, meuble ou immeuble, est acquis à l'Etat, à un département ou à une commune, il est déjà certain qu'il n'appartient pas à un particulier; mais il reste à savoir s'il rentre dans le domaine public ou dans le domaine privé de ces personnes morales. Il suffira, pour se fixer, à cet égard, de rechercher s'il sert directement à l'usage de la nation ou des autorités qui la gouvernent, ou s'il est simplement une source de profits analogues à ceux que les particuliers tirent de leurs biens.

Ainsi, la loi n'a placé dans aucune des deux énumérations qui précèdent les portions de terrain qui deviennent inutiles au passage, après le redressement d'une route ou son déplacement; mais, il est évident qu'elles rentrent dans le domaine privé, général ou local, suivant la nature qu'avait la route redressée ou supprimée.

Les *relais* sont les terrains définivement abandonnés par la mer; on les oppose aux *lais* qui sont les terrains que la mer couvre et découvre alternativement par l'effet du flux et du reflux et qui constituent le rivage de la mer : on aurait dû adopter le sens inverse de ces mots et appliquer le mot *relais* au rivage découvert par le *reflux*.

Les *épaves* sont les objets ou débris jetés par les eaux au rivage de la mer ou des rivières et dont les propriétaires restent inconnus.

Les lois spéciales en donnent généralement une portion à l'inventeur et le reste à l'Etat.

On donne quelquefois le nom d'épaves terrestres aux objets perdus sur les routes ou dans les lieux publics : des lois spéciales en règlent aussi l'acquisition.

Art. 27.—40. Cette distinction des choses recevra son application à l'occasion de la validité des conventions; une convention ayant pour objet une chose se trouvant hors du commerce est nulle; en conséquence, elle ne transférera aucun droit sur cette chose et ne créera aucune obligation à des dommages-intérêts pour inexécution.

L'expression *commerce* doit être prise ici dans un sens plus large que son sens ordinaire qui implique l'idée d'un acte de spéculation lucrative: la définition que donne la loi prévient toute confusion à ce sujet.

Le Projet emploiera le moins possible l'expression de "chose dans le commerce ou hors du commerce," à cause de la difficulté de bien rendre l'idée dans la langue japonaise: on la remplacera, autant que faire se pourra, en celle de "choses qui sont ou ne sont pas à la libre disposition des particuliers" (voy. art. 325-2°).

L'énumération que donne la loi de choses hors du commerce est purement énonciative. Ces choses sont assez nombreuses en France et elles ne le seront guère ni moins, ni plus, au Japon. Il en sera fait mention surtout dans les lois administratives.

Les lois pénales aussi défendent de vendre des armes de guerre, des poudres et matières explosibles, des ouvrages contraires aux mœurs, etc.

Toutes les autres choses qui ne sont pas déclarées hors du commerce par la loi sont dans le commerce et peuvent être l'objet de dispositions de l'homme (voy. c. civ. fr., art. 1128 et 1598).

Art. 28.—41. On serait porté à croire que les choses *inaliénables* sont les mêmes que celles qui sont *hors du commerce;* mais ces deux caractères des choses ne sont pas identiques: il y a des choses inaliénables qui pourtant sont dans le commerce.

L'explication en est assez simple: un droit d'usage, par exemple, est dans le commerce, car il est susceptible d'être constitué par vente, échange ou donation, au gré des contractants; une fois constitué, il est encore susceptible d'une convention qui le restituerait au propriétaire de la chose, c'est-à-dire qui y mettrait fin;

mais, il est inaliénable de la part de celui au profit duquel il a été constitué.

Il en est de même des servitudes foncières: elles peuvent être constituées par convention entre deux propriétaires voisins; mais celui auquel elles ont été consenties ne pourrait pas les céder à un autre qu'au propriétaire même du fonds servant.

A l'égard des mines et autres monopoles, le Gouvernement peut les constituer par contrat; il peut même les adjuger aux enchères publiques; mais, celui qui les a obtenues ne pourrait pas les céder à son gré, si la loi spéciale des mines s'y oppose.

En France, on peut encore citer comme inaliénables les immeubles des femmes mariées, lorsqu'ils sont placés sous le *régime dotal*. La question n'est pas encore réglée au Japon et elle y demandera un sérieux examen, car l'inaliénabilité des biens a de graves inconvénients économiques.

Ce n'est pas qu'elle expose sérieusement les tiers à des évictions imprévues, parce qu'on peut toujours donner une publicité suffisante à l'inaliénabilité des biens dotaux (voy. c. civ. fr., art. 1391, 1394, et loi du 10 juil. 1850); mais les biens qui ne changent pas souvent de propriétaire sont moins sujets à être améliorés.

L'énumération des choses déjà déclarées inaliénables par le 2ᵉ alinéa du présent article n'est donc pas limitative; on peut y ajouter, notamment, les pensions allouées par l'Etat; mais l'aliénalibilité est la règle et l'inaliénabilité sera toujours l'exception (comp. c. c. fr., art. 1598). Cette exception pourra venir, soit de dispositions directes de la loi, soit de dispositions de l'homme, c'est-à-dire de conventions ou de testaments; mais ces dispositions ne seront pas libres, il faudra toujours qu'elles aient été autorisées par la loi, c'est-à-dire qu'elles soient prises dans des cas où la loi les permet. C'est ce qu'exprime clairement le 3ᵉ alinéa.

Art. 29.— 42. Ce n'est pas encore ici le lieu d'indiquer les caractères de la prescription et d'expliquer comment elle fait acquérir des droits réels et perdre des droits personnels. Au surplus, comme on l'a dit dans l'Introduction et comme on le rappellera sous l'article 45, en attendant le moment de l'établir tout à fait, elle est plutôt une *présomption* d'acquisition ou de libération ordinaire et légitime qu'un moyen propre et direct de produire ces effets. Quoiqu'il en soit, il est certain que la longue possession ne produit pas toujours le bénéfice de la prescription et que souvent l'obstacle qu'elle rencontre vient de la nature de la chose ou d'une disposition de la loi tirée de la considération de la chose plutôt que de la personne du possesseur. De là, on arrive à reconnaître qu'il y a des choses imprescriptibles ; mais l'imprescriptibilité, comme l'inaliénabilité est toujours l'exception : la règle est la prescriptibilité des choses (voy. c. civ. fr., art. 2226).

Art. 30.— 43. Généralement, tous les biens d'un débiteur sont le gage de ses créanciers : s'il ne remplit pas ses obligations, ceux-ci peuvent, après avoir obtenu un jugement, saisir et faire vendre ses biens, pour être payés sur le prix (voy. c. civ. fr., art. 2092 et 2093).

Mais, par exception, certains biens échappent à cette action des créanciers ; on y retrouve, nécessairement, les choses hors du commerce et les choses inaliénables, puisque la saisie mènerait à l'aliénation et que celle-ci est interdite ; mais il y a des choses qui sont dans le commerce, dont l'aliénation *volontaire* est permise, et dont l'aliénation *forcée* sur saisie est interdite (voy. c. pr. civ. fr., art. 581, 582, 592 et 593). Le cas le plus saillant est celui des rentes sur l'Etat, ce qui doit s'étendre aux obligations temporaires du trésor public.

44. On est étonné, au premier abord, que l'Etat couvre ainsi de sa protection les débiteurs qui man-

quent à leurs engagements, alors qu'ils sont inscrits au Grand livre de la dette publique pour des sommes peut-être considérables.

Ce privilége des rentes a eu pour origine, en France, le besoin d'encourager les particuliers à prêter leurs fonds à l'Etat; mais il ne pourrait plus se motiver de la même manière, aujourd'hui, ni en France, ni au Japon: les Etats ont, à présent, plus de respect du droit et des principes qu'autrefois et c'est dans la bonne administration de leurs finances qu'ils cherchent et trouvent le crédit dont ils ont besoin.

Quoique cette question soit beaucoup d'ordre administratif et financier, elle n'appartient pas moins au droit civil, par l'intérêt légitime des créanciers; on doit donc s'y arrêter un instant.

45. L'insaisissabilité des rentes sur l'Etat peut être maintenue, aujourd'hui encore, par de puissantes raisons pratiques tirées des nécessités de la comptabilité publique.

Si les rentes étaient saisissables, les créanciers d'un rentier insolvable, pourraient faire des saisies-arrêts, pour s'opposer à ce que le payement des arrérages ait lieu entre ses mains et aussi pour empêcher qu'il puisse aliéner ses titres; ces saisies, pour être efficaces, devraient être faites à l'administration centrale, au ministère des finances même: sans cela, le débiteur pourrait toujours s'y soustraire facilement, en touchant les arrérages ou en aliénant son titre dans un département autre que celui où il y a une saisie-opposition.

Si les saisies étaient faites à l'administration centrale, celle-ci devrait en donner immédiatement avis à tous les bureaux de département, afin qu'aucun payement d'arrérages ou aucun transfert-cession ne puisse avoir lieu au préjudice des saisissants; il faudrait, de même, donner avis des main-levées d'opposition; le tout entraînerait des lenteurs et des dépenses considérables. Enfin, des erreurs de numéros des titres ou de noms des titulaires seraient inévitables dans les transmissions de ces avis, eu égard à la masse considérable de ces saisies, et la responsabilité de l'Etat serait fréquemment encourue envers les parties saisissantes. Or, cette responsabilité retomberait toujours, directement ou indirectement, sur les contribuables.

Il faut donc accepter l'insaisissabilité des rentes sur l'Etat comme une nécessité pratique : si elle est un mal, au point de vue du pur droit privé, elle tend à éviter un autre mal, plus grand encore, parce qu'il serait public.

On trouve, du reste, quelque chose d'analogue et qui est fondé sur des raisons semblables, quoiqu'à un moindre degré, au sujet des lettres de change, lesquelles ne sont susceptibles d'opposition que dans des cas très-limités (voy. c. com. fr., art., art. 149).

46. La loi s'arrête ici dans la nomenclature des divisions des choses qui influent sur les dispositions de la loi, c'est-à-dire qui motivent des règles particulières à leur égard. Ce ne sont pas cependant les seules ; mais celles qu'on a négligées ici ont une influence moins générale sur le droit.

On se bornera à en signaler quatre, et à indiquer sommairement leur intérêt en droit français, ne pouvant le faire encore d'après le Projet japonais :

1° Choses *perdues ou volées, ou non* ;
2° Choses *liquides et certaines, ou non* ;
3° Choses *excédant une valeur déterminée, ou non* ;
4° Choses *susceptibles de dépérissement, ou non*.

47.— I. Indépendamment de ce qui a été dit des *épaves* maritimes, fluviales ou terrestres (p. 64), lesquelles sont des choses perdues, il y a encore une assez importante dérogation au droit commun, au sujet des autres choses *perdues :* elles ne sont pas susceptibles de la prescription dite "instantanée" établie par la loi française par la règle célèbre "en fait de meubles, la possession vaut titre" (art. 2279).

Les choses *volées* sont dans le même cas.

Les unes et les autres ne peuvent être prescrites, par le possesseur de bonne foi, que trois ans après la perte ou le vol (*ibid.*, 2ᵉ al.).

Ce n'est pas ici le lieu de justifier cette double dérogation à la règle : il faudrait d'abord justifier la règle elle-même, ce qui sortirait du cadre de ces Dispositions préliminaires.

48.— II. Les choses *liquides et certaines* sont des valeurs, généralement dues, dont on connaît exactement la nature et le montant, ainsi que le temps et le lieu où elles doivent être fournies. Le principal intérêt de cette distinction est au sujet des saisies-exécutions qui ne peuvent avoir lieu que "pour des choses liquides et certaines" (c. pr. civ. fr. art. 551).

49.— III. En France, la loi n'est pas favorable à la preuve testimoniale, non par défiance de la sincérité des témoins, comme on le croit trop généralement, mais par le désir de prévenir les procès téméraires dans lesquels se lanceraient les personnes toujours portées à s'exagérer la bonté de leur cause : les demandeurs et les défendeurs compteraient sur des témoignages favorables à leur action ou à leur exception ; mais, devant le juge, ces témoignages manqueraient souvent de la précision et de la fermeté nécessaires pour donner à celui-ci la conviction en faveur du plaideur qui les aurait produits et l'on aurait ainsi fait un procès nuisible aux parties en même temps qu'à l'intérêt général.

La loi française veut donc que l'on rédige un acte "de *toutes choses* excédant la valeur de 150 francs" (art. 1341), et voici comment son but est atteint : si la partie intéressée, demanderesse ou défenderesse, possède la preuve écrite de son droit ou de son exception, elle n'aura pas à craindre une contestation en justice qui n'aboutirait à rien d'utile pour son adversaire ; si elle n'a pas de titre écrit, elle ne pourra elle-même réussir : dans les deux cas, le procès est évité.

Le chiffre de 150 francs est considéré comme assez important pour que les parties prennent la peine de rédiger un écrit : au-dessous de ce chiffre, elles en sont dispensées, à cause de la célérité que demandent les petites affaires, plus multipliées que les grandes.

L'importance des sommes ou valeurs réclamées a encore une grande influence sur la compétence des tribunaux, au point de vue de l'appel : les tribunaux de paix jugent sans appel les demandes de cent francs et au-dessous ; les tribunaux de première instance, celles de quinze cents francs et au-dessous (Lois des 11 avril et 23 mai 1838).

50.— IV. La loi a quelques dispositions spéciales sur les *choses susceptibles de dépérissement,* ce qu'il faut entendre dans le sens d'un *prompt* dépérissement (car tout dépérit par le seul effet du temps) ; telles sont la plupart des denrées.

On peut voir, à ce sujet, les dispositions des articles 603 et 796 du Code français.

PREMIÈRE PARTIE.
DES DROITS RÉELS.

51. On sait que ce Livre IIe est consacré aux deux sortes de Droits, réels et personnels, formant le patrimoine des particuliers.

Il est le seul qui sera divisé en deux *Parties* (a).

La division en deux *Chapitres* était impossible, parce qu'alors on n'aurait pu consacrer que des *Sections* à chacun des droits réels, ce qui n'eût pas été logique : une Section ne devant être que la division d'un même sujet et non la séparation de sujets différents. Il restait la division par *Titres*, usitée en France ; mais le mot Titre, déjà difficile à expliquer en français, serait intraduisible en japonais (b).

On a donc pu, avec la division en Parties, avoir des Chapitres pour chacun des droits réels.

On sait, au surplus, d'après l'article 2, qu'il ne s'agira ici que des droits réels principaux et d'une seule sorte de droits réels accessoires, les servitudes foncières ; quant aux droits réels qui sont l'accessoire et la garantie des créances ou des droits personnels, ils sont renvoyés au Livre IVe.

(a) Le Code français a aussi une division en deux Parties, mais ce n'est que la subdivision d'un Chapitre, pour les deux sortes de communautés entre époux (Livre III°, Titre v, Chapitre 2).

(b) C'est ainsi que dans les deux nouveaux Codes criminels, déjà en vigueur, on a exclu la division par Titres.

CHAPITRE PREMIER.

DE LA PROPRIÉTÉ.

Art. 31. La propriété est le droit naturel d'user, de jouir et de disposer d'une chose, de la manière la plus étendue, dans les limites et sous les conditions apportées par la loi ou par les conventions particulières. [544.] Caractère de la propriété.

Les règles et conditions d'après lesquelles le propriétaire d'une chose acquiert ce qui s'y incorpore ou s'y unit accessoirement, ou ce qui résulte de sa transformation complète, sont établies au Livre III°. [546.] Accession : renvoi.

32. Le propriétaire d'un immeuble peut être contraint de céder sa propriété à l'Etat, au département ou à la commune, pour cause d'utilité publique légalement reconnue et déclarée, et moyennant une indemnité préalable à la prise de possession, réglée conformément aux lois de l'expropriation. [545.] Expropriation des immeubles.

A l'égard d'un objet mobilier, corporel ou incorporel, l'expropriation pour cause d'utilité publique n'en peut avoir lieu qu'en vertu d'une loi spéciale faite pour chaque cas. Id. des meubles.

Sont exceptés de la précédente disposition les droits de préemption qui sont ou seront attribués à l'Etat ou aux administrations publiques Exceptions.

et les réquisitions de denrées, en temps de siége, de guerre ou de calamités publiques.

Occupation temporaire.

33. Le propriétaire peut être forcé, sous condition d'indemnité, de permettre l'occupation temporaire de sa propriété, pour faciliter l'exécution de travaux d'utilité publique.

Servitudes d'utilité publique.

34. Les servitudes relatives à l'extraction des matériaux, à l'alignement, aux coupes de bois, aux prises d'eau et autres, établies dans un intérêt public, général ou local, sont réglées par les lois administratives. [650.]

Travaux au-dessus et au-dessous du sol.

35. Le propriétaire du sol peut établir ou supprimer, sur la surface, toutes constructions, plantations, cultures, étangs, qu'il juge à propos.

Il peut faire au-dessous du sol toutes excavations, fouilles et extractions de matériaux.

Exceptions.

Pourvu, dans l'un et l'autre cas, qu'il se conforme aux prescriptions et restrictions établies dans l'intérêt général par les lois administratives.

Renvoi.

Les autres limites et conditions apportées à l'exercice du droit de propriété, dans l'intérêt du voisinage, sont établies au Chapitre des *Servitudes*. [552.]

Recherche des mines.

36. Le propriétaire peut faire des fouilles, pour la recherche des mines qui pourraient exister dans sa propriété; mais il ne peut les mettre en exploitation qu'après en avoir obtenu la concession du Gouvernement, conformément aux lois particulières sur les mines. [*Ibid.*]

DE LA PROPRIÉTÉ.

37. Si le propriétaire est troublé dans la possession de sa chose ou en est privé, il peut exercer les actions possessoires ou en revendication contre tout détenteur; sauf ce qui est dit, au Livre IIIe, de la prescription des meubles et des immeubles. [C. ital. 439.] *Actions possessoires et pétitoires.*

Il peut aussi intenter une action négatoire contre ceux qui exerceraient sur son fonds des droits de servitude qu'il prétendrait ne pas exister. *Action négatoire.*

La compétence et les formes de procéder, dans l'un et l'autre cas, sont réglées au Code de procédure civile. *Renvoi.*

38. Si une chose appartient en commun à plusieurs personnes, pour des parts indivises, égales ou inégales, chacun des copropriétaires peut user de la chose intégralement, mais en se conformant à sa destination et pourvu qu'il ne mette pas obstacle à l'usage des autres; *Copropriété indivise.*

Les fruits et produits se partagent périodiquement, dans la mesure du droit de chacun;

Chacun peut faire les actes d'administration nécessaires à la conservation de la chose;

Les charges sont supportées par chacun proportionnellement à sa part;

Le tout, sans préjudice des conventions particulières qui régleraient autrement l'usage, la jouissance ou l'administration: notamment, par un partage provisionnel.

39. A l'égard du droit de disposer, aucun *Suite.*

des copropriétaires ne peut, sans le consentement des autres, modifier la condition matérielle de la chose, ni la grever de droits réels au-delà de sa part indivise.

L'aliénation, par un des propriétaires, de sa part indivise, met le cessionnaire en son lieu et place vis-à-vis des autres ; sauf l'effet ultérieur du partage, comme il est expliqué à l'article 15.

<small>Suite : partage.</small> **40.** Chacun des copropriétaires peut toujours demander le partage de la chose commune, nonobstant toute convention contraire.

Les propriétaires peuvent cependant convenir de rester dans l'indivision pendant un temps déterminé qui ne peut excéder cinq ans. [815.]

Ce délai peut toujours être renouvelé, à toute époque, mais de manière à ne lier les parties que pour ladite période de cinq ans.

<small>Exception.</small> Cette disposition ne s'applique pas à la copropriété indivise résultant de la mitoyenneté appliquée aux cours, passages, puits, haies, murs ou fossés communs à plusieurs propriétés.

<small>Renvoi.</small> **41.** Les règles particulières à la copropriété entre héritiers, entre époux ou entre associés, sont établies au Livre IIIe, aux Chapitres des *Successions*, du *Contrat de mariage* et des *Sociétés*.

<small>Copropriété divise.</small> **42.** Si une maison appartient divisément à plusieurs personnes dont chacune est propriétaire d'une portion distincte, leurs droits et leurs devoirs respectifs sont réglés comme il suit :

Sont à la charge commune, en proportion de la valeur de la part de chacun dans la maison, les impôts généraux et locaux, l'entretien et la réparation des portions des bâtiments et accessoires servant à tous en même temps, tels que portes, clôtures, fondations, charpentes principales, gros murs, toits, escaliers, puits, citernes, tuyaux, etc. *Charges communes.*

Chacun supporte seul les frais relatifs au plancher et aux cloisons de la portion qui lui appartient, et, s'il y a plusieurs étages, chacun contribue à l'entretien de la partie de l'escalier qui conduit chez lui. [664.] *Charges propres.*

43. Le droit de propriété s'acquiert, se conserve et se transmet, tant entre les parties qu'à l'égard des tiers, par les causes et par les moyens qui sont expliqués au présent Livre, IIe Partie, et au Livre IIIe. *Renvoi.*

44. La propriété se perd : *Perte de la propriété.*
1° Par l'aliénation volontaire ou forcée ;
2° Par l'accession ou incorporation de la chose à une autre chose appartenant à un autre propriétaire ; sauf l'indemnité due par celui qui se trouve enrichi ;
3° Par la confiscation prononcée en vertu des lois pénales ;
4° Par la résolution, la rescision, ou la révocation d'une acquisition sujette à ces éventualités ;
5° Par l'abandon volontaire de la chose, fait par le propriétaire capable d'en disposer ;

6° Par un acte de l'autorité compétente mettant la chose hors du commerce ;

7° Par la destruction totale de la chose; sauf l'indemnité du propriétaire, si le fait est imputable à autrui.

<small>Prescription ou usucapion: renvoi.</small>

45. Le caractère et les effets de la prescription dite "acquisitive" ou usucapion, dans ses rapports avec l'acquisition et la perte de la propriété des meubles et des immeubles, sont réglés au Livre IIIe, Chapitre dernier

COMMENTAIRE.

Art. 31.— 52. On a beaucoup discuté en Europe, surtout depuis un siècle, sur le caractère et la légitimité de la propriété, au moins de la propriété du sol. Certains publicistes ont prétendu qu'elle était une création de la loi positive, et la conséquence de cette opinion serait que la loi pourrait toujours, à son gré, modifier la propriété, la restreindre et même la supprimer ; c'est ainsi qu'on a pu proposer de ne reconnaître qu'un seul propriétaire foncier qui serait l'Etat ; sauf, par lui, à faire aux particuliers des concessions temporaires de jouissance, moyennant une redevance.

Cette théorie, qui est une des formes du *socialisme* moderne, est moins nouvelle que ne le croyent peut-être ses partisans : elle se trouve avoir été appliquée, au moins en partie et avec quelques différences de forme et de noms, dans les Républiques grecque et romaine, plus tard, sous l'Empire romain, et aussi, à une époque moins éloignée, sous la féodalité européenne et dans quelques monarchies absolues.

Il ne serait pas difficile de la trouver dans l'ancienne féodalité japonaise.

Ce n'est pas ici le lieu de discuter cette théorie, plus spéculative que législative.

Le Japon est entré résolument dans une voie nouvelle, surtout en législation; mais s'il innove dans ses institutions politiques, économiques et civiles, ce n'est pas pour expérimenter des systèmes nouveaux plus ou moins téméraires: c'est pour s'appliquer le fruit de l'expérience des autres pays, et il accueille seulement les systèmes que le temps et la pratique des nations les plus sages et les plus éclairées ont démontré être justes et utiles.

Déjà, au Japon, la propriété foncière peut appartenir aux particuliers, pleine et entière, comme celle des objets mobiliers. Quand l'Etat, les départements et les communes y sont propriétaires, comme on l'a vu aux articles 1er et 24 à 26, ils le sont au même titre que les particuliers: les uns et les autres, sont soumis à la loi commune. Mais ce n'est pas la loi qui crée leur droit: elle ne fait que le reconnaître, le consacrer et le garantir; le seul cas où, peut-être, on pourrait voir l'effet direct et exclusif de la loi positive, serait celui où elle attribue à l'Etat la propriété des immeubles sans maître particulier et des successions en déshérence (art. 26); mais là encore, il serait facile d'établir que la loi n'est que l'organe d'un principe de raison et de justice, d'une loi naturelle.

Le Projet, sans prétendre interdire la discussion théorique de la nature et de l'origine de la propriété, fait donc acte de sagesse et de raison, en proclamant qu'à ses yeux la propriété est "de droit naturel."

53. Le mot français "propriété" vient directement du latin *(proprietas)* et il exprime l'idée que la chose est l'objet d'un droit spécial, particulier, *propre* à un individu.

La propriété, cependant, pourrait être *collective*, appartenir à plusieurs; mais la chose leur serait toujours *propre*, particulière, par rapport aux autres.

La loi indique, dans sa définition, les trois principaux avantages ou droits que donne la propriété:

User, c'est tirer de la chose une utilité, des services continus: comme habiter une maison, employer un animal à des travaux, se servir d'un objet mobilier;

Jouir, c'est tirer d'une chose des produits, des revenus périodiques, comme les fruits d'un fonds de terre, les petits des animaux, le lait, la laine, etc.;

Disposer, c'est faire de la chose un usage qui ne se renouvellera pas pour le propriétaire, un usage *final* qui la fait sortir de son patrimoine: par exemple, *aliéner* (c).

Ces trois droits: usage, jouissance, disposition, sont souvent réunis, mais ils peuvent aussi être séparés. La propriété est dite *pleine*, quand ils sont réunis; elle est dite *démembrée*, quand l'usage ou la jouissance sont séparés du droit de disposer; ces deux droits, envisagés isolément, sont alors appelés *démembrements* de la propriété.

54. On verra, dans la suite, que les droits de créance ou droits personnels sont susceptibles d'une condition ou d'un terme (art. 421 et suiv.) et qu'il en est de même des droits réels secondaires, de ceux qui ne sont que des démembrements de la propriété, comme l'usufruit et le louage, et de ceux qui sont des garanties de créances, comme le gage et l'hypothèque.

En est-il ainsi du droit de propriété lui-même?

On ne peut douter qu'il puisse être subordonné à une condition, soit suspensive, soit résolutoire.

On doit répondre négativement pour le terme.

Ce n'est pas ici le lieu de s'arrêter longtemps sur ces

(c) Les Romains disaient *abusus* (usage qui détruit, qui enlève). En français, *abuser* a le même sens, mais se prend en mauvaise part.

modalités ou manières d'être dont les droits peuvent être affectés : il suffit de dire ici que la condition est "un évènement futur et incertain duquel on fait dépendre l'existence d'un droit." On peut faire dépendre de cet évènement, soit la *naissance* du droit, soit son *extinction;* dans le premier cas, la condition est dite *suspensive;* dans le second, elle est dite *résolutoire.* En réalité, la condition est toujours *suspensive;* mais, tantôt, elle suspend la naissance du droit, tantôt, elle en suspend la résolution.

Deux exemples feront bien comprendre ce double effet de la condition.

Je donne ou vends ma maison à quelqu'un, "si je suis nommé juge dans une autre province." Jusqu'à ce que ma nomination arrive, le droit de l'acquéreur est en suspens, est incertain ; l'acheteur ou le donataire n'aura peut-être même jamais la propriété, car je puis n'être jamais nommé conformément à mes prévisions : c'est la condition *suspensive*.

Au contraire, je vends ou donne ma maison, après avoir été nommé juge dans une autre province; mais, je prévois que je pourrais revenir un jour dans l'ancienne province, avec un rang plus élevé ou après ma démission ; dans ce cas, il m'importerait de recouvrer la propriété de ma maison : je stipule donc, lors du contrat, que "si je reviens dans la même province, par démission ou autrement, le droit de propriété me fera retour ; " c'est la condition *résolutoire*.

Ces deux conditions ne sont pas, comme le terme, inconciliables, incompatibles avec le droit de propriété. Elles ont, en effet, un caractère particulier que ne présente pas le terme, c'est *l'effet rétroactif* de l'évènement, lorsqu'il s'accomplit.

Supposons que j'ai aliéné ma propriété sous la condition *suspensive* prévue plus haut : tant que la condition n'est pas accomplie, j'ai gardé la qualité de propriétaire et le droit de disposer ; puis, si la condition s'accomplit, mon droit cesse, il passe au nouveau propriétaire ; mais il est acquis à celui-ci *rétroactivement*, c'est-à-dire, en remontant au jour où la convention a été faite ; de sorte que les aliénations que j'ai pu faire sont frappées de nullité : elles sont *résolues*, comme mon droit l'est lui-même. Par contre, les aliénations qu'aurait faites l'acquéreur, en prévision de l'accomplissement de la condition, sont validées : elles étaient en suspens, elles sont devenues définitives ; la condition, qui était *suspensive* pour mon acquéreur, est donc *résolutoire* pour moi.

Supposons, en sens inverse, que j'ai aliéné ma propriété, en me réservant de la recouvrer au cas de tel évènement, c'est-à-dire que je l'ai aliénée sous condition *résolutoire*. Le droit de disposer appartient présentement à mon acquéreur ; mais, si l'évènement prévu s'accomplit, la propriété me reviendra libre de tous les droits dont il aurait pu la grever, lesquels seront *résolus* avec le sien même.

Cette condition est dite *résolutoire*, du côté de l'acquéreur ; mais elle est *suspensive*, de mon côté ; en sorte que, si j'avais moi-même disposé, en prévision de l'accomplissement favorable de la condition, les actes que j'aurais faits seraient validés.

On voit que, dans les deux cas, le droit de disposer, quoiqu'incertain pour les deux parties, n'existe toujours que d'un côté et c'est l'évènement ou la défaillance de la condition qui le fait connaître rétroactivement.

55. Rien de pareil ne se rencontrerait dans le terme, parce qu'il ne rétroagit pas.

L'adjonction d'un terme à la propriété serait incompatible avec le droit de *disposer* qui en est l'essence, aussi bien l'adjonction d'un terme *initial* (a quo : à partir duquel) que celle d'un terme *final* (*ad quem* : jusqu'à la fin duquel).

Supposons, en effet, que quelqu'un doive être propriétaire dans dix ans (terme *a quo*), il y aura donc un autre propriétaire présent, actuel, dont le droit cessera dans dix ans. Or, celui-ci pourra-t-il disposer valablement de la chose pendant ces dix ans ? S'il le peut, il aura ainsi le moyen, par une aliénation ou par un acte destructif de la chose, d'anéantir la faculté de disposer chez celui qui doit lui succéder dans le droit, ce qui est inadmissible ; s'il ne le peut, c'est lui qui n'aura d'un propriétaire que le nom.

Le terme ne peut donc être attaché à la propriété.

Il pourrait être attaché à la prise de possession ; rien n'est même plus fréquent ; mais c'est tout différent et sans difficultés.

56. Dans tous les pays, le droit de propriété est *le plus étendu* qu'une personne puisse avoir sur une chose, mais il n'est pas *absolu*, comme le dit, par inadvertance sans doute, le Code français. Si étendu qu'il soit, il a des limites établies dans l'intérêt général et dans celui des voisins ; il est aussi quelquefois limité dans l'intérêt du propriétaire lui-même. Ces limites sont, pour la plupart, posées par la loi : on en rencontrera un grand nombre, tant dans le présent Chapitre que dans celui consacré aux Servitudes foncières. Mais il y a aussi des limites ou conditions apportées aux droits du propriétaire par des conventions auxquelles il a pris part : notamment, lorsqu'il a consenti à un autre un droit d'usage, d'usufruit, de servitude ou de louage.

Art. 32.— 57. Il y a déjà ici une grave limite au droit de propriété ; le propriétaire n'a pas un droit absolu de *conserver* sa chose : il peut être tenu de la céder, soit à l'Etat, soit au département ou à la commune, dans un intérêt général légalement constaté.

La loi emploie le mot "céder" parce qu'il est usité depuis le Code civil français; mais, il serait plus exact de dire *abandonner*; car, la cession, l'aliénation, suppose une convention, un accord de volontés, qui ne peut être valable qu'autant que ces volontés sont libres; or, ici, il y a contrainte, il y a donc *privation*, *sacrifice* de la propriété, et ce sont, en effet, les expressions employées par les Constitutions françaises, tant antérieures que postérieures au Code civil.

En fait, il y a quelquefois cession volontaire; car le propriétaire qui sait qu'il ne peut se soustraire à l'expropriation forcée, préfère souvent une cession amiable à une procédure lente et compliquée. S'il n'y a pas accord sur la fixation de l'indemnité, elle est réglée par le jury, sans que la cession cesse d'être amiable: le jury fait alors l'office d'arbitre.

58. On remarquera aussi que la loi fonde l'expropriation forcée sur "l'utilité publique" et qu'elle n'exige pas la *nécessité*. C'est encore la disposition du Code français; mais les Constitutions qui l'avaient précédé exigeaient la "nécessité publique:" c'était, par un scrupule exagéré, interdire l'expropriation pour l'embellissement des villes, pour l'établissement de palais, musées ou jardins nationaux. Il est bon cependant d'embellir les villes, pourvu qu'on n'exagère rien (d).

L'expropriation pour cause d'utilité publique n'est pas, comme on pourrait le croire, une institution moderne. Elle a pris de nos jours, en Europe, une grande extension; sans elle, l'Europe et l'Amérique n'auraient pu être sillonnées de routes, de canaux et de chemins

---

(d) Les Constitutions françaises, en proclamant le principe de l'expropriation pour cause d'utilité publique, avec ses conditions et limites dans l'intérêt des citoyens, en ont fait un principe *constitutionnel*, à l'abri, par conséquent, des variations législatives auxquelles sont sujettes la plupart des autres matières du droit public et privé.

On pourra faire de même au Japon, dans la future Constitution.

de fer; mais on en retrouve les premières applications chez les Romains et même chez les Grecs.

Le principe sur lequel se fonde l'expropriation est que le bien public doit primer l'intérêt particulier. Il serait, assurément, déplorable et odieux que la mauvaise volonté ou les exigences d'un propriétaire obstiné ou cupide missent obstacle à l'exécution de ces grands travaux publics si favorables à l'agriculture, à l'industrie et au commerce, ou qu'elles obligeassent à détourner une route, un canal ou un chemin de fer de la direction la plus courte ou la plus favorable.

Mais la loi ne peut, non plus, demander à un particulier de sacrifier sa *fortune* au bien public, elle ne peut lui demander que le sacrifice de ses *convenances* personnelles: on ne lui prendra pas son bien, on le lui achètera, et, généralement, il lui sera payé avantageusement. L'indemnité doit être *préalable* à la dépossession, afin que l'exproprié ne courre pas le risque d'attendre ou d'être obligé de faire des réclamations et démarches qui pourraient lui être pénibles. Elle doit, d'ailleurs, être réglée d'une façon qui soit à l'abri de la critique. La loi française veut encore qu'elle soit *juste*. Mais quand pourra-t-on dire que l'indemnité est juste? Evidemment, c'est quand elle aura été réglée à l'amiable entre l'administration et l'exproprié, ou quand elle aura été fixée par une autorité compétente ayant un caractère de juridiction.

En France, l'indemnité est fixée par un jury de propriétaires locaux.

Le Projet se borne à renvoyer à la législation spéciale qui sera faite certainement sur ce point au Japon.

La loi sur l'expropriation déterminera aussi les formalités, qui devront précéder la déclaration d'utilité publique et les autorités compétentes pour la prononcer.

59. La loi n'autorise ici, d'une manière générale,

l'expropriation forcée, que pour les *immeubles*. Ce n'est pas que la propriété des meubles doive être, par sa nature, plus inviolable que celle des immeubles ; mais on comprend moins que l'expropriation d'un meuble soit utile à l'intérêt général : on ne pourrait guère l'admettre que pour des objets d'art très-anciens qui pourraient manquer à un musée national et constituer une lacune grave pour une époque ; mieux encore, pour des documents originaux qui seraient importants pour l'histoire nationale. L'expropriation mobilière pourrait encore s'appliquer, avec des motifs plus puissants, aux droits de l'inventeur d'une découverte scientifique ou de l'application nouvelle d'un procédé connu qui pourrait être important pour la guerre et pour la défense nationale et dont on voudrait empêcher la vente par l'auteur à une puissance étrangère ; il pourrait s'agir aussi d'une découverte qui favoriserait l'industrie nationale et que son auteur pourrait être disposé à vendre à l'industrie étrangère. Enfin, on pourrait considérer comme expropriation mobilière les rachats forcés de droits de péage et de concessions de monopoles de transport par terre ou par eau.

L'article 32, en exigeant une loi spéciale pour les expropriations de meubles, a pour but de mettre obstacle à leur trop grande facilité : par cela même qu'elles ne se rattacheraient pas, comme l'expropriation des immeubles, à des travaux plus ou moins considérables et déjà très-coûteux pour l'Etat, l'administration pourrait avoir une tendance exagérée à exercer un pareil droit. La nécessité de l'intervention du pouvoir législatif sera, pour les particuliers, une garantie sérieuse de la réalité de l'utilité publique.

La loi excepte de cette disposition deux matières déjà plus ou moins réglées, au Japon, comme ailleurs : le droit de préemption en matière de douanes et les réquisitions de denrées en temps de calamités publiques : pour ces dernières, l'urgence ne permettrait pas de recourir au pouvoir législatif.

Art. 33.— 60. Il peut arriver que l'exécution de travaux d'utilité publique n'exige pas l'expropriation d'un immeuble, mais seulement une prise momentanée de la possession, une *occupation* plus ou moins prolongée ; par exemple, pour des dépôts de matériaux, pour le charroi, pour l'écoulement des eaux.

La loi civile permet cette nouvelle atteinte au droit de propriété ; mais toujours en observant les conditions prescrites par la loi administrative : elles ne seront pas les mêmes que pour l'expropriation, mais elles auront le même but, de protéger les citoyens contre les actes arbitraires de l'administration et de leur assurer une juste indemnité pour les dommages causés aux biens et pour la privation de jouissance.

Art. 34.— 61. L'intérêt général motive encore diverses atteintes au droit de propriété, connues sous le nom de *servitudes d'utilité publique*. La loi en indique ici quatre principales ; mais elle n'est pas limitative.

En France, les terrains riverains des routes, canaux, chemins de fer, et non clos, sont assujettis au droit de l'administration de faire des fouilles, pour en extraire des pierres, des sables et chaux ; les riverains de la voie publique peuvent être empêchés de réparer leurs maisons, lorsqu'un nouvel alignement exige qu'elles soient reculées ; les propriétaires de bois et forêts, doivent laisser choisir les plus beaux arbres pour les constructions de la marine de l'Etat ; les propriétaires de sources ou de cours d'eau doivent en permettre une dérivation partielle, pour une commune ou agglomération d'habitants.

Lorsque l'administration prend ainsi aux particuliers

des matériaux, des bois ou des eaux, elle leur doit une indemnité satisfaisante. On peut considérer ces cas comme constituant encore une expropriation mobilière, laquelle, étant fondée sur des lois générales, rentre dans les exceptions portées à l'article 32, 3° alinéa, et n'exigera pas de loi spéciale pour chaque cas.

Toutes ces matières où l'intérêt public est en opposition avec l'intérêt privé sont du domaine du droit administratif et seront bientôt réglées au Japon d'une manière analogue.

Art. 35.— 62. Le propriétaire est supposé ici n'avoir pas démembré sa propriété par des concessions de droits réels ; autrement, l'obligation de les respecter diminuerait ou suspendrait les facultés que la loi lui reconnaît dans cet article.

Mais un plein propriétaire peut à son gré, construire, ou ne pas construire, cultiver et planter ses terres ou les laisser incultes, dessécher les étangs ou marais, ou en établir.

Les constructions dans les villes sont cependant soumises, dans plusieurs pays d'Europe, à des règlements sur l'alignement et sur la hauteur des maisons, sur la salubrité des logements, etc.; mais ce sont encore là des mesures d'utilité publique, et elles sont jugées si légitimes qu'elles ne donnent lieu, en général, à aucune indemnité (*e*).

63. Un cas assez embarrassant pourrait se présenter au Japon, depuis que l'on songe à prendre de sérieuses mesures contre les incendies.

L'administration préfectorale ou municipale pourrait-elle exiger des propriétaires qui construisent une

---

(*e*) En France, notamment, il n'y a pas d'indemnité pour la défense de *réconforter* les bâtiments sujets à reculement : l'indemnité n'a lieu, après la destruction finale du bâtiment, que pour le terrain exproprié.

première fois ou reconstruisent des maisons incendiées, qu'ils n'emploient que la pierre, la brique ou le pisé (terre agglomérée) et ne couvrent les toits qu'en tuiles, en ardoises ou en métal?

Pourrait-elle même ordonner la destruction des toits actuellement couverts en bois ou en paille, pour y faire substituer des couvertures incombustibles?

Certaines personnes ont des doutes sur les deux questions; d'autres admettent la solution affirmative et favorable au pouvoir des préfets.

La solution la plus conforme aux principes combinés du droit civil et du droit administratif paraît être justement de diviser les deux questions et de donner une solution différente pour chaque cas.

Lorsqu'il s'agirait, soit de construire des bâtiments nouveaux ou des annexes nouvelles, soit de reconstruire des bâtiments incendiés, tombant de vétusté ou que le propriétaire veut transformer, l'autorité préfectorale pourrait, à titre de mesure de police, ordonner l'emploi de matériaux incombustibles ; le propriétaire ne souffrirait pas sérieusement de cette mesure: si elle exigeait une plus forte mise de capitaux, il en serait compensé par la plus value de son bâtiment; si les fonds suffisants lui manquaient, il pourrait retarder sa construction : il n'y aurait de gêne réelle que pour une réparation urgente qui deviendrait plus difficile par l'augmentation de dépense; mais l'autorité préfectorale pourrait toujours accorder le droit de faire le nécessaire, d'après l'ancien mode, à titre provisoire et temporaire ; sauf à faire démolir, à l'expiration du temps fixé, s'il y avait refus d'obéir.

Au contraire, on devrait refuser à l'autorité préfectorale le droit d'ordonner la suppression des toitures et autres parties de bâtiments n'ayant pas besoin de réparations: ce serait porter une atteinte beaucoup plus grave à la propriété foncière; elle ne devrait être prise qu'en vertu d'une décision de l'autorité législative, laquelle manquerait elle-même aux principes généraux du droit civil, si elle ne prescrivait pas une indemnité au profit des propriétaires.

L'indemnité pourrait être fixée administrativement, d'après des bases et en suivant certaines formes réglées encore par la loi.

En France, depuis plus de trente ans, on a interdit les couvertures en paille ou chaume, dans les communes ou hameaux où les maisons sont rapprochées : on ne les tolère que pour les constructions isolées. Il ne paraît pas qu'on ait fait de loi à ce sujet ; mais la mesure n'a été prise qu'à l'égard des nouvelles constructions et des reconstructions. Elle a rencontré d'ailleurs, à cette époque, une vive résistance dans les campagnes : il a fallu faire des avances et même des dons de matériaux aux propriétaires peu aisés ; mais aujourd'hui tout est en ordre.

La distinction ici proposée s'appuierait sur une disposition analogue du droit français déjà citée (p. 88, *e*). Lorsqu'un bâtiment riverain de la voie publique se trouve, par le changement d'alignement, sujet à reculement, l'administration préfectorale défend les réparations et *réconfortations* ; mais, si elle désire le redressement immédiat de la voie, elle doit acquérir le bâtiment avec indemnité, d'après les règles de l'expropriation (Loi du 16 sept. 1807, art. 50).

64. Le propriétaire du sol est maître de l'espace aérien qui se trouve au-dessus dudit sol ; en conséquence, les voisins ne pourraient faire, sur la limite, des constructions qui dépasseraient la ligne verticale partant de ladite limite ; ils ne pourraient non plus jeter un pont suspendu d'une propriété à l'autre et passant sur celle du milieu qui ne leur appartiendrait pas. Cela ne fait de difficulté nulle part.

A l'égard des fouilles et excavations, comme elles pourraient, par leur proximité de la ligne séparative, nuire aux voisins, la loi prescrira des mesures préventives de ces dommages (voy. art. 281 et suiv.).

Les lois administratives prescrivent aussi des mesures de précautions dans l'intérêt des ouvriers et des propriétaires du sol, pour l'exploitation des mines et carrières.

Art. 36.— 65. La bonne exploitation des mines importe beaucoup à l'Etat. Dans presque tous les pays d'Europe, les mines sont considérées comme propriété de l'Etat. Dans d'autres, en France notamment, les mines n'ont d'existence légale que lorsqu'elles sont concédées par le Gouvernement (Loi du 21 avril 1810).

La concession peut être donnée à un autre qu'au propriétaire du sol; cependant, celui-ci serait préféré, s'il donnait des garanties suffisantes d'une bonne exploitation.

Le concessionnaire paye une redevance à l'Etat et, en outre, s'il n'est pas le propriétaire du sol, il en paye une autre à celui-ci.

Au Japon, il existe déjà une législation assez développée sur les mines : on paraît y avoir adopté un système emprunté, partie à la loi française, partie à la loi anglaise. Ce n'est pas ici le lieu de s'étendre sur cette matière spéciale.

Il y aurait un double danger à laisser libre au propriétaire du sol l'exploitation des mines: le premier c'est que celui-ci négligerait souvent l'exploitation, faute de capitaux suffisants, ce qui priverait le pays des ressources naturelles de son sol et le rendrait, à cet égard, tributaire de l'étranger; le second, c'est que si la surface du sol se trouvait, comme cela arrive le plus souvent, morcelée entre un grand nombre de propriétaires, l'exploitation des mines qui exige un grand développement pour être fructueuse, deviendrait impossible ou ruineuse pour chaque propriétaire et ce serait encore un grand dommage général.

Du reste, le système adopté en Europe et déjà admis au Japon, ne dépouille pas les propriétaires d'un droit antérieur : lorsqu'ils ont acquis la surface, ils n'ont pas entendu acquérir le tréfonds, au moins quant aux mines, ils n'ont fourni aucune valeur correspondante aux mines ; tout au plus, ont-ils espéré acquérir la redevance que le concessionnaire aurait un jour à leur payer ; or ce droit est respecté.

Le Projet consacre pour le propriétaire le droit de recherche de la mine et pour l'Etat le droit de lui accorder ou de lui refuser la concession.

Art. 37.— 66. Le droit de *revendication* est quelquefois inséré dans la définition du droit de propriété ; il s'ajoute ainsi aux trois autres droits déjà énoncés à l'article 31.

Le Code français paraît avoir adopté cette idée, en partie, lorsqu'il a énoncé l'action en revendication d'un immeuble comme étant un droit immobilier (art. 526).

Cette théorie n'est pas très-exacte : l'action en revendication n'est pas un droit proprement dit, elle est l'exercice du droit réel contre un usurpateur ; il n'est pas plus exact de voir dans la revendication un des droits composant la propriété que de voir dans l'action personnelle du créancier contre le débiteur un des éléments du droit de créance : l'action n'est pas le droit, mais la *sanction* du droit, le moyen de le faire valoir.

Mais, cette réserve étant faite, pour l'exactitude de la théorie, il est bon que la loi proclame que le propriétaire peut revendiquer sa chose dans toutes les mains où elle se trouve indûment ; si ce n'est pas un *élément* du droit de propriété, c'en est un *effet* trop considérable pour ne le pas signaler (comp. art. 2).

L'action en revendication cesse devant la prescription, c'est-à-dire devant une présomption légale d'acquisition légitime fondée sur une possession plus ou moins prolongée.

Ce n'est pas encore ici le lieu de s'arrêter sur les caractères et les conditions de la prescription déjà mentionnée: elle aura une large place, au Livre III ^{e}, parmi les moyens d'acquérir les droits réels et aussi parmi les causes d'extinction des obligations; on va d'ailleurs la retrouver, et s'y arrêter un peu à l'article 45.

L'action en revendication prend un nom particulier, lorsqu'elle a pour objet de soustraire la chose à une servitude personnelle ou réelle, indûment exercée ou usurpée. Dans ce cas, comme le propriétaire possède encore son fonds, on ne peut pas dire qu'il le *revendique*, qu'il tend à le reconquérir; il en réclame seulement la liberté, l'affranchissement; dès lors, il n'affirme pas son droit de propriété, puisque ce droit n'est pas contesté: il conteste, il *dénie* le droit de servitude prétendu par un autre. De là, le nom d'action *négatoire*, d'origine toute romaine. Il sera question de l'action négatoire au sujet de l'usufruit (art. 70) et des servitudes foncières (art. 289); on la retrouvera aussi dans la matière des Preuves, à cause de particularités qu'elle présente à cet égard.

67. Le propriétaire d'un immeuble, privé de la possession de sa chose, n'est pas toujours obligé d'exercer l'action en revendication qui présente des difficultés de preuve et, par suite, des dangers, si elle est engagée prématurément; il peut aussi exercer les actions possessoires, comme le lui permet le présent article et comme on le verra avec détails au sujet de la Possession (Chapitre iv, art. 312 et suiv.).

Quelques mots d'explication sont nécessaires, par anticipation, pour l'intelligence de cette disposition.

L'action en revendication dont il a été parlé d'abord porte le nom de *pétitoire*, par opposition aux actions *possessoires*. L'action pétitoire tend à faire juger que le demandeur *a vraiment* le droit de propriété (*f*); l'action possessoire tend seulement à faire reconnaître que le demandeur, en fait, *exerce* le droit de propriété (ce qu'on appelle *posséder*); l'action pétitoire fait juger *le fond* du droit, l'action possessoire n'en fait juger que *la possession, l'exercice de fait.*

Au surplus, il y a plusieurs actions possessoires: les deux principales sont l'action *en complainte* et l'action *en réintégrande*: la première est donnée lorsque le demandeur possède encore la chose objet du procès, mais est inquiété, troublé et craint une dépossession prochaine: elle tend à *conserver* la possession; la seconde, a lieu lorsque le demandeur ayant possédé un certain temps, a été dépossédé depuis un temps assez court (en France, moins d'un an): elle tend à lui faire *recouvrer* la possession perdue, sans soulever la question *du fond* du droit.

L'action *négatoire* donnée au propriétaire pour contester les servitudes prétendues, pourrait être employée de même, soit *au pétitoire* ou au fond, soit *au possessoire*, en soumettant seulement au juge *les faits* de possession du demandeur et de trouble ou d'usurpation du défendeur.

Toute action, étant un recours à l'autorité judiciaire, suppose une compétence déterminée et des formes précises de procédure: la loi renvoie à cet égard au Code spécial de Procédure civile, encore en préparation.

(*f*) Le mot *pétitoire*, du latin *petere*, "demander" n'a pas, par lui-même, un sens assez déterminé; mais il est consacré, avec le sens donné ci-dessus, par toutes les législations qui se sont inspirées du droit romain.

Du reste, elle se donne pour faire juger l'existence, *au fond*, non seulement de la propriété, mais de la plupart des autres droits réels.

Art. 38.— 68. Il n'est pas rare que plusieurs personnes se trouvent simultanément propriétaires d'une même chose.

Dans les pays où il n'y a pas de droit d'aînesse (et ce sont aujourd'hui les plus nombreux), il arrive souvent que plusieurs héritiers de même degré sont appelés ensemble à une succession.

Il peut arriver aussi que plusieurs personnes se réunissent pour acheter un bien, sans se mettre d'ailleurs en société proprement dite.

Enfin, quand une société se trouve dissoute, les droits de propriété qui appartenaient précédemment à la personne morale *société*, appartiennent désormais aux ex-associés, individuellement.

Tels sont les principaux cas de copropriété.

Comme les copropriétaires ou communistes ont chacun un droit sur toute la chose et sur chaque partie de la chose, on dit qu'ils sont dans l'*indivision*, que leur droit est *indivis*.

Il ne faut pas confondre *l'indivision* avec *l'indivisibilité*, ni une chose *indivise* avec une chose *indivisible*. Une chose *indivise* n'est pas encore *divisée*, mais pourra l'être; une chose *indivisible* ne pourra jamais être divisée: sa nature, la convention ou la loi s'y oppose.

La loi règle ici la manière dont les copropriétaires peuvent user de la chose, en jouir et l'administrer.

Dans l'article suivant elle en règlera la disposition.

Du moment que la chose n'est pas divisée, l'usage de chacun pourra porter sur la chose toute entière; mais, pour que l'usage de l'un ne mette pas obstacle à l'usage de l'autre, il faudra, le plus souvent, éviter l'usage simultané: par exemple, s'il s'agit d'un cheval, d'une voiture, chacun usera à son tour.

Mais, s'il s'agit d'une maison, l'usage de chacun pourra être intégral, continu, et simultané avec celui des autres: ils habiteront ensemble, comme les membres d'une même famille.

La jouissance se résumant, ordinairement, dans une certaine quantité de fruits et produits périodiques, ces fruits se partageront probablement chaque année; car s'ils restaient indivis eux-mêmes, comme le fonds, leur utilité ne se comprendrait pas.

Au lieu de partager les fruits chaque année, après une culture faite en commun, les copropriétaires peuvent aussi faire un partage de jouissance, dit "provisionnel ou provisoire;" pour cela, ils font des lots dont chacun jouit séparément, à sa convenance, ce qui évite des contestations sur le mode de culture ou d'administration.

Toute propriété mobilière ou immobilière est sujette à se dégrader, si elle n'est pas l'objet de soins. Chacun des copropriétaires, ayant intérêt à la conservation de la chose en bon état, a aussi le droit de faire les actes d'administration nécessaires à ce résultat, et si ces actes occasionnent des dépenses, elles seront supportées à frais communs, comme les autres charges: notamment, comme les impôts.

Mais le pouvoir d'administrer qui, en d'autres circonstances, permet d'améliorer la chose, ne pourrait pas ici aller aussi loin: la conservation d'une chose est un fait précis et limité; son amélioration est indéfinie et, comme elle entraîne toujours des dépenses proportionnelles, il pourrait arriver que l'un des copropriétaires fît des améliorations téméraires et ruineuses. Ce que chacun pourrait faire, ce serait de continuer une exploitation commencée, de donner la chose à bail, de manière à en tirer un revenu raisonnable et surtout de continuer un bail antérieur et sur le point d'expirer (voy. l'art. suivant).

Cette situation née de la copropriété n'est évidemment pas favorable, elle peut créer des difficultés sans nombre; aussi arrivera-t-il, le plus souvent, que les copropriétaires régleront par des conventions particulières, l'usage, la jouissance et l'administration.

Art. 39.— 69. Le principe qui domine le droit de disposer de chaque copropriétaire, c'est qu'il ne peut faire aucune disposition qui soit préjudiciable aux autres.

Or, toute entreprise qui changerait les conditions matérielles de la chose est interdite à chacun, s'il n'a le consentement des autres; lors même que ce changement n'affecterait qu'une portion très-limitée de la chose, il atteindrait toujours le droit des autres, puisque, par l'effet de l'indivision, le droit de chacun porte sur toute la chose et sur toutes ses parties.

Mais chaque copropriétaire peut aliéner ou hypothéquer sa part indivise. L'aliénation changera immédiatement la personne du copropriétaire: l'acquéreur prendra la place du cédant dans l'indivision. Le créancier hypothécaire aura le droit de faire vendre la part indivise qui lui a été donnée en garantie et l'aliénation forcée ainsi obtenue aura les effets de l'aliénation volontaire.

Mais la validité de l'hypothèque et de l'aliénation reste soumise aux chances du partage qui aura lieu, un jour ou l'autre, entre les anciens copropriétaires.

Telle est, au moins, dans les pays où le partage est *déclaratif* de propriété, la conséquence généralement admise de ce principe et elle est déjà consacrée par l'article 15 du Projet.

A l'égard du droit résultant du bail, comme il a dans le Projet le caractère d'un droit réel (art. 2), il semblerait, par la généralité de la prohibition du présent article, qu'il ne peut être conféré par un seul des copropriétaires; mais on ne doit pas perdre de vue que le fait de donner à bail, dans certaines limites, est un acte d'administration plutôt que de disposition (voy.

art. 126 à 132) et que chacun des copropriétaires peut être considéré comme mandataire des autres dans cette mesure.

Art. 40.— 70. Les effets de l'indivision indiqués aux deux articles précédents ne sont pas sans de grands inconvénients : il peut se rencontrer souvent des occasions de conflit entre les copropriétaires; en outre, les biens indivis se trouvent longtemps retirés de la circulation; car les copropriétaires auront de la peine à se mettre d'accord pour les conditions d'une vente totale, et, si un ou plusieurs d'entre eux veulent vendre leur part indivise, ils trouveront peu de personnes disposées à accepter une situation précaire (g), aléatoire (h), subordonnée au résultat du partage.

Pour remédier à ces inconvénients, la loi française, suivie ici par le Projet japonais, permet à tout copropriétaire d'exiger le partage des biens indivis (voy. c. civ. fr., art. 815).

Une convention qui aurait pour but de soumettre les copropriétaires à l'indivision perpétuelle, ou pendant leur vie, ou même pendant plus de cinq ans, serait nulle comme contraire à l'ordre public: toutefois, elle vaudrait pour cinq ans, parce que l'intention des parties peut recevoir valablement cet effet.

Le droit laissé aux copropriétaires de se soumettre à l'indivision pendant cinq ans est aisé à justifier. Il est souvent difficile de diviser les biens en nature: on est alors obligé de les vendre, pour en partager le prix; or, il pourrait être nuisible de vendre, dans certaines circonstances où les biens sont dépréciés; les parties feront donc sagement de s'interdire, respectivement,

---

(g) *Précaire*, du latin: *prex*, "prière;" parce que le droit dépend des autres.

(h) *Aléatoire*, du latin: "*alea*, dé à jouer, hasard;" le droit dépend des hasards du partage.

pendant cinq ans, ou moins, un partage qui pourrait nuire aux unes et aux autres; sauf à renouveler la convention.

En France, on discute sur le point de savoir si l'interdiction de partager pourrait être imposée pendant cinq ans par un testateur, dans le testament où il lèguerait son bien à plusieurs personnes. Il ne faut pas hésiter à lui refuser ce droit et à n'admettre qu'une convention directe entre les intéressés: c'est le seul cas où l'on puisse espérer que l'intérêt des copropriétaires, mûrement considéré par eux-mêmes, leur fera apporter tous les ménagements possibles pour vivre, pendant cinq ans, sans contestations et sans procès.

Il faudra décider de même au Japon; aussi la loi ne parle-t-elle que de "convention;" en outre, la faculté de renouveler le délai, de cinq ans en cinq ans, prouve qu'il ne peut s'agir d'un testament, lequel ne peut se renouveler.

S'il s'agissait d'une donation faite à plusieurs personnes et soumise par le donateur à la condition que les copropriétaires resteront dans l'indivision pendant cinq ans, il n'y aurait pas la même difficulté: les donataires, ayant dû tous accepter la donation avec cette clause, sont considérés comme s'étant liés pour cinq ans, en conformité avec la volonté du donateur.

Dans tous les cas, si la condition avait été établie pour plus de cinq ans, on devrait la considérer comme réduite, de plein droit, à ce délai.

La loi excepte de la règle que "nul n'est tenu de rester dans l'indivision" les cas de mitoyenneté: il est clair que les biens mitoyens, servant à l'usage ou à la clôture de propriétés distinctes, ne pourraient être partagés sans perdre toute leur utilité. Que seraient, par exemple, un mur ou un puits divisés en deux parties, et même une cour commune? Chaque partie ne serait le plus souvent, d'aucun service sans l'autre.

Il sera longuement parlé de la mitoyenneté au Chapitre des Servitudes (art. 270 et suiv.).

Art. 41.—71. La copropriété ne suppose pas toujours un héritage recueilli en commun, ou un mariage, ou une société : on a déjà cité le cas d'une acquisition faite en commun sans société.

Les règles qui précèdent s'appliquent d'ailleurs aux trois situations que vise le présent article; mais chacune aussi aura ses règles particulières.

C'est dans les trois Chapitres cités au texte qu'on trouvera ces particularités.

Art. 42.— 72. Cette situation, de plusieurs personnes ayant des portions distinctes, divises, d'une maison, existe quelquefois en France : notamment, dans le Dauphiné et le Midi; elle est réglée par l'article 664 Code du français.

Au Japon, elle sera, sans doute, beaucoup plus rare. Cependant, il n'est pas improbable qu'elle puisse se présenter, lorsque le mode des constructions en pierre se répandra; il y en a même déjà des exemples, à Tokio, dans le nouveau quartier de Ginza. Dans tous les cas, la loi fait sagement de régler à l'avance une situation exceptionnelle qui n'est ni la copropriété ni la propriété entièrement divise.

Il n'y a pas besoin, d'ailleurs, de développer les 2e et 3e alinéas. Ils se justifient à la simple lecture.

Art. 43.— 73. Les divers Chapitres consacrés plus loin aux droits réels secondaires ne se borneront pas à indiquer leur nature, leurs effets et leur extinction : ils indiqueront aussi les causes qui leur donnent naissance, au moins celles qui sont propres à chacun d'eux; au contraire, dans le présent Chapitre de la Propriété, la loi n'indique pas ses causes, c'est-à-dire les manières de l'acquérir et les moyens de publicité qui permettent aux ayant-droit de s'en prévaloir vis-à-vis des tiers. La matière est assez étendue pour être l'objet d'un Livre entier, le IIIe, et d'une partie du Livre IIe. On peut déjà voir, à cet égard, au Livre IIe, 11e partie, la convention considérée comme moyen direct d'acquérir la propriété d'un *corps certain* (art. 351 et suiv.) et la théorie importante et difficile de la transcription (art. 368 à 375).

Le Code français a été peu méthodique, on l'a déjà remarqué, lorsqu'il a traité, sous le titre de la *Propriété*, d'un seul des moyens de l'acquérir, de l'accession, alors qu'il consacre le Livre IIIe aux "moyens d'acquérir la propriété."

Art. 44.— 74. La loi énumère ici les causes qui mettent fin à la propriété, quoiqu'elle n'ait pas encore énuméré les causes qui la créent. Le motif en est que les causes d'extinction de la propriété ne pourraient former ailleurs une division assez importante. Du reste, le plus grand nombre de ces causes d'extinction sont en même temps des causes d'acquisition et, à ce titre, elles se retrouveront dans la suite ; car, sauf le cas de perte totale de la chose et celui où elle est retirée du commerce, lorsque la propriété sort d'un patrimoine, elle entre, en général, dans un autre.

Cela est évident pour les cinq premiers cas :

1° Au cas d'aliénation ; car l'aliénation n'est autre chose qu'un acte qui fait qu'une chose qui était *nôtre* devient chose d'*autrui* (i). Il n'y a pas à distinguer si l'aliénation est volontaire, comme la vente et la donation, ou forcée, comme l'expropriation sur saisie ou pour cause d'utilité publique.

(*h*) Mot à mot, d'après l'étymologie latine, *res nostra fit aliena:* "la chose qui était *nôtre* devient chose *d'un autre*."

2° Au cas d'accession ou incorporation, la chose change de maître, sans la volonté de son ancien propriétaire et quelquefois même sans la volonté du nouveau.

3° Au cas de confiscation, la chose passe dans le domaine de l'Etat, quand elle n'est pas détruite comme dangereuse pour l'ordre public.

4° La résolution, la rescision et la révocation d'une acquisition ont des applications très-variées dans le présent Code et on les retrouvera dans les matières où elles s'exercent par voie d'actions en justice portant les mêmes noms (*j*). Ce n'est pas ici le lieu de s'arrêter longuement à ces actions: on indiquera seulement, avec quelques exemples, l'application de chacune d'elles.

La résolution suppose l'accomplissement d'une condition, d'un évènement auquel les parties ou la loi avaient attaché, éventuellement et par prévision, la destruction d'un acte translatif de propriété, comme le défaut d'exécution par l'une des parties dans un contrat synallagmatique ou bilatéral (voy. art. 429, 441, 442, 582). La rescision suppose une aliénation entachée d'un vice de consentement ou d'une incapacité (voy. art. 566 et suiv.). Enfin, la révocation est comme la peine civile des acquéreurs coupables de certaines fautes prévues par la loi, comme des donataires ingrats ou de ceux qui ont participé à des aliénations faites par le débiteur en fraude de leurs créanciers (voy. art. 361 à 364 et 584).

Dans les trois cas de résolution, de rescision et de révocation, l'acquisition est détruite rétroactivement,

---

(*j*) Les noms de *résolution* et de *rescision*, toujours d'origine latine, appartiennent au langage figuré de la matière des *Obligations*: dans le premier, le lien est *dénoué*, dans le second, il est *tranché*. Le nom de *révocation* a un autre sens : la promesse faite est retirée, la parole donnée est reprise, *rappelée*. Si le sens et l'application de ces différents noms n'étaient consacrés par l'usage et par la loi, ils donneraient lieu à des confusions.

et la chose retourne à l'ancien propriétaire, ce qui permettrait, à la rigueur, de dire qu'ici le droit de propriété ne se perd pas, n'ayant jamais existé pour le prétendu acquéreur; mais, il y a là une subtilité de doctrine que la loi peut et même doit négliger, quand elle ne s'occupe que de la nomenclature et de la méthode. Il est donc permis de dire que la propriété, dans les trois cas qui nous occupent, n'est pas détruite, qu'elle est seulement déplacée, qu'elle change de mains ou de patrimoine.

5° Au cas d'abandon volontaire de la chose par le propriétaire, il y aura encore, le plus souvent, changement de patrimoine : s'il s'agit d'un meuble, il sera bien rare qu'il reste sans maître et ne rencontre pas aussitôt un acquéreur par occupation ; s'il s'agit d'un immeuble, lequel sera d'ailleurs bien rarement abandonné, la propriété en est acquise de droit à l'Etat (art. 26); dans les deux cas, s'il s'agissait d'une chose qui appartînt en propriété à plusieurs, il faudrait décider qu'il n'y aurait lieu ni à l'occupation d'un tiers, pour un meuble, ni à l'acquisition de l'Etat pour un immeuble : le droit du propriétaire renonçant accroîtrait la part des autres.

Il ne reste donc que deux cas, les 6ᵉ et 7ᵉ, où l'on puisse dire que la propriété cesse pour le propriétaire, sans être acquise à un autre, et encore, dans le cas où la chose est retirée du commerce, elle entre presque toujours dans le domaine public, par voie d'expropriation, ou dans le domaine privé de l'Etat, par confiscation.

Mais si la chose est entièrement détruite, sans qu'il en reste quelque résidu utile, le droit cesse d'une façon absolue.

On verra, au sujet de l'usufruit (art. 110, 114 et 115) que ce droit s'éteint par une perte moins complète que celle qui fait perdre la propriété.

On retrouvera encore la perte de la chose, au sujet de l'extinction de l'obligation de donner (art. 561 et suiv.).

Dans tous les cas, la perte de la chose peut donner lieu à une question de responsabilité et de dommages-intérêts de la part de celui à la faute duquel la perte serait imputable: on y reviendra en plusieurs occasions, notamment, aux articles 390 et suivants; car cette faute devient elle-même la cause, la source d'une obligation d'autrui et, par contre, d'un droit personnel pour l'ancien propriétaire.

Les remarques qui précèdent confirment ce qui a été dit en commençant (p. 34), à savoir que l'extinction des droits réels diffère notablement de celle des droits personnels, autant que diffèrent les causes et les effets des uns et des autres: il est rare, en effet, que la propriété s'éteigne absolument, elle change plutôt de titulaire; au contraire, le droit personnel, bien que susceptible d'être transféré, l'est rarement, et, quand il s'éteint pour le créancier, il s'éteint, en général, d'une façon absolue et le débiteur demeure libéré.

Cette différence, qui paraît moins frappante pour l'usufruit et les autres droits réels secondaires, ne l'est guère moins, au fond : comme ces droits sont détachés de la pleine propriété et en sont comme des "démembrements," il en résulte que, lorsqu'ils s'éteignent pour le titulaire, ils retournent à la propriété, ils s'y absorbent de nouveau et perdent leur caractère propre; mais, en réalité, ils sont plutôt *retransférés* qu'ils ne sont *éteints*.

Art. 45.—75. L'influence du temps sur les droits, sous le nom de "prescription," est considérable. On a quelquefois discuté sa légitimité, jamais son utilité, on pourrait dire sa nécessité. Mais elle n'est pas moins juste que nécessaire, et ce n'est pas sans raison que les anciens jurisconsultes l'appelaient "la patronne du genre humain."

Elle a deux applications distinctes, avec deux noms

qui en exagèrent les différences, tandis qu'il vaudrait mieux en faire ressortir les ressemblances : on dit que la prescription " fait acquérir les droits réels," d'où le nom de prescription *acquisitive* ou usucapion (*i*), et qu'elle "fait perdre les droits personnels," d'où le nom de prescription *libératoire*.

Il ne faudrait pas, cependant, pour chercher l'unité dans les deux prescriptions, dire que toutes deux *détruisent* les droits, que la prescription détruit le droit de propriété, comme elle détruit le droit de créance. Le temps seul ne détruit pas le droit du propriétaire, fût-il le plus négligent : lorsqu'un propriétaire a perdu son droit par la prescription, c'est qu'une autre personne a possédé, a exercé, plus ou moins longtemps, le droit négligé par le titulaire ; ici, ce n'est pas, comme dans les cas du précédent article, parce que la propriété a quitté le titulaire qu'elle est allée se fixer sur un autre ; c'est, au contraire, parce qu'elle s'est fixé sur un nouveau titulaire qu'elle a quitté l'ancien : s'il n'y avait pas eu "longue possession" de l'un, il n'y aurait pas déchéance de l'autre.

Ce n'est donc pas parce que le temps nous apparaît comme un principe destructeur dans les choses matérielles que nous devons lui trouver le même caractère dans les choses de l'ordre moral ou de l'ordre juridique : ici, il est, au contraire, un principe réparateur et fortifiant ; si le temps détruit encore quelque chose ici, ce sont les vices des actes : il efface leurs imperfections ; par conséquent, il consacre les situations acquises ; celui

---

(*i*) Usucapion, du latin *usu capere :* "prendre, acquérir par l'usage." Le Projet a cru devoir consacrer une expression un peu trop négligée aujourd'hui, en Europe ; mais elle est bien plus claire en elle-même que celle de Prescription qui ne se comprend elle-même que par un souvenir de la procédure très-compliquée des Romains.

On trouve, du reste, l'expression d'*usucapion* dans plusieurs législations civiles étrangères : notamment dans le *droit commun* allemand.

qui a reçu la possession d'une chose par suite d'un achat ou d'une donation, en contractant avec un autre que le propriétaire, finira par être traité par la loi aussi favorablement que s'il avait contracté avec le vrai propriétaire; celui même qui a pris possession de la chose d'autrui, sans titre et, par conséquent, sans bonne foi, arrivera, par le temps, à ne plus pouvoir être recherché pour son usurpation.

La prescription dite "acquisitive," l'usucapion, ne peut donc pas être considérée comme destructive du droit de propriété.

Si l'on tient absolument à trouver l'unité dans les deux prescriptions, on la trouvera plutôt dans cette idée que celle dite "libératoire" détruit moins le droit du créancier qu'elle ne *fortifie,* qu'elle ne *consolide,* la situation d'un débiteur qui n'a pas été sollicité, inquiété, pour le payement, pendant un temps plus ou moins considérable.

Mais ce n'est ni dans la première idée, ni dans la seconde, que nous chercherons et trouverons cette unité des deux prescriptions. Quelque effort qu'on fasse pour établir que le temps légitime la longue possession du détenteur d'une chose et la longue tranquillité d'un débiteur, qu'il transforme l'une en droit de propriété et l'autre en véritable libération, il restera toujours des doutes et des scrupules au plus grand nombre.

L'unité nous semble être ailleurs: le temps ne produit, ni droit réel, ni libération de droit personnel: il crée seulement une très-forte probabilité, une *présomption,* c'est-à-dire une *preuve,* d'acquisition ou de libération, et la loi peut très-bien, d'accord avec la raison, la justice et l'utilité, rendre cette présomption invincible, *absolue.*

C'est à cause de ce caractère de présomption invincible, au moins en général, que dans le langage habituel des jurisconsultes et même de la plupart des lois européennes, la prescription est rangée au nombre des "moyens d'acquérir et de se libérer."

On a dit, dans l'Introduction, qu'on ferait dans le Projet une concession aux usages traditionnels des jurisconsultes, en traitant de la Prescription acquisitive au Livre IIIe (des moyens d'acquérir) et non au Livre V^e (des preuves); mais on aura encore plus d'une occasion d'insister sur son caractère de Preuve.

Ce qui est certain, c'est qu'elle ne pouvait être traitée ici.

CHAPITRE II.

DE L'USUFRUIT, DE L'USAGE ET DE L'HABITATION.

Nature de l'usufruit.

Art. 46. L'Usufruit est le droit d'user et de jouir, temporairement et en bon administrateur, d'une chose dont un autre a la propriété, suivant sa destination et sans en changer la nature ni la substance.

Renvoi pour l'Usage et pour l'Habitation.

Les règles particulières à l'Usage et à l'Habitation forment un Appendice à la fin du présent Chapitre. [578.]

COMMENTAIRE.

Art. 46.—76. En français, le mot composé "usufruit" (du latin *usus-fructus*) indique qu'il s'agit d'un droit complexe, réunissant l'usage et les fruits, les services et la jouissance d'une chose; il ne manque à ce droit que la faculté de *disposer* pour être la propriété; mais le droit de disposer est, de beaucoup, le plus important des trois éléments constitutifs de la propriété; aussi, lorsqu'on en a détaché les droits d'usage et de jouissance, ce qui reste s'appelle-t-il encore "la propriété." On l'appelle seulement "nue-propriété," pour indiquer qu'elle est dépouillée de son principal attribut, la jouissance; s'il ne manquait que l'usage, on dirait que la propriété est "démembrée;" s'il y avait un droit de louage ou d'hypothèque, on dirait qu'elle est "grevée, chargée." De ces expressions celles de "pleine propriété" et de "nue-propriété" sont les plus usitées.

L'usufruit ne paraît pas avoir été reconnu jusqu'ici, au Japon, comme démembrement de la propriété. Le Projet l'admet, parce qu'il permettra de donner satisfaction à des besoins et à des intérêts légitimes, comme on le fera remarquer plus loin.

Le Projet innove, en introduisant dans la définition du droit d'Usufruit un de ses caractères essentiels qu'on a tort de renvoyer à ses causes d'extinction : c'est son caractère *temporaire*; la loi, d'ailleurs, ne dit pas qu'il est *viager*, parce que la vie de l'usufruitier n'est qu'un délai *maximum* (art. 49); mais elle indique, au moins, que le droit ne peut être perpétuel comme est la propriété.

Le présent article nous dit que celui qui a l'usufruit doit jouir "en bon administrateur;" ces expressions remplacent celles du Code français "en bon père de famille," empruntées elles-mêmes au droit romain : le sens est le même : l'usufruitier ne doit pas *forcer*, exagérer les produits de la chose, parce qu'il en compromettrait l'avenir ou la durée. Il ne suffirait même pas qu'il apportât à la chose les mêmes soins qu'à celles dont il a la pleine propriété : il pourrait être négligent ou téméraire pour ses propres affaires, cela ne l'excuserait pas de l'être pour la chose d'autrui dont il a l'usufruit.

Enfin, la loi défend à l'usufruitier de changer la destination de la chose et d'en altérer la nature ou la substance. A la rigueur, ces prohibitions résulteraient des limites naturelles de son droit, surtout les deux dernières; mais toutes les législations européennes les ont empruntées au droit romain; elles font partie de la définition consacrée *(salva rerum substantia)*.

L'Usage et l'Habitation se trouvent quelquefois séparés de l'usufruit; ils ont d'ailleurs avec l'usufruit un grand nombre de points communs, aussi les qualifie-t-on souvent "d'usufruit restreint;" la loi nous dit ici qu'elle se bornera à indiquer leurs particularités; ce sera l'objet d'un *Appendice* à la fin du présent Chapitre.

SECTION PREMIÈRE.
DE L'ÉTABLISSEMEMENT DE L'USUFRUIT.

Trois causes de l'usufruit.

Art. 47. L'Usufruit est établi par la loi, par la volonté de l'homme ou par la prescription. [579.]

Les cas d'usufruit légal sont déterminés au Chapitre de la *Puissance paternelle* et au Chapitre des *Successions*.

Les moyens de constituer volontairement l'usufruit sont les mêmes que ceux par lesquels la propriété s'acquiert et se transmet.

Renvoi pour l'usufruit du mari.

L'usufruit du mari sur les biens communs ou sur les biens propres de sa femme est réglé, au Livre IIIe, au Chapitre du *Contrat de mariage*.

La prescription ou usucapion de l'usufruit s'accomplit par le même délai et aux mêmes conditions que la prescription de la propriété.

Choses sujettes à usufruit.

48. L'usufruit peut être établi sur toute espèce de choses, mobilières ou immobilières, corporelles ou incorporelles, pourvu qu'elles soient dans le commerce. [580.]

Il peut même être établi sur un autre usufruit ou sur une rente viagère.

Il peut aussi être établi à titre universel, sur un patrimoine: soit sur tous les meubles ou tous les immeubles, soit sur tous les biens qui le composent, soit sur une part indivise des meubles, des immeubles ou de la totalité dudit patrimoine.

49. L'usufruit peut être constitué purement et simplement, ou pour un terme fixe, à partir duquel il doit commencer ou à l'expiration duquel il doit finir.

Il peut aussi être subordonné à une condition dont l'accomplissement doit le faire commencer ou finir. [581.]

L'usufruit constitué purement, à terme ou sous condition, ne peut excéder la vie de l'usufruitier.

Modalités de l'usufruit.

50. L'usufruit peut être constitué sur une ou plusieurs têtes, pour être exercé, dans ce dernier cas, soit simultanément, soit successivement.

Dans aucun cas, il ne peut être constitué qu'au profit de personnes déjà nées ou au moins conçues au moment de l'ouverture du droit.

Titulaires de l'usufruit.

COMMENTAIRE.

Art. 47.—77. La loi ne se borne pas à permettre aux particuliers de constituer l'usufruit quand ils y verront avantage, elle donne quelquefois elle-même ce droit, là où un droit de propriété eût été excessif : par exemple, à certains parents, en matière de successions, où aux père et mère sur les biens de leurs enfants, pendant la minorité de ceux-ci.

La constitution de l'usufruit par convention répondra aussi à un besoin de ceux qui, n'ayant pas une fortune suffisante pour vivre avec leurs revenus, aliéneront leurs capitaux contre un usufruit qui pourra être d'autant plus considérable qu'ils seront plus avancés en âge; car l'usufruit est, de sa nature, un droit viager, ainsi qu'on le vient de dire et comme on le reverra souvent dans la suite.

Les moyens de constituer l'usufruit par la volonté de l'homme étant les mêmes que ceux par lesquels le droit de propriété lui-même se transmet, il n'y a pas à s'y arrêter ici : ce sont les conventions et les dispositions testamentaires qu'on trouvera développées au Livre IIIe. On doit seulement remarquer que le droit d'usufruit qui peut *s'acquérir* par succession légitime ou testamentaire ne peut *se transmettre* par les mêmes voies, du chef de l'usufruitier : toujours, parce que le droit est viager et s'éteint avec le titulaire.

Le présent article n'indique, par forme de renvoi, que deux cas d'usufruit légal : ce sont les seuls admis par le Code français (art. 384 à 387 et 754) et il n'est pas vraisemblable que le Projet japonais en admette d'autres que celui des père et mère et de certains parents appelés à un usufruit héréditaire de préférence à un droit de propriété.

Quant à l'usufruit qui pourra appartenir au mari soit, sur les biens communs, soit sur les biens propres de la femme, il ne faudra pas le considérer comme un usufruit *légal* : il aura toujours sa base dans le contrat de mariage, lors même qu'il n'aurait pas besoin d'être stipulé expréssement : ce sera donc un usufruit *conventionnel;* aussi, pourra-il être exclu ou modifié par les parties; mais cela n'empêchera pas qu'il soit soumis à quelques règles particulières; notamment, sans doute, il sera défendu au mari de le céder, ou de l'hypothéquer pour ses dettes particulières (voy. comment. de l'art. 71).

ÉTABLISSEMENT DE L'USUFRUIT.

La prescription, ou usucapion, est aussi annoncée comme moyen d'acquérir l'usufruit, et si la loi lui consacre une mention spéciale, c'est parce qu'elle n'est pas, à proprement parler, un moyen de constitution volontaire (a). Un exemple le fera comprendre.

Quelqu'un a acheté un droit d'usufruit d'une personne qu'il croyait propriétaire et qui ne l'était pas; l'acheteur a possédé l'usufruit, c'est-à-dire, l'a exercé sans trouble et pendant le temps fixé pour la prescription, le droit d'usufruit lui reste désormais acquis jusqu'à sa mort. On ne peut pas dire que l'usufruit est constitué par la volonté de l'homme, puisque le vrai propriétaire n'a pas contribué à l'acquisition : il est acquis par la prescription (b).

Art. 48.— 78. Bien que la loi s'attache à indiquer la variété des biens sur lesquels peut porter l'usufruit, elle ne prétend pas dire que les effets en seront toujours les mêmes; au contraire, ils varieront assez notablement avec la nature des objets sur lesquels portera le droit, ainsi qu'on le verra aux deux Sections suivantes.

Le présent article s'applique, d'ailleurs, aussi bien à l'usufruit établi par la loi qu'à celui établi par la volonté de l'homme ou par la prescription.

Quant à l'usufruit prévu par le 3ᵉ alinéa, ce n'est pas seulement sur la *succession* d'un défunt qu'il peut porter, mais encore sur l'ensemble des biens ou patri-

---

(a) Il reste sous-entendu, après les observations placées sous l'article 45, que la prescription est plutôt une présomption légale et absolue d'acquisition par un des modes ordinaires; mais la loi parlera désormais le langage consacré en cette matière.

(b) Les Romains disaient cependant que celui qui laisse un tiers acquérir son bien par usucapion "semble aliéner" *(alienare videtur qui patitur usucapionem)*; mais ils ne poussaient pas l'assimilation jusqu'au point de ne pas distinguer des autres modes d'acquisition la prescription ou *usucapion* (acquisition par l'usage).

moine d'une personne vivante; par exemple, l'usufruit des père et mère sur les biens de leur enfant mineur porte sur tout son patrimoine, sauf quelques biens formellement exceptés (voy. c. civ. fr., art. 387).

Art. 49.— 79. Il s'agit ici de la durée de l'usufruit et des circonstances qui peuvent la modifier: le terme et la condition.

La loi prend soin d'indiquer ces deux modalités dont le droit d'usufruit est susceptible, parce qu'elles ne se rencontrent pas toutes deux à l'égard de la propriété, laquelle peut bien être soumise à une condition, mais non à un terme, ainsi qu'on l'a expliqué sous l'article 31.

Le terme, en effet, est incompatible avec la faculté de disposer qui est la partie essentielle du droit de propriété; or, c'est précisément la faculté de disposer qui manque à l'usufruitier: le terme est donc compatible avec son droit; bien plus, il en est inséparable; c'est tantôt un terme *fixe*, comme un nombre déterminé d'années, tantôt un terme *incertain*, comme la mort du titulaire: sans un terme mis à l'usufruit, la propriété, privée éternellement de la jouissance, deviendrait inutile; elle n'aurait même aucune valeur vénale, car le droit de disposer ne trouverait pas à s'exercer.

Quant à la condition, soit suspensive, soit résolutoire, apposée à un usufruit, elle aurait le même effet rétroactif qu'en matière de propriété. Cependant, elle n'entraînerait pas nécessairement une restitution de tous les fruits perçus ou de leur valeur: le plus souvent, par interprétation de l'intention probable des parties, les fruits perçus resteraient acquis à celui qui avait le droit actuel et ils seraient considérés comme compensés avec les intérêts du prix touché par le vendeur ou gardé par l'acheteur.

L'effet rétroactif de la condition s'appliquerait seulement aux hypothèques ou aux baux consentis par celui qui n'avait qu'un usufruit suspendu par une condition, et encore devrait-on maintenir les baux de courte durée ayant le caractère d'actes d'administration (voy. art. 126 à 131).

Art. 50.— 80. La loi laisse ici une certaine latitude aux conventions particulières; mais elle ne permet pas que l'usufruit se transmette, à la mort d'un usufruitier, à une personne qui n'est née ou n'a été conçue que depuis la constitution du droit: autrement, l'usufruit serait trop longtemps séparé de la propriété; mais, on pourrait donner ou léguer l'usufruit, soit à deux époux, soit à deux ou plusieurs frères, à deux ou plusieurs amis, tous *actuellement vivants*, ou même à un père et à ses enfants déjà nés. On pourrait, dans ce cas, les appeler à l'usufruit simultanément et indivisément (par indivis) ou successivement, en réglant l'ordre dans lequel ils arriveront à l'usufruit; par exemple : le mari d'abord, la femme ensuite; le père, puis les enfants; le frère aîné, puis les cadets, etc. De toute façon, la propriété ne sera jamais grevée d'usufruit au delà d'une existence d'homme, si longue qu'elle soit.

La loi considère ici l'enfant simplement *conçu* comme déjà *né*, c'est un principe généralement admis dans les lois civiles et que l'on rencontrera dans d'autres parties du droit : notamment, en matière de successions. Il ne faut pas s'arrêter à l'objection que la conception est un fait mystérieux, dont l'époque est difficile à déterminer: la loi arrive, par voie de présomption, à fixer l'époque à laquelle un enfant a été conçu, en remontant d'un certain nombre de jours au delà de sa naissance. En France, la conception est présumée avoir eu lieu entre le 300e et le 180e jour avant la naissance (c. civ. fr. art. 312 à 314).

SECTION II.

DES DROITS DE L'USUFRUITIER.

Entrée en jouissance.

Art. 51. L'usufruitier peut se faire mettre en possession de la chose soumise à l'usufruit, dès que son droit est ouvert et le terme échu et après avoir rempli les obligations relatives à l'inventaire et au cautionnement, telles qu'elles sont établies à la Section suivante.

Il prend les choses en l'état où elles se trouvent, sans pouvoir exiger aucune réparation ou appropriation, à moins qu'elles n'aient été détériorées par la faute du constituant ou de son héritier depuis l'ouverture du droit, ou même antérieurement et de mauvaise foi. [600.]

Point de départ de l'acquisition des fruits.

52. L'usufruitier a droit aux fruits perçus par le nu-propriétaire, depuis le moment où il a pu entrer en jouissance, lors même que le retard serait venu de son fait; à la charge de rembourser les frais faits pour la récolte et la conservation des fruits.

Fruits attachés au sol.

A l'égard des fruits attachés au sol par branches ou racines, au moment de son entrée en jouissance, il a le droit de les percevoir à l'époque de leur maturité, sans indemnité au propriétaire pour les frais de labour, semences et cultures. [585.]

Principe général.

53. L'usufruitier a droit, comme le propriétaire lui-même, à tous les fruits naturels et civils produits par la chose pendant la durée de son droit. [582.]

DROITS DE L'USUFRUITIER.

54. Les fruits naturels, tant ceux produits spontanément par la terre que ceux obtenus par la culture, sont acquis à l'usufruitier dès leur séparation du sol, soit qu'il l'ait opérée lui-même, soit qu'elle ait été opérée en son nom, soit qu'elle ait eu lieu par accident ou même par l'effet d'un vol. [583.] *Fruits naturels et industriels.*

Toutefois, si la séparation des fruits a eu lieu avant leur maturité, et que l'usufruit vienne à cesser avant l'époque ordinaire de la perception de ces fruits, le profit doit en être rendu au propriétaire. *Perception anticipée.*

55. Les petits des animaux appartiennent à l'usufruitier dès leur naissance, ainsi que la laine recueillie à l'époque de la tonte. *Croît, laine, lait, etc.*

Le lait et les engrais lui appartiennent également. [593.]

56. Les fruits civils sont acquis à l'usufruitier, jour par jour, à partir de l'ouverture de son droit, jusqu'à la fin de l'usufruit, quelle que soit l'époque de leur prestation ou de leur exigibilité. [586.] *Fruits civils.*

Cette règle s'applique aux redevances en argent dues par des tiers, à raison des choses sujettes à usufruit: spécialement, au prix des baux à ferme ou à loyer, aux intérêts des capitaux prêtés ou placés, aux dividendes afférents aux actions ou parts de sociétés, aux arrérages des rentes et aux redevances des mines, minières et carrières exploitées par des tiers. [514.] *Application.*

Choses de consommation.

57. Si l'usufruit comprend des valeurs mobilières dont on ne peut user et jouir sans les consommer, comme l'argent comptant, les grains, vins et autres denrées, l'usufruitier peut les consommer ou les aliéner, à charge de rendre, à la fin de l'usufruit, pareilles quantités et qualités, ou leur valeur, si l'estimation en a été faite au commencement de l'usufruit. [587.]

Marchandises.

La même règle s'applique aux marchandises composant un fonds de commerce soumis à l'usufruit et aux autres choses fongibles déterminées à l'article 19 des *Dispositions générales*.

Mobilier des habitations.

58. A l'égard du mobilier des habitations et des autres objets sujets à une détérioration plus ou moins prompte par l'usage, tels que les ustensiles, le linge et les vêtements, l'usufruitier peut en user suivant leur destination et les restituer en l'état où ils se trouvent à la fin de l'usufruit; pourvu qu'il n'y ait pas eu de détérioration grave par sa faute ou sa négligence. [589.]

Usufruit d'une rente viagère.

59. L'usufruitier d'une rente viagère a le droit de percevoir les arrérages, comme le rentier lui-même. [588.]

Sous-usufruit.

Celui qui a l'usufruit d'un usufruit antérieurement constitué exerce tous les droits qui appartiennent à l'usufruitier titulaire.

Haras, troupeau, magnanerie.

60. L'usufruitier d'un haras, d'un troupeau de bêtes à laine ou à cornes, d'une magnanerie, d'animaux de basse-cour et d'autres animaux déterminés seulement par l'espèce et le nombre, peut disposer chaque année d'une portion d'animaux qu'il n'est pas nécessaire de conserver, à charge de tenir le troupeau au complet, au moyen du croît.

61. L'usufruitier jouit des bois taillis et des plantations de bambous et même des futaies, en faisant les coupes périodiques, conformément à l'usage et à l'aménagement suivis par les précédents propriétaires.*Bois taillis et autres mis en coupe réglée.*

Si l'aménagement n'avait pas encore été régulièrement établi, l'usufruitier se conformerait aux usages forestiers des bois les plus voisins appartenant, soit aux principaux propriétaires, soit à l'Etat, aux départements ou aux communes, en prévenant le nu-propriétaire un mois avant la coupe. [590, 591.]

62. A l'égard des baliveaux et arbres de futaie qui n'étaient pas mis en coupe réglée par les précédents propriétaires, l'usufruitier n'a droit qu'à leurs produits périodiques. *Baliveaux, futaies, non mis en coupe réglée.*

Toutefois, si les bâtiments soumis à l'usufruit ont besoin de grosses réparations, l'usufruitier peut y employer les arbres de futaie morts ou renversés par accident, et même en faire abattre pour cet usage, s'il est nécessaire, après en avoir fait constater la nécessité contradictoirement avec le nu-propriétaire. [592.] *Réparation des bâtiments.*

Bois pour support des autres arbres.

63. L'usufruitier peut, à toute époque, prendre, dans les bois et plantations de bambous, les échalas, pieux et supports nécessaires au soutien des autres arbres. [593.]

Usage des pépinières.

64. Il peut prendre de jeunes arbres dans les pépinières du fonds, pour remplacer ou compléter les plantations.

Il peut aussi vendre périodiquement les arbres et arbustes des pépinières, si telle était leur destination antérieure, ou si les produits excèdent les besoins du fonds sujet à usufruit.

Mais, dans l'un et l'autre cas, il doit entretenir les pépinières avec de nouveaux plants ou semis. [590, 2ᵉ al.]

Carrières : distinction.

65. Si le fonds sujet à usufruit contient des carrières, soit de pierre ou de marbre, soit de chaux plâtre, ciment, sable, ou autres minéraux, déjà mises en exploitation et non soumises à une législation spéciale, l'usufruitier en continue l'exploitation à son profit, comme les précédents propriétaires.

Suite.

Si les carrières ne sont pas en exploitation, l'usufruitier peut seulement prendre les matériaux nécessaires à l'entretien et à la réparation des bâtiments, murs et autres parties des biens sujets à son usufruit, après constatation de la nécessité, comme il est dit à l'article 62, et sans dégradation du fonds.

Tourbières, etc.

Il usera aussi des tourbières et marnières, sous les distinctions qui précèdent. [598.]

66. Si l'usufruit comprend des mines ou minières dont l'exploitation a déjà été concédée ou autorisée par le Gouvernement, l'usufruitier en jouit, en se conformant à la législation spéciale des mines, en ce qui concerne le mode et les conditions de l'exploitation. [598.] *Usufruit des mines.*

La constitution d'un usufruit sur un sol dans lequel se trouve une mine concédée au propriétaire dudit sol, ne donne l'usufruit de la mine que s'il y a, à cet égard, une disposition expresse dans l'acte constitutif. *Constitution expresse.*

67. L'usufruitier jouit des alluvions ou attérissements et des îles ou autres accessions qui augmentent la propriété sujette à l'usufruit. [596.] *Alluvions, îles, etc.*

Toutefois, si l'accession n'a eu lieu qu'à charge d'une indemnité à payer par le nu-propriétaire, l'usufruitier doit lui en payer les intérêts pendant la durée de son usufruit.

Il n'a aucun droit sur le trésor qui serait découvert par un tiers dans le fonds sujet à l'usufruit. [598, 2ᵉ al.] *Trésor.*

68. L'usufruitier a, comme le propriétaire lui-même, les droits de chasse et de pêche sur le fonds sujet à l'usufruit. *Pêche, chasse.*

69. L'usufruitier exerce toutes les servitudes réelles ou foncières appartenant au fonds usufructuaire; il est responsable envers le nu-propriétaire, s'il a laissé lesdites servitudes s'éteindre par le non-usage. [597.] *Servitudes foncières.*

Actions relatives à l'usufruit.

70. L'usufruitier peut exercer directement, contre le nu-propriétaire et contre les tiers, les actions réelles, possessoires et pétitoires, relatives à son droit de jouissance.

Id. aux servitudes.

Il exerce aussi, dans la mesure de son droit, les actions confessoires et négatoires relatives aux servitudes respectivement prétendues au profit ou au préjudice du fonds usufructuaire.

Cession, bail, hypothèque de l'usufruit.

71. L'usufruitier, autre que le père ou la mère, peut céder son droit à titre gratuit ou onéreux, le donner à bail ou en usufruit, et même l'hypothéquer, quand la chose sujette à usufruit est elle-même susceptible d'hypothèque;

Durée.

Dans tous les cas, les droits consentis par l'usufruitier sont subordonnés à la durée, aux limites et conditions auxquelles l'usufruit est lui-même soumis. [595, 2118.]

Fruits non perçus.

72. L'usufruitier n'a droit, à la fin de l'usufruit, à aucune récompense à raison des fruits et produits qu'il aurait manqué à percevoir, lors même qu'ils seraient encore attachés au sol. [595, 1er al.]

Améliorations.

Il ne peut non plus réclamer du propriétaire aucune indemnité pour les améliorations qu'il aurait faites à la chose soumise à l'usufruit, encore que la valeur en soit augmentée.

Enlèvement des constructions, plantations, etc.

Il peut seulement enlever les constructions, plantations, ornements et autres additions par lui faites, en rétablissant les choses dans leur état primitif. [599.]

73. Le nu-propriétaire peut exiger à la fin de l'usufruit que l'usufruitier ou ses héritiers lui cèdent, pour leur valeur actuelle, à dire d'experts, les constructions et plantations que ceux-ci ont le droit d'enlever d'après l'article précédent. *(Droit de préemption.)*

A cet effet, la démolition ne peut être commencée que dix jours après la sommation faite au propriétaire d'avoir à déclarer s'il entend user du droit de préemption et sur son refus. *(Sommation.)*

Le propriétaire qui a déclaré vouloir user de ladite préemption en est déchu, s'il n'en a versé le prix, dans le mois de la décision, devenue définitive, des experts ou du tribunal ; sans préjudice des dommages-intérêts. *(Défaut de payement.)*

L'usufruitier et ses héritiers peuvent rester en possession des bâtiments jusqu'à la décision des experts ou du tribunal et le payement du prix. *(Droit de rétention.)*

COMMENTAIRE.

Art. 51.— 81. Cet article fixe le moment auquel l'usufruitier peut "entrer en possession"; mais il se borne à faire une simple allusion à "l'ouverture du droit"; il s'y réfère, sans la déterminer ; les principes y suffisent : si le droit n'est affecté d'aucune condition, le droit est ouvert, dans le cas de convention, dès qu'elle est formée par l'échange des consentements, et, dans le cas de testament, par le décès du testateur ; s'il y a une condition, le droit n'est ouvert que par l'arrivée de la condition.

Le terme diffère de la condition en ce sens qu'il ne suspend pas la *naissance* du droit, mais seulement son *exercice*, tandis que la condition en suspend même la naissance; l'usufruit à terme est donc ouvert avant l'échéance du terme; mais comme le but du terme est justement de retarder l'entrée en jouissance de l'usufruitier, la loi ajoute "que le terme doit être échu."

Il ne suffit pas, pour que l'usufruitier puisse entrer en possession des choses usufructuaires, que son droit soit ouvert et le terme échu, il faut encore qu'il ait satisfait à la double obligation que lui impose la loi, pour la sauvegarde des intérêts du nu-propriétaire, à savoir: faire inventaire et donner caution.

On développera ces deux points sous les articles 74 et suivants.

La loi prend soin de déclarer que l'usufruitier n'a droit à aucune réparation ni mise en bon état des choses, pour accentuer davantage une différence notable qu'on trouvera en son lieu entre le droit de l'usufruitier et le droit du preneur à bail (voy. art. 135).

Bien entendu, si les parties avaient fait une convention différente, elle serait respectée: c'est un principe général de droit, qui sera souvent appliqué, que "les conventions font loi entre les parties" (art, 348).

Mais, il est juste que le nu-propriétaire cesse d'être dispensé des réparations, lorsqu'elles sont devenues nécessaires par sa faute.

A ce sujet, la loi fait une distinction qu'il faut justifier.

Si les détériorations ont eu lieu depuis que le droit est ouvert, même avant l'échéance du terme, il suffit que le nu-propriétaire ait manqué de soins dans la garde de la chose pour que sa responsabilité soit engagée; si, au contraire, la chose a été détériorée avant l'ouverture du droit, le nu-propriétaire n'est responsable que si les actes nuisibles ont été accomplis volontairement et dans le dessein de nuire à l'usufruitier, en prévision de son droit futur.

Art. 52.— 82. Le droit aux fruits est pour l'usufruitier la conséquence la plus importante de l'ouverture de son droit, lorsque, d'ailleurs, le terme est échu; et ce n'est pas parce qu'il aurait négligé d'exercer son droit que le nu-propriétaire en devrait profiter.

Bien que l'usufruitier n'ait pas perçu lui-même les fruits et produits, il n'en a pas moins la propriété dès qu'ils sont séparés du sol (voy. art. 54), et c'est au moyen de l'action en revendication qu'il se les ferait rendre par le nu-propriétaire, s'ils se retrouvaient encore en nature dans la possession de celui-ci.

Le droit ne serait plus qu'un droit de créance ou droit personnel, si les fruits avaient été consommés ou vendus et livrés à un acheteur de bonne foi.

Du reste, si le nu-propriétaire avait perçu les fruits, de bonne foi, dans l'ignorance du droit de l'usufruitier, il ne serait tenu de les restituer en nature ou en valeur que dans la mesure du profit qui lui en resterait; tel serait le cas de l'héritier qui aurait ignoré le testament de son auteur contenant un legs d'usufruit.

On retrouvera les conséquences de la bonne foi chez le possesseur au Chapitre de la Possession (art. 206).

Naturellement, soit que l'usufruitier agisse par action réelle ou par action personnelle, il doit tenir compte au nu-propriétaire des dépenses utiles que celui-ci a faites pour la récolte et la conservation des fruits : autrement, l'usufruitier s'enrichirait à son tour au détriment du nu-propriétaire.

Une fois l'usufruitier entré en possession du fonds, il a droit de faire lui-même la récolte et la perception des produits, aussi bien de ceux qui ont été ensemencés et cultivés par le nu-propriétaire que de ceux qui sont le résultat de ses propres travaux.

La loi le dispense même, dans ce cas, d'indemniser le nu-propriétaire de ses frais de culture, pour éviter des calculs souvent difficiles et qui seraient une source de contestations; mais, par compensation, elle laissera au nu-propriétaire sans charges, les fruits pendants par branches et racines au moment où l'usufruit prendra fin (voy. art. 109).

Art. 53.—83. Cet article correspond à l'article 578 du Code français qui fait entrer dans la définition même du droit d'usufruit cette assimilation de l'usufruitier au propriétaire, quant à l'acquisition des fruits.

On indique ici deux sortes de fruits ou produits: les uns *naturels*, les autres *civils*. Les deux articles suivants reprennent et développent cette division des fruits.

Art. 54.— 84. Certaines législations, notamment la législation romaine, ont fait une division tripartite des fruits: elles ont fait une catégorie à part, des fruits obtenus par la culture ou autre travail de l'homme, sous le nom de fruits *industriels;* mais, quand il a fallu en tirer les conséquences, elles ont négligé de le faire, comme le Code français qui les traite de même que les fruits naturels, ou bien elles sont restées confuses, à cet égard, comme le droit romain.

Le Projet assimile nettement ici les fruits purement naturels et les fruits industriels : tous s'acquièrent au moment où ils sont détachés du sol, où ils deviennent *meubles*. Il fallait choisir un moment précis pour le changement de maître de ces fruits, en vue du cas où l'usufruit viendrait à cesser. Il était impossible de s'attacher à l'époque seule de la maturité, parce que, variant avec le temps, les lieux et les climats, elle n'a pas assez de fixité et de précision, et aussi parce que les diverses espèces de fruits ne mûrissent pas tous simultanément.

Le Projet tranche ici une question qui aurait pu faire doute, au sujet du vol des fruits ou de leur séparation par accident. Chez les Romains, les fruits n'étaient acquis à l'usufruitier que par une perception volontaire et personnelle : les fruits arrachés par le vent ne lui appartenaient que s'il les avait fait recueillir, et ceux enlevés par un voleur ne pouvaient être revendiqués que par le nu-propriétaire, sauf, à celui-ci, à les restituer ensuite à l'usufruitier. C'était une complication assez inutile.

Dans le Code français, le principe est plus simple : c'est la séparation du sol qui change la propriété des fruits ; mais la loi n'en a pas formellement déduit les conséquences.

Dans le Projet japonais on n'a pas voulu laisser d'incertitude à cet égard.

Le 2º alinéa a prévu le cas où la séparation des fruits a eu lieu avant leur maturité par quelque cause que ce soit. Si l'usufruit durait au delà de la maturité, il n'y aurait pas à s'occuper de cette circonstance ; mais si l'usufruit vient à cesser avant l'époque de la maturité, l'usufruitier se trouve avoir fait un gain illégitime et il doit le restituer au nu-propriétaire, sur l'action personnelle de celui-ci.

Art. 55.— 85. Le principe est le même pour les produits des animaux que pour les fruits du sol : tant que les petits et la laine des animaux n'en sont pas détachés, ils font corps avec eux et n'ayant pas encore le caractère de produits, ils appartiennent au nu-propriétaire.

Pour le lait et les engrais, lorsque l'élevage des troupeaux de grand et de petit bétail sera plus développé au Japon, on appréciera mieux l'importance de ces deux bénéfices de l'usufruitier.

Art. 56.— 86. L'expression fruits *civils* est assez heureuse, comme opposition aux fruits *naturels* : ce sont des fruits de pure création de la loi et du droit; ils ont la périodicité des fruits naturels, celle-ci est même plus régulière, et ils les remplacent pour le propriétaire ou pour l'usufruitier. Ils proviennent d'obligations contractées par des tiers en compensation de la jouissance en nature qui leur est accordée; le 2ᵉ alinéa fait l'énumération des principaux fruits civils.

La loi ne pouvait faire dépendre l'acquisition des fruits civils pour l'usufruitier du moment où les tiers débiteurs en feraient la prestation ou le payement: c'eût été exposer l'usufruitier à perdre les fruits qui n'auraient été fournis qu'après la fin de l'usufruit.

Au contraire, elle aurait pu admettre que les fruits civils s'acquierraient pour l'usufruitier au jour où le payement en serait échu ou exigible, de sorte qu'il aurait la prestation toute entière, si elle venait à échoir pendant que son usufruit dure, et qu'en sens inverse, il n'en aurait rien, si l'usufruit s'était éteint auparavant. Mais la loi, avec raison, n'est pas favorable aux solutions qui font dépendre du hasard les profits et les pertes; elle ne s'y résigne que lorsque c'est le seul moyen d'éviter des complications et des contestations; c'est ce qu'elle a dû faire pour l'acquisition des fruits naturels que l'usufruitier gagnera ou perdra, quelquefois, par un pur effet du hasard, suivant que son droit durera quelques jours de plus ou quelques jours de moins.

Mais pour les prestations en argent qui constituent les fruits civils, il est évident que, théoriquement, celui qui les doit pourrait et devrait, à la rigueur, les payer chaque jour et presque à chaque moment. Pratiquement, ce serait impossible; on a donc dû admettre des payements périodiques, des échéances plus ou moins éloignées. Mais, lorsqu'il s'agit de savoir quelle part en reviendra à l'usufruitier et au nu-propriétaire, quand l'usufruit commence et quand il finit, on ne peut pas trouver de solution plus équitable que celle qui divise ces prestations jour par jour et les fait acquérir à chacun en proportion du temps qu'a duré son droit.

Il faut reconnaître aussi que les prestations en argent se prêtent très-aisément à cette division exacte, tandis que les fruits naturels ne le pourraient pas; c'est pourquoi la règle des fruits civils ne s'applique, pas si les prestations dues par des tiers doivent se faire en denrées, comme dans le "bail à part de fruits ou *colonage*."

Art. 57.— 87. Si le droit de l'usufruitier n'était pas modifié à l'égard des choses qui se consomment par le premier usage, il serait sans utilité réelle; ces choses ne donnent pas de fruits ou produits périodiques, l'usage même ne s'en comprend pas distinct du droit de disposer; le droit de l'usufruitier serait donc nul s'il ne devenait un droit de disposer; l'argent même qui donne des fruits civils n'a cet effet que s'il est aliéné par un prêt ou par une opération analogue.

Il a donc fallu permettre à l'usufruitier de disposer des choses dites "de consommation" (v. art. 18). Mais, nécessairement, il doit, à la fin de l'usufruit, rendre pareilles quantité et qualité en nature, ou pareille valeur en argent.

La loi ne laisse pas à l'usufruitier le choix du mode de restitution; elle ne l'accorde pas non plus au nu-propriétaire: elle le subordonne à la circonstance qu'il a été fait, ou non, une estimation des choses usufructuaires. C'est la solution admise par la jurisprudence française, suivant, en cela, la théorie romaine, en l'absence d'un texte suffisamment précis (v. c. fr., art. 587).

Le bénéfice pour l'usufruitier est toujours le même que lorsqu'il s'agit d'un corps certain: il a eu le profit de l'intérêt de l'argent pendant la durée de l'usufruit: cela est évident, si l'usufruit portait directement sur une somme d'argent; s'il portait sur des denrées, il n'a à en payer la valeur ou le prix d'achat qu'à la fin de l'usufruit; jusque-là, il profite de son propre argent.

Les marchandises composant un fonds de commerce ne sont pas toujours de nature à se consommer par le premier usage ; ce sera même le cas le moins fréquent: par exemple, des étoffes, des vêtements, des ustensiles de maison; mais ces marchandises sont destinées à être vendues par l'usufruitier du fonds de commerce. S'il ne pouvait les vendre, l'usufruit serait inutile pour lui. Dès lors, il rendra pareille quantité et qualité de marchandises ou, si elles ont été estimées (ce qui sera le plus fréquent), il en rendra l'estimation.

Le droit de l'usufruitier devenant, dans ce cas, un véritable droit de propriété avec obligation de rendre l'équivalent, on lui a donné, d'après le droit romain, le nom de *quasi-usufruit;* il eût été plus naturel peut-être de l'appeler "quasi-propriété."

Art. 58.—88. Cet article ne présente pas de difficultés. Il est naturel que l'usufruitier use des choses dont il s'agit ici; son droit se réduit même à un simple usage, car ces choses ne donnent pas de produits. Toutefois, il ne faudrait pas confondre cet usufruit avec l'Usage dont il sera parlé dans l'Appendice: l'usager ne pourrait se servir de ces choses que dans la mesure de ses besoins et de ceux de sa famille, l'usufruitier pourra en user au delà, par conséquent, les prêter.

*Il peut aussi les donner à loyer sous sa respon-
*sabilité, lorsque leur nature le comporte (*a*).*

A l'égard du droit, pour l'usufruitier, de louer ces objets usufructuaires, la loi le consacre dans le seul but d'y apporter une restriction; car, sans cela, il pourrait être considéré comme allant de soi. Il y a des choses

---

(*a*) Cet alinéa appartient au Texte même de l'article 58 (2⁰ al.) où il a été omis par inadvertance. Ce qui suit en est le Commentaire.

qu'il serait inconvenant de louer, comme des portraits de la famille impériale, des portraits de la famille ou des amis du nu-propriétaire, des objets rares donnés en présent à ce dernier, toutes choses que, certainement, il ne louerait pas lui-même. On pourrait même refuser à l'usufruitier le droit de louer la bibliothèque du nu-propriétaire, surtout, si elle était de belle condition et sujette à être détériorée par l'usage d'un tiers moins soucieux de sa conservation (*b*).

Art. 59.—89. La rente viagère est le droit d'exiger de quelqu'un, pendant la vie du titulaire ou même pendant la vie d'un tiers désigné, des prestations périodiques appelées *arrérages*.

Généralement, le droit de rente est personnel : c'est une créance de somme d'argent ou de denrées ; elle a pu être constituée à titre gratuit, par donation ou testament, ou à titre onéreux, comme prix d'une aliénation d'immeuble, de meubles ou même d'argent.

Il pourrait arriver que celui auquel appartient le droit personnel de rente en cédât l'usufruit à un autre, ce qui permettrait à ce dernier d'en profiter pendant sa vie, si d'ailleurs elle n'excède pas la vie du véritable titulaire ; car la durée de la rente ne pourrait pas être augmentée sans la volonté du débiteur.

On aurait pu douter, dans ce cas, de l'étendue du droit de l'usufruitier, si la loi ne s'en était expliquée, comme elle l'a fait dans le Code français (art. 588).

L'usufruitier ne devant pas perdre ni altérer la substance de la chose, mais seulement en prendre les produits, il semblerait qu'en recueillant les arrérages

---

(*b*) Les Romains distinguaient souvent "les choses qu'il est d'usage de louer" (*quæ locari solent*); c'était presque, chez eux, une division fondamentale des choses, analogue à celles qu'on a présentées aux *Dispositions générales*.

qui ne se renouvelleront pas indéfiniment, il consomme, en même temps, une partie du capital.

Aussi s'était-il produit, dans l'ancienne jurisprudence française, trois systèmes parmi lesquels le Code civil a dû choisir: l'un obligeait l'usufruitier de la rente viagère à rendre au titulaire de ladite rente, après la fin de l'usufruit, tous les arrérages perçus, ce qui réduisait l'usufruit aux *revenus* desdits arrérages, c'est-à-dire à fort peu de choses; un autre système laissait à l'usufruitier la moitié des arrérages et l'obligeait à restituer l'autre moitié considérée comme fraction du capital; enfin, le dernier système n'obligeait l'usufruitier à aucune restitution. C'est ce système qu'a adopté le Code français (art. 588). C'est aussi celui qui est proposé au Japon.

Il repose sur cette idée que la rente viagère n'a pas de capital productif des arrérages; le rentier ou l'usufruitier, en percevant chaque année lesdits arrérages, ne perçoit aucune partie d'un capital quelconque: les arrérages sont produits par le *droit de rente*, et quand la rente prend fin par la mort du titulaire, c'est l'échéance de ce terme incertain qui y met fin, et non l'épuisement du capital par les perceptions successives, car elles peuvent avoir été de très-courte durée.

La règle est la même pour l'usufruit dont serait grevé un premier usufruit. Le *sous-usufruitier* percevra les fruits et produits de la chose usufructuaire comme l'usufruitier titulaire; seulement, le sous-usufruit aura deux causes d'extinction au lieu d'une: la mort du sous-usufruitier et celle du titulaire.

Le Code français a négligé ce cas particulier d'usufruit.

Art. 60.— 90. Un *troupeau* est une de ces choses collectives dont a parlé l'article 17: il constitue une sorte d'unité idéale, bien que se composant de plusieurs choses individuelles. Les Romains disaient, d'une façon un peu figurée, que c'est "un corps unique à plusieurs têtes." Il résulte de ce caractère mixte du troupeau que tant qu'il reste une tête du troupeau, l'usufruit continue et aussi l'obligation de le reconstituer avec le croît; mais aussi, si le troupeau périt, en tout ou en partie, sans la faute de l'usufruitier, celui-ci ne doit pas la valeur périe, parce qu'il était débiteur d'un *corps certain*. Les *haras* sont des établissements où l'on élève les jeunes chevaux; l'expression équivaut aussi à celle, inusitée, de "troupeau de chevaux;" mais elle comprend surtout les bâtiments et dépendances servant à loger les chevaux. Les *magnaneries* sont des établissements organisés pour l'élevage des vers à soie. Les animaux de *basse-cour* sont les poules, canards, oies, dindes; on y fait rentrer aussi les lapins et les porcs. Au Japon, cette source de revenus est très-peu développée, comparativement à ce qu'elle est dans les autres pays.

L'usufruitier, devant jouir en bon administrateur, ne pourrait vendre tous les petits des animaux, sans pourvoir au remplacement des animaux morts; il ne pourrait non plus être réduit au seul profit que donnerait l'excédant du croît sur la mortalité: il doit pouvoir aussi aliéner chaque année les animaux arrivés à leur entier développement et dont la conservation serait coûteuse et sans profit; il agit comme ferait un propriétaire diligent.

C'est par ce même principe que doit se résoudre une question souvent débattue depuis les Romains jusqu'à nos jours: à savoir, si l'usufruitier a valablement aliéné l'excédant du croît, lorsqu'il s'est ensuite produit dans le troupeau, par maladie ou accident, des vides qui ne sont pas encore comblés au moment où l'usufruit prend fin. Un bon administrateur qui voudrait entretenir un troupeau de cent têtes, par exemple (et, pour l'usufruitier c'est une obligation de ne pas laisser se réduire le troupeau ou au-dessous de ce qu'il était lorsqu'il l'a reçu), un bon administrateur, disons-nous, ne se bornerait pas, au moment de vendre le croît, à remplacer les têtes qui manquent: il en garderait encore un petit nombre, en excédant, pour suppléer les pertes qui pourraient arriver pendant l'année, en calculant d'après la moyenne de la mortalité.

Art. 61.— 91. Les bois et forêts présentent en tous pays des diversités de nature qui influent sur la manière d'en recueillir les produits. Le mode d'exploitation de cette classe de biens s'appelle *aménagement*.

Quand les bois sont de nature à repousser de la souche après avoir été coupés, on adopte, en général, les coupes périodiques; tous les 20 ans, par exemple (c).

Les produits donnent de menu bois pour l'industrie, du bois pour brûler, du bois pour faire le charbon et des fagots. Les bois ainsi mis "en coupe réglée" se nomment *bois taillis* (bois à tailler). Quand les bois sont étendus, on les divise en lots, au nombre de 20 ou de 10, si l'on veut avoir des revenus annuels ou biennaux; on peut aussi ne faire de coupe que tous les 4 ans, par cinquième, ou, tous les cinq ans, par quart. Cette distribution des coupes, une fois établie, se conserve ordinairement; elle constitue, à proprement parler, l'*aménagement*.

Mais, au moment de faire les coupes, l'usage des bons administrateurs est de conserver, de loin en loin, les plus beaux arbres, ceux qui s'annoncent comme devant se développer le mieux: ils ne gêneront pas la repousse des autres et ils deviendront un jour de

---

(c) Au Japon, la plus grande partie des bois étant de nature résineuse, est justement de ceux qui ne repoussent pas de la souche: à ces bois on appliquera l'article suivant; mais il y a aussi des arbres qui se prêtent aux coupes périodiques, réglées par le présent article, tels que le chêne (*kashi*), le polownia (*kiri*) et une foule d'autres.

grands arbres de prix, car on les conservera successivement, lors des autres coupes.

Les arbres ainsi laissés debout se nomment : après la 1re coupe, *baliveaux modernes* ; après la 2e, *baliveaux anciens* ; après les 3e, 4e et 5e, *arbres de futaie, futaies, hautes-futaies*.

Ces distinctions n'ont pas d'importance pour le propriétaire exploitant lui-même ; pour l'usufruitier, dès qu'un arbre a le caractère de *baliveau*, il ne peut plus être coupé comme bois taillis, on doit le laisser se développer : c'est un *capital*, comme il est dit à l'article suivant.

Le 2e alinéa est une sage innovation par rapport au droit français : les bois de l'Etat, des départements ou des communes, devront être de bons modèles d'exploitation à imiter. Toutefois, la loi ne leur donne pas la priorité sur les bois des particuliers ; c'est plutôt l'inverse qui résulte de son texte.

L'obligation de prévenir un mois avant la coupe a pour but de permettre au nu-propriétaire de discuter le mode des coupes et de les surveiller.

Art. 62.—92. Si, au moment où l'usufruitier fait une coupe réglementaire, il y a déjà des baliveaux anciens ou modernes réservés par le nu-propriétaire, il ne peut les abattre, à moins que l'usage des précédents propriétaires n'ait été d'en abattre un certain nombre, périodiquement, pour *éclaircir* et *aérer* le bois.

La règle serait la même pour les plantations d'arbres *résineux* qui, ne repoussant pas de la souche, ne sont pas, par leur nature, des bois *taillis*, et sont tous considérés au moins comme *baliveaux* ; mais l'usage est nécessairement d'en abattre ou d'en arracher périodiquement un certain nombre pour faciliter la croissance des autres, et l'usufruitier profiterait de cet usage.

Lorsque l'usufruitier n'a pas le droit de couper les

baliveaux ou les arbres de futaie, il en prend, au moins, les produits périodiques, ce qui se réduit aux feuilles, à quelques fruits ou graines, au bois mort et aux menues branches qu'il est souvent nécessaire d'élaguer.

La loi lui permet aussi d'employer aux réparations de bâtiments soumis à l'usufruit les arbres morts ou abattus par le vent; il peut même en abattre pour cet usage; c'est autant dans l'intérêt du nu-propriétaire que dans celui de l'usufruitier. Au contraire, l'usufruitier ne pourrait utiliser les mêmes arbres pour la réparation de ses propres bâtiments.

Une question que la loi n'a pas tranchée, mais que les principes de la matière permettent de résoudre facilement, est celle-ci : lorsque la première coupe de bois taillis est faite par l'usufruitier, est-il tenu de réserver les arbres les mieux venus pour en faire des baliveaux ? Il est clair que son intérêt serait de ne pas laisser de baliveaux, puisqu'il ne pourra jamais les couper.

Mais l'usufruitier doit jouir "en bon administrateur;" il doit aussi se conformer à l'usage des propriétaires voisins; or, il n'est pas douteux qu'un bon administrateur et que les autres propriétaires laissent toujours des baliveaux. Il n'y aurait que la proportion numérique à établir entre les arbres coupés et les arbres réservés : si les parties ne peuvent se mettre d'accord, la chose sera décidée par le tribunal, après expertise.

Art. 63.— 93. Ce droit de l'usufruitier, assez minime d'ailleurs, est la conséquence de son assimilation constante au propriétaire, pour ce qui est du mode et de l'étendue sa jouissance: il est certain qu'un propriétaire intelligent n'achètera pas les menus bois nécessaires à la culture, lorsqu'il peut les prendre sur son fonds, sans le détériorer.

Art. 64.— 94. Il arrive souvent que les grands propriétaires adjoignent des pépinières à leur fonds pour renouveler les arbres morts, pour refaire les haies ou étendre les bois (voy. p. 49).

L'usufruitier pourrait de même user de la pépinière et ce serait presque un devoir pour lui, comme devant être bon administrateur.

La loi lui permet même de vendre des produits de la pépinière, s'ils excèdent les besoins du fonds; enfin, s'il s'agissait de l'usufruit d'une pépinière distincte d'un fonds et objet principal de l'usufruit, ce droit de l'usufruitier serait tout à fait normal et non plus une exception.

Mais une pépinère s'épuiserait elle-même si elle n'était entretenue par de nouveaux plants ou semis, suivant la nature des arbres qui y sont élevés: l'usufruitier a donc l'obligation de l'entretenir.

Art. 65.— 95. Ce n'est pas arbitrairement que la loi, pour fixer les droits de l'usufruitier, distingue si les carrières étaient déjà en exploitation ou non, au moment où l'usufruit a commencé: elle fait ainsi dépendre les droits de l'usufruitier de l'intention probable du constituant, lequel n'est pas présumé avoir voulu priver l'usufruitier d'un profit périodique qu'il avait lui-même jusque-là, et, en sens inverse, n'a vraisemblablement pas voulu lui permettre d'amoindrir la valeur du fonds, en y ouvrant des carrières qui n'étaient pas encore exploitées. C'est le même principe qui a déjà été consacré au sujet de l'exploitation des arbres qui ne sont pas mis en coupe réglée. Mais, de même encore qu'il le peut faire pour ces arbres, l'usufruitier peut prendre des pierres et autres matériaux pour la réparation et l'entretien du fonds usufructuaire.

Au contraire, il ne pourrait prendre ni bois, ni pierres, pour l'amélioration du fonds, parce que l'amélioration peut prendre des développements infinis et qui souvent ne répondent pas aux espérances de celui qui l'entreprend.

L'usufruitier ne pourra de même user de la tourbe pour ses besoins personnels que si la tourbière est déjà en exploitation; car, la tourbe, comme combustible, ne peut pas être utilisée dans l'intérêt du fonds; la marne, au contraire, peut toujours servir à amender les terres (v. p. 38) et si la marnière est en exploitation, l'usufruitier pourra en vendre les produits, car ils ont pour le propriétaire le caractère de fruits.

Art. 66.— 00. On a déjà eu occasion d'expliquer pourquoi le propriétaire du sol ne peut exploiter les mines qui s'y trouvent, sans en avoir préalablement obtenu la *concession* du Gouvernement (p. 91-92). Pour les minières s'exploitant à ciel ouvert, une simple *autorisation* est nécessaire : elle assure la surveillance de l'administration.

Le présent article, qui correspond à l'article 598 du Code français, s'en écarte, assez notablement, du reste, sous deux rapports.

D'après cet article 598, si les mines sont déjà en exploitation *effective* au profit du propriétaire du sol, les produits en ont le caractère de *fruits* et appartiennent à l'usufruitier; en sorte que la jouissance des mines est, pour l'usufruitier, semblable à celle des carrières. L'article 598, il est vrai, ajoute que l'usufruitier devra obtenir une concession spéciale du Gouvernement pour continuer l'exploitation; mais cette condition a été supprimée plus tard, par la loi sur les Mines (21 avril 1810, art. 7).

En outre, l'article 598 du Code français, en donnant à l'usufruitier du sol, en cette seule qualité, la jouissance de la mine déjà mise en exploitation, paraît avoir méconnu ou les principes de la matière des mines ou ceux de l'usufruit. S'il a considéré la mine comme un accessoire du sol, il a pu logiquement en donner les produits à l'usufruitier; mais alors, il a méconnu le principe que la mine, même concédée au propriétaire du sol, est un immeuble distinct de la surface, susceptible d'être hypothéqué, cédé, exproprié séparément. Le principe, il est vrai, n'a été aussi nettement formulé que par loi précitée de 1810 (art. 7); mais il était déjà virtuellement consacré, ou, en tout cas, il a dû au moins modifier le Code civil. Si, au contraire, le Code a entendu considérer la mine comme un immeuble distinct de la surface, il n'aurait pas dû en donner la jouissance à l'usufruitier sans une disposition expresse de l'acte constitutif de l'usufruit, pas plus que l'usufruitier d'un fonds, n'aurait la jouissance d'un fonds voisin appartenant au même propriétaire.

Le Projet corrige ce qu'il considère comme deux imperfections de son modèle.

D'abord, notre article 66, 1er alinéa, s'écarte de l'article 598 du Code français, en n'exigeant pas que l'exploitation soit *commencée* pour être permise à l'usufruitier: il suffit qu'elle ait été *concédée* ou *autorisée* au profit du propriétaire : il ne paraît pas juste, en effet, de faire dépendre le droit de l'usufruitier de la circonstance que le propriétaire a déjà ou non les capitaux nécessaires pour l'exploitation. Si on prétend que l'exploitation effective a pour effet de révéler avec certitude l'intention du propriétaire de tirer des *produits* de la mine ou de la minière, comme elle la révèle pour une carrière ou une tourbière, nous répondrons que le cas est très-différent: cette intention est bien suffisamment réglée par la demande et l'obtention de la concession ou de l'autorisation d'exploiter; tandis que pareille demande n'ayant pas lieu pour les carrières et tourbières, on a pu s'attacher exclusivement au fait de l'exploitation.

Le 2ᵉ alinéa déclare formellement qu'il ne suffit pas d'être appelé à l'usufruit de la surface du sol pour avoir le droit d'exploiter la mine déjà concédée. Sous ce rapport, la mine garde son caractère d'immeuble particulier et distinct de la surface. Il faudra donc que la convention ou le testament ait formellement ou, au moins, d'une manière qui ne laisse pas de doute quant à l'intention, étendu l'usufruit du sol à la mine déjà concédée.

Pour que l'usufruitier ait droit à la jouissance de la mine, sans une disposition expresse de l'acte, il faudrait supposer une constitution universelle d'usufruit (v. art. 48, 3ᵉ al.): comme alors elle comprendrait la jouissance de tous les biens du constituant, elle comprendrait aussi la mine concédée. Le 1ᵉʳ alinéa, par la généralité de ses termes, s'applique à ce cas.

Si la concession avait été donnée à un autre qu'au propriétaire lui-même, la redevance due à celui-ci n'appartiendrait pas à l'usufruitier : la "redevance des mines" n'a pas le caractère de *fruit* : elle est plutôt une indemnité pour la dépréciation du capital, c'est-à-dire du tréfonds, et si elle est périodique c'est qu'en effet, à mesure que l'exploitation continue la dépréciation s'augmente. Il en serait autrement de l'indemnité due au propriétaire pour la diminution de jouissance, par suite de travaux exécutés à la surface : l'usufruitier y aurait droit.

Art. 67.— 97. La loi présentera au Livre IIIᵉ la théorie de l'alluvion et des autres cas d'*accession* considérée comme moyen d'acquérir la propriété.

Les augmentations survenues à la chose profitent au propriétaire pour le capital et à l'usufruitier pour les fruits ou revenus. Le Projet japonais est, à cet égard, plus simple et plus libéral que le Code français qui donne bien à l'usufruitier la jouissance des alluvions ou attérissements, mais ne lui donne pas celle des îles formées au-devant de la propriété.

On objectera peut-être que cette augmentation de l'usufruit n'a pas été dans l'intention du constituant, puisqu'elle ne pouvait être dans ses prévisions ; mais, si l'on considère que la loi donne aux riverains la propriété des îles nées dans les petits cours d'eau, pour les indemniser des dégradations que leur causent souvent les eaux, il est juste que l'usufruitier qui souffrira lui-même dans sa jouissance, par ces dégradations, soit appelé aussi à la même compensation éventuelle.

La loi se réfère, dans le 2ᵉ alinéa, aux accessions qui ne profitent au propriétaire qu'à charge d'une indemnité à un tiers ; il est juste que l'usufruitier supporte les intérêts de cette somme, puisqu'il jouit de l'accession qui la fait devoir.

En attendant que le Projet ait réglé l'accession, on peut voir, au Code français, plusieurs cas où l'accession donne lieu à indemnité pour un tiers (art. 554, 555, 566).

Bien entendu, il faut supposer, dans tous les cas, que l'accession s'est produite pendant la durée de l'usufruit ; autrement, et si elle avait précédé, le droit de l'usufruitier serait encore plus certain et il aurait lieu sans charge, l'usufruitier prenant les choses dans l'état où elles se trouvent.

A l'égard du trésor, le Projet croit devoir déclarer formellement que l'usufruitier n'y a aucun droit, comme l'a fait également le Code français: le trésor n'est, en effet, ni une accession, ni un produit du fonds ; c'est une propriété entièrement distincte, sur laquelle l'usufruit ne peut porter (voy. c. civ. fr., art. 716). Il faut excepter, bien entendu, le cas où l'usufruitier aurait lui-même trouvé le trésor : il aurait alors les droits ordinaires de l'inventeur.

Art. 68.— 98. La chasse et la pêche sont des

moyens d'acquérir la propriété de choses sans maître ; il en sera reparlé sous le nom d'*occupation*, parmi les moyens d'acquérir la propriété. Il est naturel que l'usufruitier exerce ces deux droits, car les produits de la chasse et de la pêche se renouvellent périodiquement et même d'une façon presque continue.

Art. 69.— 99. Il sera consacré plus loin un chapitre aux servitudes foncières. Il suffit d'indiquer ici qu'elles sont des droits qui permettent au propriétaire d'un fonds de tirer d'un autre fonds appartenant à un autre propriétaire, des avantages, des services qui en augmentent la valeur, comme un passage, une prise d'eau, un droit de vue, sur la propriété voisine (voy. art. 227).

Comme les servitudes appartiennent à tout propriétaire du fonds, en cette qualité et abstraction faite de sa personnalité, on dit, par une sorte de figure, qu'elles "appartiennent au fonds lui-même;" ce qui les fait aussi appeler *foncières* ou *réelles*, par opposition à l'usufruit, à l'usage et à l'habitation qui, bien que droits *réels* par leur nature et droits *mobiliers* ou *immobiliers* par l'objet sur lequel ils portent, sont souvent appelés servitudes *personnelles*, parce qu'ils appartiennent à une personne déterminée et s'éteignent avec elle.

Si le fonds soumis à l'usufruit avait de pareils droits sur un fonds voisin, l'usufruitier aurait le droit de les exercer ; ce serait, en même temps, un devoir, car la négligence amènerait la perte de la servitude par *non-usage*, sorte de prescription libératoire du fonds servant, dont il sera parlé en son lieu (art. 310 et 311).

Art. 70.—100. Les actions en justice portent, en général, une qualification qui correspond à leur objet, c'est-à-dire au droit qu'elles tendent à faire reconnaître et à faire valoir. C'est ainsi qu'il y a des actions *réelles* et des actions *personnelles* correspondant aux droits réels et aux droits personnels.

Toutes les actions que le présent article reconnaît à l'usufruitier sont des actions réelles, puisque le droit de l'usufruitier est réel; cela n'exclut pas d'ailleurs les actions personnelles qui compéteraient à l'usufruitier, contre le nu-propriétaire exclusivement, en vertu d'un contrat ou d'un testament qui aurait constitué l'usufruit.

Les actions réelles reconnues ici comme appartenant à l'usufruitier ont les mêmes noms et le même objet que celles qui appartiennent au propriétaire d'après l'article 37, avec les seules différences qui résultent de la nature du droit. Ainsi, l'action *pétitoire* tend toujours à faire juger *le fond du droit* (ici, que le demandeur a vraiment le droit d'usufruit); les actions *possessoires* tendent seulement à faire juger que le demandeur, *en fait*, possède ou a possédé récemment le droit d'usufruit, c'est-à-dire, l'exerce ou l'a exercé comme lui appartenant: s'il le possède encore et est troublé par un tiers, c'est le cas de l'action *en complainte;* s'il a été dépossédé, soit par ruse, soit par violence, c'est le cas de l'action *en réintégrande.* Ces actions se retrouveront dans leur application générale au Chapitre de la Possession (art. 212 et suiv.).

101. Indépendamment des actions réelles relatives à son droit d'usufruit, l'usufruitier a aussi des actions relatives aux servitudes. Elles sont de deux espèces: l'une qui affirme, soutient, que le fonds voisin est grevé d'une servitude *active* au profit du fonds usufructuaire: c'est l'action *confessoire* (du latin *confiteri*, avouer, affirmer); l'autre, qui conteste, qui nie, que ledit fonds usufructuaire soit grevé d'une servitude *passive* au profit du fonds voisin: c'est l'action *négatoire* (du latin *negare*, "nier").

L'article 37 n'a mentionné que l'action *négatoire*

comme appartenant au propriétaire, relativement aux servitudes ; ce n'est pas qu'il y aît à douter que l'action *confessoire* lui appartienne aussi ; mais on a considéré que l'action négatoire est, en réalité, une variété de la revendication qui est l'action principale du propriétaire : dans l'action négatoire, le propriétaire revendique la liberté de son fonds, tandis que dans l'action confessoire il réclame un droit sur le fonds voisin. L'action confessoire appartient donc à la matière des servitudes et non à celle de la propriété et c'est en effet au chapitre des Servitudes qu'elle a sa place principale (art. 289). Si le présent article la reconnaît à l'usufruitier, c'est pour que la théorie de l'Usufruit soit complète ici et qu'il n'y ait pas lieu d'y revenir sur chaque matière.

Les deux actions, ainsi données à l'usufruitier au sujet des servitudes, étant réelles toutes deux, peuvent être considérées aussi comme *pétitoires* ou *possessoires*, suivant que l'usufruitier y soulève la question DE DROIT ou *du fond*, ou la question DE FAIT ou *de possession*.

Ces dernières peuvent être aussi *en complainte* ou *en réintégrande*.

Ainsi, si l'usufruitier a déjà exercé une servitude sur le fonds voisin et se trouve menacé ou troublé dans la possession de la servitude, il exercera seulement l'action POSSESSOIRE *en complainte ;* s'il a été dépossédé de la servitude depuis moins d'un an, il exercera l'action POSSESSOIRE *en réintégrande*.

Si le temps dans lequel la réintégrande devait être exercé est passé, il exercera l'action PÉTITOIRE ou *en revendication*, de la servitude active.

Toutes trois sont des actions CONFESSOIRES, car l'usufruitier y *affirme* son droit.

Si, au contraire, c'est le voisin qui prétend avoir une servitude sur le fonds usufructuaire, l'action NÉGATOIRE de l'usufruitier pourra être *pétitoire* s'il veut faire juger *le fond du droit* contre le voisin, ou *possessoire*, s'il ne veut faire juger que *le fait de la possession;* et, dans ce dernier cas, elle aura le caractère de *complainte*, si le voisin n'a encore fait que le troubler par des entreprises sur le fonds; elle aura le caractère de *réintégrande*, si déjà le voisin est en pleine possession de sa prétendue servitude, mais depuis moins d'un an.

On pourrait, enfin, supposer toutes les mêmes actions dirigées *contre* l'usufruitier, alors défendeur, par un tiers qui réclamerait l'usufruit ou une servitude, soit au fond et comme *droit*, soit en fait et comme *possession*. L'objet, les noms et les caractères en seraient les mêmes; les rôles seuls des parties y seraient changés. Si la loi n'en dit rien, c'est qu'elle ne traite ici que des *droits* de l'usufruitier; mais elle n'aura pas besoin d'y revenir à la Section suivante.

Remarquons, en terminant, que lorsqu'il s'agit des servitudes actives ou passives, relatives au fonds usufructuaire, bien que l'usufruitier ait qualité pour plaider à ce sujet, comme demandeur ou défendeur, il fera sagement d'appeler en cause le nu-propriétaire: autrement, il pourrait encourir une responsabilité grave, comme on le verra au sujet de ses obligations (art. 99 à 101).

102. Cette théorie des actions étant assez compliquée, on en présente ici un tableau résumé.

I.— Actions de l'usufruitier (demandeur) relativement à son droit d'Usufruit:

A. Action PÉTITOIRE: revendication du droit d'usufruit contre un tiers (procès *au fond*);

B. Action POSSESSOIRE: réclamation de la possession de l'usufruit (sans examen du fond); subdivisée en:

a. Action *en complainte*, pour garder la possession troublée;

b. Action *en réintégrande*, pour recouvrer la possession perdue.

II. — Actions de l'usufruitier relativement aux Servitudes :

A. Action CONFESSOIRE pour réclamer une servitude active; subdivisée en :

a. *Pétitoire*, pour faire juger le fond du droit de servitude ;

b. *Possessoire*, pour faire reconnaître la possession de fait, l'exercice antérieur de la servitude (sans examen du fond); avec la même subdivision en :

a. Complainte, pour faire cesser le trouble ;

b. Réintégrande, pour recouvrer la possession perdue.

B. Action NÉGATOIRE: pour contester une servitude passive; avec les mêmes divisions et subdivisions :

a. *Pétitoire*, pour faire juger, au fond, qu'il n'y a pas de servitude passive ;

b. *Possessoire*, pour faire juger qu'elle n'est pas possédée, exercée en fait :

a. en Complainte, si le voisin trouble l'usufruitier, par des tentatives d'exercice ;

b. en Réintégrande, si le voisin a usurpé l'exercice de la servitude.

Art. 71. — 103. Bien que le droit de l'usufruitier soit viager et ainsi établi en considération de la personne, quant à la durée, il n'est cependant pas inséparable de la personne au point de ne pouvoir être cédé. Or, si l'usufruitier peut céder son droit, l'aliéner pour le tout, à plus forte raison, peut-il le grever de droits moindres, comme le louer ou l'hypothéquer.

On remarquera seulement que l'hypothèque ne pouvant être établie que sur les immeubles, il faut que l'usufruit soit lui-même immobilier, par l'objet auquel il s'applique, pour être susceptible d'hypothèque.

On aurait pu croire qu'il était défendu à l'usufruitier de céder ou donner son droit à bail, quand il porte sur des objets qui se détériorent plus ou moins promptement par l'usage; mais la loi ne l'a pas défendu; elle y a seulement apporté quelque tempérament (voy. art. 58 et p. 131); le nu-propriétaire trouvera d'ailleurs des garanties contre l'abus de jouissance du cessionnaire ou du preneur à bail, dans le cautionnement qui sera fourni au début de l'usufruit.

Mais, comme il ne saurait dépendre de l'usufruitier de prolonger son droit indéfiniment, la loi prend soin d'exprimer que les droits qu'il a consentis sont soumis aux mêmes limites et conditions que le sien propre; notamment, quant à la durée.

L'usufruit légal des père et mère sur les biens de leurs enfants mineurs, forme exception au droit de cession par l'usufruitier. Cette exception se justifie par la brièveté du droit et par les charges spéciales qu'il impose. Elle ne sera sans doute pas la seule. Ainsi le Projet ne se prononce pas ici sur la question de savoir si l'usufruit qui, vraisemblablement, sera reconnu au mari, pourra être par lui cédé ou loué : la question ne devra pas être négligée à l'occasion du Contrat de mariage et elle devra être résolue négativement, au moins pour la cession; car l'usufruit marital entraîne des charges de famille dont l'accomplissement serait souvent compromis par une cession. Le danger serait le même pour l'hypothèque qui peut mener à l'expropriation forcée. Quant à la location du droit d'usufruit, elle peut être permise au mari, comme aux père et mère, dans la mesure où est valable la location des choses mêmes soumises à l'usufruit, en tant qu'elle constitue un acte d'administration de ces choses: pratiquement, la location du droit d'usufruit et celle des choses usufructuaires pourront être confondues.

Art. 72.— 104. Les deux premières dispositions de cet article, étant la négation d'un droit pour l'usufruitier, ne sembleraient pas devoir figurer dans cette Section; elles ne lui imposent pas non plus des obligations qui appartiendraient à la Section suivante; elles pourraient donc prendre place dans la Section IVe, au sujet de l'extinction de l'usufruit; mais il n'est pas hors de propos, en traitant des droits de l'usufruitier, d'indiquer aussi ceux qui pourraient sembler lui appartenir et que la loi lui dénie.

D'ailleurs, le dernier alinéa reconnaît à l'usufruitier un droit assez considérable pour motiver la place de cet article.

Ces trois dispositions sont d'ailleurs assez faciles à justifier.

La première est la conséquence et la contre-partie, déjà annoncée, de l'article 52, 2e alinéa: l'usufruitier ayant pu trouver, au moment de son entrée en jouissance, une récolte plus ou moins près de la maturité et la prenant sans payer les frais de culture, devrait, aux mêmes conditions, laisser la récolte pendante au moment où l'usufruit finit.

Assurément, la justice rigoureuse pourrait demander la solution inverse, dans les deux cas; mais il est admis depuis les Romains, par raison d'utilité pratique et de simplicité, que, pour éviter deux comptes détaillés, difficiles et souvent sujets à contestation, on laissera ici le hasard jouer le rôle d'arbitre. En effet, la nature viagère du droit d'usufruit lui donne déjà un caractère *aléatoire* (d) très-prononcé, qu'on peut augmenter encore sans grand inconvénient: il peut finir aussi bien après la récolte qu'avant; souvent même, à son début, il est soumis également à des chances bonnes ou mauvaises; c'est ce qui arrive quand il est constitué par

---

(d) Sur le mot *aléatoire*, voy. p. 98 note *h*.— Il y a des contrats dits "aléatoires," parce qu'ils dépendent du hasard (voy. IIe Partie, art. 322).

testament: le testateur peut mourir peu de temps avant la récolte ou peu de temps après qu'elle a été faite.

Au surplus, les parties peuvent toujours, par convention, modifier cette disposition de la loi, et il serait même très-naturel qu'au cas de constitution de l'usufruit par une vente, le vendeur fît entrer en ligne de compte, dans la fixation du prix, la récolte pendante dont il aurait fait les frais, et qu'en sens inverse, l'acheteur stipulât qu'au cas de cessation de l'usufruit avant la récolte, une fraction déterminée en serait laissée à ses héritiers.

La disposition du second alinéa refuse à l'usufruitier le droit de se faire indemniser des améliorations qu'il aurait faites à la chose, parce qu'il est présumé les avoir faites pour lui-même et en avoir joui plus ou moins longtemps. Il y aurait d'ailleurs, là encore, des sujets de contestations que la loi veut éviter.

Cette disposition s'appliquera aux embellissements et aux améliorations des habitations, à l'amendement des terres, aux défrichements et terrassements, qui sont incorporés, en quelque sorte, aux choses usufructuaires.

Mais pour les améliorations qui sont plutôt ajoutées qu'incorporées aux choses et qui pourraient en être séparées sans détérioration, il n'y avait pas même motif d'en faire profiter le propriétaire : le Projet tranche formellement, dans le 3e alinéa, une question fort débattue, en France, sur l'article 599, en permettant à l'usufruitier d'enlever ces additions, à charge de remettre les lieux dans l'état primitif.

Art. 73. — 105. La disposition principale de cet article (1er al.) est une grave innovation par rapport au Code français et aux autres : elle confère au nu-propriétaire vis-à-vis de l'usufruitier un droit qui n'était accordé jusqu'ici au propriétaire que vis-à-vis du possesseur, avec des différences entre la bonne et la mauvaise foi de celui-ci (comp. c. civ. fr. art. 555).

Il est vrai qu'en France, quelques auteurs et quelques tribunaux ont tenté d'arriver, par voie d'interprétation, à cette assimilation de deux situations qui ont de l'analogie, mais alors on est obligé de faire l'assimilation complète avec l'un ou l'autre possesseur, ce qui est inadmissible.

Disons d'abord un mot de la situation réglée par l'article 555 précité du Code français, en attendant qu'elle trouve sa place dans le Projet, à la matière de l'accession (Livre IIIe).

La loi suppose qu'un propriétaire a été privé pendant un certain temps de la possession de son fonds et qu'un tiers-possesseur y a construit ou planté.

Deux hypothèses sont ensuite examinées : le possesseur était de bonne foi ou il était de mauvaise foi.

1er cas. Le possesseur était de bonne foi : il ne peut être contraint à démolir les constructions ou à supprimer les plantations : le propriétaire est tenu de les acquérir, en remboursant, à son choix, soit ce qu'elles ont coûté, en matériaux et main-d'œuvre, soit la valeur dont le fonds s'en trouve augmenté, la *plus-value*. Naturellement, le propriétaire remboursera la moins élevée des deux valeurs; mais cela est juste : s'il rembourse le coût des dépenses, le possesseur ne peut se plaindre, puisqu'il est indemne; s'il rembourse la plus-value actuelle, il ne s'enrichit pas au préjudice du possesseur.

2e cas. Le possesseur était de mauvaise foi : le propriétaire peut le contraindre à supprimer ses constructions, ouvrages ou plantations, sans indemnité; il peut même en obtenir une du possesseur, si les choses ne peuvent être entièrement remises dans l'état primitif; c'est là la double peine de la mauvaise foi et elle est légitime. Mais, voici où la loi française prête sérieusement à la critique : si le propriétaire désire conserver les ouvrages, parce qu'ils pourront lui être utiles, la loi l'oblige alors à payer au possesseur *ce qu'ils ont coûté,* lors même que la plus-value du fonds y serait inférieure ; de cette façon, le possesseur de mauvaise foi peut se trouver mieux traité que celui de bonne foi. Quelques efforts qu'on ait fait, d'un côté, pour justifier la loi, de l'autre, pour la corriger ou pour y échapper, cette disposition reste une singularité qui n'est pas à imiter.

106. Lorsque la même situation se présente pour un usufruitier qui a construit ou planté sur le fonds usufructuaire, deux systèmes principaux, en France, sont en présence.

Dans l'un, on prétend assimiler l'usufruitier au constructeur de mauvaise foi, car il sait, évidemment, que la propriété ne lui appartient pas : on dit que la loi, en n'accordant à l'usufruitier *aucune indemnité pour les améliorations* qu'il a faites ne suppose pas que ce soient des *constructions,* et alors on lui permet, au moins, de *les enlever,* et, si le propriétaire désire les conserver, on dit qu'il doit *les payer,* dans la mesure prescrite à l'article 555.

Dans l'autre, on considère l'article 599 comme *absolu* dans son *refus d'indemnité* et comme *limitatif* dans le *droit d'enlever* certains objets, lesquels ne comprendraient que les "ornements" énoncés au dit article.

107. Le Projet japonais s'est séparé formellement de tous ces systèmes et on va établir que c'est dans le sens de l'équité.

Déjà, l'article 72 a formellement permis à l'usufruitier d'enlever ses constructions et plantations : bien qu'il ait su nécessairement qu'il construisait ou plantait sur un terrain qui ne lui appartenait pas, il est clair aussi qu'il n'a pas entendu faire un don au nu-propriétaire.

Mais alors se présente un intérêt général et économique dont on trouvera d'autres applications, c'est qu'il vaut mieux ne pas démolir les édifices, ni arracher les plantations : il faut éviter la perte d'une double main-d'œuvre (construction et destruction) et la dépréciation inévitable des matériaux. Il est désirable que le propriétaire conserve les ouvrages faits : son intérêt à les conserver est d'ailleurs tout-à-fait légitime, puisqu'ils sont sur son sol et que la destruction y causera toujours des dégradations au moins temporaires. Au contraire, l'usufruitier ne peut avoir qu'un simple intérêt pécuniaire à l'enlèvement de matériaux et de plantations, et s'il en est indemnisé équitablement, il est désintéressé. L'indemnité sera équitable lorsqu'elle équivaudra à la plus-value résultant *actuellement* pour le fonds des constructions et plantations conservées, quel que soit d'ailleurs le prix qu'elles ont coûté. La loi (à la différence du Code français, pour le possesseur de bonne foi) n'autorisera pas cette recherche qui est une complication presque toujours inutile; car, généralement, les dépenses originaires des constructions, autres que celles faites par spéculation, excèdent la plus-value qu'elles donnent au sol.

Le droit du propriétaire, de se rendre acquéreur des constructions de l'usufruitier, se nomme droit *de préemption*, parce que celui qui l'exerce a *la préférence pour acheter* (e).

108. La loi ne pouvait accorder au propriétaire un droit de cette importance sans en régler l'exercice. Il y avait à prévoir quelques difficultés d'exécution. Tel est l'objet des trois derniers alinéas de l'article 73.

Le propriétaire peut ignorer le moment, souvent im-

(e) Le mot *Préemption* vient du latin : *emere*, acheter, *præ*, avant.— Il a déjà été employé par l'article 32 et l'on a omis d'en donner l'étymologie.

prévu, où finit l'usufruit : il ne peut donc être exposé à être déchu de son droit par la seule échéance d'un délai après l'extinction. L'usufruitier ou ses héritiers auront donc à le prévenir que l'usufruit est éteint et à le sommer, en bonne forme, d'avoir à déclarer s'il entend user de son droit.

La loi ne dit pas que la sommation sera faite par un officier public, ni qu'elle pourra être faite au domicile du propriétaire aussi bien qu'à sa personne : ce sont là des principes généraux. Du reste, une simple sommation par correspondance privée, à laquelle le propriétaire aurait répondu de même, aurait autant de force qu'un acte public, puisque la forme publique n'a d'autre but que d'éviter des dénégations réciproques ; or, la correspondance écrite les rend difficiles.

Le propriétaire n'a que dix jours pour se décider sur l'exercice du droit de préemption, sans même qu'il soit nécessaire que ce délai soit rappelé dans la sommation : si le propriétaire sait qu'il a le droit de préemption (et ce n'est pas à l'usufruitier à le lui apprendre), il doit savoir aussi que la loi lui donne un délai très-court pour se décider.

Il y a toujours quelque chose d'arbitraire dans les délais légaux : la loi ne pouvait le donner plus long, sans créer des embarras à l'usufruitier ou à ses héritiers. Le propriétaire, d'ailleurs, ne doit pas ignorer qu'il y a des constructions et plantations faites sur son fonds et il a dû penser d'avance au parti qu'il prendrait à la fin de l'usufruit. S'il est absent, au moment où l'usufruit finit, il a dû laisser un mandataire avec pouvoirs suffisants pour répondre à la sommation.

Après dix jours, si le propriétaire n'a pas déclaré vouloir user de la préemption, il en est déchu et la démolition est permise. La loi ne dit pas que le silence du propriétaire soit équivalent à un refus ; mais cela n'est pas douteux : quand un délai *préfix* est ainsi donné par loi pour l'exercice d'un droit ou pour une déclaration affirmative, le silence vaut refus.

Pour que l'usufruitier ou ses héritiers perdent leur droit aux constructions et plantations, il ne suffit pas que le propriétaire ait déclaré vouloir user de la préemption, il faut encore qu'il ait payé le montant du prix. Mais ce prix, s'il n'est pas convenu à l'amiable, doit être fixé par le tribunal, après expertise; la décision du tribunal ou des experts peut être l'objet de recours légaux; une fois qu'elle est devenue définitive, le propriétaire a un mois pour payer le prix; à défaut de payement, passé ce délai, "il est déchu."

Mais il ne faut pas voir là une déchéance de plein droit, dont il puisse se prévaloir lui-même : ce serait contraire aux principes généraux qu'il pût se faire un titre de sa faute; l'usufruitier pourrait donc toujours le contraindre au payement par toutes les voies de droit. Du reste, l'usufruitier aura presque toujours avantage à faire démolir, à vendre les matériaux et à réclamer du propriétaire, à titre d'indemnité, la différence entre le produit de la vente et le prix fixé par l'expertise judiciaire; c'est le droit que réserve la fin du 3e alinéa.

La loi devait enfin pourvoir à la garantie de l'usufruitier ou de ses héritiers, contre les dégradations et autres abus; c'est ce qu'elle fait, en leur donnant le droit de rester en possession des bâtiments, jusqu'au payement du prix. Ce droit, qui aura d'autres applications dans la loi, se nomme, en général, *droit de rétention* : il figure dans l'énumération des sûretés réelles donnée par l'article 2.

On remarquera, enfin, que s'il n'y avait que des plantations, les intéressés ne pourraient retenir la possession *du sol :* la loi ne l'accorde que pour les *bâtiments*.

SECTION III.

DES OBLIGATIONS DE L'USUFRUITIER.

Art. 74. L'usufruitier, avant d'entrer en possession des biens sujets à son droit, doit faire dresser, contradictoirement avec le nu-propriétaire ou lui dûment appelé, un inventaire complet et exact des objets mobiliers et faire constater l'état des immeubles. [600.]

Inventaire, état des biens.

75. Si les deux parties intéressées sont présentes et capables ou valablement représentées, l'inventaire et l'état des immeubles pourront être faits sous signature privée; dans le cas contraire, ils seront dressés par un officier public.

Formes.

76. L'estimation des choses fongibles, faite dans l'inventaire, vaut vente, si le contraire n'a été exprimé; à l'égard des choses non fongibles, l'estimation n'en vaut vente que si l'inventaire le mentionne expressément.

Estimation.

Les frais d'inventaire et d'estimation sont à la charge de l'usufruitier et du nu-propriétaire, chacun pour moitié.

Frais.

77. Si, lors de la constitution de l'usufruit, l'usufruitier a été dispensé de faire inventaire des meubles ou état des immeubles, le nu-propriétaire peut toujours y faire procéder, à ses frais, contradictoirement avec l'usufruitier ou lui dûment appelé, sans pouvoir, de ce chef, retarder l'entrée en jouissance de plus de dix jours après l'ouverture du droit. [C. it., 496.]

Dispense : droit du propriétaire.

Les articles 75 et 76, 1ᵉʳ alinéa, sont applicables à ce cas.

Sanction. **78.** Si l'usufruitier est entré en possession avant d'avoir fait procéder à l'inventaire et à l'état des biens, quand il n'en a pas été dispensé, il est présumé, jusqu'à preuve contraire, avoir reçu les immeubles en bon état.

A l'égard des objets mobiliers, le nu-propriétaire pourra en prouver la consistance et la valeur par toutes les preuves ordinaires, même par commune renommée.

Cautionnement. **79.** L'usufruitier ne peut pareillement entrer en jouissance, sans avoir fourni une caution ou d'autres garanties suffisantes pour les restitutions et autres indemnités auxquelles il peut être tenu, à la fin de l'usufruit.

Pouvoir du tribunal. **80.** En cas de désaccord entre les parties sur la nature de la garantie à fournir, le tribunal pourra admettre l'engagement d'une tierce personne notoirement solvable, ou le dépôt de sommes ou valeurs, soit à la caisse publique des dépôts et consignations, soit aux mains d'un tiers agréé par les parties; il pourra aussi admettre un gage ou une hypothèque.

Suite. **81.** A l'égard de la somme à garantir, le tribunal ne pourra la fixer au-dessous des sommes d'argent soumises directement à l'usufruit ou de la valeur estimative intégrale des objets mobiliers, lorsque l'estimation en vaut vente, ni au-dessous de la moitié de ladite valeur, lorsque l'estimation ne vaut pas vente.

Mais, dans ce dernier cas, si, au cours de l'usufruit, l'usufruitier cède ou loue son droit sur les meubles estimés, la garantie sera toujours exigée pour la valeur estimative intégrale.

Pour les immeubles, le tribunal arbitrera la somme à laquelle la garantie devra s'élever.

82. L'acte qui constituera la garantie contiendra, en même temps, l'engagement personnel de la caution ou de l'usufruitier pour le montant des sommes fixées à l'article précédent.

Engagement personnel.

83. Si l'usufruitier ne peut fournir une garantie suffisante, soit pour les meubles, soit pour les immeubles, il est procédé comme il suit, à défaut de conventions entre les parties :

Sanction.

Les denrées et autres choses fongibles sont vendues publiquement et le prix en est placé, avec l'argent comptant, soit à la caisse des dépôts publics, soit en rentes sur l'Etat, sous les noms réunis des deux ayant-droit, et l'usufruitier en perçoit les intérêts ou arrérages;

Les autres meubles restent en la possession du nu-propriétaire;

Les immeubles sont donnés à bail à un tiers ou conservés à ce titre par le nu-propriétaire, et l'usufruitier perçoit les loyers ou fermages, sous la déduction des frais d'entretien et des autres charges annuelles. [602, 603.]

84. Si l'usufruitier ne peut donner qu'une garantie partielle, il aura, dans cette mesure, le choix des objets qui pourront lui être délivrés.

Suite.

85. L'usufruitier peut être dispensé de fournir caution par le titre constitutif ; mais cette dispense cesse, s'il devient insolvable après l'ouverture de son droit. [601.]

Les objets sont alors restitués au nu-propriétaire et il est procédé conformément aux deux articles précédents.

Dispense volontaire.

86. L'usufruit légal des père et mère est toujours dispensé du cautionnement.

Il en est de même de l'usufruit réservé par le donateur à son profit, sur les choses par lui données entre-vifs. [601.]

Toutefois, au cas d'insolvabilité des père et mère ou du donateur, il devra être fourni caution pour l'argent comptant et pour le montant de l'estimation valant vente d'après l'article 76.

Dispense légale.

Exception : insolvabilité.

87. Dès que l'usufruitier est entré en jouissance, il doit veiller, en bon administrateur, à la conservation des choses usufructuaires.

Il est responsable des pertes ou détériorations qui proviendraient de sa faute ou de sa négligence, sans préjudice des mesures autorisées contre lui par l'article 107, pour la sauvegarde des droits du propriétaire.

Soins.

Fautes, négligence.

88. Si les choses soumises à l'usufruit ont péri par un incendie, en tout ou en partie, l'usu-

Incendie.

fruitier est présumé en faute, s'il ne fournit la preuve du contraire.

89. L'usufruitier est tenu de faire, sans recours, les réparations d'entretien des meubles et des immeubles. *Réparations d'entretien.*

Il n'est tenu des grosses réparations que si elles sont devenues nécessaires par sa faute ou par le défaut de réparations d'entretien. [605.]

S'il y fait procéder, même sans en être tenu, il n'a droit de ce chef, à aucune indemnité.

90. Le nu-propriétaire n'est pas tenu, non plus, des grosses réparations; s'il y fait procéder, il ne peut réclamer de l'usufruitier aucune contribution à la dépense. [607.] *Grosses réparations.*

91. Sont considérées comme grosses réparations des bâtiments: celles, même partielles, des murs principaux ou des voûtes, et le changement d'une ou plusieurs poutres principales. *Suite.*

Sont aussi grosses réparations: la réfection de la couverture, celle d'un mur de soutènement, d'une digue et d'un mur de clôture, soit en entier, soit sur une superficie de plus du dixième de la totalité. [606; C. it. 504.]

92. L'usufruitier est tenu d'acquitter les contributions et autres charges publiques annuelles ordinaires, tant générales que locales, imposées au fonds dont il a la jouissance. [608.] *Charges ordinaires.*

Charges extraordinaires.

93. A l'égard des charges ou contributions extraordinaires qui pourraient être imposées à la propriété pendant la durée de l'usufruit, le nu-propriétaire en paye le capital et l'usufruitier en supporte les intérêts annuels pendant la durée de l'usufruit. [609.]

Sont considérées comme charges extraordinaires :

1° Les emprunts forcés,

2° Les impôts nouveaux ou les augmentations d'impôts anciens, lorsque l'acte législatif qui les a établis leur a donné la qualification de temporaires ou d'extraordinaires.

Assurances contre l'incendie.

94. Si les bâtiments ont été assurés contre l'incendie, par le propriétaire, avant la constitution de l'usufruit, l'usufruitier peut être contraint à supporter l'intérêt des primes annuelles ; à charge, par le propriétaire, de lui laisser la jouissance de l'indemnité payée en cas de sinistre.

L'usufruitier peut aussi faire l'assurance, à ses frais, dans l'intérêt du propriétaire et dans le sien réunis; dans ce cas, il prélève sur l'indemnité le montant des primes par lui payées et il jouit du surplus.

Les mêmes dispositions sont appliquées, si l'usufruit porte sur des navires ou bateaux assurés contre les risques de mer.

Suite.

95. L'usufruitier peut aussi n'assurer les bâtiments que pour la valeur de son droit d'usufruit; dans ce cas, il supporte seul les primes annuelles et, en cas de sinistre, le montant de l'indemnité lui appartient en toute propriété.

Il en est de même, s'il assure les récoltes ou produits, contre les gelées, la grêle ou autres accidents naturels.

<small>Autres assurances.</small>

96. L'usufruitier universel ou à titre universel d'une succession, tel qu'il est prévu à l'article 48, est tenu des intérêts des dettes qui la grèvent, dans la proportion de son émolument. [612, 1er al.]

<small>Usufruit à titre universel.</small>

Il supporte, dans la même proportion, les arrérages des rentes viagères ou pensions alimentaires dues par ladite succession. [610.]

97. L'usufruitier d'un ou plusieurs biens particuliers ne contribue pas au payement des dettes du constituant, lors même que les biens sujets à l'usufruit seraient grevés d'hypothèque ou de privilége. [611, 1024.]

<small>Usufruit particulier.</small>

S'il est poursuivi comme détenteur, il a son recours contre le débiteur, sans préjudice de son action en garantie d'éviction contre le constituant ou son héritier, s'il y a lieu. [874.]

98. Dans les divers cas où une charge doit être supportée par le nu-propriétaire, pour le capital, et par l'usufruitier, pour les intérêts, il est procédé de l'une des trois manières ci-après :

<small>Trois modes de contribution respective aux charges.</small>

Ou le nu-propriétaire paye le capital et l'usufruitier lui en sert les intérêts annuels;

Ou l'usufruitier fait l'avance du capital et le nu-propriétaire le lui rembourse à la fin de l'usufruit;

Ou l'on vend une partie des biens usufructuaires, jusqu'à concurrence de la somme exigible. [612.]

Usurpations des tiers.

99. Si, pendant la durée de l'usufruit, un tiers commet sur le fonds quelque usurpation ou entreprise qui puisse compromettre les droits du nu-propriétaire, l'usufruitier doit dénoncer le fait à celui-ci; faute de quoi, il est responsable de tous les dommages causés et des prescriptions ou des droits de possession qui pourraient être acquis aux tiers. [614.]

Procès : hypothèses diverses.

100. Si le propriétaire soutient, comme demandeur ou défendeur, un procès concernant la pleine propriété du fonds, il doit appeler l'usufruitier en cause, et celui-ci supporte les intérêts des frais du procès;

L'usufruitier supporte seul les frais de procès ne concernant que la jouissance seulement.

Dans l'un et l'autre cas, l'usufruitier est exempt des frais, si la constitution de l'usufruit a eu lieu par un acte lui donnant droit à la garantie d'éviction.

En aucun cas, l'usufruitier ne contribue aux frais des procès ne concernant que la nue-propriété. [613.]

Mise en cause des intéressés.

101. Si, du nu-propriétaire ou de l'usufruitier, l'un n'a pas été mis en cause, quand il devait l'être, le jugement ne peut nuire à celui qui n'a pas été partie en cause; mais il peut lui profiter, conformément aux règles de la gestion d'affaires.

COMMENTAIRE.

Art. 74.— 111. L'inventaire des meubles et l'état des immeubles sont des garanties nécessaires pour le nu-propriétaire; ils sont utiles aussi à l'usufruitier, en le mettant à l'abri de réclamations abusives.

Comme l'usufruitier possèdera seul les biens soumis à son usufruit, il lui serait facile de les détériorer, sinon de mauvaise foi, au moins par négligence; en outre, pour les meubles, il serait difficile, à l'époque de la restitution, d'en connaître le nombre et la qualité; ce serait une occasion de contestations et de procès.

L'inventaire n'est autre chose qu'une énumération, avec description sommaire, des objets mobiliers qu'il s'agit de déterminer (*a*). On fait un inventaire après décès, après faillite, en cas de mariage, de prise d'une tutelle, &c.

L'état des immeubles est une constatation, un relevé, de leur condition matérielle : on y mentionne s'ils sont fraîchement réparés ou, au contraire, dégradés, et dans quelle partie comme dans quelle mesure.

Pour que ces deux actes, inventaire et état, soient opposables au nu-propriétaire, il faut nécessairement qu'il y ait été présent ou, au moins, qu'il y ait été appelé par une sommation en bonne forme.

Art. 75.—112. Si les parties sont présentes et capables, rien ne s'oppose à ce qu'elles fassent un inven-

---

(*a*) Inventaire, du latin *invenire*, "trouver," parce qu'on y porte tout ce qui est trouvé.

taire sous seing-privé, qui sera opposable, plus tard, à leur héritiers ou ayant-cause autant qu'à elles-mêmes. Mais, si l'une des parties n'est pas présente ou est incapable, il faudra naturellement que les actes soient faits par un officier public, comme un notaire (b).

Le mineur serait valablement représenté par son tuteur, la femme par son mari; pourvu que les intérêts du représentant et ceux du représenté ne fussent pas en opposition, ce qui arriverait si l'un des deux était le nu-propriétaire et l'autre l'usufruitier.

Art. 76.—113. On sait, par l'article 19 *des Dispositions générales,* que les choses fongibles sont celles qui peuvent se remplacer par des équivalents parfaits; ce sont des choses *de quantité,* qui sont désignées par leur espèce, avec indication de leur poids, de leur nombre ou de leur mesure. Les choses qui se consomment par le premier usage ont généralement ce caractère, mais elles ne sont pas les seules, comme on l'a expliqué sous les articles 18 et 19.

Déjà aussi, l'article 57 nous a dit que le droit de l'usufruitier se confond, dans ce cas, avec un droit de propriété, sous l'obligation de rendre l'équivalent, ce qui l'a fait appeler *quasi-usufruit.*

Lorsque l'usufruit porte sur des objets envisagés comme corps certains, il faut, mais il suffit, que l'inventaire en donne une description qui en constate la nature, l'état et les caractères propres; on peut aussi y apposer des signes, marques ou cachets qui empêcheraient d'y substituer des objets similaires: l'estimation, dans ce cas, n'est pas *nécessaire;* elle serait seulement *utile* pour le cas où les objets ne seraient pas représentés ou pourraient avoir été détériorés; aussi sera-t-elle presque toujours faite.

(b) La loi sur le notariat est en préparation : il est vraisemblable qu'elle donnera compétence aux notaires pour ces sortes d'actes.

Mais, pour les choses fongibles, l'estimation sera bien plus utile et presque nécessaire ; ce sera la manière la plus simple et la plus sûre de déterminer la qualité des choses.

Quand l'estimation aura été faite, elle jouera le rôle d'une *vente* de ces objets à l'usufruitier : le prix d'estimation sera dû par lui, comme s'il était acheteur ; seulement, ce n'est qu'à la fin de l'usufruit qu'il sera exigible.

Il est toutefois permis aux parties de ne pas laisser à l'estimation ce caractère de vente et, réciproquement, elles peuvent le lui donner à l'égard de choses non fongibles de leur nature, par exemple : pour des vêtements, du linge et autres choses qui se détériorent facilement par l'usage. Dans le premier cas, l'usufruitier devra rendre non les objets eux-mêmes (on n'en a pas constaté l'identité), mais des objets semblables ; dans le second cas, au contraire, ce ne sont plus les objets même qui seront rendus, mais leur estimation qui vaut vente.

Comme l'inventaire et l'estimation sont utiles aux deux parties, en les préservant respectivement de contestations mal fondées, la loi les met, avec raison, à la charge de toutes deux, par égales portions. C'est une sage innovation du Projet.

Art. 77.— 114. Il n'eût pas été admissible que le constituant de l'usufruit, par une confiance, exagérée peut-être, dans la loyauté de l'usufruitier et dans sa bonne administration, pût compromettre les droits du nu-propriétaire, bien que celui-ci soit souvent son héritier ; il fallait donc permettre à ce dernier de faire procéder à l'inventaire, dans son propre intérêt, mais alors à ses frais.

On pouvait hésiter, dans ce cas, à donner à l'estimation le caractère de vente, pour les choses fongibles ; mais comme l'usufruitier est toujours appelé à contrôler et à contester l'estimation, on ne voit pas de raison sérieuse de supprimer cet effet ordinaire de l'estimation.

Les renvois faits par le 2ᵉ alinéa n'ont pas besoin d'autre justification.

Art. 78.—115. Lorsque l'usufruitier commet la faute prévue au présent article, d'entrer en jouissance sans avoir fait inventaire, il est naturel qu'il en subisse les conséquences.

Pour les immeubles, comme l'habitude des propriétaires est de les tenir en bon état, tant pour les conserver que pour en tirer profit, la présomption légale est en ce sens : c'est donc à l'usufruitier de prouver qu'ils étaient en mauvais état au moment où il est entré en possession. Cette preuve pourra se faire par les moyens ordinaires : notamment, par témoins connaissant les dégradations comme étant antérieures à l'entrée en jouissance, ou par experts déclarant de même qu'elles remontent à une époque antérieure.

Pour les meubles, leur prompte dépérition par l'usage ne permettrait pas de présumer qu'ils étaient en bon état ; ce qui importe, avant tout, c'est de savoir quels ils étaient, de quelle nature, en quelles quantité et qualité.

Mais l'usufruitier sera, néanmoins, exposé à souffrir de sa faute, parce que le nu-propriétaire aura une grande facilité à faire preuve contre lui de la consistance et de la valeur du mobilier ; il aura non-seulement les témoignages, les présomptions de fait tirées des circonstances (notamment, de la qualité du constituant, de sa fortune, de son rang), mais encore il aura *la commune renommée*, c'est-à-dire, le bruit public, l'opinion générale des personnes du voisinage.

La grande différence entre les témoignages et la commune renommée, c'est que, dans le témoignage, le témoin ne peut déclarer que ce qu'il *sait* par lui-même, tandis que, dans la commune renommée, le témoin déclare ce qu'il a *entendu dire* à d'autres sur les faits dont il s'agit.

Le Code français n'a pas formellement permis cette preuve, dans le cas qui nous occupe ; mais on n'hésite pas à l'admettre en jurisprudence, par analogie d'autres cas où la loi la permet (voy. c. civ. fr., art. 1415, 1442, 1504).

Art. 79 & 80.—116. Une caution est une personne qui répond des obligations d'une autre, en prenant vis-à-vis du créancier un engagement particulier, au moyen d'un contrat spécial appelé *cautionnement*.

L'engagement de la caution est, de sa part, un bon office, un office d'amitié, vis-à-vis du débiteur principal ; sauf son recours, si elle est, un jour, obligée de payer pour lui.

Il sera traité en détail du cautionnement au Livre IVe, au sujet des garanties des obligations.

117. Les autres garanties que peut fournir l'usufruitier sont assez variées.

Il peut présenter une personne qui s'engagera *solidairement* avec lui aux restitutions et indemnités dont il s'agit : ce serait même une garantie plus forte que le cautionnement.

Si l'usufruitier présentait soit une caution, soit un codébiteur d'une solvabilité douteuse, ou si le nu-propriétaire ne voulait pas accepter un garant solvable, le tribunal devrait intervenir, sur la demande de la partie la plus diligente.

Si le garant présenté par l'usufruitier est solvable, le nu-propriétaire devra s'en contenter ; dans le cas contraire, le cautionnement réel sera fourni comme la loi l'indique.

Les autres garanties sont dites *réelles*, parce qu'elles

consistent, non plus dans l'intervention d'une personne, mais dans l'affectation d'une chose : dépôt de somme d'argent, soit à la caisse publique à ce destinée, soit dans les mains d'un tiers agréé par les deux parties, enfin, gage ou hypothèque.

Art. 81.—118. On a vu déjà, à l'article 76, quand l'estimation des meubles "vaut vente;" dans ce cas, l'usufruitier devant une somme fixe à la fin de l'usufruit, c'est pour cette somme toute entière que la garantie est due. A plus forte raison en est-il ainsi, lorsque l'usufruit porte directement sur une somme d'argent. Dans ces divers cas, on peut, sans porter atteinte à sa considération, craindre qu'il ne se trouve plus tard dans l'impossibilité de payer.

Mais, quand l'estimation ne vaut pas vente, il est naturel que le cautionnement ne garantisse pas toute la valeur estimative, car il serait injurieux pour l'usufruitier de supposer qu'il aura détourné les objets ou qu'il les aura laissés périr en totalité; mais on peut, sans lui faire injure, craindre quelques négligences. La loi fixe donc la garantie à la moitié de la valeur estimative, ce qui paraît répondre suffisamment aux probabilités de perte partielle ou de dépréciation.

Mais si l'usufruitier, usant de la faculté qui lui appartient, cède ou loue son droit sur ces meubles, le propriétaire ne peut être porté à la même confiance envers le tiers qui, désormais, possèdera les meubles; la garantie sera donc due pour le tout.

119. Ici se présente une question que la loi n'a pas tranchée, mais qui peut se résoudre par les principes : cette extension de garantie aura-t-elle lieu de plein droit, ou faudra-t-il un nouvel engagement, soit de la caution, soit de l'usufruitier?

Et d'abord, quant à la caution ou au codébiteur

solidaire, rien ne peut être exigé d'eux au-delà de la moitié de la valeur estimative, car leur engagement a été limité à cette somme; si l'usufruitier avait détourné, dissipé ou détruit les choses usufructuaires, le garant, dans le cas qui nous occupe, n'en payerait toujours que la moitié; il ne peut donc être tenu davantage parce que l'usufruitier aura cédé son droit.

Quant à l'usufruitier, il en est autrement: c'est par son fait que l'obligation de garantie se trouve étendue; s'il a fourni un cautionnement réel, par dépôt de valeurs lui appartenant, s'il a donné un gage ou une hypothèque et que ces valeurs suffisent au supplément de garantie, l'extension aura lieu de plein droit. Pour le gage, on trouve en ce sens un argument d'analogie dans l'article 2082 du Code français (c). Pour l'hypothèque, il y a une différence à noter: le nu-propriétaire n'aurait pas le même rang pour les deux fractions de sa créance: si d'autres créanciers avaient acquis une hypothèque sur les mêmes biens, ils ne seraient primés que par la première fraction de la dette, parce qu'ils ne peuvent voir leur position s'empirer par un fait auquel ils sont étrangers.

Si ces valeurs ne suffisent pas pour garantir toute la dette, l'usufruitier devra fournir un supplément de garantie réelle ou personnelle.

A l'égard des immeubles, soit que l'usufruitier exerce lui-même son droit, soit qu'il le loue, la garantie ne sera jamais totale, parce qu'il n'est pas probable, même pour les bâtiments, que la perte totale ait lieu par la

---

(c) L'article 2082 n'admet, il est vrai, l'extension du gage à une nouvelle dette qu'autant que celle-ci est exigible *avant* celle pour laquelle le gage a été donné; mais il ne faut pas hésiter à admettre l'extension pour une dette ayant *la même* exigibilité, comme au cas qui nous occupe: la raison de cette disposition, qu'il serait prématuré de discuter ici, conduit à ne refuser l'extension du gage que si la nouvelle dette est exigible *après* la première.

faute de l'usufruitier ou de son cessionnaire, et, s'il s'agit de fonds de terre, la détérioration ne peut, en général, être que minime ; la loi fait donc sagement de laisser au tribunal le soin d'arbitrer le montant de la garantie exigible.

Art. 82.— 120. Le cautionnement et les autres garanties qui sont indiquées par les articles précédents n'étant que les accessoires d'une obligation principale, il faut que celle-ci soit contractée en forme expresse ; autrement, il serait difficile, au cas où la responsabilité de l'usufruitier serait encourue, de donner une base certaine à la condamnation. Cet engagement formel aura encore un autre avantage : il permettra au nu-propriétaire de poursuivre l'usufruitier sur tous ses biens, meubles et immeubles, indépendamment de ceux qui pourraient être affectés spécialement aux obligations qui précèdent.

Il pourra être sous seing-privé.

Art. 83.— 121. La loi s'est efforcée de concilier les intérêts du propriétaire avec les droits de l'usufruitier qui ne peut fournir les garanties requises : il n'eût pas été juste de le déclarer déchu de son droit pour refus ou impossibilité de satisfaire à cette obligation.

Les moyens que la loi indique pour cette conciliation sont assez détaillés au texte pour n'avoir pas besoin d'être développés.

On remarquera seulement deux dispositions qu'il est facile de justifier :

1° Le dépôt des sommes à la caisse publique et leur emploi en rentes sur l'Etat, sont faits "sous les noms réunis des deux ayant-droit :" le motif est qu'il ne faut pas que l'un puisse, sans le consentement de l'autre, retirer les sommes déposées ou aliéner les rentes.

2° Quand les fonds sont loués, l'usufruitier ne perçoit les loyers ou fermages que "sous la déduction des frais d'entretien et des autres charges annuelles:" on verra, tout à l'heure, que l'usufruitier qui jouit par lui-même supporte ces charges; or, il ne fallait pas que lorsque la jouissance a dû être attribuée au propriétaire ou à un tiers, à défaut de cautionnement, l'usufruitier bénéficiât de ces charges en ne les acquittant pas.

Art. 84.—122. Il eût été inadmissible que, faute de fournir une garantie totale, l'usufruitier fût traité avec la même rigueur que s'il n'en pouvait fournir aucune. Il est juste aussi que le choix lui appartienne, quant aux objets auxquels s'appliquera la garantie fournie.

Le Code français (art. 603) n'a pas prévu formellement le cas où l'usufruitier ne pourrait fournir la garantie que partiellement; mais il permet au juge " de lui accorder l'usage d'une partie des meubles nécessaires, d'après les circonstances et sous sa simple *caution juratoire*," c'est-à-dire sous la promesse, avec serment, de les conserver avec soin et de les rendre à la fin de l'usufruit. Le Code italien (art. 499) a la même disposition, sans l'obligation du serment.

La loi n'a pas expréssement prévu le cas où l'usufruitier se trouverait, plus tard, en mesure de fournir le cautionnement total. Il faut décider qu'il pourrait rentrer dans l'exercice de son droit; sauf qu'il devrait respecter la durée des baux consentis, soit à des tiers, soit au nu-propriétaire.

Art. 85.—123. Lorsque le constituant a dispensé l'usufruitier du cautionnement, ce n'est pas parce qu'il a voulu s'exposer ou exposer son héritier à la perte des choses usufructuaires, c'est parce qu'il a compté, tout à la fois, sur l'honnêteté de l'usufruitier, sur sa bonne administration et surtout sur sa solvabilité future. Il est donc naturel que l'insolvabilité survenant, l'usufruitier perde un bénéfice qui ne répond plus à l'intention présumée du constituant.

Le Code français n'a pas de pareille disposition; mais peut-être conduit-il à un résultat plus dûr encore pour l'usufruitier, car il a une disposition générale d'après laquelle la faillite ou la déconfiture fait perdre au débiteur le bénéfice du terme (art. 1188); on pourrait donc soutenir que, dans les cas de quasi-usufruit, au moins, lorsque l'usufruitier est débiteur de sommes d'argent, son insolvabilité le soumet à l'exigibilité immédiate.

Art. 86.—124. La dispense de cautionnement accordée aux père et mère ayant l'usufruit légal sur les biens de leurs enfants mineurs est fondée sur le respect et la confiance qu'ils doivent inspirer, quand il s'agit de l'intérêt de leurs enfants. On devait cependant les soumettre, par exception, au cautionnement, lorsqu'ils sont déjà insolvables au moment où l'usufruit commence, et surtout lorsqu'ils le deviennent au cours de l'usufruit. Il serait à craindre, en pareil cas, que les créanciers des père et mère ne se fissent payer sur les valeurs fongibles dont l'usufruit est un véritable droit de propriété.

Le second cas de dispense se rapporte à un cas de constitution d'usufruit qui n'est pas rare en France, celui où un donateur de la propriété s'est réservé l'usufruit, sa vie durant. On dit, dans ce cas, que l'usufruit est *retenu* ou " constitué par rétention."

La dispense de cautionnement est fondée sur les mêmes motifs que pour les père et mère : on ne doit pas se défier de celui qui s'est montré généreux par la donation du capital.

Mais on a dû admettre aussi une exception pour le

cas d'insolvabilité et à l'égard des choses fongibles dont les créanciers pourraient se saisir.

Le Code français (art. 601) dispense aussi du cautionnement " le *vendeur* sous réserve d'usufruit " : on n'a jamais pu justifier pleinement cette dispense : le vendeur, contractant à titre *lucratif*, ne peut inspirer la même confiance qu'un donateur : ou a cru pouvoir justifier la loi en disant que si l'acheteur (nu-propriétaire) n'a pas une confiance suffisante, il pourra ne traiter que sous la condition du cautionnement ; mais nous croyons qu'il vaut mieux faire le raisonnement inverse et dire que si l'acheteur a pleine confiance, il pourra dispenser le vendeur du cautionnement.

Art. 87.— 125. Cet article développe une des obligations de l'usufruitier tellement importante par sa continuité et sa généralité qu'elle a pris place dans la définition même de l'usufruit (art 46).

Elle ne présente d'ailleurs pas de difficultés théoriques ; ce n'est que dans l'application pratique qu'il peut se rencontrer des cas délicats pour les tribunaux.

Il n'est pas douteux que l'usufruitier sera responsable, s'il a laissé la chose se détériorer par défaut des travaux d'entretien qui lui incombent, ou par des actes qui tendent à exagérer la production et épuisent le sol ou les animaux ; dans le premier cas, il y a négligence ou *omission* (acte négatif), dans le second, il y a faute par *commission* (acte positif) ; il en serait de même, s'il a négligé d'avertir le propriétaire de la nécessité de grosses réparations qui dépendent surtout de celui-ci : notamment, si cette nécessité est survenue brusquement, à la suite d'une tempête ou d'une inondation et si le propriétaire n'habite pas au même lieu.

Art. 88.—126. La loi établit ici contre l'usufruitier une présomption de faute fondée sur l'expérience.

Les incendies proviennent, le plus souvent, de la négligence des habitants des maisons. Quand la cause première reste inconnue, c'est parce que l'incendie détruit presque toujours les lieux où l'incendie a commencé, et l'enquête, dès lors, ne peut donner de résultats utiles; en outre, les habitants, craignant quelque responsabilité, sont portés à nier tout ce qui pourrait leur être imputé à faute.

Cette présomption de négligence est surtout fondée en raison, quand celui qui habite les bâtiments n'en est pas propriétaire; alors, il n'est pas autant retenu par son intérêt. La loi établira plus loin la même présomption de faute contre le locataire et, là, on donnera plus de développements à cette théorie, parceque l'application au louage sera plus fréquente.

Au reste, la sévérité de la loi est moins grande qu'on ne pourrait le croire au premier abord : l'usufruitier et le locataire auront le droit de faire la preuve contraire par tous les moyens possibles.

Ainsi, chaque fois que le feu aura été communiqué par les bâtiments voisins, ou par la foudre, la preuve ne sera pas difficile à fournir ; dans les autres cas, les juges pourront admettre toutes les présomptions de fait à la décharge de l'usufruitier (comp. Proj., art. 152 à 154).

Art. 89 & 90.— 127. La distinction entre les grosses réparations et celles d'entretien est facile à faire en lisant l'article 91 ci-après, lequel énumère les *grosses* réparations et laisse aux autres, en général, au moins, le caractère de réparations d'entretien.

Il y a deux motifs de mettre à la charge de l'usufruitier les réparations d'entretien : 1° un bon administrateur les fait toujours par un prélèvement sur ses revenus; or, l'usufruitier a les revenus, il en doit donc supporter les charges normales; 2° les réparations d'entretien sont rendues nécessaires, en grande partie, par l'usage journalier de la chose; or, c'est l'usufruitier qui a cet usage.

Le cas exceptionnel où l'usufruitier serait tenu des grosses réparations se justifie de lui-même, soit qu'il y ait eu faute directe de sa part, par exemple, s'il avait compromis la solidité d'un bâtiment en supprimant des séparations intérieures, dans le but d'agrandir les pièces, soit qu'il ait négligé de réparer les toits ou les conduites d'eau et qu'il en fût résulté des dégradations sérieuses.

Hors de ces cas, l'usufruitier n'est pas tenu des grosses réparations. Mais, on n'est pas amené à en conclure qu'il soit en droit de se faire rembourser les grosses réparations qu'il aurait faites volontairement. Il est vrai que si ces dépenses avaient été faites par un étranger, celui-ci pourrait se les faire rembourser d'après les principes de la gestion d'affaires; mais l'usufruitier ne paraît pas ici avoir agi dans l'intérêt du nu-propriétaire; il a plutôt agi dans le sien propre, pour avoir une jouissance plus complète, ou plus longue, en évitant la perte de la chose.

128. La question fait grande difficulté en France, à cause de la contradiction apparente des articles 605 et 607, dont le premier déclare que "les grosses réparations sont à la charge du nu-propriétaire," ce qui, pris à la lettre, autoriserait l'usufruitier à contraindre le nu-propriétaire à faire ces réparations: prétention inadmissible, le second article ajoutant, que "ni le propriétaire, ni l'usufruitier ne sont tenus de rebâtir ce qui est tombé de vétusté ou ce qui a été détruit par cas fortuit."

Le Code italien a, au moins, tranché la question très-nettement (art. 502 et 503): il ne met pas les grosses réparations à la charge du propriétaire, et il déclare:

1° que si l'usufruitier les a faites, il sera remboursé, à la fin de l'usufruit, de la valeur des travaux telle qu'elle subsiste encore ; 2° que si le propriétaire a consenti à en faire l'avance, l'usufruitier lui en payera les intérêts annuels pendant la durée de l'usufruit.

129. Le Projet ne s'est pas rangé à cette solution, malgré son apparente équité. On a considéré : 1° que le nu-propriétaire n'est pas obligé de garantir la jouissance à l'usufruitier, comme l'est le bailleur vis-à-vis du preneur ; 2° que l'usufruitier ne doit pas pouvoir grever le propriétaire, sans son consentement, d'une dépense souvent considérable et qui pourrait l'obérer ; enfin, 3° que ces réparations pourraient avoir l'inconvénient de conserver des bâtiments que le propriétaire destinerait à être supprimés avec ou sans remplacement.

Si donc l'usufruitier craint que la chose ne périsse en entier et que par là, son droit ne s'éteigne, il fera le sacrifice de ces dépenses. Si c'est le propriétaire qui juge à propos de les faire, il les fera sans recours contre l'usufruitier, bien que celui-ci en profite : chacun est considéré comme ayant agi dans son seul intérêt et il ne doit pas envier à l'autre le profit éventuel et indirect qui en résulte pour lui.

Art. 91.— 130. La loi détermine ici les grosses réparations d'une façon qui paraît assez complète, mais qu'il ne faut pas cependant considérer comme absolument limitative.

Le Code français, dans l'article 606, donne une énumération analogue, mais limitative ; car, il ajoute que "toutes autres réparations sont *d'entretien.*"

Ce procédé n'est pas sans inconvénients : il y a une telle variété dans les constructions que beaucoup de réparations non prévues par cet article 606 peuvent se trouver nécessaires et devront être considérées comme d'entretien: par conséquent, elles se trouveront obligatoires pour l'usufruitier; cependant, elles peuvent être d'une telle importance que la raison répugne à y voir une charge des revenus; telle serait par exemple, la reconstruction totale d'un escalier. D'un autre côté, il y a des escaliers de très-peu d'importance, qui ne desservent que des dépendances. Il vaut donc mieux laisser aux tribunaux un certain pouvoir d'appréciation pour les cas non prévus par la loi. C'est ce qui, avec la rédaction proposée, aura lieu au Japon.

Ainsi, s'il s'agit d'un aqueduc rompu, il serait difficile de décider, tout d'abord et d'avance *(a priori)*, si la réparation est grosse ou d'entretien; il faudra considérer la nature de l'aqueduc, son importance, les matériaux avec lesquels il est construit, etc. (*d*).

Le principe qui devra servir de guide aux tribunaux sera celui-ci: si les travaux sont assez peu coûteux pour qu'un bon administrateur dût les faire avec ses revenus, ils seront à la charge de l'usufruitier; s'ils sont de nature à ne pouvoir être faits qu'avec les capitaux, ils seront de grosses réparations.

131. Sur la rédaction même de l'article, il reste à faire quelques observations:

La loi parle de *murs principaux*: c'est ce que le Code français appelle *gros murs*, c'est-à-dire, les murs extérieurs du bâtiment, qui supportent les planchers et le toit, ainsi que les murs intérieurs servant à la même destination, contenant aussi les cheminées, et qu'on appelle murs *de refend* (parce qu'ils *fendent* la maison du bas en haut); au Japon, on préfère l'expression de murs *principaux*; bien entendu, cette expression ne

---

(*d*) Le Code italien (art. 504) place, sans distinction, dans les grosses réparations: "le renouvellement des aqueducs, en entier ou pour une partie notable."

s'entendra que des maisons construites en pierre ou en brique; car pour les constructions en bois, on s'attachera à l'importance des charpentes et non plus aux parois qui alors sont assez faibles.

Pour les *Kouras* (e), on peut décider de même: si les charpentes ne sont pas intéressées dans la réparation, s'il ne s'agit que de refaire l'enduit extérieur, la réparation pourra être déclarée *d'entretien*.

Les murs *de soutènement* s'entendent des murs qui retiennent les terres, dans le cas d'inégalités de terrains; les *digues* sont des murs ou des relevées de terre qui retiennent les eaux sujettes à débordements; les murs *de clôture* s'entendent des clôtures en brique, en pierre ou en tuiles et terre; mais on ne pourrait donner le nom de *murs* à des clôtures en planches ou en bambous; la réfection en serait donc à la charge de l'usufruitier.

Pour les murs de clôture, la loi française ne reconnaît qu'il y a grosse réparation que s'ils sont refaits *en entier*; de même pour la couverture. Il a paru que c'était trop rigoureux de laisser toute réfection partielle à la charge de l'usufruitier: la loi a fait plus sagement d'adopter comme limite *le 10e de la superficie*, en longueur et hauteur combinées. Il a paru également juste d'adopter la même mesure pour les couvertures.

Art. 92 & 93.—132. Ces articles correspondent aux articles 608 et 609 du Code français.

Les contributions annuelles ordinaires sont une charge naturelle des fruits: on ne les paye pas avec les capitaux; elle sont donc supportées par l'usufruitier.

(e) Ces constructions, dont la nature est à l'épreuve de l'incendie, ont une grande importance au Japon, pour serrer les objets de valeur; les anglais les nomment *go-down*. Elles sont presque inconnues en France.

Il en est autrement des charges extraordinaires : elles ne sont pas continues et elles sont souvent trop élevées pour être payées avec les revenus. Elles ne peuvent donc être imposées à l'usufruitier, à cause de la nature de son droit, limité dans sa durée autant que dans son étendue : il en supportera seulement l'intérêt, puisqu'elles diminuent le capital dont il jouit.

La loi détermine deux cas qui seront toujours considérés comme charges extraordinaires ; mais elle n'est pas plus limitative ici que dans la plupart des autres énumérations.

Les emprunts forcés sont aujourd'hui abandonnés par les Gouvernements, parce qu'ils détruisent la confiance, amènent la dissimulation des capitaux et, ainsi, augmentent les embarras du pays ; on préfère donc, avec raison, les emprunts volontaires.

Depuis une trentaine d'années, on pratique en Europe, en France surtout, les emprunts par voie de souscription nationale. Ces emprunts ont deux formes : 1° Des obligations du trésor, remboursables à long terme, avec intérêts annuels ; 2° Des rentes perpétuelles, dont le capital n'est remboursable qu'à la volonté du Gouvernement, mais portant des intérêts ou arrérages annuels jusqu'au remboursement.

Au Japon, l'histoire de l'ancien Gouvernement offre, comme ceux d'Europe, des exemples d'emprunts forcés vis-à-vis des princes et des riches marchands ; mais le Gouvernement impérial s'en est entièrement abstenu depuis la Restauration et, vraisemblablement, il n'y recourra jamais ; toutefois, il convient, à tout événement, de leur reconnaître le caractère de charge extraordinaire.

133. On pourrait être porté à considérer comme constituant un emprunt forcé l'émission, par les Gouvernements, de papier-monnaie ayant *cours forcé*, même

avec une époque fixe pour la conversion en monnaie métallique, puisque l'Etat impose alors ce papier à ses créanciers ; mais, comme il est difficile de concevoir qu'on soit créancier de l'Etat sans un acte volontaire, le créancier ne peut alléguer qu'il soit contraint malgré lui à recevoir du papier au lieu d'espèces ; cette allégation ne serait fondée que dans le cas où la créance serait née avant l'émission du papier ou l'établissement du *cours forcé*. Dans ce cas, il est difficile de ne pas voir dans l'émission du papier-monnaie, un emprunt forcé, au moins à l'égard de ces créanciers.

Mais, au point de vue qui nous occupe, la question n'a pas d'intérêt : le cours forcé du papier-monnaie n'entraînera pas de "charge extraordinaire" qui puisse retomber sur l'usufruitier ou dont il soit besoin de l'affranchir : la seule conséquence qu'il en éprouverait serait, s'il était usufruitier d'une créance sur l'Etat, de recevoir les intérêts, et le capital, s'il y avait lieu, en une valeur souvent dépréciée ; mais aussi, lorsque viendrait le moment de restituer au propriétaire les capitaux remboursés, il le ferait en la même valeur.

134. Les impôts extraordinaires diffèrent des emprunts forcés en ce que ceux-ci sont, en principe, remboursables et peuvent porter intérêt jusqu'au remboursement, tandis que les impôts, moins élevés, sans doute, sont un sacrifice complet et irrévocable demandé aux citoyens.

Le Projet ne peut d'avance prévenir tous les doutes sur le point de savoir quand un impôt sera extraordinaire dans l'avenir : d'abord, cette matière appartient surtout au droit administratif, et, malheureusement, les lois administratives, surtout celles d'impôt, sont, en général, élaborées dans un autre esprit que les lois civiles, sans vues d'ensemble et au fur et à mesure que naissent ou changent les besoins de l'Etat ; ensuite, les impôts extraordinaires sont presque toujours la conséquence d'évênements politiques graves, et le législateur ne peut songer, en pareil cas, que les nouvelles charges qu'il crée pourront susciter des conflits entre les nu-propriétaires et les usufruitiers. Mais la disposition du présent article invite en quelque sorte le législateur futur à donner lui-même aux impôts extraordinaires qu'il pourra créer une qualification qui prévienne les difficultés.

Ce qui est certain, dès à présent, c'est que pour qu'un impôt aît le caractère "extraordinaire," il ne suffira pas qu'il soit *nouveau*, c'est-à-dire créé *après* la constitution de l'usufruit; il n'en serait pas moins, dans la plupart des cas, une charge des revenus : c'est une tendance constante des lois de finances d'augmenter les impôts, soit dans leur nature, soit dans leur taux, parce que les dépenses des Etats augmentent constamment ; mais aussi, les revenus des immeubles tendent toujours à augmenter. Il ne suffirait pas non plus qu'un impôt fût *temporaire*, pour avoir le caractère extraordinaire. Ainsi, un impôt qui, à l'origine, aurait été créé sans indication de limite de temps, mais qui aurait été supprimé ensuite, et se trouverait ainsi avoir été temporaire, resterait à la charge de l'usufruitier. Mais, au contraire, un impôt nouveau ou l'augmentation d'un impôt ancien, motivés par des circonstances exceptionnelles, comme par une guerre étrangère ou civile, ou par une disette ou autre grande calamité publique, pourraient être considérés comme extraordinaires, lors même que la loi qui les aurait créés ne leur aurait pas donné la qualification de "temporaires ou extraordinaires."

Art. 94.—135. Le contrat *d'assurance* n'est pas encore répandu au Japon; on n'en connaît pas bien les nombreuses applications et on en recherche encore moins les bienfaits considérables.

Les assurances contre l'incendie ne sont guère pratiquées que par les Européens, dans les villes et ports ouverts ; mais leur exemple pourra encourager les Japonais (*f*).

Dans le contrat d'assurance, l'assuré paye une somme annuelle, proportionnelle à la valeur de la chose qu'il veut assurer, l'assureur s'engage à payer une somme unique, dans le cas où le sinistre prévu arriverait. La somme que paye l'assuré se nomme *prime* (*g*); la somme que doit l'assureur se nomme *indemnité*.

L'indemnité peut être inférieure à la valeur de la chose assurée : on dit alors, dans le langage de cette matière, que "l'assuré est, pour partie, son propre assureur;" elle ne peut être supérieure à la valeur réelle, parce que l'assurance ne doit pas devenir une occasion de profit pour l'assuré : il ferait une opération de jeu ou de hasard, un pari, toujours défendu, et réaliserait ainsi un gain *sans cause*.

Pour cette raison, on est porté à considérer l'indemnité comme représentant la valeur de la chose, en tout ou en partie, comme en prenant la place pour tous les ayant-droit. Cette idée est inexacte et abandonnée aujourd'hui, en France et, sans doute, dans les autres pays d'Europe : l'indemnité représente les primes payées et peut-être celles promises.

Ainsi, quand la chose était hypothéquée, l'indemnité n'est pas payée au créancier hypothécaire, par préférence aux autres: elle est distribuée à tous les créanciers; pour qu'il en fût autrement, il faudrait que le

---

(*f*) Il faut remarquer, du reste, à l'excuse des Japonais, que les compagnies étrangères refusent d'assurer les constructions en bois, quand elles ne sont pas tout à fait isolées, cas où d'ailleurs, l'assurance, perd beaucoup de son utilité. Il y a à l'étude un Projet d'assurance générale et forcée par le Gouvernement : l'assurance deviendrait alors une variété de l'impôt annuel et rentrerait, à ce titre, dans l'application de l'article 92.

(*g*) La Prime est ainsi dite de *primum* ou *primo*, "d'abord;" sans doute, parce qu'elle se paye *avant* que le risque commence pour l'assureur.

droit éventuel à l'indemnité eût été transféré au créancier hypothécaire, dans la forme ordinaire des cessions de créance.

On trouve encore une preuve que l'indemnité ne représente que les primes payées, dans les assurances dites *sur la vie*, dans lesquelles une personne paye une prime annuelle, sa vie durant, pour qu'à sa mort l'assureur paye aux héritiers un capital convenu : dans ce cas, il ne serait pas raisonnable de dire que ce capital représente la vie de la personne; on peut dire, au contraire, qu'il représente les primes payées et les primes promises.

La théorie la plus exacte est peut-être même celle qui considère l'indemnité comme la contre-valeur des primes payées seulement, en remarquant qu'il y a une large part faite au hasard, car il peut y avoir eu peu de primes payées avant le sinistre, comme, en sens inverse, il peut y en avoir eu un grand nombre.

136. Le présent article, en appelant l'usufruitier à jouir de l'indemnité, s'explique très-bien avec cette théorie, puisqu'il suppose que l'usufruitier a participé au payement de la prime.

Au surplus, le contrat d'assurance ne peut être fait qu'au profit du propriétaire ou d'une autre personne ayant un droit sur la chose exposée au risque; en effet, l'assurance n'a pour but que de préserver l'assuré d'une perte, elle ne doit jamais, comme on vient de le dire, être pour lui la source d'un bénéfice; or, c'est ce qui pourrait arriver s'il était permis à celui qui paye la prime de stipuler l'indemnité à son profit, dans le cas de perte de la chose d'autrui. On verrait des spéculateurs assurer toute une ville ou tout un quartier, et ce ne seraient pas eux qui recommanderaient la prudence contre le feu. Ils seraient intéressés à cette perte.

C'est encore un motif à ajouter à l'appui du principe que le propriétaire ne peut assurer sa chose pour une somme supérieure à sa valeur. Le contrat est déjà *aléatoire*, en ce sens que ses effets sont en partie dépendants du hasard, mais il deviendrait un véritable *jeu*, et le plus illégitime, si le sinistre pouvait devenir une source de profits pour le propriétaire.

En somme, les assurances ne suppriment pas les risques, elles les déplacent, quant aux personnes. L'assuré, moyennant un sacrifice assez minime, mais certain et annuel, ne court plus le risque de perdre une valeur bien plus considérable ; on dit quelquefois qu'il court le risque d'avoir payé la prime inutilement, si le sinistre n'a pas lieu ; c'est un mauvais langage : la prime est le prix de sa sécurité, laquelle est un grand bien moral, une cause de tranquillité considérable. L'assureur a la situation inverse, c'est lui qui prend l'inquiétude à sa charge, avec la responsabilité éventuelle du sinistre : la prime est l'indemnité de ce risque. Mais entre l'assureur et l'assuré, il reste une grande différence de situations : tandis que l'assurance ne peut jamais être une source de profits pour l'assuré, elle peut l'être et elle l'est généralement pour l'assureur, et cela est aussi juste qu'utile ; car l'assureur ne peut profiter que *si le sinistre n'a pas lieu*. Les entreprises ou agences d'assurances sont des entreprises commerciales très-dignes d'égards et d'encouragements, pour les services qu'elles rendent : les primes sont calculées d'après la moyenne des incendies pendant un grand nombre d'années, eu égard aux conditions locales ; elles sont réduites autant que possible et, plus dans un pays les assurances sont répandues, moins les primes sont élevées.

137. Pour en revenir à l'usufruitier, les deux premiers alinéas du présent article sont faciles à justifier.

L'usufruitier, ne devant avoir que la jouissance de l'indemnité, ne doit supporter que les intérêts des primes payées par le nu-propriétaire, et cela, quand l'assurance a précédé la constitution de son droit; car, si le nu-propriétaire veut faire l'assurance postérieurement, l'usufruitier n'est pas tenu d'y participer; mais aussi il n'en profitera pas.

Si le nu-propriétaire n'a pas fait l'assurance, l'usufruitier peut la faire, non-seulement en vertu d'un mandat, mais même en qualité de gérant d'affaires (h); alors, comme l'indique le 2e alinéa, si le sinistre a lieu, il prélèvera sur l'indemnité toutes les primes qu'il a payées; il se trouvera encore en avoir supporté l'intérêt; s'il n'y a pas de sinistre, il n'est pas remboursé, suivant les principes de la gestion d'affaires, car il se trouve, d'après l'évênement, que sa gestion n'a pas été utile au propriétaire ou, au moins, ne lui a pas procuré un avantage appréciable en argent.

Art. 95.—138. Le cas prévu par cet article sera plus fréquent que celui du 2e alinéa de l'article précédent. L'usufruitier ne fera guère, sans mandat, une assurance de la valeur de la pleine propriété, il préférera n'assurer la chose que pour la valeur de son droit d'usufruit. Il est naturel, dans ce cas, qu'il acquitte la prime en entier et que l'indemnité payée en cas de sinistre lui soit acquise en toute propriété.

Les assurances agricoles, applicables aux récoltes spécialement, contre les accidents météorologiques, s'établiront sans doute au Japon, avec les autres institutions de prévoyance.

Art. 96.— 139. Une succession est une *universalité de biens*, comme il a été expliqué à l'article 17

(h) Sur la gestion d'affaires en général, voir: Projet art. 382 et 383.

des *Dispositions générales*. Elle est toujours chargée de quelques dettes que le défunt n'avait pas acquittées de son vivant, ou qui même n'ont commencé d'exister qu'à sa mort, comme les frais funéraires, les legs ou charges testamentaires.

Ceux qui recueillent toute la succession ou une quote part, sont dits successeurs généraux, représentants du défunt et en cette qualité, sont tenus de ses dettes.

L'usufruitier est dit *universel*, quand il a droit à la jouissance de *toute* la succession; il est dit *à titre universel*, quand il peut jouir d'une quote part de ladite succession, telle qu'une moitié, un tiers, un quart (*i*).

Ce cas particulier d'usufruit entraîne des charges spéciales, indépendamment de celles qui sont énoncées plus haut.

C'est un principe que les biens d'une succession ne consistent que dans ce qui en excède les dettes et charges (*j*).

L'usufruitier ne peut donc jouir des biens qu'après le payement des dettes ou à la charge d'y contribuer "en proportion de son émolument," c'est-à-dire, qu'il les payera en tout ou en partie, suivant que son usufruit portera sur tout ou partie de la succession.

Mais il ne faut pas perdre de vue que l'usufruitier n'a que la jouissance ou *les revenus* de la succession et qu'à côté de lui, il y a l'héritier qui en recueille *le capital* en nue-propriété. La contribution de l'usufruitier doit donc être analogue à son droit, quant à sa nature et à sa durée: il ne payera que *les intérêts* annuels des dettes et tant que durera son droit.

(*i*) Dans les deux cas, pour abréger, on peut employer l'expression de *titre universel*, par opposition au *titre particulier*; c'est ainsi qu'on oppose constamment les successeurs généraux ou *universels* aux successeurs *particuliers*.

(*j*) C'est un axiome de droit bien souvent cité: "il n'y a de biens que déduction faite des dettes:" *non sunt bona nisi deducto œre alieno*.

Cette décision est conforme au principe constamment appliqué que l'usufruitier supporte les charges qui se payent ordinairement avec les revenus. Or, un bon administrateur ne paye pas les intérêts de ses dettes avec ses capitaux, mais avec ses revenus.

On trouvera à l'article 98 les divers modes de payement par lesquels l'usufruitier peut s'acquitter de son obligation.

A l'égard des arrérages des rentes viagères ou pensions dues par la succession, comme ils ont déjà, par eux-mêmes, le caractère d'intérêts, bien qu'ils ne soient pas le produit d'un capital dû, l'usufruitier ne paye pas seulement les intérêts desdits arrérages, il les acquitte en tout ou partie, suivant la quotité de son droit. La même disposition se retrouve dans le Code français (art. 610).

C'est la contre-partie de la disposition de l'article 59 qui lui donne en entier les arrérages des rentes viagères soumises à son usufruit.

Art. 97.— 140. L'usufruitier d'un bien particulier ou déterminé, à la différence de l'usufruitier d'une succession, ne représente pas le constituant; il ne peut donc être tenu d'aucune des dettes de celui-ci (k). Le fait que le bien usufructuaire a été hypothéqué par le constituant, produit bien, cependant, un effet contre l'usufruitier, mais ce n'est pas une véritable obligation. Quiconque acquiert un droit réel sur une chose déjà grevée d'un autre droit réel, doit respecter le droit antérieur au sien : ce n'est pas, à proprement parler, une *obligation de ne pas faire*, c'est un de ces devoirs généraux par lequel nous devons nous abstenir de tout ce

---

(k) De là, cet autre axiôme: "Les dettes sont la charge de l'ensemble du patrimoine, non des objets particuliers," *universi patrimonii æs alienum onus est, non certarum rerum.*

qui peut nuire à autrui. Or, celui qui a une hypothèque peut *suivre* la chose dans toutes les mains où elle passe, pour exiger du détenteur le délaissement de la chose ou le payement de la dette hypothécaire; à défaut de l'une ou de l'autre de ces satisfactions, le créancier fait saisir et vendre la chose, pour être payé sur le prix, par préférence aux autres créanciers (voy. c. civ. fr., art. 2166 et s.).

Si l'on suppose que la chose hypothéquée a été ensuite grevée d'un usufruit, l'usufruitier devra, comme tiers détenteur, payer la dette ou subir l'éviction.

S'il paye la dette, en gardant l'immeuble, il a droit à être remboursé de la somme payée, parce qu'étant successeur particulier du constituant *il ne contribue pas au payement des dettes de celui-ci*. Il pourrait même se faire que la dette hypothécaire ne provînt pas du constituant, mais d'un propriétaire antérieur; dans ce cas, l'usufruitier pourrait recourir directement contre celui-ci, comme étant le débiteur personnel de la dette, par application des principes de la *subrogation* dont il sera parlé plus longuement au sujet du payement des obligations (voy. c. civ. fr., art. 874; Proj., art. 501 et s.).

Si l'usufruitier a subi l'éviction de la chose, par l'effet de l'hypothèque, ou s'il n'a pu la conserver qu'en payant la dette, il peut aussi se faire indemniser par le constituant, de tout le préjudice qui en résulte pour lui. Il a pour cela l'action en garantie d'éviction (voy. c. civ. fr., art. 2178).

Ce n'est pas ici le lieu de s'étendre sur cette action qui varie dans son étendue et ses effets, suivant que le droit dont il y a éviction a été constitué à titre gratuit ou à titre onéreux: on la retrouvera au sujet des Obligations en général (art. 415 et suiv.) et surtout de la Vente.

C'est à raison de ces distinctions nécessaires que la loi emploie la formule conditionnelle: *s'il y a lieu.*

Art. 98.— 411. Les cas où une charge se divise ainsi entre le nu-propriétaire et l'usufruitier sont suffisamment indiqués aux articles 93, 94 et 96; on en trouvera encore un, à l'article 100.

Les trois moyens de satisfaire à la loi sont faciles à saisir.

Le 1er mène directement au but désiré; on remarquera seulement que si la dette n'était pas encore exigible par le créancier, mais qu'elle fût productive d'intérêts, en attendant le terme, c'est à ce créancier que l'usufruitier servirait les intérêts.

Le 2e moyen atteint le but par une autre voie: pendant toute la durée de l'usufruit, l'usufruitier est privé de l'intérêt annuel du capital qu'il a déboursé.

Le 3e moyen, en privant simultanément le nu-propriétaire et l'usufruitier d'une portion de biens égale à la dette, fait évidemment supporter le capital à l'un et les intérêts à l'autre.

Art. 99.—142. L'article 70 reconnaît à l'usufruitier le droit d'exercer contre les tiers les actions réelles qui garantissent son droit contre les usurpations; mais, il pourrait arriver que, par négligence ou complaisance, celui-ci ne réclamât pas, lorsqu'il y aurait lieu. Or, les usurpations des tiers, portant sur la chose même, seraient, le plus souvent, nuisibles et opposables au nu-propriétaire autant qu'à l'usufruitier; il est donc juste que l'usufruitier en soit responsable envers le nu-propriétaire, car il n'aurait pas agi en bon administrateur, en laissant s'établir sur la chose une possession illégitime, lors même qu'elle n'aurait pas encore suffi à fonder la prescription. En effet, on a déjà compris, par ce qui a été dit sous les articles 37 et 70 (p. 94 et 144-145), et on verra plus au long, au Chapitre de la *Possession*, que celui qui possède une chose depuis un certain temps et dans certaines conditions, a déjà certains avantages, notamment, celui d'être présumé titulaire du droit qu'il possède et, comme tel, joue le rôle favorable de défendeur à la revendication.

Art. 100.— 143. L'usufruitier, ayant un droit *réel*, un droit sur la chose, ne peut voir ce droit compromis par un procès auquel il n'aurait pas été partie.

Si le procès concerne la pleine propriété, l'usufruitier y est intéressé pour la jouissance; il est donc naturel que, si le procès est perdu, il en supporte une part correspondante à la nature de son droit; or, on a déjà vu plusieurs fois que la correspondance la plus simple et la plus exacte est qu'il supporte les intérêts annuels des déboursés, tant que dure l'usufruit; il en est de même si, le procès étant gagné, les avances faites pour les frais n'ont pu être recouvrées contre la partie perdante.

Mais, au cas de perte du procès, il peut arriver que, le procès ayant porté sur toute la chose usufructuaire, l'usufruit se trouve éteint ou même considéré comme n'ayant jamais existé. Dans ce cas, il ne serait pas raisonnable ni d'une bonne pratique de faire supporter les intérêts à l'usufruitier sa vie durant; il est préférable de liquider immédiatement sa part contributoire. En France, on décide généralement que les frais se partageront par moitié, ce qui est donner à l'usufruit une valeur égale à la moitié de la pleine propriété; on se base, par analogie, sur la loi de l'Enregistrement qui soumet les mutations d'usufruit à la moitié du droit de mutation de la pleine propriété. Ce système pourrait être adopté au Japon, de préférence à une estimation de l'usufruit, dans laquelle il faudrait apprécier, un peu au hasard, la vie probable de l'usufruitier.

Les deux autres dispositions du présent article ne présentent pas de difficulté: si le procès ne concerne que la jouissance, l'usufruitier paye, naturellement, tous les frais; s'il ne concerne que la nu-propriété, il n'en supporte aucune portion.

Toutes les fois que l'usufruit aura été constiué à titre onéreux et que la garantie d'éviction n'aura pas été formellement exclue, l'usufruitier sera exempt de toute contribution aux frais de procès, par l'effet même de son droit à la garantie.

Art. 101.—144. C'est un principe fondamental du droit que les jugements ne peuvent ni nuire ni profiter aux tiers (*l*). Si donc le nu-propriétaire a plaidé sur la pleine propriété ou sur l'usufruit, sans appeler l'usufruitier, et a perdu le procès, le droit de l'usufruitier reste entier; réciproquement, si l'usufruitier a plaidé seul sur la nu-propriété et a perdu, le nu-propriétaire n'en souffre pas.

Chacun des intéressés peut, d'ailleurs, faute d'être appelé en cause, intervenir spontanément dans le procès, pour la défense de ses droits et intérêts (voy. c. pr. civ. fr., art. 339 et suiv.).

Mais, si l'un ou l'autre, ayant plaidé seul, a gagné le procès, le principe fléchit en faveur de celui qui n'a pas été appelé: il *profite* du jugement, parce que, grâce au lien de droit qui existe entre l'usufruitier et le nu-propriétaire, la loi permet de voir une gestion d'affaires de l'un dans l'intérêt de l'autre, lorsqu'un seul a entrepris le procès comme demandeur ou défendeur. Or, un des caractères de la gestion d'affaires, celui qui la sépare le plus du mandat, c'est que le gérant d'affaires représente celui dont les affaires sont gérées, seulement pour tout ce qu'il a fait *d'utile* et de favorable, non pour l'effet contraire (voy. Proj., art. 382 et 383).

(*l*) L'axiôme est célèbre: "la chose jugée entre les uns ne nuit ni ne profite aux autres;" *res inter alios judicata aliis neque nocet neque prodest.*

Un cas assez intéressant pourrait se présenter : l'usufruitier, actionné en revendication pour l'usufruit, a perdu le procès, sans avoir appelé le nu-propriétaire en cause, la perte du procès ne peut atteindre ce dernier et elle doit produire tout son effet contre l'usufruitier. La conséquence est que le gagnant jouira de la chose au lieu et place du perdant et que, tant qu'il ne surviendra pas de cause d'extinction du précédent usufruit, le nu-propriétaire ne pourra pas mettre obstacle à cette jouissance, si, d'ailleurs, ses intérêts ne se trouvent pas compromis ; autrement, il attaquerait la décision par la tierce-opposition (voy. c. proc. civ., art. 474 et suiv.). Mais lorsque le premier usufruit devrait finir, par la mort de l'ancien titulaire ou par une autre cause, le jugement n'aurait plus d'effet contre le propriétaire et un nouveau procès deviendrait nécessaire.

SECTION IV.

DE L'EXTINCTION DE L'USUFRUIT.

Causes d'extinction.

Art. 102. L'usufruit s'éteint par les mêmes causes qui mettent fin au droit de propriété, conformément à l'article 44.

Il s'éteint encore :

1° Par la mort de l'usufruitier,

2° Par l'accomplissement du terme pour lequel il avait été établi,

3° Par la renonciation expresse de l'usufruitier à son droit,

4° Par le non-usage continu pendant trente ans,

5° Par la révocation pour abus de jouissance de l'usufruitier. [617.]

103. Si l'usufruit a été constitué sur plusieurs têtes, simultanément et par indivis, la part des usufruitiers décédés profite aux survivants et l'usufruit ne s'éteint qu'au décès du dernier mourant.

Cas de plusieurs usufruitiers.

104. L'usufruit constitué au profit d'une personne incorporelle s'éteint par le terme de trente ans, s'il n'a été fixé pour une moindre durée. [619.]

Cas de personnes incorporelles.

105. La renonciation de l'usufruitier à son droit ne le décharge pas de ses obligations antérieures qu'il n'aurait pas exécutées.

Elle ne peut nuire aux tiers qui avaient acquis des droits sur la chose du chef de l'usufruitier. [622.]

Renonciation.

106. Le non-usage n'est pas opposable aux mineurs ni aux autres personnes contre lesquelles la prescription ne peut courir.

Les autres règles relatives à la prescription libératoire s'appliquent d'ailleurs au non-usage.

Non-usage.

107. Si l'usufruitier commet sur la chose des dégradations graves, ou s'il en compromet la conservation par défaut d'entretien ou par abus de jouissance, le tribunal pourra mettre la chose sous séquestre, aux frais de l'usufruitier, ou déclarer l'usufruit, éteint au profit du

Révocation pour abus de jouissance.

nu-propriétaire, en fixant une somme ou portion de fruits ou revenus que celui-ci devra payer annuellement à l'usufruitier, jusqu'à l'arrivée d'une des autres causes d'extinction de l'usufruit.

Le tribunal règlera, en même temps, le partage des fruits et produits de l'année courante.

La valeur en argent ou en fruits due à l'usufruitier pour l'avenir lui sera acquise, jour par jour, à proportion du temps qu'aura duré l'usufruit pendant la dernière année. [618.]

Suite.

108. La révocation de l'usufruit ne préjudicie pas à l'indemnité des dommages antérieurement causés par l'usufruitier. [*Ib.*, 2e al.]

Fruits non recueillis.

109. Hors le cas prévu à l'article 107, les fruits et produits encore attachés au sol, au moment de la cessation de l'usufruit, appartiennent au nu-propriétaire, sans indemnité des frais de culture ou d'exploitation ; sans préjudice des droits qui pourraient être acquis à un fermier ou à un colon partiaire. [585, 2e al.]

Destruction totale des bâtiments.

110. Si un bâtiment usufructuaire est détruit en totalité, par accident ou par vétusté, l'usufruitier ne jouit ni du sol ni des matériaux ; à moins que le bâtiment ne soit l'accessoire d'un domaine sujet à l'usufruit. [624.]

Bâtiments assurés.

111. Si les bâtiments incendiés étaient assurés, soit par le propriétaire, soit par l'usufruitier, ce dernier jouit de l'indemnité, suivant les distinctions portées aux articles 94 et 95.

112. Si le fonds usufructuaire a été expro- *Expropriation.* prié pour cause d'utilité publique, l'usufruitier jouit de l'indemnité. [Loi fr. du 3 mai 1841, art. 39.]

113. Dans les cas prévus aux deux articles *Cautionnement.* précédents, l'usufruitier donne caution pour les sommes dont il jouit, s'il n'en a pas été spécialement dispensé en prévision desdits cas. [*Ib.*]

114. L'usufruit d'un lac ou d'un étang *Lac, étang,* s'éteint quand le fonds vient à être désséché *sol arable.* d'une façon permanente.

Réciproquement, l'usufruit d'un sol labourable cesse, si le sol vient à être envahi d'une façon permanente par les eaux.

Toutefois, l'usufruit renaît si les eaux disparues reviennent ou si l'envahissement des eaux cesse, spontanément, avant qu'il se soit écoulé trente ans de non-usage du fonds tel qu'il était à l'origine, et lors même qu'un jugement aurait prononcé l'extinction de l'usufruit en vertu du présent article.

115. L'usufruit d'un troupeau ne s'éteint *Troupeau.* que par la perte totale du troupeau.

Dans ce cas, si la destruction a eu lieu par un accident subit, l'usufruitier doit rendre les cuirs au nu-propriétaire. [615, 616.]

COMMENTAIRE.

Art. 102.—145. La loi indique, d'abord, comme causes d'extinction de l'usufruit, celles qui mettent fin à la propriété et qui sont énumérées à l'article 44.

Quelques mots suffiront sur chacun de ces cas.

1° L'usufruit est cessible, sous l'exception portée à l'article 71; mais, il est clair que la cession ou aliénation de l'usufruit n'y met fin que pour le titulaire, et encore, elle met plutôt fin à son exercice du droit qu'au droit lui-même; car c'est toujours la vie du titulaire ou le terme primitivement fixé qui déterminera la durée de l'usufruit.

2° L'accession, ayant déjà été réservée au Livre IIIe, ne peut nous occuper pour l'usufruit.

3° La confiscation n'éteindra l'usufruit que si l'usufruitier est auteur de l'infraction qui donne lieu à cette peine, ou s'il y a participé, comme co-auteur ou complice; autrement, si le propriétaire seul est coupable, la confiscation n'atteindra pas l'usufruitier.

4° Les trois actions en résolution, en rescision ou en révocation, mettront fin à l'usufruit dans deux cas: 1° Quand ce sera la constitution même du droit qui aura été affectée d'une des trois causes de ces actions; par exemple, l'usufruit a été constitué par vente et l'acheteur n'en paye pas le prix (cas de résolution); ou bien, le constituant était incapable ou son consentement a été vicié par erreur ou violence (cas de rescision); enfin, la constitution a été faite en fraude des créanciers (cas de révocation); 2° Quand le droit de propriété même du constituant sera sujet à résolution, à rescision ou à révocation; alors, par application du principe général que "personne ne peut transférer ou conférer plus de droit qu'il n'en a lui-même," le droit d'usufruit tombera avec celui du constituant (a).

(a) Il y a, à ce sujet, deux axiômes latins célèbres : *Nemo dat quod*

5° L'abandon de l'usufruit devient une cause propre d'extinction de ce droit, et se trouve réglé par le No. 3 de l'article 102, plutôt que par le No. 5 de l'article 44.

6° La mise hors du commerce de la chose soumise à l'usufruit ne demande pas d'autre observation que celle qui a été faite au sujet de la propriété (p. 103).

7° La perte de la chose usufructuaire est l'objet de dispositions ultérieures, en ce qui concerne l'usufruit; sous ce rapport encore ce n'est pas l'article 44-7° qu'il faut appliquer.

Quant aux cinq causes d'extinction énumérées au présent article, la loi va les reprendre avec quelques développements. C'est à cette occasion qu'elles seront expliquées.

146. On remarquera que le Projet ne mentionne pas, comme mode d'extinction de l'usufruit, la *consolidation*, c'est-à-dire la réunion de la propriété au droit d'usufruit, tandis qu'elle figure comme telle dans l'article 617 du Code français et dans l'article 515 du Code italien.

Cette réunion peut s'opérer en la personne du nu-propriétaire, ou en celle de l'usufruitier.

Au premier cas, l'usufruit s'est éteint par l'une des causes déjà citées : ou l'usufruitier a rétrocédé son droit au nu-propriétaire, alors c'est une renonciation, ou bien il y a eu résolution, rescision ou révocation au profit du constituant ; il n'y a donc pas ici de cause particulière d'extinction de l'usufruit.

Au deuxième cas, l'usufruitier est devenu nu-propriétaire, par achat, par succession ou autrement : il réunit bien les deux droits sur sa tête ; mais est-il vrai

---

non ipse habet, "Personne ne peut donner ce qu'il n'a pas;" *Resoluto jure dantis resolvitur jus accipientis*: "Le droit de celui qui a donné étant résolu, le droit de celui qui a reçu l'est également" (voy. c. civ. fr., art. 2125).

qu'il y ait extinction de l'usufruit ? Sans doute, désormais, il jouira sans contrôle : ce qu'il ne pourrait faire comme usufruitier, il pourra le faire comme propriétaire ; sans doute encore, les cautions sont libérées, et les gages ou hypothèques fournis en garantie sont éteints, parce qu'il ne peut être créancier et débiteur de la même dette, il ne peut se devoir à lui-même, se garantir lui-même. Mais supposons qu'il ait cédé, loué ou hypothéqué son droit d'usufruit, personne n'imaginera de dire qu'en acquérant la nu-propriété il a mis fin à l'usufruit et détruit le droit du tiers : l'usufruit subsiste donc chaque fois qu'il y a un intérêt à ce qu'il subsiste.

On rencontrera, à la IIe Partie, au sujet de l'extinction des obligations (p. 718 et suiv.) une difficulté analogue sur la *confusion* que les lois ont l'habitude de considérer comme une cause d'extinction (voy. c. civ. fr., art. 1300). On y établira plus au long que la confusion paralyse plutôt l'obligation qu'elle ne la détruit.

Il en est de même de la consolidation.

Art. 103.— 147. L'extinction de l'usufruit par la mort de l'usufruitier est le cas le plus fréquent et le plus normal, car l'usufruit est un droit essentiellement viager.

On a vu cependant (art. 50) que l'usufruit peut être constitué sur plusieurs têtes, pourvu que tous les usufruitiers soient déjà nés ou conçus au moment de la constitution du droit.

Le présent article suppose que les divers usufruitiers étaient appelés à jouir de la chose, non pas successivement, mais simultanément et *par indivis*, c'est-à-dire sans assignation de lots déterminés dans la chose. Il se présentait alors une question qui a été laissée incertaine par le Code français et qu'on a voulu trancher au Japon, à savoir: quel sera l'effet des premiers décès parmi les usufruitiers?

La solution la plus naturelle, au premier abord, serait de dire que la part de chaque usufruitier qui décède retourne au nu-propriétaire. Mais on admet généralement, en jurisprudence française, une solution différente, empruntée au droit romain. C'est cette solution que donne le texte proposé ici; elle est conforme à l'intention probable du constituant.

On raisonne ainsi: soit un testateur qui a légué l'usufruit à deux personnes, à deux époux, par exemple, ou à deux frères. Si, du vivant du testateur, l'un des légataires de l'usufruit était décédé, la part du prédécédé, sans aucun doute, dans toutes les opinions et d'après les principes du droit testamentaire, aurait augmenté celle du survivant, par voie d'*accroissement*. Or, ce résultat qui a dû entrer dans les prévisions du testateur, au moins pour une hypothèse, peut raisonnablement être présumé prévu aussi et accepté par lui dans l'autre hypothèse.

Ce système, outre l'avantage de ne donner qu'une seule solution pour deux cas analogues, a encore celui de ne pas produire une extinction partielle du droit d'usufruit, avec retour au nu-propriétaire du droit fractionné, ce qui ne manquerait guère de produire des contestations et des procès.

Art. 104.— 148. On a déjà eu occasion, au sujet des Dispositions générales, d'expliquer ce qu'on entend par personnes *incorporelles*, appelées aussi personnes *morales* ou *civiles* : ce sont des êtres métaphysiques, de pure création juridique. Ainsi, une société, une ville ou commune, sont des personnes morales auxquelles un usufruit pourrait valablement être constitué. Or, ces personnes ne cessent d'exister que par des causes exceptionnelles ou qui peuvent, au moins, être très-éloignées. Si la loi n'assignait à cet usufruit une durée déterminée, il pourrait durer pendant le temps de plusieurs existences d'homme, au cas de société, et indéfiniment, au cas d'une commune, ce qui réduirait considérablement ou même supprimerait tout-à-fait la valeur de la nue-propriété.

Le délai de 30 ans, déjà fixé par le Code français (art. 619), a paru convenable; il correspond d'ailleurs à la durée moyenne de la vie humaine.

Art. 105.—149. L'article 102-3°, en énonçant la renonciation comme une cause d'extinction de l'usufruit, exige qu'elle soit *expresse*, c'est-à-dire formelle: la loi ne veut pas qu'il puisse y avoir de doute à cet égard: les tribunaux ne devront pas arriver à reconnaître une renonciation sur de simples présomptions de fait (comp. art. 527).

Le présent article, dans ses deux dispositions, revient à une idée: la renonciation de l'usufruitier ne doit nuire à personne. Elle ne doit pas nuire au propriétaire, en laissant à sa charge l'acquittement d'obligations antérieures à la renonciation: celles-ci correspondent à une jouissance obtenue, elles sont la charge des fruits acquis, elles doivent donc rester au compte de l'usufruitier, même renonçant.

La renonciation ne doit pas, non plus, nuire aux tiers qui auraient traité sur la chose avec l'usufruitier et reçu de lui des droits réels, comme un droit de bail ou d'hypothèque.

On pourrait ajouter une classe de personnes auxquelles la renonciation ne devrait pas nuire, ce sont les créanciers de l'usufruitier, même non hypothécaires ou *chirographaires* (b) et qui perdraient par la renonciation la chance d'être payés.

(b) *Chirographaires* vient de deux mots grecs: *chir*, main, et *graphó*, j'écris; c'est comme si l'on disait: créanciers dont le titre est *sous signa-*

Il y a toutefois une notable différence entre les créanciers simplement chirographaires ou n'ayant qu'un droit personnel et ceux qui ont un droit réel d'hypothèque, c'est que, pour les derniers, la renonciation serait, de plein droit, sans effet, lors même qu'elle serait faite de bonne foi, tandis que, pour les premiers, elle ne serait sujette qu'à révocation et seulement si elle était faite *en fraude* de leur droits ; le motif de cette différence est que celui qui n'a que des créanciers ordinaires ou chirographaires conserve la libre disposition de son patrimoine ; ses créanciers suivent les fluctuations de sa fortune, ils profitent ou souffrent de ses actes, pourvu que ces actes ne soient pas faits avec une fraude intentionnelle à leur égard.

Le Code français a, dans l'article 622, une disposition équivoque sur laquelle on est en désaccord : il permet aux créanciers même non hypothécaires, d'attaquer la renonciation de l'usufruitier faite *à leur préjudice*.

Cette expression sous-entend-elle *la fraude ?* Alors la disposition est inutile, comme n'étant que l'application d'un principe général établi par l'article 1167 du même Code. Au contraire, le préjudice, le dommage effectif, suffit-il, sans mauvaise foi ? Alors, on a de la peine à justifier cette exception au droit commun de la libre gestion du débiteur par rapport à ses intérêts.

Le Projet japonais, en ne réservant que les droits réels acquis sur la chose avant la renonciation, laisse évidemment les créanciers ordinaires sous l'empire du droit commun.

On trouvera dans la II⁰ Partie (art. 360 et suiv.) toute la théorie de l'action révocatoire des créanciers fraudés.

---

ture privée, par opposition aux créanciers hypothécaires dont le titre est toujours *authentique*.

Art. 106.— 150. Le non-usage est, comme le mot l'indique, l'omission par l'usufruitier d'exercer son droit; lorsque cette omission a duré 30 ans, la loi déclare l'usufruit éteint, et cette extinction a lieu dans tous les cas, sans qu'il y ait même à distinguer si l'usufruitier a connu, ou non, le droit qu'il a laissé s'éteindre, ni s'il a été, ou non, empêché d'user par des circonstances indépendantes de sa volonté. La loi ne veut pas qu'un droit qui déprécie considérablement la valeur de la propriété subsiste nonobstant son inutilité pour le titulaire.

Le non-usage a beaucoup d'analogie avec la prescription, surtout avec celle qu'on appelle *libératoire :* il a la même durée, il n'exige que l'abstention de l'ayant-droit, sans la nécessité de la possession par celui qui en doit profiter (ici le nu-propriétaire) ; il n'a pas lieu de plein droit, il doit être invoqué contre l'usufruitier; enfin, et c'est là l'objet du présent article, il n'est pas opposable à ceux contre lesquels la prescription ne peut être invoquée, c'est-à-dire à ceux en faveur desquels la prescription est suspendue, tels sont les mineurs.

Comme autre conséquence de cette assimilation, on décidera que le non-usage s'interrompt par une demande en justice de l'usufruitier, faite avant l'expiration des trente ans, soit contre le nu-propriétaire, soit contre un tiers qui aurait usurpé la jouissance ; enfin, les questions relatives au calcul du temps se résoudront pour le non-usage comme pour la prescription.

Art. 107.— 151. La révocation de l'usufruit pour abus de jouissance n'est pas aussi particulière à l'usufruit qu'elle paraîtrait l'être au premier abord: elle n'est que l'application du principe de la résolution des droits pour inobservation des conditions de ce droit; on en retrouvera l'application dans le louage qui a de l'analogie avec l'usufruit et dans tous les contrats produisant des obligations réciproques.

La mise en *séquestre* autorisée dans le même cas est aussi une mesure d'une application assez fréquente; mais tandis qu'elle ne s'applique, en général, qu'à une chose dont la propriété est en litige, et pour durer seulement autant que le procès, ici le séquestre peut durer jusqu'à la fin de l'usufruit.

Les deux mesures que peut ordonner le tribunal, la mise en séquestre et la révocation du droit d'usufruit, sont subordonnées à la gravité des faits.

La loi indique deux sortes de fautes de l'usufruitier pouvant motiver l'une de ces mesures, et comme il s'agit ici d'une *peine civile* à prononcer, on doit considérer la loi comme limitative.

Le premier cas consiste dans des dégradations plus ou moins instantanées, mais de nature grave et à peu près irréparables, comme serait le fait d'avoir coupé des arbres de futaie; le second cas suppose une faute continue ou répétée et pouvant amener la perte de la chose, et, dans la détermination de la loi, cette faute peut être de deux sortes: le défaut d'entretien, c'est-à-dire le défaut des réparations qui incombent à l'usufruitier, et l'abus de jouissance, de nature plus variée, comme seraient l'extension exagérée donnée à l'exploitation des mines ou carrières et la reproduction exagérée obtenue des animaux sujets à l'usufruit.

Il ne faudrait pas assimiler à ces cas une culture *intensive* et exagérée du sol : elle pourrait, il est vrai, l'appauvrir momentanément, mais sans en compromettre la conservation ni la fécondité ultérieure.

Lorsque le tribunal prononce la révocation de l'usufruit, il ne dépouille pas entièrement l'usufruitier, comme le permet la loi française (art. 618); il ne serait pas juste que la mesure dépassât la garantie due au nu-propriétaire et qu'elle devînt pour lui la source d'un gain illégitime.

Le tribunal détermine donc la portion de produits ou revenus annuels qui sera payée par le nu-propriétaire à l'usufruitier.

152. Bien que l'usufruit soit légalement éteint dans le cas où le tribunal en prononce la révocation, il se trouve plutôt, en réalité, réduit et transformé en cette créance annuelle de fruits ou produits; il faut donc lui assigner la même durée qu'à l'ancien usufruit: ainsi, elle cessera à la mort de l'usufruitier ou à l'accomplissement du terme; elle cessera aussi par la perte de la chose arrivée dans les mains du propriétaire et sans sa faute; elle cesserait, cela va sans dire, par la renonciation de l'usufruitier; mais il ne pourrait plus être question d'abus de jouissance; quant au non-usage, il se trouverait remplacé par une véritable prescription libératoire, laquelle serait plus courte (probablement 5 ans, si l'on admet le délai du Code français), comme pour toutes les créances d'annuités. Mais l'extinction n'aura lieu que pour les annuités échues, non pour les autres.

Les deux derniers alinéas ne demandent chacun qu'une seule observation.

Dans la fixation de la part de fruits et revenus due à l'usufruitier pour l'année courante, le tribunal devra prendre en considération les frais de culture déjà faits par l'usufruitier et les probabilités de la prochaine récolte; tandis que, pour les années ultérieures, on supposera des années moyennes et on tiendra compte de ce que les frais de culture seront faits par le propriétaire.

Quant au moment où l'usufruitier acquiert cette portion de revenus, la loi y applique la règle des fruits civils: l'acquisition a lieu jour par jour, c'est-à-dire à proportion du temps écoulé, comme l'explique la fin de l'article, sauf à retarder la délivrance à l'époque de la récolte effective. On aurait pu maintenir la règle de l'article 54, mais il a paru bon, puisque la situation de l'usufruitier était changée si profondément, de ne pas lui laisser les risques ni les profits éventuels que produit cette disposition. Au surplus, ce n'est toujours qu'après la dernière récolte faite que la part proportionnelle revenant à l'usufruitier ou à ses héritiers pourra être fixée.

Art. 108.— 153. La révocation de l'usufruit est surtout une garantie pour l'avenir en faveur du nu-propriétaire; mais elle ne saurait tenir compte de l'indemnité qui lui est due pour les dommages causés.

Ainsi, s'il y a eu des arbres de futaies abattus, le sol, dépouillé de sa valeur principale, ne l'indemnise pas; de même, s'il y a révocation d'un usufruit portant sur des animaux reproducteurs épuisés ou sur des bêtes de somme ou de trait mis hors de service.

Il y aura donc lieu pour le tribunal, sur les justifications qui lui seront fournies, de fixer l'indemnité due, de ce chef, au nu-propriétaire.

Art. 109.— 154. Cet article est la contre-partie de l'article 52 du même Chapitre, lequel donne à l'usufruitier les fruits attachés au sol au moment où l'usufruit commence, sans indemnité pour nu-propriétaire, à raison de ses frais de culture.

Déjà, sous l'article 72, on a été amené à parler des fruits pendants ou attachés au sol au moment où finit l'usufruit, soit que la maturité n'en fût pas encore complète, soit que l'usufruitier fût en retard de les percevoir, et l'on a eu ainsi l'occasion de donner le motif de cette double solution qui n'est pas conforme à la justice absolue: la loi veut éviter des comptes difficiles qui se reproduiraient deux fois et seraient une source de procès; il y aura quelque chose d'aléatoire dans le gain et dans la perte, pour chaque partie; mais, outre que les chances se trouvent égales pour les deux parties, il n'y a là qu'une suite du caractère aléatoire de l'usufruit lui-même qui dépend de la vie de l'homme.

La loi fait une réserve pour "les droits qui pourraient être acquis à un fermier ou à un colon partiaire."

Quelques observations sont ici nécessaires. Le lounge ou contrat par lequel une chose est donnée à bail, a un caractère "d'administration," quand la durée du droit ne doit pas être trop longue (voy. art. 126 à 131); les droits de bail consentis par l'usufruitier dans les limites légales doivent donc subsister jusqu'à leur expiration, nonobstant la fin de l'usufruit.

Le présent article n'a pas pour objet d'appliquer ce principe qui sera posé d'une manière générale au Chapitre suivant; mais il règle une question de fruits qui aurait pu faire quelque doute.

Le bail des immeubles peut, en effet, avoir lieu sous deux conditions différentes pour le preneur: ou bien celui-ci paye une somme d'argent par année, ou bien il donne au propriétaire une part des fruits du fonds, généralement la moitié; dans le premier cas, le bail est dit "à loyer ou à ferme" et le prix lui-même se nomme *loyer* ou *fermage* (suivant qu'il s'agit de bail de *maisons* ou de bail de *terres*); dans le second, le bail se nomme "bail à part de fruits, bail à moitié, bail à métairie ou colonage" et le fermier se nomme *métayer* ou *colon partiaire*.

Quand le prix de bail se paye en argent, l'usufruitier l'acquiert jour par jour (art. 56) et à la fin de l'usufruit, tout ce qui reste à échoir est acquis au propriétaire.

On aurait pu croire que quand le bail était à part

de fruits, l'usufruitier, ayant une sorte d'association avec le colon partiaire, obtiendrait sa part, de fruits, même après la fin de l'usufruit; mais la loi ne l'admet pas: c'est avec le nu-propriétaire que le colon partiaire fera le partage des fruits. Quant au fermier qui paye en argent, tous les fruits seront évidemment pour lui et le nu-propriétaire touchera les fermages à partir de la fin de l'usufruit.

Art. 110.—155. La loi fait ici l'application de la distinction des choses en principales et accessoires présentée par l'article 16. Quand l'édifice est la chose principale, sa destruction met fin à tout l'usufruit; si, au contraire, l'édifice est l'accessoire, l'usufruit subsiste, non-seulement sur les autres parties du domaine, mais encore sur le sol que couvrait l'édifice et même sur les matériaux qui le composaient.

Cette solution est conforme aux traditions anciennes en matière d'usufruit que le Code français a conservées (art. 624), mais donc le Code italien s'est quelque peu écarté (art. 520).

Art. 111.—156. Bien que l'indemnité ne représente pas la chose assurée, mais les primes annuelles payées, ainsi qu'on l'a expliqué sous les deux articles cités au texte, il est juste que l'usufruitier en jouisse, au cas de sinistre; en effet, il a payé l'intérêt annuel de ces primes, ou bien il en a fait l'avance en capital: ayant ainsi participé à la charge, il doit participer à l'indemnité; mais viagèrement, comme le comporte la nature de son droit.

Art. 112.—157. Ici, il n'est pas douteux que l'indemnité représente la chose usufructuaire, aussi, à la différence de l'indemnité d'incendie, appartient-elle, de droit, aux créanciers hypothécaires, sans qu'il soit besoin qu'elle leur ait été éventuellement transportée lors de la constitution de l'hypothèque (Loi fr. du 3 mai 1841, sur l'Expropriation, art. 17 et 54).

Lorsque la chose expropriée est louée, le locataire reçoit une indemnité distincte en capital, laquelle est estimée d'après la durée du bail restant à courir; mais pour l'usufruit, comme sa durée est incertaine et aléatoire, il est naturel que l'usufruitier n'ait ni plus ni moins que la jouissance de l'indemnité pendant sa vie.

Observons que la perte de la chose autrefois soumise à l'usufruit, survenue après l'expropriation, ne mettrait plus fin à l'usufruit, car cettte chose n'y est plus soumise.

Art. 113.— 158. Lors même que l'usufruitier aurait été dispensé de donner caution pour la jouissance d'un immeuble, ce ne serait pas une raison pour qu'il en fût dispensé, dès que sa jouissance porte sur une somme d'argent, toujours facile à dissiper ou à être perdue par des placements imprudents.

Par le même motif, si le cautionnement avait été fourni pour la jouissance de l'immeuble, il y aurait lieu de le fixer, à nouveau, pour le montant de l'indemnité.

Art. 114.— 159. La loi assimile à la perte de la chose son changement de nature, lorsqu'il n'est pas passager, mais définitif.

C'est une conséquence du principe que l'usufruitier doit jouir de la chose suivant sa destination.

La loi a du prévoir le cas où la condition primitive du fonds se rétablirait d'elle-même, " spontanément," et dans ce cas, le droit d'usufruit renaîtra; il serait même plus exact, en théorie, de dire qu'il se trouvera n'avoir pas été éteint; c'est même une grande faveur que la loi accorde à l'usufruitier de lui rendre son droit, lors même qu'un jugement serait intervenu à ce sujet. Cette exception à l'autorité de la chose jugée a pour but de ne pas obliger les tribunaux à attendre un temps indéfini pour statuer : de cette façon, leur décision aura toujours un caractère conditionnel, résoluble ; pourvu, bien entendu, qu'elle soit motivée uniquement sur le phénomène physique prévu au présent article.

La loi veut que la condition primitive du fonds se soit rétablie d'elle-même, "spontanément;" le droit de l'usufruitier ne renaîtrait donc pas, si les eaux n'étaient revenues ou ne s'étaient retirées que par suite de travaux faits par le propriétaire.

Enfin, il est bien observé par la loi que le droit ne renaîtrait pas après trente ans de non-usage.

Les exemples de changements que donne la loi ne doivent pas être considérés comme limitatifs ; ainsi, on devrait décider que l'usufruit d'une forêt ou d'un bois est éteint, si le bois a été brûlé entièrement.

Art. 115.—160. Un troupeau est une de ces choses complexes dont parle l'article 17 des *Dispositions générales*, de ces choses qui tiennent le milieu entre les *corps certains* et les *universalités :* elles s'augmentent ou diminuent fréquemment, par des causes naturelles. Dans le cas où elles sont soumises à un usufruit, le droit de l'usufruitier suit les variations de la chose.

Chez les Romains, on décidait qu'un troupeau réduit à 2 ou 3 têtes n'était plus un troupeau et que, par conséquent, l'usufruit prenait fin dans ce cas. La question est tranchée nettement dans le Code français dans le sens que l'usufruit ne s'éteint que si le troupeau "périt entièrement," ce qui suppose qu'il n'en reste plus une seule tête.

En effet, il serait arbitraire d'assigner un nombre *minimum* de têtes à un troupeau : d'abord, s'il restait un couple, le troupeau pourrait, avec le temps, se reconstituer à un nombre plus ou moins considérable; même, ne restât-il qu'une tête, on ne voit pas pourquoi l'usufruitier ne pourrait, en achetant un second animal, reconstituer un petit troupeau.

La question a, au surplus, bien peu d'intérêt.

Dans le cas où le troupeau a péri lentement, par maladie ou autrement, l'usufruitier a gagné les cuirs, tant qu'il a conservé son droit sur le troupeau; mais dans le cas d'une perte totale subite, sans destruction des cuirs, par exemple, si les bêtes ont été noyées ou asphixiées, il doit rendre les cuirs, comme il rend les matériaux d'un édifice qui s'est écroulé.

APPENDICE.

RÈGLES PARTICULIÈRES A L'USAGE ET A L'HABITATION.

Art. 116. L'Usage est un usufruit restreint à la mesure des besoins de l'usager et à ceux de sa famille. [630.] *Nature et limite du droit d'usage.*

L'Habitation est le droit d'usage des bâtiments. [632, 633.]

Les droits d'usage et d'habitation s'établissent de la même manière et s'éteignent par les mêmes causes que l'usufruit. [625.] *Etablissement et extinction.*

117. Sont considérés comme formant la famille de l'usager, pour déterminer la mesure de son droit d'usage ou d'habitation : son conjoint légitime, ses descendants ou ascendants légitimes, adoptifs et naturels, habitant avec lui, et les serviteurs attachés à leur personne. [630, 632.] *Famille.*

118. Si le titre constitutif ou une convention ultérieure ne détermine pas le mode d'exercice du droit d'usage d'un fonds de terre, ni les bâtiments où s'exercera l'habitation, le tribunal les déterminera, après avoir entendu contradictoirement les parties. [Comp. 628, 629.] *Mode d'exercice.*

119. L'usage et l'habitation ne peuvent être cédés ni loués. [631, 634.] *Incessibilité.*

Garanties. **120.** Celui qui a un droit d'usage ou d'habitation est soumis comme l'usufruitier à faire un inventaire des meubles et un état des immeubles, ainsi qu'à donner caution. [626.]

Responsabilité. Il est soumis aux mêmes soins et à la même responsabilité de ses fautes. [627.]

Charges. Il contribue comme l'usufruitier aux réparations, aux charges annuelles et aux frais de procès, en proportion de sa jouissance. [635.]

COMMENTAIRE.

Art. 116.—161. Il y a tant d'analogie entre l'Usage et l'Usufruit qu'on a coutume, en France, de dire que "l'usage est un *usufruit restreint.*"

Le Projet consacre cette idée, et même l'expression, en indiquant quelle est la mesure de cette restriction.

L'usufruitier a l'usage et la jouissance, et ces deux droits n'ont pour lui d'autres limites que la nature et la destination de la chose.

Pour l'usager, la limite est celle de ses besoins et de ceux de sa famille.

Les articles suivants déduiront quelques conséquences de cette limite.

Le droit d'*habitation* s'applique naturellement à des bâtiments; c'est l'*usage* des bâtiments; par conséquent, il est limité également aux besoins de l'habitant et de sa famille.

Malgré la généralité de l'assimilation que fait la loi, quant aux causes d'établissement, entre l'usufruit et les deux droits qui nous occupent, il faut observer qu'il n'y a pas d'usage établi par la loi, comme il y a des cas d'usufruit *légal*. Il est clair que pour qu'il y eût des cas d'usage légal, il faudrait des dispositions spéciales de la loi en ce sens et il est vraisemblable qu'il ne s'en trouvera pas.

En France, il y a certaines dispositions du *Contrat de mariage* dans lesquelles on a prétendu voir des droits d'habitation et d'usage légaux (art. 1465, 1495, 1570); mais l'opinion la mieux fondée est celle qui ne voit dans ces droits que de simples créances de la veuve sur les biens du mari ou de la communauté.

Les droits d'usage et d'habitation seront, sans doute, aussi rares au Japon qu'ils le sont en France.

Au surplus, il ne faudrait pas croire que le droit d'usage ne puisse appartenir qu'à des personnes se trouvant dans la gêne et que, s'il avait été donné ou légué à un parent ou à un ami se trouvant alors dans le besoin, il s'éteindrait par la circonstance que cette personne est arrivée à meilleure fortune. Au contraire, on pourrait presque dire que, plus serait riche la personne à laquelle serait donné ou légué un droit d'usage ou d'habitation, plus grande serait la portion de fruits ou de bâtiments qui devrait lui être assignée, par application des principes de ce droit et d'après l'intention probable du constituant.

Les droits d'usage et d'habitation peuvent quelquefois tenir lieu de pension alimentaire; mais ce n'est pas là leur caractère propre ni leur but essentiel.

Art. 117.— 162. Le nom de *famille* étant susceptible d'une grande extension, la loi a dû en poser ici les limites, afin de ne pas laisser prendre au droit d'usage une extension qui aurait pu facilement devenir abusive, comme contraire aux prévisions du constituant.

A l'égard du conjoint, la loi le qualifie de *légitime*, ce qui veut dire que, lors même que les dispositions ultérieures du Code reconnaîtraient une autre union de l'homme et de la femme, celle que les Romains appelaient *concubinatus* (concubinat), la concubine n'aurait pas le droit d'usage et ne compterait pas pour en déterminer l'étendue.

Déjà, les nouveaux Codes (pénal et de procédure criminelle), ayant eu à parler du conjoint, ont spécifié qu'ils n'entendaient parler que du conjoint *légitime*, quelque décision que dût prendre plus tard le Code civil sur la concubine.

La loi n'ajoute pas qu'il s'agit du conjoint *non divorcé*, précaution que prenait autrefois la loi française, lorsque le divorce était permis; il a semblé inutile d'ajouter ces deux mots, car, après le divorce, il n'y a plus de *mariage*, par conséquent, plus de *conjoint*.

Au contraire, lorsqu'il s'agit des ascendants ou descendants (parents en ligne directe), la loi n'exige pas que la parenté soit *légitime*: elle met sur la même ligne, non-seulement la parenté *adoptive*, qui est légitime aussi, mais même la parenté *naturelle*. En effet, le lien naturel qui unit les ascendants et les descendants est plus digne d'intérêt que celui qui unit l'homme et la femme dans le concubinat; c'est un lien du sang qui ne peut se dissoudre comme celui des père et mère se trouvant dans cette condition.

Il va sans dire aussi que si l'usager se mariait ou avait des enfants après la constitution de son droit, son nouveau conjoint et ses enfants bénéficieraient de l'usage.

La loi exige que les parents dont il s'agit habitent avec l'usager; cette condition se justifie par la considération que s'ils habitaient ailleurs, il pourrait être difficile de constater leur existence et la mesure de leurs besoins.

Par le même motif, on doit appliquer cette condition de l'habitation commune au conjoint légitime lui-même. Au reste, la loi n'exige pas qu'ils habitassent déjà avec l'usager au moment où le droit a été constitué; l'usager pourrait donc faire venir ses parents ou son conjoint avec lui à toute époque et les faire bénéficier de l'usage. Quant aux serviteurs, cette condition de résidence résulte de ce que la loi ne tient compte que de ceux qui sont attachés à la personne ; ainsi les cochers, les coureurs *(bétos)*, les garçons d'écurie ou de ferme ne seraient pas comptés pour la détermination des droits de l'usager. Il en serait de même des jardiniers et des concierges *(mombans)*.

Art. 118.— 163. Il serait nuisible au nu-propriétaire et souvent à l'intérêt général que l'usager qui, peut-être, n'a droit qu'à une partie des fruits d'un fonds, en fût seul possesseur et le cultivât en entier à son gré: il serait à craindre qu'il ne s'occupât que de lui faire produire ce dont il a besoin et qu'il le laissât improductif pour le reste; de même, pour une maison d'habitation, il n'en occuperait que des parties détachées, laissant le reste sans utilité et sans soins.

Quand le titre constitutif aura négligé de déterminer la portion de bâtiments affectée à l'usager et le mode d'exploitation des fonds de terre pour satisfaire à son droit, les parties pourront y pourvoir par convention.

Si elles ne se mettent pas d'accord, le tribunal y pourvoira, d'après la nature des biens soumis à l'usage et en tenant compte de l'intention probable du constituant.

Lorsqu'il s'agira de terres, le tribunal en assignera à l'usager un lot qu'il cultivera à son gré.

Il ne serait pas d'ailleurs admissible que l'usager prétendît mettre toutes les terres en culture à son profit, pour leur faire produire toutes sortes de choses qui pourraient lui être utiles, alors que les terres n'y étaient pas antérieurement consacrées ; par exemple, planter des cotons pour se faire des vêtements, des vignes pour avoir du vin, des bois pour avoir du charbon et le chauffage, établir des prairies pour avoir des bêtes à laine et pour se tisser des vêtements : de pareilles prétentions seraient contraires à l'intention probable du constituant.

Art. 119.— 164. La prohibition de céder et louer est une des conséquences annoncées des limites du droit d'usage.

Si le droit d'usage pouvait être cédé ou loué, les besoins du cessionnaire ou du locataire seraient vraisemblablement différents et seraient souvent plus considérables que ceux du titulaire. Si même, on admettait que le cessionnaire ou le locataire exerçât le droit dans la mesure des besoins du titulaire, le contrôle serait une source de contestations journalières et inextricables.

La prohibition de céder ou louer se trouve aussi dans le Code français (art. 631 et 634) et dans le Code italien (art. 528) où elle est reproduite du droit romain.

Art. 120.— 165. Cet article confirme le caractère d'usufruit restreint reconnu à l'usage et à l'habitation.

L'usager et l'habitant ayant la possession effective de tout ou partie de la chose soumise à leur droit, pourraient perdre ou détourner les meubles et dégrader les immeubles; de là, la nécessité de l'inventaire, de l'état des lieux et de la caution.

Au surplus, on ne devrait pas admettre que le droit d'usage partât sur des denrées ou sur des sommes d'argent, s'il n'y en avait une disposition formelle dans l'acte de constitution; les règles sur l'estimation *valant vente* ne s'appliqueront donc guère à l'usager.

Le mode de réglement de la jouissance par le tribunal ou par la constitution, tel qu'il est prévu par l'article 118, écarte une difficulté sérieuse qui s'élève sur l'article 635 du Code français, au sujet duquel on a objecté que l'usager n'aura pas de fruits "dans la mesure de ses besoins, du moment qu'il est obligé de contribuer aux charges annuelles. Mais, lors même que ce résultat serait toujours inévitable, il serait encore acceptable : il est déjà inévitable dans un cas, celui où l'usager absorbe tous les fruits ou occupe tous les bâtiments ; on ne voit pas pourquoi la règle changerait quand il n'en absorbe qu'une partie.

Dans le Projet, l'objection sera moins fréquente, car lorsque le tribunal assignera à l'usager une portion du fonds pour sa jouissance, il fera sagement de tenir compte des charges annuelles et de la lui donner suffisante pour couvrir en même temps les frais annuels.

Au surplus, nous répétons que le droit d'usage d'un fonds sera rarement constitué comme droit *réel:* jamais, sans doute, personne n'*achètera* un droit d'usage : on aimera mieux prendre le fonds à ferme ; quant à celui qui voudra, par testament ou donation, assurer à un parent ou à un ami une pension alimentaire, il le fera en constituant une rente viagère en argent, ou une créance d'une portion déterminée des fruits d'un fonds, laquelle sera prise sans charges, sur l'ensemble des récoltes.

La loi n'a pas ici de disposition relative à l'expropriation : si elle avait lieu, il ne serait pas possible de donner à l'usager, ou à celui qui a l'habitation, la jouissance de l'indemnité : les deux droits qui nous occupent sont trop variables dans leur étendue pour se convertir ainsi en un droit fixe : il y aurait donc lieu, pour l'administration qui exproprie, à allouer une indemnité spéciale à l'usager, comme on le ferait pour un locataire ou un fermier. C'est le système adopté en France (Loi citée du 3 mai 1841, art. 39).

CHAPITRE III.

DU BAIL, DE L'EMPHYTÉOSE ET DE LA SUPERFICIE.

DISPOSITIONS PRÉLIMINAIRES.

Nature du droit de bail. **Art. 121.** Le Bail ou louage d'une chose corporelle, mobilière ou immobilière, donne au preneur le droit d'user et de jouir de la chose louée, pendant un certain temps, moyennant une somme d'argent ou autre valeur qu'il s'engage à fournir périodiquement au bailleur; sans préjudice des obligations respectives dont les parties sont tenues en vertu de la convention ou par l'effet de la loi, telles qu'elles sont déterminées aux Sections II et III ci-après. [1708, 1709, 1713.]

Renvoi. **122.** Les droits et obligations qui naissent du contrat de louage d'ouvrage ou d'industrie et du louage de services sont réglés au Livre IIIe. [1710, 1711.]

Les règles particulières au bail d'animaux de bétail ou bail à *cheptel* sont portées au même Livre. [1711.]

Renvoi. **123.** Les baux des biens de l'Etat, des

départements, des communes et des établissements publics sont réglés par les lois administratives. [1712.]

COMMENTAIRE.

Art. 121.—166. La loi commence ce Chapitre comme les précédents, par une définition du Droit dont il va être traité.

Le fait seul, par la loi, d'avoir placé le droit résultant du bail dans cette 1re Partie du Livre IIe, prouve que le Projet japonais le classe parmi les droits *réels*.

En France, et dans les autres pays qui ont suivi surtout la législation romaine, le droit du preneur est considéré comme un simple droit *personnel*, comme un droit de créance contre le bailleur et qui n'affecte pas la chose louée; c'est, au moins, l'opinion générale. Mais il y a des divergences d'opinion et les textes ne sont pas sans laisser des doutes à cet égard. La loi française, notamment, a donné au preneur d'immeuble un des avantages du droit réel, le plus considérable: elle a rendu son droit opposable aux sous-acquéreurs, quoiqu'il n'ait pas traité avec ceux-ci (voy. c. civ. art. 1743) et, par une conséquence naturelle, elle a soumis à la publicité de la transcription les baux d'une longue durée, de plus de 18 ans (Loi du 23 mars 1855, art 2). Plusieurs auteurs en ont conclu que le Code civil français avait, à cet égard, transformé l'ancienne nature du droit du preneur en un droit réel.

Cette opinion, difficile à admettre en France, avec les précédents historiques, n'a rien de contraire à la raison; elle est même favorable aux intérêts économiques du pays. Il fallait seulement que la loi s'en s'expliquât.

Le Projet japonais, en fortifiant le droit du preneur, en lui donnant une plus grande stabilité encore que celle qu'il a en France et ailleurs, favorisera l'agriculture, dans le louage des terres, et le commerce autant l'industrie, dans le louage des maisons.

On indiquera, chemin faisant, les dispositions du Projet qui sont les conséquences de la *réalité* du droit.

On va reprendre maintenant la définition donnée par ce premier article.

167. D'abord, la loi ne s'occupe ici que du louage des choses *corporelles*.

Il existe deux louages de choses *incorporelles*, le louage d'ouvrage ou d'industrie et le louage de services. Ces deux sortes de louage peuvent avoir et ont certainement des points de ressemblance avec le louage des choses corporelles; mais une grande différence les sépare: il est clair que le louage d'ouvrage et le louage de services ne peuvent donner au preneur un droit *réel*, un droit *sur la chose louée;* ce ne peut être qu'un droit *contre la personne* de celui qui a promis son travail industriel ou ses services. La loi traitera de cette autre espèce de louage, parmi ceux des contrats qui ne produisent que des droits personnels (Livre IIIe).

Mais si la chose est corporelle, l'usage loué de cette chose est *réel*, sans distinguer si elle est mobilière ou immobilière; seulement, les droits réels mobiliers étant rarement opposables aux tiers, la question de la nature du droit du preneur perd une grande partie de son intérêt pour les meubles.

Le preneur d'une chose corporelle a un droit très-voisin du droit d'usufruit: il peut, de même que l'usufruitier, user et jouir de la chose d'autrui, et son droit a, sauf quelques particularités, la même étendue et les mêmes limites que l'usufruit; aussi, doit-on compléter les dispositions du présent Chapitre par celles du précédent. La loi, elle-même, s'y réfère plus d'une fois et ces renvois ne sont pas limitatifs.

Plusieurs différences cependant séparent le droit du preneur de celui de l'usufruitier. D'abord, quant à la durée : le droit de l'usufruitier est, en général, viager : il a, pour durée, la vie de l'usufruitier ; le droit du preneur n'a pas ce caractère aléatoire : il est ordinairement établi pour une durée fixée.

Le droit de l'usufruitier est généralement établi à titre gratuit (par donation ou par testament) ; le droit du preneur est toujours établi à titre onéreux, c'est-à-dire moyennant un sacrifice de sa part.

Lors même que l'usufruit est établi à titre onéreux, il y a encore une différence : l'usufruit établi à titre onéreux, le sera moyennant un prix de vente une fois payé, ou moyennant une chose fournie en échange ; le droit du preneur sera acquis et conservé moyennant une prestation périodique, en argent ou en produits.

Il y a une autre différence entre les deux droits, quant à la manière même dont ils s'établissent. L'usufruit est quelquefois établi *par la loi* et peut l'être *par la prescription*; le droit de louage ne l'est jamais que *par contrat*.

La Section suivante (art. 124) mettra cette différence en évidence.

Voici enfin la différence la plus considérable entre les deux droits : le constituant d'un usufruit n'est, en général, tenu d'aucune obligation personnelle envers l'usufruitier ; ce n'est qu'au cas, assez rare, de vente de l'usufruit, qu'il aurait l'obligation de tout vendeur, de garantir l'acheteur contre l'éviction (a). Au contraire, le bailleur est toujours obligé envers le preneur, à le garantir, non seulement de l'éviction, mais encore de tout autre trouble, provenant même d'un cas fortuit ou d'une force majeure. En d'autres termes, il doit lui

---

(a) *Eviction* du latin *e* ou *ex*, hors, et *vincere*, *victus*, vaincre, vaincu : l'acheteur, le preneur *évincé*, est *vaincu et mis dehors*.

garantir une *jouissance continue*, laquelle est considérée comme la cause de l'obligation du preneur de payer une *redevance périodique*.

Sans doute, les parties peuvent, par la convention, restreindre ou supprimer cette garantie; mais, à défaut de convention, elle est due au preneur; c'est pourquoi on dit qu'elle n'est pas *essentielle*, mais *naturelle* au contrat.

Dans la constitution d'usufruit, la garantie de la jouissance contre les cas fortuits ou la force majeure n'aurait lieu que si elle avait été stipulée : on dirait alors qu'elle est *accidentelle* à l'usufruit.

Nous signalerons encore quelques différences : ce qui a été dit de la jouissance de l'usufruitier à l'égard de l'indemnité d'expropriation ou d'incendie, ne s'appliquerait pas au preneur; il en est de même de ses obligations relatives aux réparations d'entretien, aux impôts, aux procès, etc.

Art. 122 & 123.— 168. On a indiqué plus haut pourquoi la loi ne peut traiter ici de deux sortes de louage qui ne peuvent, par leur nature même, conférer de droit réel.

Quant au bail dit *à cheptel* (*b*), la loi, considérant qu'il a de l'analogie avec la Société, parce qu'il donne lieu à un partage des produits entre le preneur et le propriétaire, en pourrait traiter à la suite du Contrat de Société; mais, pour ne pas trop fractionner la matière du Louage et, considérant que le bail à cheptel a aussi de l'analogie avec le louage de services, il en sera traité à la suite de ce contrat.

Ce Louage, encore peu usité au Japon, y prendra, sans doute, des développements, lorsque les progrès de

---

(*b*) Le mot français *cheptel* paraît venir de *caput*, tête de bétail : on nomme alors le preneur *cheptelier*.

l'agriculture auront rendu plus général l'élevage des bêtes à corne et à laine qui sont une des grandes sources de la richesse en Europe.

Dans tous les pays, il y a des règles particulières pour la location et la vente des biens de l'Etat et des administrations publiques; sans parler des biens dits *du domaine public*, qui, en principe, ne peuvent être vendus ni loués.

Ce sont les lois administratives qui posent partout et poseront au Japon les règles dont parle cet article.

Ce n'est pas à dire que le présent Code n'y sera d'aucune application. Au contraire, il sera toujours la loi fondamentale des ventes et des baux; mais le fonctionnaire dans les attributions duquel rentrera le soin de passer le contrat et d'en régler les clauses et les conditions sera ordinairement obligé de prendre préalablement l'avis de certains conseils, et le prix de vente ou de louage, au lieu d'être débattu entre le fonctionnaire et l'acheteur ou le preneur, sera ordinairement obtenu par la mise aux enchères publiques.

Le Code civil ne peut ici que faire un renvoi à des lois administratives qui ne sont pas encore toutes définitives; car, en matière administrative, les changements sont, comme on a déjà eu occasion de le remarquer, fréquents et inévitables.

La similitude des droits de bail et d'usufruit fait adopter ici la même division du Bail en quatre Chapitres: 1° Etablissement du bail; 2° Droits du preneur; 3° Obligations du preneur; 4° Fin du bail.

On trouvera aussi, en Appendice aux quatre Sections formant ce Chapitre, des règles particulières sur des baux d'un caractère spécial, l'*Emphytéose* et la *Superficie*.

SECTION PREMIÈRE.

DE L'ÉTABLISSEMENT DU DROIT DE BAIL.

Contrat de bail.

Art. 124. Le droit de bail s'établit par le contrat dit *de bail* ou *de louage*. [1714.]

Legs de bail.

Dans le cas où le droit de bail aurait été légué par testament, l'héritier devrait passer avec le légataire un contrat de louage aux clauses et conditions portées dans le testament.

Promesse de bail.

Il en serait de même dans le cas d'une promesse de bail : le promettant devrait passer un contrat de louage au stipulant.

Nature du contrat de bail.

125. Le contrat de bail des choses est soumis aux règles générales des contrats à titre onéreux et synallagmatiques, sauf les dérogations ci-après.

Louage par les administrateurs.

126. Les administrateurs légaux ou judiciaires de la chose d'autrui peuvent la donner à bail ;

Toutefois, le bail par eux consenti sans un pouvoir spécial, quant à la durée, ne peut excéder :

Deux ans, s'il s'agit d'un animal ou d'un autre objet mobilier ;

Cinq ans, s'il s'agit d'un bâtiment d'habitation, d'un magasin ou d'une autre construction ;

Dix ans, s'il s'agit d'une terre labourable, d'un bois, d'un étang, d'une carrière ou d'une autre partie du sol. [1429, 1430, 1718.]

127. L'administrateur ne peut renouveler les baux, pour une même durée, que trois mois, six mois, ou un an, avant l'expiration de la précédente période, sous la distinction des choses louées, portée à l'article précédent. [*Ib.*]

Toutefois, le renouvellement anticipé n'est pas nul si, au moment où cessent les pouvoirs de l'administrateur, la nouvelle période est commencée. [1430.]

Renouvellement des baux.

128. L'administrateur de la chose d'autrui ne peut louer moyennant une valeur autre que l'argent;

Cependant, s'il s'agit d'une culture de riz ou d'autres grains, le prix du bail peut être stipulé payable pour moitié en produits du fonds, d'après la valeur locale courante; sauf au preneur à effectuer le payement total en argent, s'il le préfère.

Prix de bail.

129. Les règles posées aux trois articles précédents s'appliquent aux mandataires ou administrateurs conventionnels, soit généraux, soit spéciaux; à moins que le mandat n'ait étendu ou restreint leurs pouvoirs par écrit.

Suite.

130. Les mineurs émancipés et les femmes mariées ayant l'administration de leurs biens ne peuvent les donner à bail qu'aux mêmes conditions que les administrateurs de la chose d'autrui.

Louage par les incapables.

Demande
en nullité
du bail. **131.** Le preneur ne pourra demander la nullité ou la réduction des baux ou des renouvellements de baux contraires aux articles précédents, si le propriétaire, étant maître de ses droits, déclare les ratifier. [1125.]

Il pourra seulement, à toute époque, requérir le propriétaire de déclarer sa volonté à cet égard, dans un délai de 8, 15, ou 30 jours, suivant la nature de l'objet loué, telle qu'elle est distinguée à l'article 126.

Si le propriétaire refuse de se prononcer, le preneur pourra déclarer qu'il maintient la durée du bail telle qu'elle a été fixée antérieurement.

Baux
de
plus de 30 ans. **132.** Lorsque les baux d'immeubles faits par le propriétaire excèdent trente années, ils deviennent des baux emphytéotiques et sont soumis aux règles particulières établies à l'Appendice pour ces sortes de baux.

COMMENTAIRE.

Art. 124.—169. Cette disposition de la loi, n'indiquant qu'un mode de constitution ou d'établissement du droit de bail, n'est pas limitative, ce qui serait arbitraire : ce n'est qu'une énonciation du seul mode raisonnable d'établir ce droit. En fait, on n'en comprendrait guère d'autre que le contrat auquel le droit donne son nom : le contrat de *bail* ou de *louage*.

C'est une des différences signalées plus haut entre le droit de bail et le droit d'usufruit, lequel peut s'établir par les mêmes modes que ceux qui transfèrent la propriété, à l'exception de l'hérédité.

Il ne faudrait pas croire, en effet, que, parce qu'un droit est réel et peut être considéré comme un démembrement de la propriété, il s'établisse nécessairement comme celle-ci.

Quand on s'occupera de l'hypothèque, droit réel aussi, servant de garantie d'une obligation, on verra que, à part les cas où elle établie par la loi, il n'y a qu'une seule convention qui puisse l'établir, la convention même d'*hypothèque*, sans qu'elle ait d'autre nom (*a*).

Voyons cependant si, outre la convention de louage, le droit de bail pourrait s'établir par la loi, par testament ou par prescription.

170. Et d'abord par la loi. Rien n'empêcherait, à la rigueur, que le législateur accordât un droit de bail à certains parents ou au conjoint du propriétaire, dans des circonstances particulières et bien déterminées; mais, comme le droit de bail est corrélatif à l'obligation de payer une somme annuelle (sans quoi, ce serait un droit d'usage ou d'habitation), il serait déraisonnable que la loi imposât aux deux parties un prix qui pourrait ne convenir ni à l'une ni à l'autre.

Non seulement aucune loi ne paraît, nulle part ni en aucun temps, avoir établi un pareil droit; mais personne n'a peut être encore songé à signaler cette négation, tant elle est naturelle.

Il en est autrement d'un droit de bail légué par testament. Il y en a peu d'exemples; mais il en existe.

Le Projet a cru devoir indiquer comment il faudrait

(*a*) Il existe aussi, dans plusieurs législations, notamment en France, une hypothèque dite *judiciaire*, parce qu'elle garantit l'exécution des jugements; mais comme elle n'est pas mentionnée dans les jugements, comme elle est virtuellement attachée à ceux-ci par la loi, elle n'est qu'une variété de l'hypothèque *légale*. Quant au point de savoir si on pourrait *léguer* un droit d'hypothèque, il sera examiné au sujet des testaments ou de l'hypothèque.

procéder, si quelqu'un, en mourant, avait légué un droit de bail à un parent ou à un ami.

Dans ce cas, l'héritier sera obligé par le testament à passer un contrat de bail. Jusque là, il n'est pas encore bailleur, et il n'a aucun des droits du bailleur; quand il aura passé le contrat, aux clauses et conditions portées au testament, il aura les obligations assez étendues qu'on verra à la Section suivante; il aura aussi les droits déterminés à la Section IIIe.

Si le testament ne portait pas les conditions du bail, notamment le prix à payer périodiquement par le preneur, il serait difficile de donner effet au testament, car l'héritier pourrait toujours exiger et le preneur offrir un prix auquel l'autre partie ne pourrait consentir.

La loi généralise ensuite cette disposition, en l'appliquant à toute *promesse* de bail. Cette promesse serait obligatoire, si elle contenait, en même temps, l'indication du prix de bail. Une fois que le stipulant aurait déclaré l'accepter, il aurait le droit d'exiger un contrat de bail en bonne forme.

Un cas qui pourra se présenter assez souvent dans la pratique, au Japon comme en France, c'est celui où un associé a promis d'apporter à la société, pour sa mise, la jouissance d'un de ses biens, à titre de bail; on comprendrait, à la rigueur, que l'acte de société déterminât les droits et devoirs respectifs du bailleur et de la société considérée comme preneur; mais il serait préférable de dresser un acte séparé conférant à la société le droit de bail. Un des avantages de cet acte séparé serait la plus grande facilité de donner au bail la publicité que la loi exigera bientôt pour que les droits réels soient opposables aux tiers (art. 368) (*b*).

Il faut remarquer, sur ce cas d'un apport social

(*b*) Les sociétés seront soumises aussi, sans doute, à une certaine publicité de leurs statuts et de leurs autres éléments; mais ce ne sera pas par le même mode, ni par la même voie que pour le bail.

consistant dans un droit de bail, que le bailleur n'aurait pas à recevoir de loyers comme dans un bail ordinaire; autrement, il ne ferait aucun apport utile à la société.

Les articles 1851 et 1867 de Code civil français font allusion au cas où un associé a promis de mettre en société la jouissance d'un de ses biens.

171. On pourrait se demander, enfin, si le droit de bail peut s'acquérir par prescription, comme le droit de propriété et le droit d'usufruit.

Il ne faut pas hésiter à répondre négativement.

D'abord, il faut bien déterminer quelle serait l'hypothèse où la question pourrait se présenter.

Ce ne serait pas le cas où quelqu'un se serait mis sans titre en possession d'un fonds appartenant à autrui et l'aurait conservé pendant 30 ans, à titre de preneur. Il est clair qu'un individu, faisant ainsi un acte d'usurpation, prendrait plutôt la qualité de propriétaire que celle de locataire ou fermier: du moment qu'il agirait avec mauvaise foi, il la pousserait jusqu'au bout; d'ailleurs, il ne payerait pas de loyers ou fermages.

Mais, supposons qu'une personne ait pris à loyer ou à ferme une maison ou une terre, traitant avec un autre que le vrai propriétaire, alors qu'elle ignorait ce défaut de qualité essentielle chez lui; admettons même qu'elle ne l'ignorât pas; supposons aussi qu'elle a pris possession de la chose louée; il semble, au premier abord, que dans ce cas, le locataire étant possesseur, de bonne ou de mauvaise foi, du droit réel de bail, l'acquerra par dix ans, dans le premier cas, et par trente ans dans le second, comme il acquerrait un droit d'usufruit. Mais il n'en est rien.

Le bail, une fois constitué, produit, pour le preneur, le droit d'exiger du bailleur qu'il lui procure une jouissance continue de la chose. Or, un pareil droit, qui est *personnel*, ne peut s'établir par prescription : les créances n'ont que cinq causes parmi lesquelles ne figure pas et ne peut figurer la prescription.

En effet, la prescription acquisitive d'un dro*it* en suppose la possession ou l'exercice (c. civ. fr., art. 2228); or, on ne possède guère, à proprement parler, un droit de créance, lequel ne met pas le créancier en rapport direct avec la chose due, mais seulement avec la personne du débiteur, et encore, ce rapport a-t-il rarement la continuité nécessaire à la prescription.

On verra cependant, à l'article 193, que les droits personnels sont susceptibles *de possession* comme les droits réels, mais que cette possession ne conduit pas à la prescription, au moins en général, et que, si la prescription a lieu, elle ne fait pas *naître* une créance, mais fait seulement acquérir une créance déjà née, comme on va le remarquer, ci-après, pour le bail même.

Il y a encore un autre effet du bail qui ne pourrait naître de la prescription : le preneur se soumet à l'obligation de fournir au bailleur des prestations périodiques, ce qui le sépare profondément de l'usufruitier qui, lors même que son droit n'est pas établi gratuitement, ne fournit la contre-valeur qu'une seule fois. Or, il n'est pas possible que la prescription, qui, dans une de ses applications, est *libératoire* ou extinctive d'obligations, en devienne, en sens inverse, productive pour celui qui prescrit.

Tous ces résultats se trouveraient donc contraires à la nature de la prescription.

Remarquons encore que la création, par la prescription, des droits et obligations du preneur, rencontre un autre obstacle dans l'impossibilité de déterminer la personne contre laquelle il aurait ces droits et envers laquelle il serait obligé.

Serait-ce envers le bailleur, avec lequel il avait fait

le contrat irrégulier à l'origine, ou envers le vrai propriétaire, contre lequel il aurait acquis le droit réel de bail? Ce ne pourrait être envers le bailleur, car il ne peut lui devoir de loyers pour la jouissance d'une chose qui est désormais reconnue appartenir à autrui; il ne peut davantage lui demander de lui garantir la jouissance continue d'une pareille chose.

Ce ne pourrait davantage être vis-à-vis du vrai propriétaire; car ce n'est pas avec celui-ci qu'il a eu, pendant le temps de la prescription, les rapports de débiteur à créancier.

Concluons donc que l'établissement du bail par la prescription répugne à toute raison, aussi n'a-t-il jamais été soutenu par aucun jurisconsulte, et, par cela même, aucun, que nous sachions, n'en a jusqu'ici combattu la possibilité.

172. Mais la prescription, qui serait impuissante à *créer* un droit de bail, pourrait faire acquérir à une personne un bail déjà créé pour une autre.

Supposons, par exemple, que le propriétaire ayant loué sa chose, un tiers achète ce droit de bail d'un autre que du véritable preneur; alors il y aura acquisition du droit de bail, comme droit réel, par la prescription ordinaire des droits réels immobiliers, et celui qui aura ainsi prescrit, en même temps qu'il aura le droit de jouir de la chose louée, aura les obligations du preneur vis-à-vis du propriétaire.

Si la question n'a pas été agitée et résolue en France, c'est peut-être parce que le bail n'y est pas considéré comme droit réel; mais, il faut admettre la même solution pour un droit personnel ou pour toute créance ainsi reçue d'un créancier apparent.

Art. 125.— 173. La loi rencontre ici, pour la première fois, un contrat dont le double caractère *oné-*

reux et *synallagmatique* a une grande importance juridique.

Elle n'a pas à en présenter ici les effets généraux : ils seront exposés au commencement de la IIᵉ Partie de ce Livre (art. 318 et 319). Ce que la loi doit faire ici, c'est présenter les règles particulières à ce contrat ; en cela même, elle dépasse déjà les limites du sujet ; car elle ne se borne pas à exposer les particularités du droit *réel* de bail, elle présente aussi et doit présenter les droits *personnels* qui l'accompagnent et l'étendent.

Les lois sont souvent obligées de s'écarter ainsi d'une méthode rigoureuse, pour éviter de morceler, de diviser des théories qui se trouvent plus claires quand elles sont présentées dans leur ensemble.

On expliquera seulement ici le sens des deux expressions *à titre onéreux* et *synallagmatique*.

Un contrat est à titre onéreux, lorsque chaque partie y fait un *sacrifice* en faveur de l'autre : c'est l'opposé d'un contrat à titre *gratuit* ou à titre *lucratif*, où l'une des parties reçoit un avantage, sans fournir aucun équivalent.

Le contrat est synallagmatique ou *bilatéral*, lorsque les deux parties s'engagent, l'une envers l'autre, à donner ou à faire quelque chose. Il en résulte que le contrat synallagmatique est en même temps *onéreux*, en sorte que la seconde qualification ne pourrait dispenser d'employer la première ; mais, comme la réciproque n'est pas toujours vraie, comme un contrat à titre onéreux n'est pas toujours synallagmatique, mais peut être *unilatéral*, ainsi qu'on le verra sous l'article 319, l'usage a consacré les deux mots et leur emploi tantôt réuni, tantôt séparé, pourvu qu'on ait soin d'employer d'abord le mot le moins large (à titre onéreux) et le mot synallagmatique en dernier lieu (c).

(c) *Onéreux* vient du latin : *onus*, "charge, fardeau, sacrifice."

Art. 126.— 174. On doit poser en règle que le propriétaire seul peut grever sa chose d'un droit *réel* au profit d'autrui. Mais, ceux qui ont reçu de la loi ou de la justice le pouvoir d'administrer des biens qui ne leur appartiennent pas peuvent consentir des baux sur ces biens.

Ce n'est pas, à proprement parler, une exception; car ces administrateurs sont assimilés à des mandataires conventionnels et ils sont présumés agir selon l'intention du propriétaire, au nom duquel, d'ailleurs, ils font le contrat. En outre, le contrat de bail est justement considéré comme étant de sa nature un *acte d'administration*, c'est-à-dire un acte qui améliore la fortune du propriétaire sans l'exposer à des risques.

Comme exemples d'administrateurs légaux, on peut citer le père ou le tuteur d'un mineur, le tuteur ou le curateur d'un interdit, et le mari, à l'égard des biens de sa femme; il faut y ajouter les fonctionnaires publics, administrateurs des biens de l'Etat, des départements, des communes et des établissements publics; sauf à n'appliquer à ceux-ci les présentes règles que si les lois administratives ne statuent pas autrement.

Comme exemples d'administrateurs judiciaires, on aura les curateurs aux successions vacantes, les syndics de faillite, les séquestres de biens litigieux.

Pour que ces personnes puissent être considérées comme agissant selon l'intention présumée du propriétaire, il est naturel qu'elles ne grèvent pas la chose pour un trop long temps, qu'elles n'engagent pas trop

---

Synallagmatique, vient de deux mots grecs signifiant: "lier ensemble."
Bilatéral, du latin: *bis*, "deux fois" et *latus*, "côté: à deux côtés."
Unilatéral, du latin: *unum*, "un" et *latus*, "côté: à un seul côté."
On ne doit pas avoir scrupule d'enrichir la langue juridique japonaise d'expressions européennes, pour toutes ces idées nouvelles: on voit constamment qu'en France la langue du droit est pleine de mots de forme grecque ou latine.

l'avenir. De là, les limites apportées par la loi à la durée des baux par elles consentis.

Il était naturel aussi que le temps fût plus court pour les meubles que pour les immeubles et que, parmi ces derniers, il fût plus court pour les bâtiments que pour le sol, lequel demande toujours de plus longs et de plus coûteux travaux préparatoires pour donner des revenus sérieux et durables.

Art. 127.— 175. Sans les précautions de la loi, il serait facile d'éluder l'article précédent. L'administrateur, après avoir passé un bail de 5 ans, par exemple, le renouvelerait au bout d'un an, pour 5 autres années, ce qui serait abusif à l'excès.

Si, au contraire, le renouvellement se fait quelque temps avant l'expiration du bail, il y a, pour les deux parties, un avantage véritable ; il y a une sécurité contre le risque, pour le propriétaire, que le bien soit quelque temps sans preneur et, pour le preneur, que ses bras ou ses capitaux soient pendant un certain temps inoccupés.

Quand la relocation est régulière, le temps du nouveau bail s'ajoute à ce qui restait à courir du temps antérieur.

176. Une question pouvait se présenter et cet article la tranche. Si l'administrateur avait renouvelé le bail avant le temps permis, n'aurait-on pas pu soutenir que le renouvellement serait valable dans la mesure du temps où le bail primitif avait pu être fait, c'est-à-dire, en ne comptant le renouvellement que pour le temps qui, joint à ce qui restait à courir du premier bail, donnerait 2, 5 ou 10 ans ? Par exemple, le bail aurait été fait d'abord pour 5 ans ; l'administrateur l'aurait renouvelé après 2 ans, il restait encore 3 ans à courir; aurait-on pu dire que le reste de l'ancien bail se con-

fondrait avec le nouveau et qu'il y aurait encore 5 ans de bail ?

Il fallait répondre négativement, car l'administrateur pourrait ainsi, par complaisance pour le preneur, immobiliser le bail, le soustraire à l'effet du temps qui doit l'abréger chaque jour et préparer pour un avenir plus ou moins rapproché la liberté du fonds.

On pouvait seulement admettre, comme la loi française (art. 1430), que si le bail a été renouvelé prématurément, mais que la nouvelle période fût commencée quand finirait le pouvoir de l'administrateur, cette période pourrait être achevée. C'est ce que fait la loi. Dans ce cas, l'acte de l'administrateur s'est trouvé utile et, comme il aurait pu être valablement fait au moment où l'administration finit, on n'en pourra pas contester sa légalité.

Art. 128.— 177. Lorsque le propriétaire fait lui-même la location, il peut, bien entendu, consentir à recevoir toute autre prestation annuelle que de l'argent; mais un administrateur ne peut raisonnablement admettre des prestations en produits variés dont la vente et même la conservation pourraient être souvent difficiles.

La loi fait exception pour les prestations en riz et autres grains dont la conservation et la vente sont faciles en tout temps et en tout lieux ; mais encore, apporte-t-elle deux limites à cette faculté de stipuler des prestations en grains:

1° Il faut que ces grains soient tirés du fonds lui-même; c'est le seul cas où le preneur ait un intérêt légitime à user de ce mode de payement: autrement, il spéculerait sur les variations du prix de cette denrée.

2° Il faut que ces prestations n'excèdent pas la moitié du prix total annuel, lequel aura toujours dû être préalablement fixé en argent ; ces prestations seront comptées d'après la valeur courante locale, au temps fixé pour le payement.

De cette façon, le preneur n'aura ni chance de gain ni risque de perte ; ce n'est qu'un mode plus simple pour lui de se libérer.

Le propriétaire également n'est pas exposé à perdre et n'a pas chance de gagner.

La loi réserve au preneur le droit de se libérer du tout en argent ; mais il ne pourrait y être contraint.

On pourrait se demander d'après quel lieu sera fixée la valeur courante : sera-ce d'après le lieu même où les produits sont récoltés, ou d'après la ville où se tient le marché public le plus proche, qui est, en même temps, le lieu où il y a un cours constaté pour le prix des grains ?

Ce dernier lieu doit évidemment être adopté comme régulateur ; seulement, le preneur aurait le droit de déduire de ce prix le montant des frais de transport du lieu de production au lieu du marché, car ces frais, qui seront supportés par lui, entrent toujours pour une certaine part dans la détermination des prix courants : le bailleur aurait eu d'ailleurs à les supporter lui-même, pour vendre ces grains, si la prestation lui avait été faite en nature ; or, le preneur les lui épargne.

Bien que la loi n'ait pas eu occasion de le dire, il faut admettre que si le bail avait été fait par le propriétaire lui-même, à condition de recevoir tout ou partie du prix en denrées provenant du fonds, le preneur aurait le même droit de se libérer en argent, à moins de stipulation contraire, ou à moins que l'intention contraire du bailleur ne fût évidente : par exemple, s'il avait stipulé la quantité de riz nécessaire pour sa maison pendant un an.

La réciproque ne serait pas admise : le preneur ne pourrait, sans le consentement formel du bailleur, payer en riz un prix de bail fixé en argent.

Art. 129.— 178. La loi aurait pu, sans doute, réunir tous les mandataires dans une même disposition, en ajoutant, dans l'article 126, les mandataires conventionnels; mais c'eût été en compliquer la rédaction. D'ailleurs, l'extension ou la restriction des pouvoirs, que la loi suppose ici, ne se pratiquera guère dans le cas de mandat légal ou judiciaire.

Art. 130.— 179. Lorsque le Livre Ier, *des Personnes*, sera rédigé, les personnes dont il s'agit ici n'auront, sans doute, qu'une capacité limitée: elles auront l'administration de leurs biens; mais elles n'en auront pas la disposition.

Si la loi leur permettait de faire des baux à long terme, elles pourraient, par faiblesse ou inexpérience, engager l'avenir pour un temps trop long et à des conditions peu avantageuses.

L'incapacité partielle est encore une protection.

Art. 131.— 180. C'est un principe qui sera posé à l'occasion des incapacités, en général (v. art. 340), et dont la loi fait ici l'application anticipée, que ceux qui ont traité avec les incapables ne peuvent se prévaloir d'une nullité qui n'est pas établie en leur faveur, mais contre eux.

Or, lorsqu'un administrateur a excédé ses pouvoirs, quant à la durée du bail, il ressemble à celui qui, dans l'administration de sa propre chose, a excédé les bornes de sa capacité, et le propriétaire en faveur duquel les pouvoirs de l'administrateur sont limités n'est pas tenu par les actes illégaux; mais, comme celui qui a traité avec l'administrateur avait une pleine capacité (on le suppose ici), il ne peut se soustraire à son propre engagement, si le propriétaire, ayant repris l'administration de ses droits, veut le ratifier ou l'approuver.

D'un autre côté, il ne serait pas juste que le propriétaire pût laisser l'autre partie dans une incertitude indéfinie: celle-ci peut donc le sommer d'avoir à se prononcer dans un délai déterminé, faute de quoi, elle pourra considérer le contrat comme maintenu. Elle ne pourrait, bien entendu, le considérer comme non avenu.

Les formes de cette sommation et de la déclaration qui ensuite maintiendra le contrat ne sont pas déterminées ici : elles seront établies, pour une application plus générale, au Code de Procédure civile.

Pour que le preneur ne puisse fixer au propriétaire un délai d'une brièveté dérisoire qui obligerait, plus tard, à renouveler la sommation, avec un délai fixé par le tribunal, la loi fixe elle-même le délai: à 8 jours, pour les meubles, à 15 jours pour les bâtiments et à 1 mois pour les terres; ce délai serait augmenté du délai des distances entre les domiciles respectifs des parties, toujours d'après des règles générales relatives à ces sortes d'actes.

Tout ce qu'on vient de dire d'un propriétaire dont l'administrateur ou le mandataire aurait excédé ses pouvoirs s'applique à un incapable ou à une personne d'une capacité limitée qui aurait excédé les bornes de sa capacité. Mais, bien entendu, il faut supposer qu'au moment où cette personne est sommée d'avoir à se prononcer sur le bail, elle est devenue pleinement capable, de même qu'on a supposé que le propriétaire avait recouvré l'administration de ses biens.

Si les pouvoirs de l'administrateur, légal, judiciaire ou conventionnel, n'avaient pas cessé, le preneur, en cas de bail d'une durée illégale, pourrait faire pareille sommation audit administrateur, lorsque l'on serait arrivé à l'époque où le bail pourrait être valablement renouvelé.

Art. 132.— 181. La loi ne peut guère limiter les

droits d'un propriétaire capable, quant à la durée et aux conditions des baux qu'il consent lui-même.

Toutefois, elle peut toujours assigner à ces baux un caractère et des effets particuliers, lorsqu'ils ont une durée considérable.

On verra dans l'Appendice, les règles particulières aux baux emphytéotiques; on y verra aussi que l'emphytéose elle-même a des limites dans sa durée, pour ne pas se confondre avec le droit de propriété.

C'est à la suite des règles du bail emphytéotique qu'on trouvera celles du droit de Superficie.

SECTION II.

DES DROITS DU PRENEUR A BAIL.

Art. 133. Le preneur peut tirer de la chose louée les mêmes profits et avantages qu'un usufruitier, sauf les restrictions ou extensions qui pourraient avoir été apportées à ses droits par l'acte constitutif du bail et celles qui résultent des dispositions de la loi. *Etendue normale du droit de bail.*

134. Le preneur peut se faire mettre par le bailleur en possession de la chose louée, à l'époque fixée pour l'entrée en jouissance, sans être tenu de faire un inventaire ou un état des biens, ni de donner caution, à moins que le contrat ne l'y oblige. *Dispense légale d'inventaire et de cautionnement.*

135. Il peut exiger que le bailleur, avant la délivrance, mette la chose en bon état de réparations de toute nature, suivant sa destination. *Mise de la chose en bon état.*

Réparations au cours du bail.

Le bailleur est tenu, en outre, pendant la durée du bail, de faire toutes les réparations, grosses et d'entretien, autres que celles qui sont rendues nécessaires par la faute ou la négligence du preneur et de ses serviteurs, lesquelles restent à la charge du preneur.

Le bailleur n'est pas tenu, pendant la durée du bail, de supporter l'entretien des *tatami*, des *tatégou*, des peintures, des papiers de tenture.

Il n'est pas tenu, non plus, du curage des puits, citernes, cloaques, des conduites d'eaux pluviales ou ménagères, ni, généralement, de faire les réparations dites *locatives*. [1750, 1754 à 1756.]

Grosses réparations.

136. Le bailleur peut faire aux bâtiments les grosses réparations devenues nécessaires, lors même que le preneur ne les exigerait pas et qu'il en devrait résulter pour lui quelque inconvénient.

Indemnité, résiliation.

Toutefois, si les réparations durent plus d'un mois, le preneur devra être indemnisé, s'il y a lieu ; il pourra même faire résilier le bail, si les réparations doivent le priver, pendant un temps quelconque, de toute la partie habitable de la chose louée ou de celle qui lui est absolument nécessaire pour son commerce ou son industrie. [1724.]

Troubles par un tiers : garantie.

137. Si le preneur éprouve, par le fait d'un tiers, quelque trouble ou contestation de droit à la jouissance, pour une cause qui ne lui soit pas imputable, le bailleur, dûment averti par lui, doit intervenir et l'en garantir ou l'en indemniser. [1725 à 1727.]

138. Si le trouble provient d'une force majeure, telle que guerre, inondation, incendie, ou d'une mesure de l'autorité publique, et que le preneur en éprouve une perte du tiers de la jouissance ou des profits annuels, ou au delà, il peut obtenir une réduction proportionnelle du prix du bail. Privation de jouissance par force majeure : réduction du prix.

Le preneur peut même faire résilier le bail, si ledit trouble a duré trois années consécutives, et même, au cas d'incendie ou d'autre destruction des bâtiments, si le propriétaire ne les a pas rétablis dans l'année de la destruction. [1769, 1770.] Résiliation.

139. Si, dans un bail ayant pour objet principal un sol, il se trouve une contenance moindre que celle annoncée au contrat, le preneur peut faire résilier le bail aux mêmes conditions que l'acheteur d'un terrain peut en faire résilier la vente pour défaut de contenance. [1765.] Défaut de contenance.

140. Si le bail d'un bâtiment a été fait pour l'exercice d'un commerce de détail et que le bailleur ait conservé une partie de bâtiments contigüs ou situés dans la même enceinte, il ne peut la louer à un autre ou l'occuper lui-même pour l'exercice du même commerce. Garantie spéciale au commerce.

141. Le preneur peut faire sur le fonds loué des constructions ou plantations à sa convenance, pourvu qu'il n'apporte aucun changement aux constructions ou plantations existantes, sans le consentement formel du bailleur.

A la fin du bail, il peut enlever les constructions et plantations qu'il a faites, si les choses peuvent être rétablies dans leur état antérieur; sauf la faculté accordée au bailleur par l'article 156.

<small>Constructions et plantations.</small>

142. Le preneur peut, s'il n'y a stipulation contraire, céder son bail, à titre gratuit ou onéreux, ou sous-louer la chose, pour le temps du bail qui reste à courir. [1717.]

Dans le premier cas, il a les droits d'un donateur ou d'un vendeur et, dans le second cas, ceux d'un bailleur.

Dans l'un et l'autre cas, il reste tenu de ses obligations envers son bailleur, si celui-ci n'a pas fait novation avec le nouveau preneur.

Si le prix du bail consiste en une part de fruits ou produits non convertible en argent, la cession du bail ou la sous-location ne peuvent avoir lieu sans le consentement du bailleur. [1763.]

<small>Cession du bail et sous-location.</small>

<small>Exception.</small>

143. Le preneur d'un meuble peut hypothéquer son droit, si la cession ou la sous-location ne lui est pas interdite.

<small>Hypothèque du bail.</small>

144. Le preneur peut exercer contre les

<small>Actions réelles du preneur.</small>

tiers, pour la conservation de son droit et pour la jouissance des servitudes attachées au fonds, les actions énoncées à l'article 70, au Chapitre de l'*Usufruit*.

COMMENTAIRE.

Art. 133.— 181. La définition du droit de bail donnée par l'article 121 disait déjà que le preneur a le droit d'user et de jouir de la chose d'autrui; mais l'usage et la jouissance peuvent être exercés avec plus ou moins d'étendue.

La loi a évité des redites, en posant en principe que les droits du preneur sont semblables à ceux d'un usufruitier. Mais ces deux droits, pour être analogues, ne sont pas identiques; celui du preneur est souvent moins étendu à certains égards; notamment, quant à la durée, qui n'est pas celle de la vie du preneur, bien qu'il puisse éventuellement la dépasser, et il est plus étendu à d'autres égards, car le preneur peut exiger que le bailleur lui procure la jouissance par tous les moyens qui sont en son pouvoir.

Le contrat contiendra souvent des clauses particulières qui étendront ou restreindront les effets légaux du bail.

Il n'est évidemment question ici que de ces effets légaux. A l'égard des effets conventionnels, ils seront observés suivant la teneur du contrat, lequel, lorsqu'il est valablement formé, "tient lieu de loi entre les parties" (art. 348).

Art. 134.— 182. La dispense d'inventaire des meubles, d'état des immeubles et de cautionnement est une différence favorable au preneur comparé à l'usufruitier: elle est fondée sur ce que, le droit du preneur étant acquis à titre onéreux, il n'est pas juste de lui imposer exclusivement la charge d'une série de mesures qui profiteraient surtout au bailleur.

Mais, si le contrat avait imposé ces obligations au preneur, elles seraient naturellement exigibles.

Dans tous les cas, chacune des parties pourra toujours faire procéder à l'inventaire ou à l'état des biens, à ses frais, en appelant l'autre partie à y être présente (voy. art. 145).

Le plus souvent, les parties conviendront de faire, à frais communs, un état des lieux, pour se mettre à l'abri de contestations ultérieures, et elles n'y manqueront certainement pas, s'il s'agit d'une maison meublée en tout ou en partie.

Art. 135.— 183. Cette Section, par cela même qu'elle est consacrée aux droits du preneur, correspond aux obligations du bailleur, comme la Section suivante, consacrée aux obligations du preneur, correspond aux droits du bailleur; ce double objet de chaque Section est la conséquence de ce que le contrat de louage est synallagmatique ou bilatéral.

On a vu que l'usufruitier, au moment de son entrée en jouissance, prend les choses dans l'état où elles sont, sans pouvoir exiger aucune réparation (art. 51).

Il en est autrement du preneur qui peut exiger, au début, que la chose soit mise "en bon état de réparations," même de celles qu'il aura à supporter, lorsqu'elles deviendront nécessaires pendant sa jouissance. Cette obligation du bailleur, corrélative au droit du preneur, est une conséquence de son obligation, plus générale, de procurer et garantir au preneur la jouissance de la chose louée, pendant toute la durée du bail.

Mais les réparations rendues nécessaires par la faute directe du preneur ou par son défaut de soins sont évidemment à sa charge.

A l'égard de l'entretien des objets mentionnés à la

fin de l'article, il ne faut pas conclure de ce que le bailleur en est dispensé que le preneur en soit tenu. C'est pour lui une dépense facultative.

Si, au moment où finit le bail, les objets dont parle le 3ᵉ alinéa sont usés, salis ou gâtés, le bailleur ne pourra en demander au preneur la réparation que si l'altération ou la dégradation n'est pas justifiée par le seul fait de leur service, eu égard à sa durée.

Art. 136.—184. D'après l'article précédent, le preneur a le droit d'exiger les réparations nécessaires à sa jouissance; mais il pourrait se rencontrer des cas où le preneur, approchant de la fin de son bail, voudrait s'épargner les embarras d'un travail souvent long et incommode.

D'un autre côté, si certaines réparations ne sont pas faites, les bâtiments, murs, digues, peuvent se dégrader gravement ou même se détruire. La loi impose donc au preneur l'obligation de subir les réparations devenues nécessaires.

Mais il ne fallait pas complétement abandonner le principe qu'il a droit à la garantie de sa jouissance; la loi veut donc:

1° Qu'il soit indemnisé, si les travaux ont duré plus d'un mois et lui ont causé un dommage appréciable (d);

2° Qu'il puisse faire résoudre ou résilier le bail, s'il doit être privé par les travaux, même pendant un jour, de toute la partie habitable de la maison, ce qui l'obligerait à aller habiter au dehors, ou de la partie des bâtiments qui lui est nécessaire pour sa profession, ce qui peut lui causer des pertes sérieuses.

On n'a pas à craindre que le preneur abuse de ce

(d) Le Code français autorise une durée de 40 jours sans indemnité (art. 1724); le Code italien admet l'indemnité après 20 jours. Le Projet a adopté un mois, comme terme moyen entre ces deux délais dont l'un paraît trop long et l'autre trop court.

droit de résiliation, quand la privation des bâtiments nécessaires devra être très-courte, car la résiliation elle-même lui causerait les embarras d'un déplacement; en outre, le bailleur, s'il craint la résiliation, pourra, ou demander au preneur un plein consentement aux travaux, ou les ajourner à la fin du bail, si le danger n'est pas imminent.

Cet article pourrait sembler appartenir à la Section suivante, aux obligations du preneur, mais, outre qu'on y trouve aussi, pour lui, un double droit, il a paru convenable de ne pas diviser ce qui concerne les réparations de la chose louée.

Art. 137.— 185. Le preneur, ayant un droit réel, pourrait défendre lui-même son droit en justice, à la différence de ce qui a lieu en France, où le droit du preneur, n'étant pas réel, ne peut être défendu que par le bailleur (voy. c. civ., art. 1727).

Mais il fera sagement de ne pas prendre sur lui la responsabilité du procès: il pourrait s'imputer de l'avoir perdu, faute des preuves que le bailleur, au contraire, aurait pu fournir contre le tiers. Il rentre d'ailleurs dans l'obligation générale de garantie du bailleur de défendre le preneur contre les troubles *de droit*.

La loi suppose que le trouble apporté par un tiers a une cause *de droit*, une cause prétendue légitime; comme serait un droit de propriété, d'usufruit, ou de bail antérieur sur la chose louée; mais, si le tiers commettait des dégradations, des vols de fruits ou des abus de voisinage, sans alléguer un droit sur la chose, le preneur ne pourrait pas appeler le bailleur en garantie, il devrait se défendre lui-même (v. c. fr., art. 1725).

Il ne pourrait non plus se faire indemniser du trouble, s'il provenait d'une cause à lui imputable, comme d'une cession ou sous-location qu'un tiers prétendrait lui avoir été faite par le preneur.

Art. 138.— 186. Bien que le bailleur soit garant, d'une manière générale, de la jouissance du preneur, la loi a dû apporter quelque tempérament à la règle, quand la perte de jouissance provient d'une force majeure extraordinaire et grave, telle que les faits déterminés par cet article.

La loi a pris une sorte de moyen terme entre deux solutions extrêmes dont l'une aurait mis la perte exclusivement à la charge du preneur et l'autre à la charge du bailleur.

Si la perte est inférieure à un tiers des profits annuels (ce qui comprend le bénéfice de l'habitation autant que les produits du sol), elle restera à la charge du preneur.

Si elle est d'un tiers ou davantage, elle retombera sur le bailleur qui subira une diminution du prix du bail, proportionnellement à cette perte.

Cette indemnité, au profit du preneur, n'aurait pas lieu, si le prix du bail consistait en une quote-part des fruits du fonds; parce que la perte, si minime qu'elle fût, retomberait sur le bailleur, en proportion de ses droits.

Dans tous les cas, la perte des fruits survenue après qu'ils sont séparés du sol est à la charge du preneur, à moins que le bailleur ne fût en demeure de recevoir sa part.

La loi prévoit ensuite que le trouble apporté ainsi à la jouissance, par une force majeure, a duré trois années consécutives; alors le preneur, bien qu'il ait été indemnisé chaque année au moyen d'une diminution du prix de bail, se trouvant privé d'une partie des bénéfices ou avantages espérés, peut faire résilier le bail pour l'avenir.

On pourrait s'étonner qu'il ait le droit de résiliation quand il a été indemnisé pour trois pertes successives d'un tiers, et qu'il n'ait pas le même droit, quand il n'a pas eu d'indemnité, à raison de ce que les pertes étaient inférieures à un tiers. Mais, du moment que la perte est assez minime pour ne pas donner lieu à indemnité (et aux yeux de la loi, un tiers est une perte minime), la conséquence nécessaire est qu'il y a encore moins lieu à résiliation.

187. La loi, en accordant une indemnité au preneur pour la perte de récolte si elle provient d'un des événements graves et exceptionnels qu'elle détermine, procède par voie d'exemple et d'énonciation et n'est pas limitative; mais il est évident aussi qu'elle a entendu refuser une indemnité au preneur, lorsque la diminution de récolte provient des accidents météorologiques ordinaires, tels que grêle, gelées, sécheresse; en cela, le Projet s'écarte du Code français (art. 1769 et 1770) et du Code italien (art. 1618 et 1619): on a considéré, en effet, que la culture du sol présente toujours des risques de pertes et des chances de gains qui, si elles ne se compensent pas toujours, ont pu être prises en considération par les parties dans la fixation du prix; on sait aussi que les années où la récolte est peu abondante ne sont pas toujours les plus mauvaises pour les cultivateurs, parce que les produits se vendent d'autant plus cher qu'ils sont moins abondants, surtout si la rareté est à peu près générale. De cette façon, le Projet écarte un grand nombre de difficultés qui s'élèvent sur les deux Codes précités.

188. Enfin, la loi suppose que des bâtiments ont été incendiés ou détruits par force majeure, et ces bâtiments représentaient le tiers de la jouissance annuelle; alors, il n'est pas nécessaire que la privation de jouissance ait duré trois ans; comme il dépend du bailleur de les relever plus ou moins promptement, la loi permet la résiliation au profit du preneur, si la reconstruction n'a pas eu lieu dans l'année.

Art. 139.— 189. Il arrive souvent que les parties ne font pas procéder au mesurage des terrains avant de traiter : le preneur s'en rapporte à la déclaration du bailleur ; mais celui-ci peut se tromper, et cette erreur peut être quelquefois assez grave pour constituer une perte considérable pour le preneur. En sens inverse, il pourrait y avoir une contenance supérieure à celle annoncée au contrat et il ne faudrait pas que le preneur y trouvât un profit trop considérable. La loi n'entre ici dans aucune des distinctions que comporte cette question, elle renvoie au Chapitre de la Vente (Livre IIIe), où la même difficulté se présentera et où les distinctions nécessaires seront établies (comp. c. civ. fr., art. 1616 et suiv.).

Art. 140.— 190. C'est encore ici une conséquence de la garantie de jouissance que le bailleur doit au preneur. Il est clair que si, après avoir loué des bâtiments, sachant qu'ils devaient servir à un commerce de détail, le bailleur expose le preneur à une concurrence venant, soit de lui-même, soit d'un autre preneur, dans les mêmes locaux, il manque à son obligation.

Il en serait autrement, si le bailleur exerçait déjà le même commerce antérieurement au louage, et, si ledit commerce était déjà exercé par un premier preneur dans les mêmes lieux, c'est celui-ci, et non le second preneur, qui pourrait se plaindre.

La loi ne statue ici que pour le commerce de détail ; car, pour le commerce en gros ou demi-gros, le voisinage des mêmes marchands, loin d'être un inconvénient, est un avantage : dans les grandes villes, chaque genre de commerce en gros a son quartier principal : la clientèle du grand commerce n'étant pas dans le voisinage, mais dans toute la ville et même au dehors, il n'y a aucun inconvénient à ce que les marchands soient rapprochés des uns des autres ; au contraire, ils y trouvent l'avantage de mieux connaître les cours de leurs marchandises et de pouvoir s'entendre au sujet de leurs intérêts communs.

Art. 141.— 191. Bien que le preneur n'ait qu'un droit temporaire sur le fonds, il ne peut lui être interdit d'y faire des constructions ou des plantations, du moment qu'il respecte celles qui existent ou qu'il obtient du bailleur l'autorisation de les modifier.

Il doit de même pouvoir enlever lesdites constructions ou plantations, en remettant les choses dans l'état primitif, à la fin du bail (comp. art. 72).

Mais si, avec le consentement du bailleur, d'anciennes constructions ou plantations ont été supprimées pour faire place aux nouvelles, on peut se demander si le preneur conserve le même droit, quoiqu'il ne puisse évidemment rétablir les anciens ouvrages.

Il faudra, en général, maintenir son droit, car si le bailleur n'a pas fait à ce sujet de réserves à son profit, c'est qu'il a reconnu que ses anciennes constructions ne dureraient pas au delà du bail.

Le bailleur est enfin autorisé à garder les plantations et constructions nouvelles, d'après leur valeur actuelle, estimée par des experts. La loi a inscrit ce droit du bailleur à la fin de la Section des obligations du preneur où on le retrouvera (art. 156).

Art. 142.— 192. Les droits, réels ou personnels, sont, en général, cessibles : ce sont des *biens* composant le patrimoine (art. 1er) : ils sont, sauf exception, à la libre disposition de celui auquel ils appartiennent. Parmi les droits réels, il n'y a guère que ceux d'usage et d'habitation qui soient exclusivement attachés à la personne et comme tels incessibles (voy. art. 119).

Il n'y avait pas de raison d'interdire, par la loi, la cession du bail ou la sous-location. Mais le bailleur peut avoir, par le contrat, interdit cette faculté au preneur; c'est ce qui pourra arriver dans le cas où il craint des dégradations pour une chose de luxe ou délicate.

La loi prend soin d'indiquer la différence essentielle entre la cession de bail et la sous-location, ce que n'a pas fait le Code français (art. 1717), au grand détriment de l'application pratique, sur laquelle on est fort divisé.

La *cession* du bail est une aliénation complète du droit pour toute sa durée: elle peut être gratuite, c'est alors une donation; elle peut être à titre onéreux, ce sera alors presque toujours une vente, pour un prix unique; cependant, rien n'empêcherait que ce fût un échange ou un apport en société.

La *sous-location* est un nouveau bail de la chose, lequel pourra avoir une durée moindre que le bail principal: la sous-location est toujours à titre onéreux. Les obligations du cédant et celles du sous-locateur ne sont pas les mêmes.

Il est naturel que le preneur ne puisse, par la cession ou la sous-location, se soustraire à ses obligations envers le bailleur: le nouveau preneur peut être embarrassé dans ses affaires; le bailleur n'en doit pas souffrir, à moins qu'il n'ait consenti à l'accepter pour débiteur, au lieu et place de l'ancien preneur; c'est ce que la loi appelle "faire *novation*."

La théorie de la novation appartient à la matière des *Obligations* et elle y sera développée (art. 511 et s.).

Lorsque le bailleur a droit à une part de fruits, comme prix de bail, le contrat a quelque chose de la Société (voy. p. 206): il est fait en considération de la personne du preneur, de son intelligence et de sa probité; dès lors, la cession ou sous-location est interdite en principe; elle ne peut avoir lieu que si le bailleur y consent.

Remarquons, à ce sujet, que la cession du bail serait permise dans le cas de l'article 128, où le preneur a la faculté de payer une partie du prix du bail en produits du fonds; dans ce cas, le bail n'est pas "à part de fruits:" le prix en a été fixé *en argent*, la prestation en grains est une simple *faculté de payement*.

On retrouvera les obligations dites facultatives, dans une application plus générale, à l'article 456.

Art. 143.— 193. L'hypothèque étant un droit réel sur les immeubles et servant à la garantie d'une créance, il n'y a pas de raison d'interdire au preneur la faculté d'hypothéquer son droit réel de bail.

Si le preneur n'acquitte pas la dette pour laquelle il a hypothéqué son bail, le droit au bail sera vendu à la requête du créancier hypothécaire, ce qui ne causera pas plus de dommage au bailleur qu'une cession directe par le preneur.

Mais dans les cas où la cession du bail est interdite, soit en vertu du contrat, soit par la loi, comme il est dit au dernier alinéa de l'article précédent, l'hypothèque se trouve par cela même interdite.

Il va sans dire qu'en droit français, le bail ne peut être hypothéqué, puisque cette législation ne reconnaît pas formellement au bail le caractère de droit réel.

Art. 144.— 194. Déjà on a eu occasion de dire, sous l'article 137, que le preneur peut plaider, en son nom, contre les tiers. La loi en pose ici le principe général à cause de l'importance de la règle.

Du reste, cette application au louage d'une des dispositions de l'usufruit pourrait être sous-entendue, à la rigueur, à raison de la règle générale posée à l'article 124, et on peut même, sans hésiter, reconnaître au preneur tous les droits accordés à l'usufruitier par les articles 60 à 69 du Chapitre précédent.

La loi donne au preneur les actions réelles contre *les tiers*; mais il va de soi qu'il les aurait, au besoin, contre son bailleur, conjointement avec l'action personnelle corrélative aux obligations de celui-ci.

SECTION III.

DES OBLIGATIONS DU PRENEUR.

Art. 145. Le preneur est tenu, au moment de son entrée en jouissance, ou à toute autre époque, d'admettre le bailleur à procéder, contradictoirement avec lui, à l'inventaire des meubles et à l'état des lieux loués, si le bailleur le désire, pour la conservation de ses droits; mais il ne contribue pas aux frais de ces actes. *[marginal: Inventaire, état des lieux: facultatifs.]*

Le preneur peut aussi faire procéder lui-même auxdits état ou inventaire et à ses frais, après y avoir appelé le bailleur.

S'il n'a été fait aucun état des meubles ou immeubles, le preneur est présumé, jusqu'à preuve contraire, les avoir reçus en bon état de réparation.

A défaut d'inventaire des meubles, la preuve de leur consistance et de leur état incombe au bailleur et se fait d'après les moyens ordinaires. [1731.]

146. Le preneur est tenu de payer aux époques convenues, le prix du bail stipulé en argent et, à défaut de convention, à la fin de chaque mois. [1728-2°.] *[marginal: Payement du prix de bail en argent.]*

Payements en fruits.

A l'égard des portions de fruits dues au même titre, elles ne sont exigibles qu'après la récolte, mais alors en entier.

Sanctions.

147. A défaut d'exécution desdites prestations et faute par le preneur d'exécuter les autres clauses et conditions particulières du bail, le bailleur peut l'y contraindre directement, par voie d'action, ou faire résilier le bail, avec dommages-intérêts, s'il y a lieu. [1741, 1760.]

Engrangement des fruits.

148. Jusqu'à la vente des produits du fonds, le preneur est tenu, pour la garantie du bailleur, de les engranger dans les lieux loués, s'ils sont disposés à cet effet ; à moins qu'il ne préfère payer l'année courante par anticipation. [1767.]

Impôts.

149. Le preneur n'est tenu d'aucun des impôts ordinaires ou extraordinaires qui peuvent peser directement sur la chose louée : ceux qui pourraient être exigés de lui, en vertu des lois de finances, entreraient en déduction de son prix de bail ou lui seraient remboursés par le bailleur ; sauf toute convention contraire.

Mais les impôts et charges mis sur les bâtiments élevés par le preneur et sur le commerce ou l'industrie qu'il exerce sur le fonds loué sont à sa charge.

Mode de jouissance.

150. Le preneur ou son cessionnaire ne peut user de la chose louée que suivant la destination qui lui a été donnée, expressément ou tacitement, par la convention, ou, à défaut de convention, à cet égard, suivant la destination qu'elle avait au moment du contrat, ou que sa nature comporte sans détérioration. [1728-1°.]

151. Le preneur est tenu, quant à la garde et la conservation des choses louées, des mêmes obligations que l'usufruitier. [*Ib.*] Garde et conservation.

Si un tiers commet une usurpation ou autre entreprise sur la chose louée, le preneur doit en avertir le bailleur, comme il est dit à l'article 99, au sujet de l'usufruitier et sous la même sanction. [1726, 1727.] Usurpations, entreprises des tiers.

152. S'il y a plusieurs locataires d'un même bâtiment ou de plusieurs bâtiments situés dans la même enceinte et appartenant au même propriétaire, ils sont solidairement responsables de l'incendie envers celui-ci; à moins qu'il ne soit prouvé que tous ou quelques-uns sont exempts de faute. [1733, 1734.] Incendie : solidarité.

153. Le recours de celui qui aura payé les dommages sera réparti par le tribunal entre tous les preneurs, en tenant compte tant de l'étendue des divers locaux que des dangers plus ou moins considérables que chaque location présentait, d'après la profession du locataire et ses habitudes. [C. ital., 1590]. Recours.

154. Si le propriétaire habitait lui-même une partie des bâtiments incendiés dans la mê- Propriétaire habitant.

me enceinte, il ne pourra agir en indemnité contre les locataires qu'en prouvant que l'incendie n'a pas commencé chez lui, et dans ce cas même, la responsabilité solidaire des locataires est limitée à la valeur des locaux à eux loués. [C. it., *ib*.]

<small>Défaut de restitution.</small>

155. Si, à la fin du bail, le preneur ne restitue pas les choses louées, il peut être poursuivi, à cet effet, par action personnelle ou par action réelle au choix du bailleur.

<small>Droit de préemption du propriétaire.</small>

156. Le bailleur peut exiger, à la fin du bail, que le preneur lui cède, pour leur valeur actuelle, à dire d'experts, les constructions et plantations que celui-ci a le droit d'enlever d'après l'article 141.

L'article 73 est applicable au présent droit de préemption.

COMMENTAIRE.

Art. 145.— 195. Déjà, sous l'article 134, on a eu occasion de dire que le preneur, à la différence de l'usufruitier, n'est pas tenu de faire un inventaire des meubles et un état des immeubles, ni de donner caution.

Mais il a, au moins, l'obligation de laisser le bailleur procéder à cette formalité qui est une garantie pour lui-même ; par conséquent, il doit donner au bailleur un libre accès aux choses et aux lieux loués, et cela, aussi bien au cours du bail qu'à son début. Le preneur n'aura pas, en général, à être convoqué, en forme, à une opération qui se fait chez lui : il y assistera, s'il le veut; mais l'opération ne sera considérée comme contradictoire à son égard et, par conséquent, ne lui sera opposable que si l'acte est signé de lui ou a été fait par un officier public en sa présence et s'il n'a pas fait de protestations ou réserves dûment constatées.

En sens inverse, si le bailleur ne fait pas d'inventaire ou d'état des lieux, le preneur peut y faire procéder ; mais alors, il doit convoquer le bailleur, en forme, pour que l'acte lui soit opposable.

Les frais de l'acte restent à la charge de la partie qui en a pris l'initiative, s'il n'a pas été convenu qu'il y serait procédé dans l'intérêt commun.

Si l'état des lieux et des meubles n'a pas été fait, le preneur est exposé à se voir déclaré responsable des réparations, parce que les choses sont réputées lui avoir été remises en bon état et, en cela, la loi est plus sévère pour le preneur que pour l'usufruitier qui n'est réputé avoir reçu en bon état que les immeubles seulement (art. 78) : si la loi décide de même ici pour les meubles, c'est parce que le preneur avait le droit d'exiger la mise des choses louées en bon état de réparation, droit que n'a pas l'usufruitier ; or, le preneur, en ne faisant pas constater l'état des meubles, est présumé avoir reconnu qu'ils étaient en bon état ou avoir obtenu qu'ils y fussent mis.

Au contraire, s'il y a défaut d'inventaire, c'est le bailleur qui en souffre et le preneur est mieux traité qu'un usufruitier, lequel avait l'obligation légale de faire inventaire et doit être traité avec défiance quand il y a contrevenu. C'est le bailleur qui a le plus d'intérêt à l'inventaire des meubles, pour en obtenir la restitution à la fin du bail ; à défaut de cette précaution, il n'aurait pas de titre pour réclamer les objets manquant tout-à-fait, ou qui auraient été remplacés par d'autres de moindre valeur, il ne pourrait suppléer au titre que par la preuve testimoniale directe et non par la commune renommée (comp. art. 78).

Art. 146.— 196. Le payement du prix de bail est la principale obligation du preneur; c'est l'équivalent périodique de sa jouissance continue.

Généralement, on conviendra de l'époque de chaque payement. La loi, en prescrivant des payements mensuels, consacre un usage assez général au Japon.

Mais lorsque le preneur doit donner une part de fruits, il est clair qu'il ne peut la donner avant la récolte; mais alors, par cela même que le bailleur a attendu une partie de l'année, cette part lui est donnée toute à la fois.

Art. 147.—197. Le défaut de payement par le preneur, au temps fixé, est très-fréquent en tous pays.

Il peut arriver aussi que le preneur, à raison du commerce ou de l'industrie qu'il se proposait d'exercer dans les lieux loués, se soit soumis dans l'intérêt de la conservation des choses louées, à quelques obligations particulières de faire ou de ne pas faire, et qu'il manque à les remplir.

Dans ces divers cas, le bailleur aurait le choix entre deux voies: soit une action tendant à obtenir l'exécution des faits promis ou à empêcher les actes interdits, soit une action en résolution du bail.

Ces deux voies sont l'application du droit commun: la première, pour tous les contrats, en général, portant obligation de *faire* ou de *ne pas faire* (art. 401 et 402), la seconde, pour les contrats synallagmatiques ou bilatéraux en particulier (art. 441 et 442).

Le choix des deux actions doit nécessairement appartenir au bailleur. La résolution, notamment, est un moyen extrême dont il est et doit être seul maître: si le preneur pouvait y réduire le bailleur, ce serait, de sa part, un moyen aussi facile qu'injuste de se soustraire aux obligations du contrat en y contrevenant.

L'exercice du droit de résolution du bailleur ne le

prive pas de demander des dommages-intérêts pour le préjudice éprouvé : par exemple, s'il y a des dégradations à la chose louée, et pour celui résultant de la résolution elle-même, lorsqu'elle peut entraîner une perte de revenus pendant le temps où le fonds resterait vacant.

Art. 148.— 198. Les fruits du fonds loué, tant qu'ils tiennent au sol, se confondent avec lui et sont encore immeubles par nature; ils n'appartiennent donc pas encore au preneur, quoiqu'ils aient été ensemencés et cultivés par lui, pas plus qu'ils n'appartiennent à l'usufruitier dans la même circonstance : ils appartiennent au propriétaire par droit d'*accession ;* mais une fois séparés du sol, ils appartiennent au preneur en vertu de la convention et de la nature du droit de bail. En même temps, ils deviennent la garantie première du bailleur, puisque c'est sur son sol qu'ils ont été produits.

Il est vraisemblable que la loi lui accordera plus loin (Livre IVe) un privilége sur le prix de vente de ces produits (*a*). Dans tous les cas, le bailleur a intérêt à ce que ces fruits soient engrangés sur le fonds loué, parce que la saisie en sera plus facile. Mais, bien entendu, c'est sous la condition que les lieux soient aménagés à cet effet.

Si le preneur préfère engranger les produits dans un autre lieu, il ne le peut qu'en payant d'avance l'année courante, ou, tout au moins, quoique la loi ne le dise pas, le montant de la valeur de ces produits.

L'obligation qui précède n'empêche pas le preneur de vendre ses produits quand il en trouve le moment favorable. La loi n'a pas même voulu imposer au

---

(*a*) En France, le bailleur de biens ruraux a privilége sur les récoltes et le bailleur de maison a privilége sur les meubles du locataire garnissant les lieux loués (c. civ. art. 2102-1°).

preneur l'obligation de prévenir le bailleur de la vente. Ce qu'elle lui ne permet pas, c'est de soustraire à la garantie du bailleur les fruits non vendus.

Art. 149.— 199. Il y a, là encore, une différence notable avec les obligations de l'usufruitier. Celui-ci paye les impôts ordinaires et contribue, dans une certaine mesure, au payement des impôts extraordinaires. Le motif en est qu'il a tout le profit annuel de la chose et que le nu-propriétaire n'en reçoit pas de compensation.

Au contraire, le bailleur tire de la chose louée un profit qui consiste dans le prix de bail. Il est donc juste qu'il supporte les impôts, comme s'il exploitait directement la chose.

Mais il pourra arriver que les lois de finances qui ne sont pas toujours conçues dans le même esprit que les lois civiles et qui s'en écartent quelquefois, pour assurer la facilité du recouvrement des impôts, mettent certaines taxes à la charge du preneur.

Ainsi, par exemple, en France, la contribution foncière est garantie à l'Etat par un privilége sur les récoltes. Il en est de même au Japon, où, si cela n'est pas encore définitivement réglé, la mesure est prochaine. Or, la récolte appartenant au preneur, il se trouvera tenu de subir l'action de l'Etat pour le payement de la contribution foncière, si le bailleur ne la paye pas auparavant et dès qu'elle sera exigible.

En pareil cas, le preneur aura recours contre le bailleur, par voie de déduction sur son prix de bail. Le tout, sauf convention contraire des parties.

Mais il était naturel que la loi mît à la charge du preneur les impôts sur les bâtiments qu'il a élevés lui-même; comme il ne paye pas de loyer pour ces bâtiments, le motif donné plus haut ne se présente plus.

Il en est de même pour les impôts frappant son industrie ou son commerce, tel est l'impôt direct appelé au Japon *ei ghio zei* et, en France, impôt *des patentes*, et tels sont les impôts indirects sur la fabrication des *saké*, tabacs, etc.

Nous déciderons de même pour l'impôt dit *mobilier*, qui a pour objet d'atteindre le revenu de la fortune mobilière et qui est basé sur la valeur locative de l'habitation : il n'est pas encore établi au Japon ; mais il est à croire que le Trésor ne se privera pas indéfiniment de cette ressource budgétaire (*b*).

Art. 150.—200. Le mode de jouissance que comporte le bail, est plutôt une ressemblance qu'une différence avec l'usufruit. La loi s'en explique, à cause de l'importance pratique et de la grande variété des baux.

On remarque que la loi qui, ordinairement, parle du preneur sans mentionner son cessionnaire, mentionne ici ce dernier. C'est parce qu'on aurait pu croire que, n'ayant pas participé au premier bail, il n'était pas assujetti aux mêmes conditions, quant au mode de jouissance. Mais il y a un principe général déjà cité (p. 196, *a*) et qu'on rappellera souvent, d'après lequel " personne ne peut conférer sur une chose plus de droits qu'il n'en a lui-même."

Si le cessionnaire a ignoré les conditions ou limites particulières mises à la jouissance de la chose, il est en faute de ne pas s'être fait représenter le contrat de bail primitif ; d'ailleurs, les baux d'immeubles sont soumis à la publicité de la transcription (art. 368-1°).

(*b*) Cette observation n'implique pas une approbation de la multiplicité des impôts directs et indirects qui existent en France et dans tous les autres pays.

Il est regrettable que le Japon soit entré, à son tour, dans ce système anti-économique et anti-scientifique qui consiste à créer de nouveaux impôts, à mesure que l'Etat a besoin de nouvelles ressources : l'occasion d'adopter le système d'un impôt unique, soit sur le *capital*, soit sur le *revenu*, est déjà passée et il sera bien difficile de la ressaisir.

Art. 151.— 201. Bien que le preneur ait le droit de plaider, lui-même et en son nom, contre les tiers, auteurs de troubles ou d'usurpations, il manquerait à son devoir et nuirait à ses propres intérêts s'il n'avertissait pas le bailleur.

Sans doute, les jugements intervenus entre le preneur et les tiers ne pourraient être opposés au bailleur pour lui faire respecter des droits qu'il n'aurait pas été appelé à contredire; mais si, à la suite de ces jugements, le tiers avait fait sur la chose des changements devenus irréparables, ou s'il était parvenu à quelque prescription totale ou partielle, le preneur aurait été ainsi, par son silence, la cause d'un préjudice grave pour le bailleur et il en serait responsable. En outre, son propre intérêt est d'appeler le bailleur; car celui-ci doit lui procurer la jouissance entière, paisible et continue de la chose; or, il peut avoir des titres ou autres moyens de repousser les prétentions du tiers et il serait bien téméraire au preneur de se priver de ces secours.

Art. 152.— 202. Cet article présente, à la fois, une ressemblance et une différence avec les règles de l'usufruit.

L'article 88, au Chapitre de l'usufruit, déclare que l'incendie des choses soumises à l'usufruit n'est pas considéré *a priori* (tout d'abord) comme un cas fortuit, mais comme le résultat de la faute ou du défaut de prévoyance de l'usufruitier; sauf à l'usufruitier à prouver le cas fortuit ou la force majeure, et même à établir qu'il est habituellement un administrateur soigneux et prévoyant: il peut combattre par des présomptions *de fait* une présomption *légale* simple (c).

(c) Il serait difficile d'apporter ce tempérament à la présomption de faute du locataire, telle qu'elle est écrite dans l'article 1733 du Code français; mais il y a en ce moment, en France, un Projet à l'étude, pour modifier la loi en ce sens. C'est déjà la disposition du Code italien (art. 1589).

Cette disposition n'est pas une exception, une rigueur contre l'usufruitier : elle est, comme on l'a dit sous l'article précité (p. 174), fondée sur la raison et l'expérience des faits. La loi la reproduit, à la fin du présent article, en ce qui concerne le preneur, en l'astreignant à prouver qu'il n'est pas en faute.

Mais ce qui peut être considéré comme une exception rigoureuse contre le preneur, c'est, lorsqu'ils sont plusieurs, la solidarité de chacun, laquelle est l'objet principal du présent article.

Ce n'est pas ici le lieu de développer les effets et les caractères de la solidarité entre débiteurs ; ce sera l'objet de dispositions de la matière des Obligations (voy. art. 458) et d'un Chapitre du Livre IVe.

Il suffit, pour l'intelligence de cet article, de remarquer que le principal effet de la solidarité est d'obliger chacun des débiteurs à payer la totalité de la dette, au lieu d'être tenu seulement d'une part virile (*d*) : chacun se trouve, en quelque sorte, caution des autres.

Lorsqu'il y a, comme le prévoit le présent article, plusieurs locataires dans le même bâtiment ou dans la même enceinte, il est, le plus souvent, impossible de savoir dans quelle partie de la chose louée le feu a commencé et, par conséquent, la présomption de faute est la même contre tous. Le propriétaire peut donc demander, à tous et à chacun, la réparation du dommage en entier ; à moins, toujours, qu'un ou plusieurs d'entre eux ne se disculpent par des preuves directes d'une cause d'incendie qui leur est étrangère ou par la présomption de soins résultant de leurs habitudes notoires.

Cette rigueur n'est pas arbitraire; elle est logique,

(*d*) La part *virile* est une part *d'homme*, c'est-à-dire calculée par tête, par le nombre d'hommes *(pro numero virorum)*; on l'oppose, dans certains cas, à la part *réelle*, calculée sur les rapports pécuniaires *véritables* des débiteurs entre eux.

raisonnable, fondée sur la nature des choses; on ne peut donc la trouver injuste.

Mais il est clair qu'elle doit cesser, et la loi le dit formellement, lorsqu'il est prouvé que tous ou quelques uns sont exempts de faute.

Si l'incendie provient du feu du ciel ou a été communiqué par une maison voisine, tous sont déchargés, à la fois, et de leur part virile et de la solidarité.

S'il est seulement prouvé que le feu a commencé chez un des locataires, sans qu'on en connaisse la cause, celui-là seul reste sous la présomption de faute, et les autres sont entièrement déchargés.

Il en est de même si, sans qu'on sache où et comment le feu a pris, il est prouvé par sa marche qu'il n'a pu commencer chez tel ou tel locataire.

Remarquons, avec le texte, que lorsqu'il s'agit de différents bâtiments situés dans la même enceinte, la solidarité n'existe entre les locataires qu'autant que les bâtiments appartiennent *au même propriétaire*. Si les locataires n'ont pas le même bailleur, il n'y a aucun lien entre eux et chaque propriétaire ne peut poursuivre solidairement que ses propres locataires. Il n'est pas nécessaire, bien entendu, que les divers locataires aient contracté ensemble, ni qu'il y ait entre eux une communauté quelconque d'intérêts; mais il faut qu'ils soient locataires d'un même bailleur (e): on ne comprendrait pas qu'un propriétaire invoquât une présomption de faute, à l'égard de ses bâtiments, contre une personne qui, n'étant pas son locataire, n'a, vis-à-vis de lui, aucune obligation de soin et de vigilance.

Mais tout propriétaire dont les bâtiments ont brûlé par un incendie est toujours en droit de faire la preuve

---

(e) Lorsqu'on donne à ces personnes le nom de *co-locataires*, on n'entend exprimer que ce double lien entre eux : identité de bailleur et identité de bâtiment ou d'enceinte.

directe de la faute d'un étranger, voisin immédiat ou éloigné.

Lorsqu'un quartier tout entier d'une ville brûle par l'imprudence prouvée d'un habitant (comme cela arrive si souvent, au Japon), celui-ci est, en droit pur, responsable de toutes les maisons incendiées; mais, en fait, un pareil droit n'est guère invoqué, par deux raisons: la première, c'est que, le plus souvent l'imprudent est lui-même ruiné par l'incendie; la seconde, c'est que, ne le fût-il pas, la distribution de son actif aux nombreuses victimes de son imprudence donnerait si peu à chacune d'elles que la demande n'a pas d'intérêt.

Art. 153.—203. Lorsqu'il ne s'agit plus des droits du bailleur contre chacun des preneurs, mais du recours de celui qui a payé contre les autres, la solidarité ne peut plus exister: on applique ici la règle générale des dettes solidaires qui se divisent entre les débiteurs, lors du règlement définitif entre eux.

En principe, la division se fera par tête ou par portion virile; mais, par exception, si le tribunal reconnaît que les causes d'incendie ont été plus considérables d'un côté ou d'un autre, à cause de l'étendue des lieux occupés, de la nature de l'industrie ou profession qui y était exercée et pour laquelle il y avait emploi de machines à feu, à cause de la nature et du nombre des foyers de l'habitation, des moyens employés pour l'éclairage, ou du plus grand nombre de serviteurs, dont la négligence est plus fréquente que celle des maîtres, dans ces divers cas, le tribunal *peut* et, raisonnablement, *doit* répartir la perte proportionnellement aux causes imputables à chacun.

Le Projet n'a pas admis ici le système du Code italien (art. 1590), proposé pour être admis en France, d'après lequel la répartition se fait "en proportion de la valeur locative de la partie des bâtiments occupés par chacun :" on a évidemment, voulu éviter de faire supporter autant aux petits locataires qu'aux grands; mais la fortune n'a pas d'influence directe sur la présomption légale de faute : elle peut seulement donner occasion à des causes plus nombreuses d'incendie, comme le font remarquer les exemples qui précèdent.

Art. 154.— 204. La circonstance que le propriétaire est resté lui-même en possession d'une partie des locaux de la même enceinte modifie et diminue sensiblement ses droits à deux points de vue :

1° Il est alors présumé en faute aussi bien que ses locataires et la conséquence est qu'il n'en peut réclamer d'indemnité qu'en prouvant que le feu n'a pas commencé chez lui. Sans doute, en fait, un propriétaire est plus soigneux de sa chose qu'un locataire ne l'est d'une chose louée; mais, si l'on entrait dans cette voie, il faudrait distinguer aussi entre le locataire qui a des meubles et peut-être des meubles précieux à lui appartenant, dans les bâtiments loués, et celui qui a pris en même temps les meubles à loyer, avec le bâtiment (maison meublée, appartement garni) : la loi, cependant, ne peut tenir compte de toutes les nuances et c'est justement pour cela qu'elle admet que sa présomption puisse être combattue par des présomptions de fait tirées des circonstances.

Du reste, dans ce cas même, la position du propriétaire est encore meilleure que s'il voulait se faire indemniser de l'incendie par un de ses voisins qui ne serait pas son locataire: dans ce cas, il ne lui suffirait pas de prouver qu'il est lui-même exempt de faute, il lui faudrait encore prouver directement la faute de ce voisin.

2° Lors même que le propriétaire a prouvé l'absence de faute de sa part, ce qui fait reparaître la présomption de faute de ses locataires, il ne peut faire entrer dans le montant de la dette solidaire que la valeur des locaux à eux loués : il doit en retrancher la valeur de ceux qu'il occupait, car la solidarité a été établie pour garantir, non toutes les propriétés du bailleur, mais seulement celles qu'il avait louées. Il ne serait donc remboursé de la valeur des locaux qu'il occupait que par celui des locataires dont il prouverait directement la faute; or, comme cette preuve est supposée manquer, précisément quand il y a lieu à la solidarité, le bailleur ne sera pas remboursé solidairement de cette partie des bâtiments incendiés.

Art. 155.— 205. Bien que le droit du preneur soit déclaré *réel* par la loi, aussi bien pour les meubles que pour les immeubles, la propriété ne cesse pas d'en appartenir au bailleur: elle peut être considérée comme démembrée tant que dure le bail; mais quand le droit du preneur a pris fin, celui du bailleur se retrouve plein et entier.

Il peut donc agir en revendication, c'est-à-dire par action réelle, pour recouvrer sa chose.

Mais il peut aussi agir par action personnelle; car le preneur est obligé, par le contrat, à conserver la chose et à la rendre.

Deux considérations différentes pourront déterminer le choix du bailleur par rapport à l'action à intenter.

1° Si le preneur est insolvable, l'action réelle aura l'avantage de faire recouvrer au bailleur la chose, en nature et en entier, par préférence aux autres créanciers, tandis que l'action personnelle l'obligerait à concourir avec eux et seulement sur sa valeur.

2° Si le preneur est solvable et que le bailleur ait quelque difficulté à établir son droit de propriété, tandis qu'il lui est facile de prouver le contrat de bail, il intentera l'action personnelle.

Art. 156.— 206. C'est un principe d'économie politique, qu'il faut, autant que possible, éviter de détruire les constructions et les plantations; autrement, il y a deux valeurs perdues, deux mains-d'œuvre inutiles: celle de la construction et celle de la démolition; de plus, les matériaux perdent considérablement de leur prix par la démolition.

Si le bailleur consent à payer au preneur, non ce que les plantations et constructions lui ont coûté, mais ce qu'elles valent à la fin du bail, le preneur n'a pas d'intérêt légitime à s'y opposer.

C'est la même théorie que pour les rapports du nu-propriétaire et de l'usufruitier auxquels la loi renvoie.

SECTION IV.

DE LA CESSATION DU BAIL.

Cessation de plein droit.

Art. 157. Le bail finit de plein droit :

1° Par la perte totale de la chose louée, sauf l'indemnité due par la partie à la faute de laquelle la perte est imputable ; [1722, 1741.]

2° Par l'expropriation totale de la chose pour cause d'utilité publique ;

3° Par l'éviction du bailleur, ou par l'annulation de son droit sur la chose louée, lorsqu'elles sont prononcées en justice et pour des causes antérieures au contrat ;

4° Par l'expiration du terme expressément ou tacitement fixé ou par l'accomplissement d'une condition résolutoire stipulée ; [1737, 1774, 1775.]

5° Par le délai légal écoulé depuis la signification d'un congé, en l'absence de terme originairement fixé. [1739.]

Le bail finit encore par la résolution ou résiliation prononcée en justice, à la demande de l'une des parties, pour inobservation des conditions ou pour les autres causes que la loi détermine. [1729, 1741, 1760, 1764, 1766.]   *Résolution ou résiliation.*

158. Dans le cas de perte partielle de la chose louée, le preneur peut demander la résolution du bail, ou son maintien avec diminution du prix, sous les conditions portées à l'article 138. [1722.]   *Perte partielle.*

Au cas d'expropriation partielle pour cause d'utilité publique, le preneur a toujours droit à une diminution de prix.

159. Si, à l'expiration du bail ayant une durée fixée, le preneur reste en jouissance, au su et sans opposition du bailleur, il s'opère tacitement un nouveau bail, aux mêmes charges et conditions que le précédent. [1738, 1759.]   *Tacite réconduction.*

Toutefois, les cautions qui garantissaient le premier bail sont libérées et les hypothèques fournies au même titre sont éteintes. [1740.]

Le nouveau bail cessera par le congé, comme il est dit aux articles suivants. [1736, 1739.]

160. Le bail fait sans durée expressément fixée, d'une maison, d'un corps de logis, ou d'un appartement meublés, est présumé fait pour un an, pour un mois ou pour un jour, si le prix   *Fixation tacite de la durée du bail.*

en a été déterminé par année, par mois ou par jour ; sans préjudice de la tacite réconduction, comme il est dit à l'article précédent. [1758.]

Il en est de même si le bail a pour objet un ou plusieurs meubles seulement.

Congé : époque, intervalle.

161. S'il n'a pas été fixé de durée pour un bail de bâtiments non meublés ou si, à l'expiration du terme fixé, il y a eu tacite réconduction, le bail finira par un congé donné par l'une des parties à l'autre, à toute époque de l'année. [1736.]

L'intervalle entre le congé et la sortie sera :

De trois mois, pour une maison entière ;

De deux mois, pour un corps de bâtiments ou de logis, ou pour un local moins étendu où le preneur exerce un commerce ou une industrie ;

D'un mois, pour tous autres locaux non meublés.

Suite : locaux meublés.

162. L'intervalle entre le congé et la sortie, pour les locaux meublés, à l'égard desquels il y aura eu tacite réconduction, sera d'un mois, si la durée primitive du bail était de trois mois ou davantage ;

Pour le bail de moins de trois mois, ledit intervalle sera du tiers de la durée primitive ;

Il sera de 24 heures pour les locations de jour à jour.

Suite : meubles.

Les mêmes délais s'appliquent aux locations de meubles, après la tacite réconduction, et, si la location a été faite à l'origine sans durée fixée, le congé doit être donné quinze jours à l'avance pour faire cesser le bail.

Toutefois, s'il s'agit de meubles garnissant des bâtiments loués, ou de meubles réputés immeubles par destination, la location n'en cesse qu'avec celle des bâtiments. [1757.]

163. A l'égard du bail d'un bien rural, fait sans durée fixée, le congé doit être donné un an avant l'époque de la principale récolte annuelle. [1774, 1775.] Suite: biens ruraux.

La durée du bail d'animaux donnés *à cheptel* est réglée au Livre IIIe. Cheptel : renvoi.

164. Dans tous les cas, si le bail se trouve expiré avant que le preneur ait pu détacher ou enlever toutes les récoltes auxquelles il a droit, le bailleur ou le nouveau preneur doit lui en laisser la faculté. Droit aux récoltes tardives.

Réciproquement, le preneur doit permettre au bailleur ou au nouveau preneur de faire, avant l'expiration du bail, les travaux urgents sur les portions de terrain dépouillées de récoltes, lorsqu'il ne doit en éprouver aucun trouble sérieux. Travaux agricoles anticipés.

165. Si le bailleur s'est réservé la faculté de résilier le bail avant l'expiration du temps fixé, soit au cas d'aliénation de la chose louée, soit au cas où il reprendrait la jouissance pour lui-même, ou pour toute autre cause particulière; de même, si le preneur s'est réservé ladite Résiliations facultatives: congé.

faculté, en vue de certaines éventualités où la location lui deviendrait inutile, ils doivent se donner respectivement congé à l'avance au temps fixé par les articles précédents, à moins que le temps restant à courir d'après la convention ne se trouve plus court. [1744 s., 1761, 1762.]

COMMENTAIRE.

Art. 157.— 207. On ne retrouve pas ici toutes les causes d'extinction de l'usufruit; cela tient, comme la plupart des autres différences déjà signalées, non à la différence de nature des deux droits, lesquels sont, au contraire, très-voisins l'un de l'autre, mais à la différence de la cause des droits: le bail est constitué pour une cause onéreuse, c'est-à-dire à raison du sacrifice que fait le preneur, à raison de la prestation périodique qu'il s'engage à fournir, ce qui exclut, ordinairement, toute considération de sa personne; l'usufruit, au contraire, est constitué, ordinairement, à titre gratuit et, dans tous les cas, en considération d'une personne déterminée.

De là, la conséquence que l'usufruit s'éteint par la mort de l'usufruitier.

Sans doute, dans le louage, les parties pourraient convenir que le droit du preneur finira par sa mort; mais il faudrait, à cet égard, une stipulation expresse; il ne suffirait pas que les circonstances permissent de croire que le droit a été établi en considération de la personne.

Le non-usage pendant 30 ans n'est pas non plus une cause d'extinction du bail : il n'y a, d'ailleurs, aucune vraisemblance que le cas se présente jamais; car la prestation périodique que le preneur aura à payer, et qui certainement lui sera demandée, le préservera de l'oubli ou de l'ignorance de son droit.

La renonciation du preneur à son droit ne mettrait pas non plus fin au bail, car il ne peut, par sa seule volonté, s'affranchir des obligations qui y sont corrélatives. Ce qui serait possible, à cet égard, serait une résiliation volontaire des deux côtés; mais alors ce ne serait plus une cessation *de plein droit*.

Quant à l'abus de jouissance, il rentre dans la généralité du dernier alinéa du présent article, dans la résolution prononcée en justice pour inexécution des obligations du preneur.

208. On reprend maintenant, pour quelques développements sommaires, les cinq cas d'extinction du bail, s'opérant de plein droit et sans qu'il soit besoin de la faire prononcer en justice (*a*).

On remarquera d'abord que l'extinction dont il s'agit ne s'applique pas seulement au droit du preneur, mais, en même temps, à celui du bailleur et, par conséquent, au contrat tout entier.

1° La perte de la chose louée est ici supposée totale. Si elle n'était que partielle, elle pourrait donner lieu, soit à diminution du prix de bail, soit même à résiliation (art. 138 et 158) (*b*); mais ce ne serait que par l'effet d'une décision judiciaire ou d'une convention amiable: ce ne serait plus de plein droit.

Si la perte de la chose était le résultat de la faute

(*a*) Il va de soi qu'un effet *de droit* ou *de la loi* peut toujours être contesté et qu'une action en justice peut intervenir à ce sujet; mais alors la justice *ne le prononce pas*, elle *le déclare* et l'effet, désormais reconnu, ne date pas du jour du jugement, *ex nunc* (de maintenant), mais du jour où l'effet s'est produit en vertu de la loi, *ex tunc* (d'alors).

(*b*) Entre le mot *résolution* et le mot *résiliation* usité spécialement en cas de bail, il n'y a pas de différence importante; toutefois, la résiliation est considérée comme exigeant toujours une demande en justice, tandis que la résolution a quelquefois lieu de plein droit.

de l'une des parties, du preneur vraisemblablement, le bail n'en prendrait pas moins fin; mais il y aurait lieu à une indemnité contre la partie qui serait en faute.

2° L'expropriation totale a de l'analogie avec la perte de la chose louée: dans ce cas, la jouissance du preneur devient impossible légalement, au lieu de le devenir naturellement.

3° L'éviction du bailleur est le cas où il est jugé que la propriété de la chose ne lui appartenait pas au moment du contrat (voy. p. 221, a); l'annulation de son droit de propriété a lieu dans le cas où il tenait ce droit d'un acte entaché, soit d'un vice de consentement, soit d'une incapacité, de la part du cédant.

Dans les deux cas, il faut qu'une décision judiciaire intervienne contre le bailleur, pour que, par voie de conséquence, le bail finisse de plein droit.

Enfin, il faut que la cause d'éviction soit antérieure au bail: autrement, elle ne serait pas opposable au preneur qui ne doit pas souffrir des actes du bailleur. Et, lors même que la cause alléguée serait antérieure au bail, il faudrait encore que le preneur ait été mis en cause, de manière à y pouvoir contredire, pour que le jugement lui soit opposable.

4° Il est conforme aux principes généraux qu'un droit qui n'a été établi que pour un temps déterminé s'éteigne par l'arrivée du terme fixé. Le temps peut être fixé expressément ou sous-entendu, c'est-à-dire fixé tacitement. La fixation expresse n'implique pas nécessairement un nombre d'années, de mois ou de jours déterminés, bien que ce soit ce qui aura lieu le plus souvent: ce pourrait être l'indication d'un événement précis dont l'arrivée est sujette à être plus ou moins hâtive ou tardive. Par exemple, le preneur a loué une maison, pour tout le temps où il exercerait une fonction publique dans la ville: ses fonctions cessent ou il change de résidence, le bail cesse. De même le preneur a loué une maison, pour le temps pendant lequel il construirait sa propre maison: quoique l'époque à laquelle la maison sera terminée soit variable, ce n'en est pas moins un terme expressément stipulé.

Au contraire, le bail a été fait avec une destination particulière des lieux loués et le bailleur a connu cette destination; il est tacitement entendu qu'une fois la destination remplie, le bail cessera. Par exemple, un entrepreneur de travaux publics, chargé de la construction d'un édifice, a loué un terrain voisin des travaux, pour la taille des matériaux et l'assemblage provisoire des charpentes; le bailleur a connu la destination spéciale des lieux loués; il est, dès lors, présumé avoir consenti à ce que le bail prît fin, de plein droit, avec l'achèvement des travaux, mais non auparavant, comme aussi s'être réservé le droit de reprendre les lieux loués à la même époque.

Dans l'article 160 ci-après, la loi donne elle-même un exemple, par présomption, de terme tacitement fixé.

La loi met sur la même ligne que le *terme* un événement ayant le caractère d'une *condition*, c'est-à-dire un événement futur et incertain, dont l'accomplissement doit résoudre le bail: par exemple, il avait été convenu que le bail cesserait, si le preneur obtenait une fonction ou un emploi public dans une autre ville.

5° S'il n'y a point de terme assigné au bail par les parties, à l'origine, la loi permet à chacune d'elles d'y mettre fin par un avertissement, en forme, donné un certain temps avant la sortie et qu'on nomme *congé*. Le congé est l'objet de trois articles ultérieurs (art. 161 à 163).

Le dernier alinéa ne présente plus de cessation de plein droit, mais une cessation par voie d'action résolutoire, pour inexécution des obligations par l'une des parties: il a déjà été sommairement parlé de cette action (p. 102) et il en sera encore question plus loin.

Art. 158.—209. La disposition de cet article se trouve déjà annoncée par ce qui a été dit au sujet du premier alinéa de l'article précédent.

Quoique la perte de la chose louée soit fortuite ou résulte d'une force majeure, elle ne doit pas nécessairement retomber sur le preneur, sous prétexte qu'il a un droit réel; car le bailleur est obligé de lui faire avoir une jouissance continue. Il ne faudrait pas non plus que la moindre perte lui donnât le droit de faire résilier le bail, ni même l'autorisât toujours à obtenir une diminution du prix de bail. A cet égard, la loi se réfère aux distinctions portées ci-dessus, à l'article 138.

Si la perte est de moins d'un tiers, le preneur n'obtiendra ni la résiliation ni une diminution du prix. Si elle est d'un tiers ou au delà, le preneur obtiendra une diminution d'un tiers du prix, et, comme la perte partielle de la chose entraîne nécessairement pour toujours la perte proportionnelle de la jouissance, le preneur pourra demander la résiliation, sans attendre le laps de trois ans prescrit par l'article 138.

Quant à l'expropriation partielle, elle présente deux particularités.

1° Le preneur obtiendra une diminution du prix de bail, quelle que soit la partie expropriée, parce que cette expropriation procure au bailleur une indemnité du trésor public;

2° Le preneur recevra lui-même une indemnité du trésor, à cause du trouble que l'expropriation lui cause.

Quant au droit de résolution, il sera toujours subordonné à la perte du tiers de la jouissance première.

Art. 159.—210. Le bail renouvelé tacitement, par le consentement présumé des parties, après l'expiration du temps qui lui avait été d'abord assigné, se nomme, en France, *tacite réconduction* (art. 1739) (c).

(c) Du latin: *conducere*, "prendre à loyer" et *re*, particule qui se

Quant aux effets du nouveau contrat entre les parties, ils seront les mêmes que ceux du contrat primitif, sauf la durée qui, d'après le dernier alinéa de l'article, est désormais indéterminée et cesse par un *congé* ou avertissement donné par une partie à l'autre, un certain temps avant la sortie.

Mais ce nouveau contrat ne peut être opposé aux tiers. Ainsi, ceux qui s'étaient portés garants ou cautions de l'exécution du premier bail ne sont pas garants du second : ils ont considéré, sans doute, la durée de leur engagement éventuel et n'ont pas entendu se trouver engagés par un nouveau contrat, sans leur consentement.

Par la même raison, et par une autre aussi, les hypothèques données pour le premier bail sont inapplicables au second : d'abord, s'il y a des créanciers hypothécaires postérieurs au bail, ils ont pu considérer que leur hypothèque s'améliorerait, quant au rang, par l'extinction de celle qui les précédait, et cette attente légitime ne doit pas être trompée par une prolongation ou extension de l'hypothèque qui prime la leur.

Ensuite, lors même qu'il n'y aurait pas d'autres créanciers hypothécaires postérieurs, l'hypothèque, une fois éteinte ou limitée par la fin du premier bail, ne peut renaître ou s'étendre à une nouvelle créance, au préjudice des créanciers chirographaires (voy. p. 200, *h*), sans que les parties remplissent les formalités requises pour la constitution de l'hypothèque ou pour son extension.

Art. 160.— 211. La loi donne ici une interprétation de la volonté probable des parties ; c'est une présomption légale de leur intention, quant à la durée, lorsqu'elles n'en ont pas exprimé une autre.

---

place devant un mot pour indiquer la réitération d'un fait. Le mot "réitération" contient lui-même cette particule.

Cette fixation de la durée du bail, par présomption légale, n'a lieu que pour les locaux *meublés* ou *garnis*: le bail durera alors la période pour laquelle le prix a été fixé. A l'expiration de cette période, il pourra se former un nouveau bail, par tacite réconduction, mais alors sans durée fixée et finissant par un congé, conformément à l'article précédent.

La raison pour laquelle la loi interprète elle-même l'intention des parties est celle-ci: généralement, la location des maisons ou appartements meublés se fait pour un temps assez court; les personnes qui n'ont pas de meubles à elles appartenant sont des résidents accidentels dans une ville, des voyageurs, des malades; lorsqu'ils conviennent d'un prix par jour, par semaine, ou par mois, c'est qu'ils se proposent de rester au moins un jour, une semaine ou un mois; lorsqu'ils conviennent d'un prix par trimestre, par semestre ou par année, c'est qu'ils se proposent de rester dans les lieux loués, un trimestre, un semestre ou une année. Bien entendu, les parties peuvent toujours exprimer le contraire.

On ne peut pas faire la même supposition pour les lieux non meublés, où le séjour est, en général, assez long, et semblerait pouvoir se prolonger indéfiniment; dès lors, l'indication du prix pour une période de mois ou pour une année, n'est plus qu'une manière de fixer le prix courant; tout au plus, pourrait-on y voir l'indication des échéances ou époques de payement; mais même, s'il n'y a pas de fixation précise des échéances, la loi les fixe à chaque mois, comme on l'a vu à l'article 146.

La loi ne prévoit pas un cas qui pourrait se rencontrer assez fréquemment, mais qui serait facile à résoudre par l'interprétation raisonnable de la volonté des parties : le prix de bail d'un appartement meublé pourrait avoir été fixé, tout à la fois, par jour, par semaine ou par mois, par trimestre, par semestre ou par année, probablement avec une diminution à raison de la plus grande durée. En ce cas, il est clair que le choix de la durée a été laissé au preneur et qu'il pourrait quitter à la fin de chaque période, mais qu'une fois entré dans la période suivante, il devrait l'achever et ainsi des autres : la tacite réconduction n'aurait lieu qu'à l'expiration de la dernière période, et le nouveau bail, n'ayant plus de durée limitée, ne finirait que par un congé.

La location de meubles particuliers est assimilée par la loi à celle des appartements meublés, quant à la durée, qui est considérée comme tacitement fixée par la période de temps pour laquelle le prix est établi ; l'utilité de cette disposition se rencontrera principalement dans la location de chevaux, voitures, machines industrielles, ustensiles de ménage, vêtements, etc.

Art. 161.— 212. Lorsque le bail n'a pas de durée fixée par le contrat, soit expresse, soit tacite, comme il a été expliqué plus haut, il ne finit que par un avertissement que l'une des parties donne à l'autre, un certain temps à l'avance, et que l'on nomme *congé* (voy. c. civ. fr., art. 1736, 1737, 1759).

Il faut bien remarquer que, jusqu'à ce que le congé soit donné, c'est le même bail qui dure et qu'il n'y a pas une succession de tacites réconductions ; par conséquent, les sûretés fournies pour l'exécution du bail restent les mêmes, tant que les parties ne les modifient pas.

Le présent article s'applique aux locations de bâtiments *non meublés*.

Le congé peut être donné à toute époque de l'année. La loi s'en explique, parce que dans beaucoup de pays, notamment en France, le congé ne peut être donné qu'à certaines époques de l'année, ordinairement quatre fois par an, au commencement de chaque saison, pour sortir à la saison suivante. Il en résulte un inconvénient assez grave, c'est que si une des parties oublie de donner congé au temps voulu, elle est obligée d'attendre la saison suivante ; il peut arriver aussi que le besoin de quitter ne survienne que peu de jours après ladite époque et elle est encore obligée d'attendre la prochaine saison. Il y a, en outre, beaucoup de variétés locales à cet égard (d).

Au Japon, il ne paraît pas que les congés se donnent à une époque déterminée.

Si cet usage n'existe pas, il faut se garder de l'établir; s'il existe, ce doit être avec toutes les variétés des coutumes locales et il paraît préférable de ne pas plier la loi à ces usages.

On pourrait objecter que le congé donné par le propriétaire peut obliger le preneur à sortir à une époque très-gênante ; par exemple, à la fin de l'année, alors que les commerçants font leurs comptes généraux et leurs recouvrements. Mais le preneur, étant ainsi prévenu à l'avance par le congé, pourrait demander au tribunal un délai de 8 ou 15 jours qui ne lui serait pas refusé, au moins, s'il n'y avait pas encore un nouveau preneur : les conventions, en effet, doivent " s'exécuter de bonne foi." Le preneur aura toujours eu, d'ailleurs, la faculté d'exclure, par le contrat originaire, certaines époques qui le gêneraient pour la sortie : les négociants doivent être prévoyants ; c'est un des devoirs et un des besoins de leur profession.

Mais ce qui importe à la loi, c'est qu'il s'écoule entre le congé signifié et la sortie un intervalle assez long pour que le preneur ait le temps de trouver une nouvelle habitation et le bailleur un nouveau preneur.

Il est naturel aussi que l'intervalle soit d'autant plus

(d) La loi française se réfère à *l'usage des lieux*, pour l'époque de l'année à laquelle le congé peut être donné, et aussi pour l'intervalle à observer entre le congé et la sortie (voy. art. 1736, 1757 et 1759).

long que la location a plus d'importance: il est toujours plus difficile de trouver à prendre ou donner à loyer une grande habitation qu'une moyenne ou une petite.

212 bis. Il fallait aussi que la loi trouvât une mesure pour déterminer ce qui serait une grande, une moyenne ou une petite habitation. On ne pouvait pas songer à s'attacher au prix du bail (système français), parce que ce prix varie avec les localités et avec l'état des bâtiments; il a paru préférable de considérer l'étendue des bâtiments, non par leur surface en *tsubo*, mais par leur nature et leur destination.

Une maison entière est considérée comme une grande habitation. Il est vrai qu'il y a souvent de bien petites maisons; mais, par cela seul qu'elles sont entières, ce qui aussi implique presque toujours des dépendances, elles sont plus difficiles à trouver pour le preneur qui, quittant une maison de ce genre, en cherchera sans doute une autre de même genre; elles sont aussi plus difficiles à relouer, pour le bailleur, parce que, leur prix étant toujours plus élevé, relativement à leur étendue, il en trouvera moins facilement un preneur.

La 2ᵉ classe d'habitation est *un corps de bâtiments* ou *corps de logis*, qui tient le milieu entre une maison entière et un appartement ou logement composé de quelques chambres. La loi met sur la même ligne toute habitation, même moindre qu'un *corps de logis*, si le preneur y exerce un commerce ou une industrie.

Il n'y a guère de difficulté à prévoir au sujet de l'exercice d'un commerce; si minime que soient les actes de ce commerce, et lors même qu'il ne s'agirait que du commerce en détail de menues denrées, ce serait un commerce dans le sens de la loi.

Il y aurait plus de difficulté pour une industrie. Il s'exerce souvent dans les habitations de petits métiers qui emploient peu de matières et peu d'outils, sans aucun agencement particulier des locaux, et l'on pourrait douter s'il faut les placer dans les habitations de la 2ᵉ catégorie ; par exemple, le métier de tailleur d'habits, de barbier, de dentiste. Les tribunaux, en cas de contestation, décideront d'après les faits ; dans le doute, ils devront plutôt décider dans le sens qui donne à l'habitation le caractère de la 2ᵉ classe.

S'il s'agit d'un art libéral, du dessin, de la médecine, de l'enseignement des sciences ou des lettres, comme il n'y a là, ni matières, ni outillage, on ne pourrait pas y voir une industrie. Il en serait de même d'une industrie ou d'un métier qui s'exercerait au dehors, comme l'industrie du charpentier ou du tailleur de pierres, ou comme le métier de traîneur de *kourouma*, à moins, que dans ce cas, le preneur n'eût un grand nombre de voitures en magasins et n'employât d'autres traîneurs salariés par lui, ou ne fût loueur de ces sortes de voitures.

La 3ᵉ classe d'habitation comprend tous les autres locaux.

L'intervalle entre le congé et la sortie a été réduit autant que possible : il est de 3 mois, 2 mois et 1 mois.

Bien entendu, les parties pourraient convenir d'un intervalle plus long ou plus court. Dans toutes ces règles de pur intérêt privé, la loi ne statue qu'à défaut de conventions.

Art. 162.— 213. Lorsqu'il s'agit d'une maison entière, d'un corps de logis ou d'un appartement *meublés*, la loi reproduit une distinction qui est déjà indiquée sous l'article 160 : si le bail a été fait pour un temps déterminé (et il a pu l'être tacitement par le mode de fixation du prix périodique), le bail finit de plein droit avec la période indiquée, sans qu'il soit nécessaire de donner congé ; mais s'il y a eu tacite réconduction, à l'expiration de ce temps, alors le bail ne finit que par un congé: l'intervalle entre le congé et la sortie varie, non plus suivant l'importance des locaux, mais suivant la durée de la période primitive.

D'un autre côté, comme les périodes peuvent être très-variées, la loi ne peut multiplier les délais dont il s'agit: elle se borne à en fixer trois, correspondant aux locations faites, soit pour trois mois ou davantage, soit pour moins de trois mois, soit pour un jour: dans le premier cas, l'intervalle entre le congé et la sortie est uniformément d'un mois ; dans le second, il est du tiers de la période primitive ; dans le troisième cas, l'intervalle sera de 24 heures.

On comprend que cet intervalle soit court, parce que les locataires qui n'ont pas de meubles font partie de ce qu'on nomme *la population flottante:* ils ne comptent pas faire un long séjour au même lieu et le bailleur ne compte pas non plus les conserver longtemps ; en outre, le preneur qui reçoit le congé trouve aisément à se loger dans une autre maison meublée ; réciproquement, le bailleur trouve aussi aisément un autre locataire de passage.

A l'égard des locations d'objets mobiliers, il eût été difficile d'en distinguer l'importance dans la loi, pour fixer l'intervalle entre le congé et la fin du bail. C'est aux parties, à pourvoir à cette fixation, suivant leur intérêt.

Mais comme elles n'auront pas toujours cette prévoyance, il est nécessaire que la loi y supplée.

D'abord, si le prix de bail a été fixé par jour, par mois ou par année, ce qui sera le plus fréquent, le bail sera censé fait pour la période qui a servi de base au prix, et il finirait de plein droit à l'expiration du temps fixé, sauf la tacite réconduction, comme il est prévu à l'article 160, 2^c alinéa.

Le présent article s'appliquera d'abord au cas où, le bail ayant été fait pour un temps fixe (un certain nombre de jours ou de mois), il y aura eu tacite réconduction ; dans ce cas, le congé sera donné, soit un mois à l'avance, s'il s'agissait d'un bail ayant eu une durée supérieure à trois mois, soit un nombre de jours à l'avance formant le tiers du temps que le premier bail avait duré.

Lorsque les meubles font partie d'un appartement meublé, ils en sont l'accessoire et la durée des deux locations est la même : on leur applique alors l'article 160 et les trois premiers alinéas du présent article.

Art. 163.—214. Il y a, pour les baux de biens ruraux, une double dérogation aux règles qui précèdent :

1° Un intervalle beaucoup plus long entre le congé et la sortie ;

2° Une époque précise à laquelle le congé doit être donné.

Il est facile de justifier ces dispositions particulières par les considérations suivantes :

L'intention des parties est, naturellement, que le preneur puisse faire la récolte pour laquelle il a fait les semences, labours et cultures, au moins quand il s'agit d'une récolte annuelle.

Le preneur ne doit pas être obligé de quitter les lieux loués avant d'avoir eu le temps de trouver un autre fonds de nature plus ou moins semblable au précédent. Réciproquement, le bailleur ne doit pas être exposé à se trouver sans un autre preneur, pendant une partie de l'année.

Le premier de ces motifs explique que la sortie ne devra pas précéder la récolte principale de l'année ; les deux autres motifs expliquent que l'intervalle entre le congé et la sortie soit d'un an au moins.

Quant au bail d'animaux donnés à cheptel, soit accessoirement à un bien rural, soit séparément, on sait qu'il n'en sera traité qu'au Livre III°.

La matière des baux étant une des plus importantes dans la pratique, au moins par sa fréquente application, la loi n'a pas craint d'entrer dans des détails un peu minutieux, pour prévenir les procès.

Art. 164.— 215. Quand le bail de biens ruraux a une durée fixée, la fin du bail peut arriver avant que la récolte soit enlevée, soit parce que la saison a été tardive, soit parce que les parties avaient mal calculé le temps. En pareil cas, il serait inique que le bailleur ou un nouveau preneur mît obstacle à l'enlèvement de la récolte par le preneur.

Il serait tout aussi injuste que, si la récolte a été hâtive, le preneur dont le bail est sur le point d'expirer s'opposât aux travaux préliminaires de l'année suivante, soit de la part du bailleur, soit de la part d'un nouveau preneur.

La loi réserve le cas où le preneur en éprouverait un préjudice sérieux pour les autres récoltes pendantes.

Il y a une autre réciprocité de droits respectifs dont la loi ne parle pas, parce qu'elle va de soi et parce que, d'ailleurs, elle concerne plutôt le commencement du bail que sa fin.

Si, au moment de l'entrée en jouissance du preneur, la récolte pour laquelle le bailleur a fait les travaux n'est pas encore enlevée, le preneur ne doit pas mettre obstacle à l'enlèvement.

Réciproquement, si la récolte du bailleur a été hâtive, il ne doit pas s'opposer à ce que le preneur, même avant l'époque de son entrée en jouissance, fasse les premiers travaux de labour ou autres analogues.

C'est l'application d'un principe déjà proclamé tout-à-l'heure et qui sera développé plus tard, à savoir, que " les conventions doivent être exécutées de bonne foi " (art. 350).

Ces dispositions relatives aux fruits qui se trouvent

pendants au moment où commence le bail et où il finit constituent une nouvelle et considérable différence entre le preneur à bail et l'usufruitier. On a vu, en effet, aux articles 52, 72 et 109 que l'usufruitier a droit aux fruits pendants au moment où s'ouvre son droit et qu'il n'a aucun droit à ceux qu'il n'a pas perçus au moment où finit son droit, ce qui rentre dans les effets aléatoires de l'usufruit (voy. pp. 125, 148 et 205). Il n'en pouvait être de même pour le bail qui n'a rien d'aléatoire et où chaque partie cherche un profit égal à celui qu'elle procure à l'autre. Mais on voit qu'il n'en résulte pas de complications, parce que celui qui a droit à une récolte préparée par ses soins l'enlève en nature et ne réclame aucune indemnité pour les frais de culture.

Art. 165.— 216. Par innovation à l'égard d'un ancien usage contraire aux intérêts économiques du pays, le bailleur ne pourra plus mettre fin au bail, en vendant la chose louée. En France, la loi s'en est formellement expliquée, dans l'article 1743, non-seulement parce qu'elle innovait aussi sur l'ancien droit (e), mais encore parce qu'elle laissait au bail les caractères d'un droit personnel.

Dans le présent Projet, la loi n'a pas cru devoir proclamer expressément la persistance du bail en présence d'une vente, parce qu'elle donnait au bail la nature du droit réel et cette conséquence en était la plus simple et la plus considérable en même temps.

Mais rien n'empêche les parties de convenir qu'au cas de vente, le preneur pourra être expulsé; c'est une réserve que fera souvent le bailleur, quand il fera un bail à prix réduit et pour une longue durée, circonstances qui pourraient détourner un acheteur.

(e) L'article 1743 du Code français abroge une loi romaine célèbre, ainsi conçue : "l'acheteur n'est pas obligé de respecter le fermier," *Emptorem necesse non est stare colono.*

CESSATION DU BAIL. 287

Le bailleur pourrait aussi se réserver la faculté de résilier le bail pour occuper les lieux par lui-même : cette stipulation était même sous-entendue chez les Romains et dans l'ancien droit français, dans l'intérêt du bailleur; l'article 1761 l'a abolie, en tant que tacite, et il veut qu'elle soit expresse, comme le veut l'article 1743 pour la résiliation au cas de vente.

Le présent article réserve de même ce droit du bailleur, de résilier le bail à sa convenance, pour des cas déterminés. Le preneur peut aussi faire de pareilles stipulations dans son intérêt ou dans celui de ses héritiers.

Ainsi, le preneur a une fonction qui l'oblige à résider au lieu où il l'exerce ; il peut stipuler qu'en cas de changement de fonction ou de résidence, le bail sera résilié, pour éviter les embarras et les difficultés d'une sous-location.

De même, il prévoit le cas où il viendrait à mourir avant la fin du bail; sa mort, en principe, ne dissoudrait pas le bail; mais comme la location pourrait être inutile et, par suite, gênante pour ses héritiers, il stipule la résiliation en leur faveur.

Dans tous ces cas et autres semblables, il faudra, au moins, que la partie qui veut mettre fin au bail en vertu de la clause, prévienne l'autre partie par un congé, en observant les délais ci-dessus établis suivant la distinction des choses louées.

Ces cas ne sont pas tout-à-fait les mêmes que ceux prévus à l'article 157-4°, où l'on a supposé une condition résolutoire expresse, opérant d'elle-même, par le seul fait de l'arrivée de l'événement prévu : la loi suppose ici que les parties n'ont pas stipulé une résolution expresse, mais seulement une faculté de résolution.

Il va sans dire, et cependant la loi l'exprime, que si le temps restant à courir du bail est plus court que l'intervalle à observer entre le congé et la sortie, le congé est inutile; le bail alors prendra fin par la convention originaire et non par l'exercice de la faculté de résiliation. Un congé même, envoyé ou reçu par erreur, ne prolongerait pas le temps restant à courir.

APPENDICE.

DE L'EMPHYTÉOSE ET DE LA SUPERFICIE.

§ Ier.– DE L'EMPHYTÉOSE.

Art. 166. L'emphytéose est un bail d'immeuble à long terme ou de plus de trente années. Durée de l'emphytéose.

Elle ne peut excéder cinquante ans ; si elle a été faite pour une plus longue durée, elle est réduite à ce terme. Réduction.

Elle peut toujours être renouvelée, mais de façon à ne jamais excéder cinquante ans depuis le renouvellement. [Comp. c. ital. 1556.] Renouvellement.

Les baux d'immeubles faits avant la promulgation du présent Code pour une durée déterminée, même supérieure à cinquante années, seront valables pour tout le temps qui leur a été assigné. Baux anciens.

Les baux de terres en friches ou incultes faits, à la même époque, pour une durée indéterminée, cesseront par un congé donné par l'une des parties à l'autre dix ans à l'avance. Suite.

A l'égard des baux formellement stipulés *perpétuels*, il sera statué ultérieurement par une loi spéciale sur la faculté et les conditions du rachat de la redevance par l'emphytéote. Suite.

167. Le bail emphytéotique ne s'établit que par le contrat *d'emphytéose :* l'article 124 est Etablissement du droit.

applicable au legs ou à la promesse d'emphytéose.

Règles générales du droit.

168. Les droits et obligations respectifs des parties sont réglés par le titre constitutif de l'emphytéose.

A défaut de conventions particulières, les règles du bail ordinaire, ci-dessus établies, s'appliquent à l'emphytéose, sous les modifications ci-après.

Pouvoirs de l'emphytéote.

169. L'emphytéote d'un terrain peut en changer la nature, pourvu qu'il n'y apporte pas de détérioration permanente.

Il peut toujours dessécher les marais.

Il peut aussi modifier les cours d'eau qui traversent le fonds, s'il en doit résulter quelque avantage pour l'exploitation.

Limites de ses droits.

170. L'emphytéote peut défricher les landes, buissons et bambous; mais il ne peut, sans le consentement du propriétaire, arracher les bois taillis, ni les arbres qui, n'étant pas destinés à être coupés périodiquement, ont déjà plus de 20 ans et dont la croissance peut se prolonger au delà du temps que doit durer le bail.

Suite.

171. L'emphytéote ne peut, en aucun cas, sans le consentement du propriétaire, supprimer les bâtiments principaux, ni même ceux des bâtiments accessoires dont la durée peut excéder celle du bail.

172. Dans tous les cas où, d'après l'article précédent et d'après l'article 170, l'emphytéote est autorisé à supprimer des constructions ou des arbres, les matériaux et les bois en provenant appartiennent au propriétaire. Droits du propriétaire.

173. L'emphytéote ne peut, en cette qualité, continuer l'exploitation des mines souterraines existant dans le tréfonds. Mines.

Il n'a aucun droit aux redevances payées par les concessionnaires des mines. [Comp. *ib.*, 1561.]

Il reçoit, au contraire, les indemnités pour dommages causés à la surface par lesdits concessionnaires.

174. S'il existe sur le fonds emphytéotique des minières ou des carrières de pierre, de chaux, de sable ou d'autres matériaux tirés de l'intérieur du sol ou pris sur la surface, le preneur peut en continuer, à son profit, l'exploitation déjà commencée. Minières.

Si les carrières ne sont pas encore ouvertes et en exploitation, il peut seulement y prendre des pierres ou d'autres matériaux pour l'amélioration du fonds.

175. Le bailleur livre la chose en l'état où elle se trouve au moment du contrat d'emphytéose. Délivrance sans réparations.

Il n'est tenu à aucune réparation, grosse ou d'entretien, pendant la durée du droit.

Non garantie de jouissance.

176. Les détériorations survenues par cas fortuit ou force majeure, pendant la durée de l'emphytéose, ne donnent pas lieu à diminution du prix du bail; sans préjudice du droit de résolution réservé au preneur par l'article 181.

Impôts.

177. Le preneur paye sans recours, tous les impôts fonciers, ordinaires et extraordinaires, quand la loi qui établit ces derniers n'en a pas décidé autrement. [*Ib.* 1558.]

Solidarité et indivisibilité.

178. Si un fonds a été donné en emphytéose à plusieurs personnes par un seul contrat, l'obligation de payer la rente annuelle est solidaire et indivisible de la part de chaque contractant ou de leurs héritiers.

Cession et sous-location.

179. En cas de cession ou de sous-location du bail emphytéotique, lesdites obligations passent au cessionnaire ou sous-locataire, et le cédant en reste garant, comme caution, si le bailleur ne l'en a pas expressément affranchi ou n'est pas intervenu à l'acte de cession en l'acceptant, sans réserver ses droits. [*Ib.* 1562.]

Résolution pour le bailleur.

180. Le bailleur peut demander la résolution du bail emphytéotique pour défaut de payement de la redevance pendant trois ans consécutifs. [*Ib.* 1565.]

Il peut même demander la résolution pour tout défaut de payement, si le preneur est déclaré en faillite ou insolvable; à moins que ceux-ci n'assurent le payement régulier de la redevance.

181. Le preneur peut demander la résolution du bail, si, par force majeure, la jouissance du fonds est devenue impossible pour le tout, pendant trois années consécutives, ou si la détérioration partielle ne doit pas laisser dans l'avenir de profits supérieurs à la rente annuelle à payer. [*Ib.* 1559, 1560.] Résolution pour le preneur.

182. A l'expiration du bail ou à sa résolution, le preneur laisse, sans indemnité, les plantations et améliorations qu'il a faites sur le sol. Améliorations et plantations.

Quant aux constructions, les dispositions portées à l'article 156, pour le bail ordinaire, lui sont applicables. [Comp. *ib.* 1566.] Constructions.

COMMENTAIRE.

217. On trouve dans plusieurs pays d'Europe une espèce particulière de bail, l'*emphytéose*, dont le nom et l'origine sont grecs; les Romains l'avaient adoptée, en lui conservant son nom grec, et en Europe, le nom est resté avec l'institution plus ou moins modifiée.

Le mot exprime l'idée d'*ensemencement ;* en effet, le bail dont il s'agit a été, à l'origine, un bail de terres incultes, généralement conquises par la guerre, et que le preneur devait défricher et mettre en culture.

Ce qui caractérisait surtout ce bail, c'est que le preneur pouvait conserver le fonds indéfiniment, pourvu qu'il continuât à payer exactement la redevance annuelle.

Son droit avait, dès lors, une grande analogie avec

la propriété ; aussi, le preneur pouvait-il faire sur la chose toutes les transformations utiles.

D'un autre côté, les pertes de jouissance étaient à sa charge : le bailleur n'en était pas garant.

Dans tous les pays féodaux, en Europe, au moyen âge, ce genre de bail prit une grande extension; c'était la condition générale des terres : les seigneurs ne pouvant faire aisément cultiver leurs vastes domaines par des ouvriers agricoles qu'il aurait fallu surveiller et payer, avec l'embarras de la conservation et de la vente des produits, les donnaient aux paysans, à emphytéose ou à *locatairie perpétuelle*, moyennant une redevance annuelle et perpétuelle. On disait que ces derniers avaient la propriété *utile* et que les seigneurs gardaient la propriété *directe*.

Il y avait une foule d'autres conditions des terres, à charge de redevances, variant avec les provinces et tenant plus ou moins du louage (a). Elles avaient l'inconvénient économique de mettre une entrave considérable à la circulation des biens ; car on achète difficilement une terre dont on ne peut pleinement disposer. En outre, et ceci est une objection fondée sur l'équité, la redevance restant invariable, malgré la plus-value ordinairement progressive des terres, le propriétaire direct ne pouvait profiter de cette plus-value.

En France, pour la raison économique qui précède, sans doute aussi pour celle d'équité, et surtout par haine de la féodalité, la Révolution abolit les redevances perpétuelles, en fixant un mode de *rachat*, pour en affranchir les terres ; les redevances temporaires furent réduites elles-mêmes : une loi de 1790 limita la plus longue durée des baux à 99 ans, considérés comme étant la durée moyenne de trois existences d'homme, et elle leur conserva, dans ce cas, le nom d'emphytéose.

(a) On donnait à ces droits le nom de *tenures*, parce que c'étaient les titres auxquels les particuliers *tenaient* les terres.

Le Code civil n'a pas parlé de l'emphytéose, ce qui a fait douter quelques auteurs que cette convention fût encore permise ; la jurisprudence l'admet comme bail, en vertu de la liberté des conventions, mais dans les limites de la loi de 1790, c'est-à-dire pour une durée *maximum* de 99 ans et il est difficile de lui reconnaître le caractère de droit réel plus qu'au bail ordinaire.

En Italie, en Belgique, en Hollande et dans plusieurs pays du Nord de l'Europe, l'emphytéose est admise d'une façon assez analogue à celle du droit romain ; cependant, chacun de ces pays y apporte des changements notables qui font de ce droit une institution assez singulière et peu en harmonie avec le droit commun de la propriété foncière ; aussi, dans d'autres pays est-elle passée tout à fait sous silence, comme on a fait dans le Code français.

218. Au Japon, l'influence du régime féodal se fit sentir sur la condition des terres rurales, non moins qu'en Europe et même avec plus de similitude que de différences.

Ainsi, les seigneurs et les temples étaient considérés d'une façon plus ou moins formelle, comme propriétaires *directs* des terres cultivées de temps immémorial par les paysans, et ceux-ci, en payant annuellement une large portion des fruits, paraissaient acquitter, à la fois, un impôt foncier et une redevance, à raison d'une sorte de propriété *utile*, laquelle était d'ailleurs, perpétuelle et, sinon cessible entre-vifs, au moins transmissible par héritage.

Mais ces propriétaires *utiles*, ne pouvant non plus cultiver toujours par eux-mêmes toute l'étendue de leur concession, en faisaient, à leur tour, des concessions partielles, sous le nom de *ei gho saku* ou *ferme perpétuelle*, à charge d'une redevance en fruits ; seulement, le droit du nouveau concessionnaire ne portait que sur la *surface arable*, et le concessionnaire primitf gardait le *tréfonds*.

Du reste, le bail perpétuel n'était ordinairement consenti comme tel que pour les terres encore en friches. Si déjà les terres étaient en culture, le bail commençait comme bail ordinaire ou sans durée fixée; mais il était tacitement compris et admis par la coutume que si aucune des parties n'y mettait fin avant vingt années, il se transformerait en ferme perpétuelle. Dans les deux cas, le droit du fermier (que nous pouvons sans scrupule appeler *emphytéote*) pouvait être révoqué faute de payement; mais, soit que le fermier comprît son intérêt à remplir ses obligations, soit que le propriétaire usât d'indulgence, l'expulsion d'un emphytéote paraît avoir été rare autrefois.

On fut peut-être moins frappé au Japon qu'en Europe de l'inconvénient économique de deux droits perpétuels sur un même fonds (sans parler du droit primordial des seigneurs ou des temples), parce que, jusque-là, les terres ne pouvaient être aliénées, même par les concessionnaires *directs* et ne changeaient guère de mains que par héritage (b).

219. Mais quand vint la Réforme politique de 1868, on songea à constituer la propriété foncière d'une façon plus conforme aux principes généraux du droit. Les droits des seigneurs furent convertis en rentes sur l'Etat; les temples reçurent des subventions destinées à remplacer les redevances des concessionaires et ceux-

---

(b) Il parait cependant que les terres pouvaient être hypothéquées par le propriétaire, et en vertu d'une des dispositions les moins justifiables de l'ancien droit japonais, le créancier hypothécaire, à défaut de payement, devenait propriétaire: on arrivait par une voie indirecte, aussi inique que déraisonnable, au résultat qui ne pouvait être obtenu par la volonté directe et libre du propriétaire.

ci furent reconnus propriétaires *directs*: on leur délivra des titres, et le droit d'aliéner leur fut reconnu.

Mais l'objection économique résultant de la perpétuité du bail emphytéotique se présentait naturellement.

Le Gouvernement s'efforça alors d'obtenir des deux ayant-droit (le tréfoncier et l'emphytéote) qu'ils se missent d'accord pour réunir les deux droits sur une seule tête, ou qu'à défaut d'accord, ils vendissent le fonds publiquement, pour en partager le prix équitablement.

En même temps, l'Etat procéda ainsi pour une partie des terres qui lui appartenaient dans les mêmes conditions. Mais les particuliers ne l'imitèrent pas et, aujourd'hui, presque toutes les anciennes emphytéoses existent encore, avec leur caractère perpétuel.

Comme on a délivré le titre de propriété au tréfoncier; c'est lui qui paye l'impôt à l'Etat; il a évidemment le droit de se le faire rembourser par l'emphytéote, au moins pour la plus forte part; mais c'est une autre source de difficultés.

En outre, depuis que le nouvel état de chose a favorisé l'agriculture et amené une grande plus-value de la propriété foncière, les redevances perpétuelles établies antérieurement, à une époque où elles étaient nécessairement faibles, ne sont plus en rapport avec le revenu normal des terres qui sont libres de pareils baux; les propriétaires sollicitent une augmentation de la redevance laquelle leur est généralement refusée, lorsqu'il y a un contrat suffisamment précis qui en fixe le montant (c).

(c) C'est le contraire de ce qui se passe en ce moment en Irlande, où de graves complications sont nées de la trop grande élévation des fermages, même temporaires, dont les fermiers ne peuvent obtenir la diminution volontaire de la part des lords propriétaires fonciers.

Au Japon, par suite de l'abolition du système féodal, la position du paysan, qu'il soit propriétaire ou emphytéote, s'est beaucoup améliorée: quoique l'impôt foncier soit très-élevé, sa fixité préserve le paysan de

220. La nouvelle législation civile peut bien défendre les baux perpétuels pour l'avenir, mais elle semble arrêtée par le principe de la non rétroactivité des lois, lorsqu'il s'agit de modifier les baux perpétuels antérieurement consentis. La loi française précitée de 1790 n'a peut-être pas entièrement respecté ce principe ; mais elle répondait à un besoin si généralement senti qu'on ne lui a jamais fait sérieusement le reproche de rétroagir.

Un jour viendra peut-être où la même mesure pourra être prise au Japon, sans soulever de graves objections ; c'est qu'alors la nécessité s'en fera absolument sentir ; or, la non rétroactivité des lois n'est pas un principe inflexible : le législateur est quelquefois obligé de choisir le moindre de deux maux, et, surtout, de sacrifier quelque chose du présent pour assurer un meilleur avenir.

Du reste, si le législateur futur doit prendre une mesure qui mette fin aux emphytéoses perpétuelles, par voie de *rachat*, il n'aura pas à hésiter au sujet de celui des deux ayant-droit qui devra être préféré : ce ne sera pas le propriétaire qui pourra affranchir sa terre de l'emphytéose, en en payant la valeur ; c'est l'emphytéote qui sera admis à racheter la rente, à s'en *rédimer*, à s'en libérer, moyennant un capital qui sera un multiple de la redevance annuelle (*d*).

La raison principale pour laquelle le propriétaire devra être sacrifié à l'emphytéote est que son droit n'est, en réalité, qu'une créance d'argent : elle n'est

---

toute mesure arbitraire ; la valeur vénale des denrées s'est accrue elle-même, de façon à ce que l'impôt foncier retombe en grande partie sur le consommateur ; c'est le phénomène connue en économie politique sous le nom d'*incidence* ou de *répercussion* de l'impôt.

(*d*) La loi française de 1790 fixa le taux du rachat, en capital, à vingt fois la redevance payable en argent, et à vingt-cinq fois celle payable en denrées : c'était le rapport de 100 à 5 et de 100 à 4, les terres rapportant, en général, à cette époque, 4 et 5 pour 100. On devra aussi, au Japon, tenir compte du rendement des terres, à l'époque du rachat.

guère *foncière* que de nom; quand il vend son fonds, il vend seulement une créance. Une autre raison dont il ne faut pas méconnaître l'importance, c'est que l'emphytéote est attaché à sa terre autant de cœur que d'intérêt; c'est lui qui, en quelque sorte, a créé son sol, qui l'a fertilisé, arrosé de ses sueurs : l'en dépouiller, par voie d'indemnité forcée, serait blesser chez lui un sentiment aussi vif que respectable et légitime.

On va maintenant analyser les dispositions nombreuses et considérables du premier article.

Art. 166.— 221. Le Projet ne permet, pour l'avenir, que des baux temporaires dont la plus longue durée sera 50 années. On n'a pas admis le délai de 99 ans de la loi française précitée de 1790, parce qu'un si long délai présenterait à peu près les inconvénients de la perpétuité (*e*).

Les nouveaux baux à la longue durée seront surtout utiles pour mettre en culture les terres en friches ou incultes qui abondent encore dans le Nord du Japon. Ces terres étant, le plus souvent, la propriété de l'Etat, seront données par lui à long bail et les présentes règles s'y appliqueront.

Il est clair qu'en pareil cas les fermiers ont besoin d'être encouragés par la perspective d'un bail à longue durée: autrement, ils n'auraient pas la récompense de leurs peines et de leurs frais de défrichement.

D'un autre côté, le bail ne doit pas avoir une durée indéfinie, parce qu'il priverait le propriétaire ou ses héritiers de la libre disposition de la chose, au préjudice de l'intérêt général qui demande la facile circulation des biens; le preneur ou ses héritiers pourraient souffrir eux-mêmes d'une trop longue durée du bail.

Le délai de 30 ans est assez long pour permettre au preneur de tirer un profit sérieux des terres qu'il aura

---

(*e*) Le Code italien permet les emphytéoses perpétuelles (art. 1556).

défrichées; le délai de 50 ans est un *maximum* que la loi ne permet de dépasser qu'au moyen d'un renouvellement, lequel, fait en connaissance de cause par les parties, n'a plus les inconvénients d'un engagement pris trop longtemps à l'avance; d'ailleurs, à quelque époque que le bail soit renouvelé, il ne durera jamais plus de 50 ans depuis le renouvellement.

Si les parties ont stipulé un plus long délai, le contrat ne sera pas nul, mais seulement réduit au terme permis par la loi. Il était nécessaire de le dire, car dans les contrats onéreux, les clauses prohibées ont souvent pour effet de vicier le contrat. Ici cela eût été d'une rigueur exagérée.

222. A l'égard des contrats antérieurs à la promulgation de la présente disposition, la loi fait une triple distinction qui concilie le principe de la "non rétroactivité des lois" avec l'intérêt public qui se trouve engagé ici:

1° Les baux que les parties auront qualifié de *perpétuels* seront respectés et ne pourront cesser que par l'accord des parties ou par le défaut de payement de la redevance; mais le Projet réserve le droit du législateur de prendre dans l'avenir telle mesure qui lui paraîtra commandée par les circonstances: il est bon d'y préparer les esprits, car ce sera une nécessité très-probable.

2° Ceux auxquels les parties avaient assigné une durée déterminée, même supérieure à 50 années, seront respectés également et il est à croire que ceux-là ne seront jamais atteints par une loi future, à cause du moindre inconvénient et faute de la même nécessité.

3° Ceux qui avaient été faits pour une durée indéterminée cesseront par un congé donné de part ou d'autre, un certain temps à l'avance: la loi tient compte de l'intention des parties en fixant ce délai à 10 ans.

223. Du moment que l'emphytéose est une sorte particulière de bail, il se présentera une première question, peut-être fréquente, dans la pratique, à savoir: à quel signe reconnaîtra-t-on que les parties ont entendu faire un contrat d'emphytéose plutôt qu'un bail ordinaire?

D'abord, si les parties ont donné au contrat son nom légal, il n'y aura pas de difficulté, et elles auront toujours cette faculté. Mais, si elles ont négligé cette précaution, les tribunaux ne pourront décider la question que par les circonstances.

La durée du bail sera une indication importante : si le bail est fait pour plus de 30 années, il y aura présomption que les parties ont voulu établir une emphytéose, plutôt qu'un bail ordinaire, puisque le bail ordinaire ne peut excéder cette durée (art. 132); s'il s'agit de terres en friches ou incomplètement mises en culture, la présomption sera encore fortifiée. Mais si, dans le contrat, se trouvent certaines clauses qui ne se rencontrent que dans le bail ordinaire, par exemple, sur la garantie de jouissance, on devra décider que les parties ont voulu faire un bail ordinaire et la durée en sera réduite à 30 ans. Dans le doute, on pourra décider que les parties ont fait un bail ordinaire ; car l'emphytéose restera toujours une exception et les exceptions ne se présument pas, elles doivent être prouvées par la partie intéressée.

Art. 167.— 224. Les observations faites sous l'article 124, au sujet de l'impossibilité d'établir un droit de bail autrement que par contrat, s'appliquent au bail emphytéotique (voy. p. 226 et suiv.).

Art. 168.— 225. Le seul but de cet Appendice est de déterminer les règles particulières à certains baux; dès lors, tous les points sur lesquels il n'est pas introduit ici de dérogations expresses ou tacites au droit commun continuent à y être soumis.

Art. 169, 170 & 171.— 226. Le but principal de l'emphytéose étant de favoriser la mise en culture de terrains jusque-là en friches, il est naturel que le preneur ait un pouvoir plus étendu sur la chose louée que dans le louage ordinaire. Cet article et le suivant donnent des applications de ce pouvoir.

La loi indique ici une première limite à la liberté du preneur; mais cette limite n'est ni étroite ni gênante; il suffit que le preneur ne diminue pas la valeur du fonds d'une manière "permanente," ce qui veut dire que, lors même que les premières transformations du fonds en diminueraient temporairement la valeur ou le produit, ce qui sera généralement inévitable, le preneur ne serait pas inquiété, du moment que des améliorations en devraient être la conséquence ultérieure.

Ainsi, si le preneur défriche des buissons de peu de valeur, pour les remplacer par des cultures de riz ou autres produits alimentaires ou industriels, il y aura un moment où le fonds ne donnera même plus le minime revenu antérieur et ne donnera pas encore de nouveaux produits; mais cet état transitoire est une nécessité pour laquelle le preneur ne peut être critiqué.

Il en est de même, s'il dessèche un marais: le terrain sera d'abord bouleversé par les terrassements et il ne produira même plus de roseaux; mais, plus tard, il pourra devenir très-fertile.

Au contraire, la suppression de grands arbres ou de bâtiments pourrait être considérée comme une détérioration permanente; elle serait même irréparable pour les arbres: les articles 170 et 171 y mettent obstacle.

227. Le desséchement des marais ne doit pas rencontrer d'obstacles, parce qu'ils sont toujours inutiles et souvent nuisibles.

A l'égard des cours d'eaux, l'emphytéote peut les modifier, chaque fois que ce sera pour le bien de la propriété, et il est à présumer qu'autrement il ne fera pas cette dépense. Il ne pourrait les supprimer; par exemple, en les détournant sur les voisins, même avec leur consentement : un cours d'eau, à la différence d'un marais, a toujours une grande utilité pour l'irrigation ou l'industrie.

La loi ne parle que des cours d'eau *traversant* le fonds ; car, pour ceux qui ne font que le *border*, les limites au droit du preneur tiennent surtout au droit de l'autre riverain. Il en sera parlé au Chapitre des Servitudes (art. 243 et suiv.).

228. Les bois *taillis*, dont il a déjà été question au Chapitre de l'Usufruit, sont des bois qui se coupent périodiquement au ras (au niveau) du sol et qui repoussent continuellement. Les coupes servent au chauffage et à la confection du charbon. Le revenu de ces bois est encore assez important, parce qu'il n'exige pas de frais de culture ou d'entretien ; il nécessite, tout au plus, une certaine surveillance contre les vols ou le pâturage illégal des bestiaux étrangers. L'emphytéote en jouira donc comme un preneur ordinaire, lequel en jouit lui-même comme un usufruitier (*f*). Mais il ne pourra pas défricher de tels bois, sans le consentement du propriétaire.

A l'égard des arbres dits "à haute tige," la loi fait une distinction qui est facile à justifier : s'ils n'ont pas 20 ans et ne sont pas de nature à être coupés périodiquement, comme, par exemple, les arbres résineux, le preneur pourra les arracher ; s'ils ont plus de 20 ans,

---

(*f*) On a omis de le faire remarquer au sujet du preneur ordinaire; mais la question ne pourrait faire doute, puisque la nature et l'étendue du droit de bail sont, en principe, les mêmes que celles du droit d'usufruit (art. 133).

il ne le pourra pas ; à moins encore qu'ils ne soient déjà assez âgés pour que leur croissance doive cesser avant la fin du bail, auquel cas, il peut les arracher quand il le veut, le propriétaire n'ayant pas un grand intérêt à leur conservation.

Au contraire, il n'arrachera ni ne coupera les baliveaux, ni les arbres de futaie, pas plus qu'un usufruitier ou un preneur ordinaire ne le pourrait.

Du reste, on ne considérerait pas comme devant être respectés par le preneur, quelques bouquets d'arbres disséminés sur le fonds : ce pourrait être une entrave à la transformation et à la mise en culture du sol ; il y a là une une question de fait, qui, en cas de contestation, serait tranchée par les tribunaux.

229. La disposition de l'article 171 a de l'analogie avec celle concernant les arbres. Le preneur ne peut jamais supprimer les bâtiments principaux, à moins qu'il ne fasse reconnaître et accepter par le propriétaire l'avantage de la suppression ou du remplacement.

A l'égard des bâtiments accessoires qui n'ont pas la même importance et qui varient nécessairement avec le genre d'exploitation du fonds, le preneur doit avoir une plus grande facilité de les changer. Il suffit, pour qu'il ait ce droit, que leur durée ne puisse dépasser celle du bail ; alors, comme le propriétaire n'aurait par pu compter les retrouver un jour en état de servir, il lui importe peu qu'ils soient détruits plus tôt.

Dans le cas contraire, son consentement est nécessaire pour leur suppression.

Art. 172.— 230. L'obligation pour le preneur de laisser au propriétaire les arbres arrachés et les matériaux des bâtiments supprimés, outre qu'elle est conforme au principe du droit de propriété, a encore l'avantage d'ôter au preneur tout intérêt à détruire sans nécessité, même quand il en a le droit, les constructions ou plantations établies déjà sur le fonds.

Art. 173.— 231. A la différence de l'usufruitier et par assimilation au preneur ordinaire, l'emphytéote n'a aucun droit aux produits des mines, même de celles se trouvant en exploitation au moment où son droit s'est ouvert. Les mines, s'exploitant par galeries, sont tout-à-fait indépendantes de la surface arable, objet de l'exploitation de l'emphytéote (g).

L'exception portée au 3ᵉ alinéa se justifie, au contraire, par le but de l'emphytéose.

Art. 174.— 232. Le droit de l'emphytéote sur les carrières ne diffère de celui d'un usufruitier et d'un preneur ordinaire que lorsque ces carrières ne sont pas encore en exploitation : dans ce cas, l'emphytéote peut les ouvrir pour y prendre les matériaux nécessaires non seulement à l'entretien et à la réparation des digues, murs ou bâtiments, mais encore pour l'amélioration du fonds ; toujours, parce que l'emphytéose a pour but principal l'amélioration et la mise en valeur de sols jusque-là incultes. Il aurait le même droit sur le minerai de fer dit d'*alluvion*, ou sur les minières : ainsi, il pourrait livrer du minerai aux forges du voisinage pour faire fabriquer des instruments aratoires, des essieux de voiture, des rails de *tramway*, etc. Dans ce cas, un preneur ordinaire n'aurait pas le même droit.

Art. 175 et 176.— 233. Ces articles présentent une des grandes différences entre l'emphytéose et le bail ordinaire.

La destination de ce bail à long terme qui est, sur-

(g) Cette solution est contraire à celle du Code italien qui admet la perpétuité du droit d'emphytéose et, par suite, la rapproche beaucoup du droit de propriété.

tout, de mettre en culture des terres jusque-là incultes, est incompatible avec l'obligation pour le bailleur de procurer et garantir une jouissance normale et régulière de la chose. On a dit aussi, sous l'article 166, que ce serait engager pour un temps trop long la responsabilité du bailleur et de ses héritiers.

Le bas prix du bail et la fécondité ordinaire des terres nouvellement défrichées seront, ordinairement, pour le preneur, une compensation suffisante des accidents ou obstacles à la jouissance qu'il pourrait rencontrer.

Mais l'absence de garantie de jouissance n'exclut pas la garantie de l'existence même du droit que le bailleur a prétendu conférer par le contrat d'emphytéose. Si donc l'emphytéote était évincé par un tiers établissant que le bailleur n'était pas propriétaire, ce dernier serait de droit garant de l'éviction envers le preneur.

Art. 177.—234. La disposition de cet article sépare encore l'emphytéote du preneur ordinaire, lequel ne paye aucun des impôts fonciers; elle le rapproche de l'usufruitier, mais avec une aggravation, car ce dernier ne fait que contribuer aux impôts extraordinaires, sans les supporter en entier (voy. art. 92 et 93).

La raison de cette double différence est encore le bas prix probable du bail et, en outre, la considération suivante: les terres données à emphytéose, prenant avec le temps une plus grande valeur, seront taxées à un chiffre progressivement plus élevé qu'à l'origine; or, le bailleur ne voyant pas s'élever progressivement la redevance annuelle, il serait injuste qu'il acquittât les impôts.

Si les lois de finances autorisent le Trésor à recouvrer l'impôt sur le propriétaire, il aura certainement un recours contre l'emphytéote.

Art. 178.— 235. La solidarité entre les emphytéotes est encore propre à l'emphytéose et se fonde sur la longue durée du bail, en même temps que sur la probabilité qu'il y aura souvent plusieurs preneurs associés.

Si l'obligation de payer la rente n'était pas solidaire et indivisible, le bailleur serait exposé à de grands embarras pour recouvrer la rente: il arriverait souvent que des décès substitueraient plusieurs héritiers à leur auteur; la rente se morcellerait à l'infini et, en cas d'insolvabilité d'un ou plusieurs d'entre eux, la résolution du contrat ne pourrait être obtenue que partiellement, ce qui serait un grand inconvénient pour le bailleur, ou, si on admet, ce qui est naturel, que la résolution soit indivisible, il est plus simple que l'obligation du payement le soit d'abord elle-même.

Tous ces inconvénients disparaîssent au moyen de la solidarité qui sera traitée au Livre IVe et de l'indivisibilité, dont les effets généraux sont réglés au Chapitre des *Obligations* (art. 462 et suiv.): il suffira qu'un seul des preneurs originaires ou un seul de leurs héritiers soit solvable, pour qu'il ne soit pas nécessaire de recourir à la résolution et, si tous sont insolvables, la résolution aura lieu en entier.

La loi ne réserve pas le cas de convention contraire; mais c'est un principe général que les conventions privées peuvent toujours diminuer les effets légaux d'un contrat, comme elles peuvent les étendre, lorsqu'il n'y a rien dans la convention de contraire à l'ordre public.

C'est ainsi que la disposition du présent article, qui n'existe pas dans le bail ordinaire, pourrait y être suppléée par convention expresse.

Art. 179.— 236. La disposition qui permet la cession de l'emphytéose, sous la réserve des droits du bailleur, rapproche plutôt l'emphytéose du bail ordinaire qu'elle ne l'en sépare: elle est analogue à celle de l'article 142 (*h*).

Si la loi a cru devoir s'exprimer sur ce point, c'est pour qu'on ne soit pas porté à soutenir au Japon deux théories romaines conservées dans quelques pays européens: l'une qui donnerait au propriétaire un droit de préférence pour le rachat de l'emphytéose (droit de préemption) lorsque le preneur veut céder son droit; l'autre, qui lui accorderait une fraction du prix (ordinairement un cinquantième), lorsqu'il n'exerce pas le droit de préemption. Si le bailleur intervient à la cession et l'accepte sans réserver ses droits de garantie contre le cédant, il y a novation, suivant l'expression de l'article 142.

La loi ne s'explique pas ici sur le droit, pour le preneur, d'hypothéquer l'emphytéose; mais il n'est pas douteux qu'ayant un droit réel, il puisse l'hypothéquer.

Art. 180.— 237. Il y a ici une nouvelle différence entre les baux emphytéotiques et les baux ordinaires: dans le bail ordinaire, il suffit que le preneur manque à payer l'un des termes exigibles pour que le bailleur puisse faire résoudre le contrat; ici, la loi est moins rigoureuse pour le preneur, à cause des difficultés souvent imprévues de l'entreprise.

En outre, comme les pertes de récoltes et autres privations de jouissance n'autorisent pas le preneur à demander une diminution du prix de bail, il est juste de lui accorder quelques délais, en cas d'embarras dans ses affaires.

Mais si le preneur avait d'autres créanciers qui le missent en faillite et poursuivissent la vente de ses biens, alors il est impossible de refuser au bailleur le moyen de sauvegarder ses droits.

(*h*) Le Code italien défend la *sous-emphytéose* (art. 1562).

Art. 181.— 238. Cette disposition avait été réservée par l'article 176 comme un correctif du manque de garantie de la jouissance par le bailleur.

La loi prévoit deux cas où le preneur peut lui-même faire résoudre le contrat.

On peut supposer, pour le premier cas, une guerre ou une inondation qui aurait tellement dévasté le fonds qu'il ne donnerait aucun revenu pendant trois années.

Dans le second cas, la perte des revenus n'est pas totale, mais elle est telle que, désormais, les profits ne pourront dépasser la rente à payer; ce serait la ruine du preneur à courte échéance.

On peut supposer, pour l'application de ce second cas, la destruction de plantations, de travaux d'irrigation ou de desséchement qui ont coûté des sommes plus ou moins considérables et que le preneur ne peut ou ne veut recommencer: s'il en résulte que les profits soient diminués au point de ne pas lui laisser d'excédant après avoir payé la rente, il peut faire résilier le bail.

Art. 182.— 239. Le principal but de l'emphytéose étant, comme on l'a dit plusieurs fois, l'amélioration des terres, et le prix du bail étant ordinairement faible, il est naturel que l'amélioration du fonds profite au bailleur, lorsque le contrat a pris fin et que le preneur a pu en tirer un profit légitime.

D'ailleurs, à part l'enlèvement des arbres, que la loi refuse, parce qu'ils ont peu coûté au moment de la plantation, les autres améliorations, étant plus ou moins incorporées au sol, seraient difficiles à évaluer et deviendraient une source de contestations.

Au contraire, les constructions peuvent avoir coûté beaucoup à établir et sont faciles à distinguer du sol: il serait dur pour le preneur de les laisser sans indemnité. Il pourra donc les enlever, si le bailleur ne préfère lui en payer la valeur, en suivant les règles prescrites à l'article 73, au sujet de l'Usufruit.

§ II.—DE LA SUPERFICIE.

Nature du droit.

Art. 183. La superficie est le droit de posséder en pleine propriété des constructions ou des plantations d'arbres forestiers, sur un sol appartenant à un autre propriétaire.

Etablissement du droit.

184. Le droit de superficie s'établit et se transmet par les moyens ordinaires d'acquérir et de transmettre la propriété immobilière.

Règles de droit commun des aliénations.

185. Lorsque les constructions existent déjà sur le sol, au moment de l'établissement du droit de superficie, l'acte constitutif en est soumis tant pour le fond et la forme que pour la publicité, aux règles générales des aliénations d'immeubles, à titre gratuit ou onéreux, suivant les cas.

Redevance: règles de l'emphytéose.

186. Si le titre constitutif soumet le superficiaire au payement d'une redevance annuelle envers le propriétaire du sol, à raison de l'espace occupé par les constructions ou plantations cédées, ses droits et obligations sont régis, à cet égard, par les règles ci-dessus établies pour le bail ordinaire.

Il en est de même, sous le rapport de ladite redevance, si le terrain a été loué pour bâtir ou pour établir des plantations forestières.

187. Si, lors de l'établissement du droit de superficie sur des constructions et plantations déjà faites, il n'a pas été fait mention de la portion du sol environnant qui en dépendrait comme accessoire, le superficiaire a droit, autour des constructions, à une portion de sol égale à la superficie totale des bâtiments ; la répartition de cet espace sera faite par experts, en tenant compte tant de la configuration respective du sol et des bâtiments que de la destination de chaque portion de ceux-ci.

Terrain accessoire des constructions et plantations.

S'il s'agit de plantations d'arbres forestiers, le superficiaire a droit à l'espace que pourraient couvrir les branches arrivées à leur plus grand développement.

188. Si le titre constitutif ne fixe pas la durée du droit de superficie à l'égard des constructions déjà faites ou à établir par le superficiaire, le droit est présumé établi pour un temps égal à la durée desdites constructions, lesquelles ne pourront recevoir de grosses réparations que du consentement du propriétaire du sol.

Durée du droit.

Si le sol est déjà planté d'arbres forestiers ou doit en être planté par le superficiaire, le droit de superficie est censé établi pour durer jusqu'à l'époque où les arbres seront abattus, ou auront atteint leur plus grand développement utile.

Le droit de superficie s'éteint, en outre, par les mêmes causes que le droit de bail ordinaire, à l'exception du congé donné par le propriétaire du sol.

Congé.

Le superficiaire peut toujours donner congé, en prévenant un an à l'avance ou en payant une annuité non échue.

<small>Droit de préemption.</small>

189. Les constructions et plantations forestières, tant celles établies antérieurement au contrat que celles faites par le superficiaire, ne peuvent être enlevées par celui-ci que si le propriétaire du sol n'en requiert pas la cession à dire d'experts.

Le superficiaire ne peut enlever lesdites plantations ou constructions qu'après avoir sommé le propriétaire du fonds, un mois à l'avance, d'avoir à déclarer s'il entend user du droit de préemption.

Le propriétaire peut toujours, à l'avance, signifier au superficiaire son intention de préempter, lorsque celui-ci voudra supprimer lesdits ouvrages.

L'article 73 s'applique audit cas, pour le surplus de ses dispositions.

<small>Dispositions transitoires.</small>

190. Les droits de superficie qui se trouveront établis au moment de la promulgation du présent Code seront réglés ainsi qu'il suit :

Ceux qui auront été établis pour un temps déterminé cesseront de plein droit avec le temps qui leur avait été assigné ;

Ceux auxquels les parties n'avaient pas assigné de durée fixe et au sujet desquels il n'aura pas été, à la même époque, donné un congé en forme, de part ou d'autre, dureront autant, que les bâtiments, conformément à l'article 188.

Les uns et les autres seront soumis au droit de préemption réglé par l'article 189.

COMMENTAIRE.

Art. 183.— 240. Dans les pays où le prix du sol est relativement élevé, il s'est établi une modification du droit de propriété dont le présent article donne le caractère principal: le sol même, le *tréfonds*, appartient à une personne et les *édifices* ou *superfices* appartiennent à une autre.

On trouve le droit de superficie dans le droit romain. Il était peu usité dans l'ancien droit français; aussi n'en est-il pas fait mention dans le Code civil français, et non plus dans le Code italien; mais il commence à s'introduire en France et on le trouve en Belgique, en Hollande et dans d'autres pays d'Europe.

Au Japon, cette modification de la propriété paraît avoir pris plus d'extension qu'ailleurs, à cause de l'élévation du loyer des maisons, laquelle élévation tient, elle-même, à la fréquence des incendies, celle-ci tenant, à son tour, à la nature des constructions qui sont, généralement, faites en bois, et ce mode de construction étant lui-même rendu nécessaire, non par la rareté des pierres, mais par la fréquence des tremblements de terre.

Les habitants préfèrent avoir une maison à eux appartenant qui ne leur coûte annuellement que l'intérêt du capital engagé et la rente du sol, en courant le risque du feu, plutôt que de payer, chaque mois, un loyer très-lourd.

Art. 184.— 241. Le but du présent article, qui forme la contre-partie des articles 124 et 167, est de faire remarquer la grande différence qu'il y a entre la superficie et le bail, soit ordinaire, soit emphytéotique: tandis que ces deux sortes de baux ne peuvent s'établir que par un contrat spécial auquel ils donnent leur nom même, le droit de superficie, étant surtout un droit de propriété immobilière, quoique limité, comporte les mêmes modes d'établissement que la propriété ordinaire réunissant le sol et les bâtiments ou plantations.

Il se transmet aussi de la même manière; notamment, par succession; sous ce rapport, il ressemble au bail, mais cela le sépare de l'usufruit.

Art. 185.— 242. La loi suppose formellement dans cet article, comme elle le sous-entendait dans l'article précédent, que les constructions et plantations existent déjà au moment de l'établissement du droit de superficie; autrement, au lieu d'un droit de superficie, ce ne pourrait être qu'un droit de bail ordinaire ou d'emphytéose; sauf le cas où le sol aurait été spécialement loué " pour bâtir ou pour planter " et où le droit de bail se combinerait avec un droit de superficie qui naîtrait avec les constructions mêmes ou les plantations, sans nouvel acte des parties: on pourrait dire alors que le droit de superficie résulte de l'accomplissement de la condition stipulée.

Dans le cas prévu par cet article, il est évident que le superficiaire devient un acquéreur d'immeubles, soit par vente ou échange, soit par donation; dès lors, on applique à la constitution du droit de superficie les règles des cessions d'immeubles, tant pour la capacité d'aliéner que pour les formes à observer dans l'acte et pour les conditions de publicité à remplir dans l'intérêt des tiers telles qu'elles seront établies dans la IIe Partie du présent Livre (art. 368 et suiv.).

Au contraire, si les constructions ont été faites par un preneur ordinaire ou par un emphytéote, elles seront soumises aux règles établies par les articles 141 et 188, en même temps qu'elles seront dispensées des formalités ayant pour objet la publicité des acquisitions, comme le sont, du reste, les constructions faites par un propriétaire sur son sol (*a*).

Art. 186.— 243. Le cas où le superficiaire payera une redevance annuelle sera, sans doute, le plus fréquent, parce que les constructions et plantations ne lui auront été cédées, généralement, que pour leur valeur actuelle et intrinsèque : la redevance compensera alors la jouissance temporaire du sol.

Incontestablement, il y aura toujours une redevance à payer, lorsque, en l'absence de constructions actuelles, le superficiaire aura acheté seulement *le droit de bâtir*.

Il est naturel, en pareil cas, d'appliquer les règles du bail ordinaire, spécialement, en ce qui concerne le défaut de payement de la redevance.

Art. 187.— 244. Il arrivera, le plus souvent, sans doute, que les parties détermineront l'étendue du terrain accessoire des bâtiments cédés au superficiaire; mais la loi doit toujours suppléer à l'imprévoyance des parties, en s'attachant à leur intention probable. Or, il est évident que l'acheteur de la superficie n'a pas entendu n'avoir que les bâtiments, sans aucun terrain alentour; autrement, l'usage en serait presque impossible.

La loi fait une chose juste et raisonnable, en accordant au superficiaire une portion de terrain égale à la superficie totale des bâtiments.

Sans doute, dans les grandes villes, où le terrain a

(*a*) Les déclarations à l'autorité, auxquelles est assujetti un constructeur, ont un autre but que la publicité : elles servent à l'établissement des impôts généraux et locaux et à la statistique. La destruction même des édifices doit être déclarée.

une grande valeur, ce pourrait être un trop lourd sacrifice du propriétaire; mais, c'est à lui de limiter ce terrain accessoire dans le contrat même.

La détermination de cet espace environnant les constructions sera faite par experts, quand elle ne le sera pas d'un commun accord par les parties.

Si le terrain manquait, d'un ou plusieurs côtés, le superficiaire ne pourrait prétendre à une compensation des autres côtés, parce qu'il n'a pu compter sur un espace que la nature des lieux ne présentait pas; c'est pourquoi la loi dit qu'on tiendra compte de la configuration du sol; on tiendra compte aussi de la destination des diverses parties du bâtiment: on distinguera ce qui est destiné au service domestique de ce qui a rapport à l'habitation du maître; de même, s'il s'agit d'une maison destinée au commerce ou à l'industrie, le sol environnant sera réparti autrement que s'il s'agit d'une maison d'agrément.

Pour ce qui concerne l'espace environnant les arbres, il fallait aussi que la loi suppléât au silence des parties, car il est clair qu'elles n'ont pas entendu que le superficiaire n'eût que l'espace occupé par le tronc des arbres.

Il était impossible de s'attacher à l'espace occupé par les racines; car, outre que cet espace est variable et progressif, la vérification en est difficile et nuisible aux arbres. La loi a adopté la solution la plus favorable au superficiaire. Si le cédant la trouve excessive, il la réduira par le contrat.

Lorsque le terrain a été loué "pour bâtir," le superficiaire est présumé avoir tenu compte des dimensions de terrain nécessaires pour le service de ses constructions et il ne pourra en demander plus tard un supplément.

Art. 188.— 245. La loi ne pouvait soumettre le

droit de superficie à la même durée que l'emphytéose: cette durée aurait pu être excessive dans certains cas et insuffisante dans d'autres.

Il eût pu paraître raisonnable de s'attacher à la nature des constructions (pierres, briques ou bois); mais dans chacun de ces genres de constructions il y a bien des variétés possibles; en outre, au moment où la superficie est cédée, il est possible que les bâtiments aient déjà une plus ou moins grande ancienneté.

Le système auquel la loi s'est arrêtée répond à l'intention probable des parties: le droit durera autant que les bâtiments.

Mais le superficiaire pourrait abuser de sa position, en remettant les bâtiments à neuf, périodiquement et à mesure qu'ils seraient menacés de tomber de vétusté.

La loi prévient cette fraude, en adoptant un système déjà usité en France pour assurer l'alignement des rues et leur redressement, sans recourir à l'expropriation; c'est d'empêcher les grosses réparations ou *réconfortations* (voy. pp. 88 et 90). Le superficiaire ne pourra faire ces travaux que si le propriétaire l'y autorise et il est clair que celui-ci pourra mettre à cette autorisation les conditions qu'il jugera à propos; comme, par exemple, l'élévation de la rente annuelle.

Pour ce qui concerne les plantations, le système de la loi est également facile à justifier: quand les arbres ont atteint leur plus grand développement *utile*, c'est-à-dire, quand ils ne gagneraient pas à être conservés, le droit doit cesser: le superficiaire les abattra et son droit prendra fin, faute d'objet. Il en serait évidemment de même, si les arbres étaient détruits par accident.

246. Les deux derniers alinéas demandent peu de développements.

Les causes d'extinction du droit de bail ordinaire, sont suffisamment connues par les dispositions antérieures (art. 157 et suiv.). Il suffit de signaler ici : la perte de la chose soumise au droit de superficie, le terme fixe, la résolution pour inexécution des conditions, l'accord des volontés.

La loi ne favorise pas autant, le superficiaire que l'emphytéote, au sujet du défaut de payement de la redevance annuelle : tandis que ce dernier ne peut être expulsé qu'après trois ans de défaut de payement, la loi n'accorde au superficiaire aucune dérogation au droit commun ; il pourra donc être soumis à la résolution pour défaut de payement d'un seul terme : en effet, il n'est pas exposé aux mêmes risques que l'emphytéote et s'il est embarrassé, il peut emprunter sur sa maison.

247. Par contre, le superficiaire est doublement protégé au sujet du congé : il ne peut être expulsé par un congé du propriétaire du sol et il peut toujours se retirer après un congé donné par lui-même.

La loi exclut avec raison le congé du propriétaire, lequel ne s'applique qu'aux baux d'une durée indéterminée à l'origine ou renouvelés par tacite réconduction ; or, quand la durée du droit de superficie n'est pas déterminée expressément, elle est la même que celle des bâtiments, et quand elle a été déterminée, elle ne comporte pas la tacite réconduction ; car c'est un droit de propriété des bâtiments bien plus qu'un bail du sol ; or, au terme fixé, le sol doit être restitué libre de constructions, sauf le droit de préemption réglé par l'article suivant.

Au contraire, le superficiaire peut donner congé quand le droit n'a pas de durée fixée : il peut, en effet, ne pas trouver un profit suffisant de ses bâtiments ; il peut désirer les transporter ailleurs (*b*) ; il lui suffit

---

(*b*) On a déjà eu occasion de signaler (p. 39) l'extrême facilité avec laquelle, au Japon, les bâtiments peuvent être déplacés, soit en les démontant, soit même, en entier.

pour cela de payer une annuité: le propriétaire du sol n'en éprouvera pas de préjudice sérieux.

Art. 189.— 248. Dans certains pays d'Europe, le droit de superficie est toujours établi pour un délai préfix et à l'expiration du délai, les constructions et plantations sont acquises au propriétaire du fonds sans indemnité. On ne peut pas dire que ce soit injuste: les parties sont considérés comme ayant accepté d'avance cette condition rigoureuse. Mais, on a préféré ici conserver l'usage du pays qui est bon économiquement et plus en harmonie avec les règles de la propriété; or, le superficiaire a la propriété des bâtiments, il peut donc les enlever, quand, pour une cause exceptionnelle, le droit cesse avant la destruction desdits bâtiments.

La loi donne seulement au propriétaire du sol le droit de préférence pour l'achat, sous le nom de "préemption" déjà appliqué par les articles 73, 156 et 182.

Art. 190.— 249. La loi a dû se préoccuper ici, comme au sujet de l'emphytéose, de l'influence de ces nouvelles dispositions sur les droits de superficie qui se trouveront déjà établis au moment de la promulgation du présent Code.

Conformément aux principes de la non-rétroactivité des lois, elle respecte les *droits acquis*, mais elle ne tient pas compte de ce qu'on appelle les *simples facultés*, lorsqu'elles n'auront pas encore été exercées.

De là, deux dispositions distinctes (dont l'une est implicitement subdivisée), au sujet des droits de superficie qui se trouveront établis avant la loi nouvelle :

1° Pour ceux auxquels les parties ont assigné une durée déterminée, il y a pour chacune d'elles, un droit acquis, en vertu de la convention, à jouir, pendant tout le temps fixé, soit de la superficie, soit de la redevance: la loi le respecte absolument. Il faudra cependant qu'il soit bien prouvé que le terme n'a pas été fixé dans l'intérêt du superficiaire seul, ce qui sera le plus fréquent, auquel cas, il pourra se retirer, en observant les règles et conditions antérieurement reçues;

2° Pour les droits qui n'avaient pas de durée fixée et qui pouvaient cesser par un donné congé de part ou d'autre, la loi fait une sous-distinction : si, au moment de la promulgation du Code, il y a eu un congé donné, ou reçu, la sortie sera obligatoire: il y a encore droit acquis, car il y a eu *exercice d'une faculté :* si, au contraire, il n'y a eu aucun congé donné, la faculté qui avait été négligée est enlevée par la loi, mais au propriétaire seulement; en conséquence, le droit durera autant que les bâtiments, si le superficiaire ne le fait cesser auparavant par un congé (art. 188).

250. A l'égard du droit de préemption, quoiqu'il soit de création nouvelle, la loi le déclare formellement applicable aux anciennes superficies: cette rétroactivité, en ouvrant une *faculté* au propriétaire, n'enlève pas un droit acquis au superficiaire.

La préemption est une vente forcée, autorisée dans un intérêt privé, comme il y a une expropriation autorisée pour cause d'utilité publique ; or, on n'hésitera pas à reconnaître que l'expropriation pour cause d'utilité publique, dont le principe est posé par l'article 32 et qui sera développé par une loi spéciale, sera applicable aux propriétés actuellement existantes: le contraire serait même la négation pure et simple de l'institution ; car, si les propriétaires actuels jouissaient d'une immunité à l'égard de l'expropriation, leurs ayant-cause, tant généraux que particuliers, en devraient jouir également, ce qui serait insoutenable.

CHAPITRE IV.

DE LA POSSESSION.

EXPOSÉ GÉNÉRAL.

251. La difficulté de cette matière est célèbre et, pour ainsi dire, proverbiale. Aucune législation, soit ancienne, soit moderne, ne l'a réglée d'une manière satisfaisante. En France, les articles 548 à 550 et 2228 à 2235 sont insuffisants: pour les compléter, la doctrine et la jurisprudence sont constamment obligées de recourir à la législation romaine qui, avec bien des obscurités, est encore la source la plus riche et la plus sûre à consulter sur la Possession.

Pour ces motifs, avant de présenter le texte, on a cru devoir exposer ici l'ensemble de la théorie de la Possession. Les articles qui suivront, et qui en consacreront les principales règles, se trouveront, en quelque sorte, commentés par avance; il ne restera plus qu'à les accompagner de quelques développements et observations de détail.

252. Dans le sens le plus simple et, en même temps, le plus usité du mot, la Possession est le fait d'avoir une chose à sa libre et entière disposition (a).

Mais cette définition a été adoptée, surtout, pour la possession des choses *corporelles* que le possesseur

---

(a) On est généralement porté à faire venir le mot *possession* du verbe latin *posse*, "pouvoir," parce que le possesseur a *le pouvoir d'agir* sur la chose possédée; mais il parait plus exact de le faire dériver de *sedere*, "s'asseoir," pour exprimer que le possesseur se fixe, s'établit sur la chose: les Romains disaient "*rei insistit.*"

détient à *titre* (en qualité) *de propriétaire*, c'est-à-dire en se prétendant propriétaire, en se comportant comme tel : lorsqu'il s'agit de choses *incorporelles* ou de *droits*, comme un usufruit, une servitude foncière, qu'on ne peut détenir à titre de propriétaire, on emploie ordinairement l'expression de *quasi-possession*.

Cette distinction n'est pas nécessaire, ni même exacte; car celui qui possède à titre d'usufruitier, ou comme ayant droit à une servitude, a aussi à sa disposition une chose corporelle sur laquelle s'exerce son droit et, du moment qu'il agit sur cette chose dans toute la mesure du droit qu'il prétend avoir, on peut dire aussi qu'il en a *la libre disposition;* en sens inverse, celui qui possède à titre de propriétaire, possède aussi une chose incorporelle, un droit, le droit de propriété auquel il prétend.

On peut donc n'avoir qu'une seule définition de la possession et on l'appliquera, non plus aux choses *corporelles*, mais aux *droits* dont ces choses sont l'objet. La possession sera alors définie : "*l'exercice d'un droit* que l'on a ou que l'on prétend avoir *sur une chose.*"

Mais cette formule encore, à cause des derniers mots, paraîtrait limiter la possession aux droits *réels* seuls; or, on verra plus loin que, dans une certaine mesure, la possession peut être étendue aux droits *personnels* ou de créance; il faut donc compléter la définition en ces termes : " l'exercice d'un droit ...... sur une chose *ou contre une personne;*" en sens inverse, on verra qu'il y a des droits réels dont la possession est, pour ainsi dire, sans effets.

253. La possession consiste dans des actes ou des faits plus ou moins répétés, tels que les accomplit ordinairement celui auquel appartient réellement le droit dont il s'agit. De là, l'axiôme venu des Romains et encore admis aujourd'hui, mais sur lequel nous aurons

à revenir : "la possession consiste plutôt dans un fait que dans un droit (b)."

Quand ce fait est réuni au droit, ce qui est le cas normal et le plus fréquent, la loi n'a guère à s'en occuper : les garanties qu'elle accorde au droit lui-même s'appliquent, en même temps, au fait de la possession.

Mais, quand celui qui possède n'a pas, en réalité, le droit qu'il exerce, ou quand il n'est pas en mesure de prouver qu'il a ce droit, la loi ne laisse pas de lui accorder encore certains avantages, à commencer par la garantie de sa possession elle-même, laquelle lui sera maintenue ou rendue, par des actions spéciales dites *possessoires*, s'il est troublé ou dépossédé par un tiers moins favorable que lui.

Or, une situation ainsi reconnue par la loi et garantie par des actions en justice n'est pas seulement *un fait;* elle a bien tous les caractères d'*un droit* et on peut l'appeler *droit de possession*.

254. Dans l'opinion générale, qui n'admet de possession proprement dite que pour les choses *corporelles* qu'on détient à titre de propriétaire, la possession, pour devenir, en elle-même, *un droit*, doit présenter deux caractères, deux éléments distincts : un élément matériel ou corporel, a savoir, la *détention* physique de la chose possédée et un élément moral ou intellectuel, *l'intention*, chez le possesseur, de se comporter en maître de la chose, en propriétaire (c).

Ainsi, celui qui n'aurait que l'intention de se comporter en propriétaire, sans faire d'acte extérieur de maître sur la chose, ne possèderait pas : cette intention, restant dans le domaine des faits purement internes,

---

(b) *Possessio potius in facto quàm in jure consistit.*

(c) Les Romains disaient que la possession a lieu *corpore et animo*, "par le corps et par l'esprit :" par le corps qui agit sur la chose et par l'esprit qui prétend l'avoir en maître.

ne se révèlerait pas assez aux tiers pour devenir le fondement d'un droit qui leur soit opposable; autrement, on pourrait se dire possesseur de tout ce que l'on désire avoir, ce qui serait dérisoire.

En sens inverse, celui qui ferait des actes de maître sur la chose, sans intention de se comporter comme tel, n'obtiendrait pas les avantages légaux de la possession ; au moins, il ne les obtiendrait pas pour lui ; mais il pourrait les faire obtenir à autrui, s'il faisait ces actes pour le compte d'un autre dont il serait le représentant légal ou conventionnel, et pourvu encore que l'élément intentionnel se rencontrât chez ce dernier.

En effet, on a toujours admis que celui chez lequel existe l'intention de posséder pût se faire représenter pour les actes physiques de détention : le mandat est naturel et souvent nécessaire, quand il s'agit d'actes que nous ne pouvons faire par nous-mêmes, sans plus ou moins de difficultés ; de là encore, l'axiome romain que "nous pouvons détenir par le corps d'autrui, pourvu que nous possédions par notre propre intention" (*d*).

Par exception, on admet la représentation, même pour l'*intention* de posséder, lorsqu'il s'agit de personnes incapables d'avoir une volonté ou une intention raisonnable, comme les fous et les mineurs ; c'est alors l'intention de leur tuteur ou de leur autre représentant légal qui est nécessaire. Il en est de même, par un autre motif de nécessité, pour les corporations, publiques ou privées, ayant le caractère de personnes juridiques : c'est leur chef, leur gérant ou administrateur, qui doit avoir l'intention de posséder ; mais, toujours, pour le compte de la corporation représentée.

255. Ceux qui possèdent ainsi pour le compte d'autrui, soit physiquement, soit même intentionnelle-

---

(*d*) *Animo quidem nostro possidemus, corpore autem alieno.*

ment et par exception, sont dits possesseurs *précaires* ou *à titre précaire*, par opposition à ceux qui possèdent pour eux-mêmes et *à titre de propriétaire*.

Cette expression de "possession précaire" a été tirée du droit romain, mais elle est aujourd'hui sortie du sens propre et limité qu'elle y avait (*e*) : on l'a généralisée, pour exprimer toute possession qui s'exerce *pour le compte d'autrui*.

Il y a d'ailleurs des cas où la possession est précaire, lors même que le possesseur joint à sa détention et aux actes de maître l'intention d'avoir la chose pour lui-même ; c'est lorsque la nature du titre en vertu duquel il possède s'oppose à la légitimité de cette prétention. Ainsi un dépositaire, un emprunteur à usage, un usufruitier, un locataire, un créancier gagiste, n'étant entrés en possession qu'en reconnaissant le droit de propriété d'autrui et sous condition de rendre la chose au propriétaire, sont toujours possesseurs précaires, comme reconnaissant, ou devant, au moins, reconnaître un autre maître qu'eux-mêmes ; de là, la règle célèbre que "l'on ne peut se changer à soi-même la cause et le principe de sa possession."

Seulement, dans toutes les opinions, on est bien obligé d'admettre que celui qui possède comme usufruitier, comme locataire, comme gagiste, n'a une possession précaire que par rapport au droit *de propriété* auquel il ne peut en effet prétendre, mais qu'il possède pour lui-même, et non pour autrui, le droit réel plus limité que lui donne son titre. On peut dire, dans le langage reçu, qu'il n'a qu'une *quasi-possession*, mais elle n'est pas à titre précaire. Pour arriver à trouver une *quasi-possession précaire*, par rapport au droit ainsi possédé, il faudrait supposer que le droit d'usufruit,

---

(*e*) La possession *précaire*, de *prex*, "prière," se disait de celle qu'on avait demandée et obtenue comme une faveur et qui était sujette à restitution, à première demande.

de gage ou autre, fût exercé pour le compte d'autrui, par un mandataire.

256. Mais, dès qu'on s'affranchit de la théorie traditionnelle qui distingue, sans motifs suffisants, la *possession proprement dite* appliquée aux choses *corporelles* et la *quasi-possession* appliquée *aux droits*, dès qu'on n'admet plus qu'une seule possession qui est *l'exercice d'un droit*, avec l'intention *de l'avoir à soi* (*f*), les idées se simplifient en se généralisant : toute personne qui exerce un droit, soit par elle-même, soit par un représentant, qui a l'intention d'avoir ce droit, au fond, et qui prétend l'avoir pour elle-même *(pro suo)*, cette personne est *possesseur de ce droit*. Elle n'en est peut-être pas réellement investie, elle peut n'en être pas légitime titulaire, ou bien, ce sont peut-être les preuves de son droit qui lui manquent; peu importe, cet état *de fait* est lui-même un avantage que la loi garantit et dont les conséquences ultérieures peuvent devenir de nouveaux avantages légaux, ainsi qu'on le verra bientôt, en même temps qu'on en donnera la justification ; par conséquent, cet état est déjà lui-même *un droit*.

257. La possession ainsi protégée et garantie par la loi est généralement appelée possession *civile*, par opposition à la possession que la loi ne garantit pas, qui reste *un pur fait*, et qu'on appelle possession *naturelle;* par exemple, dans le cas où quelqu'un possèderait une chose du domaine public, sur laquelle un particulier ne peut jamais acquérir aucun droit réel.

Ainsi donc, voilà déjà trois qualifications de la possession dont on pourra désormais user, sans avoir besoin d'en rappeler le sens: possession *civile*, possession *naturelle*, possession *précaire*.

(*f*) *Animo sibi habendi.*

258. Voici enfin deux autres aspects de la possession formant des sous-distinctions de la possession *civile*. Ils ont une grande influence sur ses avantages et l'on doit toujours s'en préoccuper, quand on veut déterminer les effets légaux de la possession. La possession peut être, soit à *juste titre* ou *à juste cause*, soit *sans titre ;* elle peut, aussi être *de bonne foi* ou *de mauvaise foi.*

259. La possession est dite *à juste titre,* lorsque la détention de la chose ou l'exercice du droit prétendu provient d'un acte licite et de nature à transférer un pareil droit, comme une vente, un échange, une donation ; c'est dans le même sens qu'on dit que la possession a une *juste cause (g).* Si ce titre et cette cause sont appelés *justes,* c'est pour dire qu'ils ont un caractère *légal,* par opposition au cas où le possesseur détiendrait par suite d'un *acte illicite,* comme par soustraction frauduleuse ou violente, ou même détiendrait *sans cause* ou *sans titre,* par exemple, lorsqu'il se serait emparé d'une chose d'autrui, croyant qu'elle lui appartenait.

260. Mais le *juste* titre peut cependant avoir *un vice ;* il peut émaner d'une personne qui n'était pas propriétaire, ou n'avait pas qualité pour conférer le droit prétendu. Dans le cas contraire, le titre ne serait pas seulement *juste,* il serait un *titre parfait* et la possession qui en résulterait serait cumulée avec *le droit* même. Dans cette situation où le juste titre a un vice, il faut encore distinguer si le possesseur, au moment où il a traité, a ignoré ou connu le défaut de droit chez le cédant ; dans le premier cas, le possesseur

---

(*g*) Les Romains, auxquels on a emprunté ces expressions, en France, disaient, indistinctement, *justa causa, justus titulus.*

est *de bonne foi* ; dans le second cas, il est *de mauvaise foi* (*h*).

Au surplus, si les avantages légaux ne sont pas les mêmes pour le possesseur *sans titre* ou usurpateur que pour celui qui a *un juste titre* et s'ils sont moindres aussi pour celui qui *connaît* le vice de son titre que pour celui qui *l'ignore*, ceux-ci n'en sont pas moins, tous deux, *possesseurs civils*, dès qu'ils réunissent *la détention* physique de la chose, ou l'exercice effectif du droit par eux prétendu, à *l'intention* d'agir en titulaires de ce droit, c'est-à-dire, d'avoir et de conserver ce droit pour eux-mêmes.

On doit maintenant déterminer les avantages légaux, déjà plusieurs fois annoncés, de la possession civile. Il faut aussi les justifier en raison et en équité.

Ces avantages sont au nombre de trois.

261.—I. Le premier avantage de la possession civile est que celui qui possède une chose, qui exerce un droit, comme lui appartenant, est *présumé avoir* le droit par lui prétendu. Cette présomption est conforme à la raison, car elle se trouve, dans la grande majorité des cas, d'accord avec la réalité des faits (*i*) ; il est rare, en effet, que celui qui a un droit de propriété ou un autre droit réel n'ait pas la chose à sa disposition, ne la possède pas ; il est plus rare encore que cette chose soit à la disposition d'une personne qui n'y a pas droit.

La présomption légale est donc que *le droit* est d'accord avec *le fait*.

Mais ce n'est pas une de ces rares présomptions, dites *absolues*, contre lesquelles la loi n'admet pas la

---

(*h*) Ce sont encore des expressions du droit romain, consacrées dans toute l'Europe : *bonæ fidei possessor, malæ fidei possessor*.

(*i*) La plupart des présomptions de la loi sont fondées "sur ce qui arrive le plus souvent" (*in id quod plerumque fit*).

preuve contraire (j) : loin de là, celui qui se croira fondé à contester le droit du possesseur pourra toujours le faire et prouver contre lui son propre droit, tant par titres que par témoins et, généralement, par tous les moyens de preuve admis en matière civile.

Mais la condition du possesseur est toujours la meilleure; car, en vertu de la présomption légale, il est défendeur à l'action en revendication et, comme tel, il n'a pas tant à prouver son droit qu'à réfuter les preuves de celui qui l'attaque.

Pour jouir de l'avantage de la présomption légale de propriété ou d'un autre droit réel, il n'est pas nécessaire que le possesseur ait juste titre et bonne foi; il lui suffit de posséder *pour lui-même* et non pas *précairement*.

A ce sujet, on rencontre encore une présomption favorable au possesseur: la raison veut que toute personne qui détient une chose ou exerce un droit sur une chose soit présumée posséder *pour elle-même* et non pour autrui; c'est encore, en effet, ce qui arrive le plus souvent; sauf toujours la preuve contraire, par tous les moyens ordinaires.

262. — II. Le deuxième avantage de la possession civile est l'acquisition des fruits et revenus périodiques produits par la chose possédée ou par le droit exercé.

Ainsi, si l'on suppose que celui auquel appartient réellement la propriété ou autre droit sur la chose possédée en a exercé la revendication et a évincé le possesseur, celui-ci conserve au moins les profits périodiques qu'il a réalisés.

Cette faveur considérable n'est accordée qu'au possesseur qui a *juste titre* et *bonne foi*.

(j) On ne traitera des Présomptions, dans leur ensemble et avec les développements qu'elles comportent, qu'au Livre V[e] et dernier consacré aux Preuves.

Elle est fondée en équité et en raison. En effet, deux intérêts sont en présence, celui du propriétaire ou du titulaire légitime du droit et celui du possesseur.

Lorsqu'il s'agit de déterminer quel est celui des deux intéressés qui est le plus digne de protection de la part de la loi, il faut considérer quel est celui qui souffrirait le plus d'être privé des produits et quel est celui qui a la moins grande négligence à s'imputer.

Si le possesseur était obligé de rendre les fruits et produits qu'il a perçus, ce serait presque toujours pour lui la ruine; car, le plus souvent, il ne les a pas gardés, il les a consommés, il en a vécu; ces fruits, d'ailleurs, ne sont, en général, que la compensation des intérêts d'un capital qu'il a déboursé comme acheteur, car il a un *juste titre*, et ce sera bien plus souvent un titre onéreux (achat ou échange) qu'un titre gratuit (donation ou legs).

Le titulaire du droit, au contraire, le vrai propriétaire, par exemple, n'ayant pas possédé sa chose pendant le même temps, ayant ignoré son droit, vraisemblablement, n'a pas compté sur les fruits antérieurs à sa réclamation; il souffrira peu de ne les pas recouvrer: ces fruits seraient pour lui comme un gain inespéré.

Si, en outre, on examine de quel côté est la faute la plus considérable, on la trouve plutôt chez le propriétaire qui, le plus souvent, a manqué de vigilance, qui avait des preuves de son droit et ne les a pas reconnues en temps utile; tandis que le possesseur a été induit en erreur par le tiers avec lequel il a traité. Sans doute, il aurait pu, avec plus de vigilance encore, s'assurer de la réalité des droits de son cédant; mais le fait même qu'il a traité, en déboursant un prix ou une autre valeur, donne lieu de croire qu'il n'a pas agi sans quelque précaution; le concours d'un tiers à l'acte, soit qu'il ait commis un dol, soit qu'il ait lui-même été dans l'erreur sur ses droits, diminue encore la faute du possesseur, en la rendant plus plausible ; au contraire, le légitime propriétaire ne peut imputer son erreur qu'à lui-même et il est juste qu'elle lui cause quelque préjudice.

263. Le possesseur de bonne foi n'acquiert les fruits *naturels* qu'au moment où il les perçoit, par lui-même ou par un mandataire. On ne doit pas admettre, comme pour l'usufruitier, qu'il en soit propriétaire dès qu'ils sont séparés du sol, même à son insu (voy. art. 54) : l'usufruitier, en effet, acquiert les fruits en vertu d'un droit certain, d'un titre parfait, tandis que le possesseur ne les acquiert qu'en vertu d'un bienfait de la loi : il faut donc qu'il ait fait acte de possession sur les fruits eux-mêmes, en tant que distincts de la chose qui les a produits.

A l'égard des fruits *civils*, tels que les loyers des maisons ou des terres, l'opinion générale est, en France, que, faute d'un texte semblable à celui qui existe pour l'usufruitier, le possesseur ne les acquiert également que par la perception effective aux échéances ; mais la raison paraît commander la même solution que pour l'usufruitier, et par conséquent, l'acquisition jour par jour. On la propose pour le Japon.

Il ne suffit pas, pour l'acquisition des fruits, que le possesseur ait été de bonne foi au moment où il a fait le contrat constituant son juste titre, ni même au moment où il a pris possession : il faut encore qu'il ait été de bonne foi au moment de chaque acquisition des fruits ; s'il avait découvert son erreur auparavant, il ne mériterait plus au même degré la protection de la loi ; il ne pourrait plus alléguer qu'il a considéré les fruits comme légitimement acquis : il a dû, sinon les rendre spontanément, au moins ne pas les consommer et les réserver, en nature ou en valeur, pour être rendus à première demande.

Il va sans dire que la bonne foi est toujours considérée comme cessant quand le vrai propriétaire a intenté une action en justice pour recouvrer son droit.

264. Le possesseur de mauvaise foi est tenu de rendre non seulement les fruits qu'il a perçus, mais encore ceux qu'il a négligé de percevoir.

Mais quand le possesseur ne gagne pas les fruits perçus, faute de bonne foi, il est autorisé à se faire rembourser les frais de culture faits pour les obtenir : autrement, le propriétaire s'enrichirait à ses dépens sans cause légitime, ce qui n'est pas permis, même vis-à-vis d'un usurpateur (*k*).

265.—III. Le troisième avantage de la possession civile est qu'elle peut, après un temps plus ou moins considérable, conduire le possesseur à la propriété ou à l'acquisition du droit qu'il a exercé comme lui appartenant.

Pour arriver ainsi à l'acquisition du droit par lui exercé il n'est pas nécessaire que le possesseur ait un juste titre et ait été de bonne foi; mais, s'il remplit ces conditions, le temps requis pour acquérir sera moins long pour les immeubles, et, pour les meubles, il pourra être considérablement réduit, comme dans plusieurs législations qui se contentent d'une année de possession, ou même entièrement supprimé et ramené à une possession instantanée, comme dans le Code français (art. 2279).

Ce bénéfice du possesseur, supérieur à tous les autres, est connu en Europe sous le nom assez singulier de

---

(*k*) Cette obligation du propriétaire, qui n'est née ni d'un contrat ni d'un délit, est ordinairement considérée comme née d'un *quasi-contrat*; on rejettera cette expression obscure et surannée lorsqu'on arrivera aux Obligations et on y substitue, dès à présent, celle d'*enrichissement indû* (voy. 11ᵉ Partie, art. 381 et suiv.).

prescription, tiré de la procédure romaine (*l*); on peut l'appeller aussi, et préférablement, *usucapion*, d'un mot latin qui veut dire *acquisition par l'usage*, c'est-à-dire par la possession.

Pour justifier ce dernier avantage de la possession, on doit revenir à la double considération qui a déjà servi à la justification des deux premiers avantages: 1° la présomption de légitimité du droit se fortifie avec la durée de la possession : elle devient alors une présomption absolue ou invincible ; 2° la faute du précédent titulaire s'aggrave en se prolongeant, en même temps que celle du possesseur s'atténue ; car la tranquillité dont celui-ci a joui a pu transformer sa croyance en une certitude raisonnable.

On pourrait objecter que le possesseur ne mérite pas la protection de la loi, lorsqu'il n'a pas juste titre et bonne foi ; mais il faut admettre que, dans la théorie rationnelle de la prescription, le possesseur est seulement dispensé de prouver son titre et sa bonne foi, qu'il est présumé avoir rempli ces conditions au moment où sa possession a commencé, et que cette présomption, fortifiée par le temps, ne peut plus être combattue par la preuve contraire.

Au surplus, la prescription acquisitive ou *usucapion*, étant un des moyens d'acquérir la propriété et d'autres droits réels, n'a pas sa place ici, mais au Livre III°, et c'est là qu'on en donnera une justification complète. Il suffit d'indiquer ici ce troisième avantage de la possession.

On fera toutefois remarquer que certains caractères, certaines qualités défavorables de la possession, mettent, tant qu'ils durent, obstacle à la prescription acquisitive. La précarité a déjà cet effet ; mais on verra,

---

(*l*) L'explication historique du mot *prescription* demanderait ici trop de développements : elle trouvera sa place naturelle, lorsqu'on sera arrivé à la matière même, au Chapitre dernier du Livre III°.

sous l'article 196, qu'il en est de même de la possession *violente* ou *clandestine*, et, plus loin (sous l'article 206), on examinera si ces *vices* de la possession la privent de ses deux autres avantages : la présomption de propriété ou de tout autre droit possédé et l'acquisition des fruits intérimaires.

266. Pour achever de démontrer que la possession n'est pas seulement *un fait* mais encore *un droit*, il reste à dire quelque chose des actions judiciaires qui la garantissent.

Ces actions sont appelées *possessoires*, par opposition aux actions *pétitoires*, qui font juger le fond du droit. Déjà, on les a rencontrées au sujet de la propriété et de l'usufruit (art. 37 et 70 ; p. 93 et 143).

Comme elles appartiennent surtout à la procédure civile, il n'y a lieu d'en indiquer ici que les principaux caractères ; d'ailleurs, on s'y s'arrêtera davantage sous les articles 212 et suivants qui les exposent.

Il y a deux actions possessoires principales; l'une qui tend à *conserver* la possession, en faisant cesser le trouble de fait apporté par un tiers, c'est l'action *en complainte*, ainsi appelée parce que le possesseur *se plaint*: il ne réclame rien encore que la tranquillité, que le maintien du *statu quo*, de l'état actuel; l'autre action est l'action *en réintégrande*, par laquelle le possesseur, ayant perdu la possession par le fait d'un tiers, prétend *la recouvrer*, se faire remettre en possession (*m*).

Dans l'un et l'autre cas, ce n'est pas le fond du droit

(*m*) Certaines législations admettent une 3ᵉ action possessoire, très-voisine de l'action en complainte, sous le nom de *dénonciation de nouvel œuvre*, pour faire cesser des travaux qui peuvent nuire dans un temps plus ou moins proche. Une loi française du 25 mai 1838, art. 6, sur la compétence des juges de paix, a admis cette action qu'on trouvait déjà dans le droit romain *(operis novi nunciatio)*. Elle est proposée pour le Japon et sera expliquée, plus loin, sous l'art. 214 qui lui est consacré.

qui est en question, mais la possession seule avec les avantages qui y sont attachés.

Celui qui triomphera *au possessoire* pourra être plus tard défendeur *au pétitoire*, ce qui est une position bien supérieure à celle de demandeur ; il pourra aussi gagner les fruits et arriver à l'usucapion ou prescription acquisitive.

Pour avoir les actions possessoires, soit en complainte, soit en réintégrande, il n'y a pas à distinguer si le possesseur a, ou non, juste titre et bonne foi ; il suffit qu'il ait la possession civile, c'est-à-dire la détention de fait et l'intention d'avoir la chose ou le droit pour lui-même. On peut même admettre que la *réintégrande* serait exercée par un possesseur *précaire*, car il a intérêt à recouvrer le détention d'une chose à l'égard de laquelle il a une responsabilité envers autrui.

L'action en réintégrande a encore un autre avantage sur l'action en complainte, c'est qu'elle n'exige pas que le possesseur ait possédé pendant un temps déterminé avant la dépossession, tandis que l'action en complainte n'est donnée, en général, qu'à celui dont la possession a déjà duré un an.

267. Il faut maintenant déterminer quelles choses ou quels droits sont susceptibles de possession.

En première ligne, dans toutes les opinions, sont les choses corporelles, meubles ou immeubles, et, pour être plus exact, avec l'opinion exposée plus haut, le droit de *propriété* exercé sur les choses *corporelles*.

Viennent en seconde ligne les droits réels moins importants, les démembrements de la propriété, l'usufruit, l'usage, l'habitation, les servitudes foncières, à l'égard desquels l'opinion générale n'admet qu'une *quasi-possession ;* mais la différence n'est que dans le nom et l'on peut, comme on l'a vu plus haut, employer sans hésiter, à cet égard, le nom de *possesion*.

Les droits dont il s'agit peuvent être possédés avec les trois avantages énoncés plus haut : 1° présomption de droit légitime, jusqu'à preuve contraire, 2° acquisition intérimaire des fruits, 3° acquisition finale, usucapion du droit, après un certain temps (n).

268. Mais il y a d'autres droits réels à l'égard desquels la possession ne produira pas les mêmes avantages ; ce sont les droits de bail, d'emphytéose et de superficie.

On a déjà eu l'occasion de dire, sous l'article 124, que le droit de bail ne peut, en général, s'acquérir par prescription, ce qui enlève à la possession ou exercice d'un pareil droit le principal avantage de la possession ordinaire ; on a excepté seulement le cas où, un bail ayant été établi régulièrement par le vrai propriétaire, il a été cédé par un autre que véritable preneur et possédé par le cessionnaire (voy. p. 231).

Mais, si quelqu'un avait pris une chose à bail, en traitant avec un autre que le propriétaire, et s'il avait possédé ce droit, en l'exerçant pendant un certain temps, il n'y aurait pas de raison de lui refuser le bénéfice de la présomption de droit légitime au bail et le rôle de défendeur à la revendication du vrai propriétaire. On devrait également lui laisser le bénéfice des fruits intérimaires, s'il était de bonne foi, car il aurait aussi un juste titre, quant aux fruits, dans le contrat de bail.

Au surplus, la possession du preneur, qui serait ici impuissante à lui faire acquérir le droit réel de bail, pourrait profiter au bailleur à l'effet de lui faire acquérir la propriété; car ce dernier pourrait avoir *l'animus domini*, c'est-à-dire la prétention à la propriété et possédant, en même temps, par le fait du preneur, quant

(n) L'acquisition des servitudes par la prescription ou usucapion est soumise à quelques distinctions particulières qu'on verra au Chapitre suivant (art. 296).

à la détention corporelle de la chose, il serait dans les conditions légales de la prescription ou usucapion.

La même solution paraît nécessaire pour les droits d'emphytéose et de superficie qui ne s'acquièrent pas non plus par prescription, mais dont la possession procurera les deux premiers avantages déjà signalés.

269. En ce qui concerne les droits réels accessoires des créances et qui leur servent de garantie (voy. art. 2), la décision ne peut être la même pour chacun d'eux, parce qu'ils sont de nature très-différente.

Celui de ces droits dont la possession produirait tous les effets qu'elle peut avoir est l'antichrèse, laquelle, par sa nature et lorsqu'elle est valablement constituée, permet au créancier de posséder et détenir un immeuble de son débiteur et d'en percevoir les fruits avec imputation sur les intérêts de la créance et subsidiairement sur le capital.

Si l'on suppose que l'antichrèse a été constituée par un débiteur sur un bien qui ne lui appartient pas, le créancier antichrésiste, une fois en possession du droit, sera présumé, jusqu'à preuve contraire, l'avoir légitimement acquis et sera, par conséquent, défendeur à l'action en revendication du vrai propriétaire; s'il est de bonne foi, il gagnera les fruits perçus avant la demande, mais à charge de les imputer sur sa créance; enfin, si sa possession s'est prolongée pendant le temps voulu pour la prescription des immeubles, le créancier aura acquis un véritable droit d'antichrèse sur une chose qui n'appartenait pas à son débiteur.

La solution serait un peu différente pour le gage également constitué sur une chose n'appartenant pas au débiteur.

Le créancier gagiste n'ayant pas droit aux fruits, en vertu du contrat de gage, n'y pourrait prétendre en son nom ; mais il acquerrait le droit légitime de gage par prescription, conformément aux conditions, faciles à remplir, de la prescription des meubles.

270. A l'égard de l'hypothèque constituée sur un bien n'appartenant pas au débiteur, les effets de la possession en seront encore moindres que pour le gage: non-seulement elle ne donnera pas au créancier le bénéfice des fruits, puisque cet effet n'est pas attaché à l'hypothèque, même légitimement acquise; mais le créancier n'obtiendra pas non plus, avec le temps, le bénéfice d'une prescription acquisitive de l'hypothèque. En effet, la possession de l'hypothèque ne se révèle pas suffisamment par des actes extérieurs constituant une sorte d'exercice du droit, lequel, ne pouvant être continu de sa nature, ne peut non plus se fortifier par le temps. Comme le créancier hypothécaire, à la différence du créacier antichrésiste et du créancier gagiste, ne possède pas la chose hypothéquée, son droit ne s'exerce, jusqu'à la vente de l'immeuble, que par l'inscription sur des registres publics, suivant le système français, ou par la détention du titre de propriété, suivant le système japonais actuel.

C'est là une possession très-imparfaite du droit d'hypothèque.

Le seul effet qu'il faille reconnaître à cette possession, c'est la présomption de droit légitime chez le possesseur de l'hypothèque et le rôle de défendeur à l'égard de ceux qui prétendraient la contester.

271. Il reste à savoir si la possession peut s'appliaux créances ou droits personnels et produire à leur égard quelques uns des effets connus.

Il faut supposer, pour que la question se conçoive, que quelqu'un a acheté, ou reçu à un titre analogue, une créance déjà constituée mais qui n'appartenait pas au cédant, et qu'ensuite le cessionnaire a fait des actes de possession, c'est-à-dire a exercé le droit, par exemple, en touchant les intérêts.

Si la créance ne portait pas d'intérêts, les actes de possession n'auraient pas la continuité nécessaire pour produire les effets ordinaires attachés à la possession des choses corporelles. On pourrait comprendre seulement que le cessionnaire se fût fait connaître comme tel au débiteur, ou même qu'il eût commencé des poursuites à fin de payement; cette possession imparfaite, jointe, sans doute, à la détention du titre originaire de la créance, pourrait produire une présomption de droit au profit du cessionnaire; mais c'est tout ce que l'analogie incomplète des situations permet d'emprunter à la possession des droits réels.

Au contraire, s'il y avait eu perception répétée des intérêts, on pourrait admettre que ces intérêts fussent acquis au possesseur de bonne foi de la créance.

On pourrait aller plus loin et admettre que le possesseur de la créance en devînt le titulaire légitime après le temps de la prescription qui, dans ce cas, devrait être de trente ans, dans l'impossibilité où l'on est d'appliquer la prescription instanée, évidemment limitée aux meubles corporels.

272. Ces solutions n'ont jamais été formellement admises en France, ni dans la loi, ni dans l'interprétation; on ne les a pas non plus combattues, faute d'avoir nettement prévu le cas. Mais on peut dire que la loi française a reconnu dans deux articles qu'une créance peut être possédée (art. 1240 et 1337).

Il y a, au surplus, une nature de créances à laquelle s'appliquera tout à fait la théorie de la possession des choses corporelles mobilières, ce sont les créances *payables au porteur* : le droit est alors attaché au titre plus qu'à la personne du créancier: il se cède avec le titre et celui qui le recevrait en vertu d'une convention et de bonne foi, c'est-à-dire croyant traiter avec le véritable titulaire, acquerrait les mêmes droits que le cessionaire d'un meuble corporel dans les mêmes circonstances.

273. Il reste encore à examiner un point de cette théorie générale de la possession, c'est ce qu'on appelle la *continuation* et la *jonction des possessions*.

Dans les divers cas où la durée de la possession a de l'intérêt, spécialement, quand elle peut mener à la prescription, on peut se demander si la possession est interrompue par la mort du possesseur et si son héritier doit recommencer une nouvelle possession. Même question, si le possesseur cède la chose ou le droit qu'il possède: le cessionnaire doit-il recommencer une nouvelle possession?

Pour le cas de décès du possesseur, il n'y a pas de difficulté: son héritier, continuant sa personne au point de vue des droits civils, succède à sa possession, la continue également, et, par cela seul que c'est, juridiquement, la même possession, elle a les mêmes vices ou les mêmes qualités: elle sera précaire ou non, à juste titre ou sans titre, de bonne foi ou de mauvaise foi, suivant ce qu'elle était pour le défunt. Au contraire, s'il y a cession volontaire, le cessionnaire ne succédant pas au cédant à titre universel, mais seulement à titre particulier, ne le représente pas et ne continue pas sa personne; il doit donc, en principe, commencer une nouvelle possession, laquelle pourra être exempte des vices que pouvait avoir celle du cédant, mais pourra aussi avoir ses vices propres.

Toutefois, l'utilité pratique, d'accord avec la raison, a fait admettre que, si les deux possessions étaient à juste titre et de bonne foi, elles pussent être réunies au profit du cessionnaire; il n'y a, en effet, aucune raison de retarder le bénéfice de la prescription au profit de l'ancien titulaire du droit qui, lui-même, n'a fait aucun acte ni diligence pour conserver son droit.

274. On peut maintenant aborder le texte qui tend à résumer ces idées théoriques, avec une portée pratique, ainsi qu'il convient aux dispositions d'une loi.

On y présente, comme pour les droits reglés aux Chapitres précédents, après quelques notions générales caractérisant le droit dont il s'agit, les moyens ou conditions de son établissement, ses effets, et les causes qui y mettent fin.

On sait, d'ailleurs, que l'un des effets de la possession, à savoir la prescription acquisitive ou usucapion, ne prendra pas place ici, mais sera renvoyé au Livre III°, avec les autres moyens d'acquérir les droits.

SECTION PREMIÈRE.
DES DIVERSES ESPÈCES DE POSSESSION ET DES CHOSES QUI EN SONT SUSCEPTIBLES.

Art. 191. La possession est naturelle ou civile. *(Première division.)*

192. La possession *naturelle* est la détention d'une chose corporelle, sans que le détenteur ait aucune prétention à un droit sur cette chose. *(Possession naturelle.)*

Les biens du domaine public ne sont susceptibles que d'une possession naturelle de la part des particuliers. [C. ital. 690.]

193. La possession *civile* est la détention d'une chose corporelle ou l'exercice d'un droit, avec l'intention de l'avoir pour soi. [C. fr., 2228.] *(Possession civile.)*

Tous les droits, tant réels que personnels, sont susceptibles de possession civile, avec des effets différents, suivant les cas, tels qu'ils sont déterminés ci-après.

La possession appliquée à l'état civil des personnes est réglée au Livre Ier.

Possession à juste titre.

194. La possession civile est dite *à juste titre* ou *à juste cause*, lorsqu'elle est fondée sur un acte juridique destiné par sa nature à conférer le droit possédé, encore que, faute de qualité chez le cédant, elle n'ait pu produire cet effet. [550.]

Id. sans titre.

Si la possession a été usurpée, elle est dite *sans titre* ou *sans cause*.

Possession de bonne foi.

195. La possession à juste titre est dite *de bonne foi*, lorsque le possesseur a ignoré les vices de son titre, au moment où il a été créé.

Idem de mauvaise foi.

Elle est dite *de mauvaise foi*, dans le cas contraire.

L'erreur de droit n'est pas admise pour constituer la bonne foi.

La bonne foi cesse lorsque les vices du titre sont découverts. [*Ibid.*]

Possession vicieuse.

196. La possession est dite *vicieuse*, lorsqu'elle est violente ou clandestine. [2229.]

Violence.

Elle est *violente*, quand elle a été obtenue ou conservée par la force ou la menace.

Clandestinité.

Elle est *clandestine*, quand elle ne se révèle pas suffisamment aux intéressés par des actes extérieurs et publics.

La possession cesse d'être vicieuse, lorsqu'elle est devenue *paisible*, ou lorsqu'elle est devenue *publique*.

_{Cessation du vice.}

197. La possession naturelle est dite *précaire*, lorsque le possesseur détient une chose ou exerce un droit au nom et pour le compte d'autrui.

_{Possession précaire.}

La possession cesse d'être précaire et devient civile, lorsque le possesseur a commencé à posséder pour lui-même. [2236, 2237.]

_{Cessation de la précarité.}

Toutefois, lorsque la précarité résulte de la nature du titre sur lequel la possession est fondée, elle ne cesse que par une des deux causes ci-après:

1° Par un acte judiciaire ou extrajudiciaire signifié à celui pour le compte duquel la possession avait lieu et contenant une contradiction formelle à ses droits;

2° Par l'interversion du titre provenant du contractant ou d'un tiers et donnant une nouvelle cause à la possession. [2238.]

198. Le possesseur est toujours présumé posséder pour son propre compte, si la précarité n'est prouvée, soit par son titre, soit par les circonstances du fait. [2230.]

_{Présomption légale.}

199. Celui qui prouve posséder en vertu d'un juste titre est présumé posséder de bonne foi, si le contraire n'est prouvé. [2268.]

_{Suite.}

Suite.

200. La possession est présumée paisible, si la violence n'est pas prouvée.

La publicité ne se présume pas, elle doit être prouvée.

La possession prouvée à deux époques différentes est présumée avoir été continuée dans l'intervalle, s'il n'est prouvé qu'elle a été interrompue ou suspendue. [2234.]

COMMENTAIRE.

Art. 191.— 275. Il n'est pas rare de rencontrer, dans les matières de droit, une semblable division qui rattache les institutions à deux causes : la nature et la loi. C'est ainsi qu'on a déjà reconnu que les Biens sont meubles ou immeubles par leur nature ou par la détermination de la loi, ce qui revient à dire qu'il y a des meubles et des immeubles *naturels* et qu'il y en a aussi de *civils* ; on a vu, de même qu'il y a des fruits *naturels* et des fruits *civils*.

Ici, cependant, il y a une légère différence dans le sens de ces deux mots : la nature et la loi civile ne sont pas considérées comme *causes* mais seulement comme *garanties* de la possession, ainsi qu'on le comprendra par les dispositions ci-après.

Art. 192.— 276. La possession naturelle est un pur *fait*, tout physique et matériel, sans rien de juridique. La loi peut le constater, le tolérer ; mais elle ne le protége pas, elle ne lui accorde aucune des garanties et ne lui reconnaît aucun des effets avantageux qui caractériseront la possession civile et en font un *droit*.

Les cas de possession naturelle ne sont pas rares : il arrive souvent qu'à la faveur du voisinage, de la parenté ou de l'amitié, on se sert du bien d'autrui, d'un meuble ou d'un immeuble, sans autorisation du vrai propriétaire, quelquefois à son insû, mais sans intention de se l'approprier, ni sans prétendre avoir aucun droit sur cette chose. C'est une possession naturelle.

Si l'on faisait usage de la chose d'autrui avec la permission du propriétaire, comme en vertu d'un prêt à usage, ou si on la détenait en vertu d'un dépôt, la possession serait toujours *naturelle;* mais elle prendrait spécialement le nom de *précaire,* comme il est dit à l'article 197 (voy. aussi, ci-dessus, *Exposé*, p. 325).

277. Le présent article, en nous disant que les biens du domaine public ne sont susceptibles que de possession naturelle, de la part des particuliers, consacre ce qui a été dit sous l'article 24, à savoir que ces biens ne peuvent appartenir à des personnes privées ni être pour elles l'objet d'un droit. Il en résulte que, lors même qu'un particulier détiendrait une portion du domaine public, en s'en prétendant propriétaire, sa position ne serait pas meilleure que s'il n'avait aucune prétention de ce genre.

Il ne faudrait pas en conclure la réciproque. Ainsi, l'Etat pourrait très-bien posséder civilement, comme faisant partie du domaine public, des biens appartenant à des particuliers, justement, parce que la nature de ces biens ne s'oppose pas à leur facile changement de destination : un bien privé peut passer dans le domaine public sans aucune formalité particulière, dès qu'il est régulièrement affecté à un service national ; tandis qu'un bien du domaine public ne peut devenir bien privé qu'après avoir été déclassé (voy. p. 63).

278. On remarquera que la loi n'étend pas à toutes les choses qui sont *hors du commerce,* d'après l'article 27, la disposition prohibitive qui concerne les choses

du domaine public. On ne pourrait donc pas dire que celui qui remplit un emploi public, qui porte un titre ou une dignité honorifique ou bénéficie d'une pension civile ou militaire, même sans droit, ne possède pas ces avantges, au moins *naturellement ;* il serait même permis de dire qu'il les posséde *civilement.* En effet, puisque ces titres et avantages peuvent être l'objet d'un droit véritable pour les particuliers, ils peuvent, à défaut du droit, au fond, être exercés et possédés temporairement, et les possesseurs de ces titres doivent obtenir la protection, la garantie provisoire ou intérimaire de la loi, jusqu'à ce que la vérité soit reconnue.

Art. 193.— 279. La différence entre la possession naturelle et la possession civile est toute entière dans l'intention du possesseur, comme cela résulte de la comparaison de cet article avec le précédent.

Cette intention a été suffisamment développée dans l'Exposé qui précède. Rappelons seulement qu'elle ne suppose pas nécessairement la bonne foi, ou la croyance, chez le possesseur, à l'existence de son droit; la mauvaise foi, il est vrai, diminue ses avantages, mais n'empêche pas que sa possession ne soit *civile.*

On sait aussi que la possession peut se cumuler avec le droit véritable et qu'elle est encore d'une grande utilité à celui qui, ayant le droit, au fond, ne pourrait pas en fournir la preuve : elle lui donne le rôle de défendeur.

280. Le présent article nous montre que la possession ne consiste pas seulement dans la détention physique d'une chose corporelle, mais aussi et surtout dans l'exercice d'un droit sur cette chose.

On a vu, dans l'Exposé (p. 321 et s.), que la détention physique d'une chose *corporelle* est le caractère propre de la possession *à titre de propriétaire,* accompagnée des actes qui révèlent la prétention au fond du droit *(animus domini)*; mais, comme il y a d'autres droits réels auxquels le possesseur peut prétendre, sans que ces droits le mettent en rapport aussi étroit ou aussi complet avec la chose, c'est surtout à *l'exercice du droit* qu'il faut s'attacher pour l'élément de fait, pour le signe extérieur de la possession ; enfin, s'il s'agit d'un droit purement *personnel* ou de créance, il est clair qu'il ne peut plus être question de détention d'une chose, mais toujours de faits extérieurs constituant l'exercice du droit auquel on prétend.

Le présent article pose, à cette occasion, un principe que l'on ne trouve avec la même netteté ni la même hardiesse dans aucune législation, à savoir que tous les droits sont susceptibles de posseion civile. Il le dit, non-seulement des droits *réels*, mais des droits *personnels*, ce qui est incontestable, quand la question est placée sur son véritable terrain, ainsi qu'on l'a fait dans l'Exposé (p. 338.)

Mais, comme la possession de ces divers droits ne produit pas toujours les mêmes effets, la loi doit l'indiquer, en forme de réserve et avec renvoi aux dispositions qui suivront.

La loi rappelle aussi que l'état des personnes est susceptible de possession. C'est au Livre Ier qu'on aura vu les caractères et les avantages de la *possession d'état*, appliquée à la nationalité, à la filiation, à la qualité d'époux.

Observons, en passant, qu'il y a, là encore, une preuve que les choses qui ne sont pas dans le commerce sont pourtant susceptibles de possession, lorsqu'il ne s'agit pas de celles qui sont dans le domaine public.

Art. 194.— 281. On va retrouver ici, consacrées législativement, les principales distinctions relatives à la possession et qui avaient été présentées théoriquement dans l'Exposé.

Il ne faut pas s'étonner que toute cette partie de la loi ait un caractère plus doctrinal que les autres: on ne doit pas oublier que la possession est restée dans toutes les législations une des parties les plus difficiles du droit, justement parce que le législateur a semblé lui-même reculer devant la difficulté de poser des principes en cette matière.

Dans le Projet japonais, on s'efforce de présenter les divers caractères de la possession d'une façon aussi pratique que possible; les expressions adoptées en Europe, par l'effet d'un long usage datant des Romains, sont législativement consacrées et définies, afin de pouvoir être ensuite employées sans difficulté, dans les dispositions ultérieures de la loi.

282. La loi française a tenté quelques définitions en cette matière, mais elle n'y a pas été heureuse.

Ainsi, dans l'article 550, elle veut définir la possession *de bonne foi* et elle y mêle celle du *juste titre*, deux choses qu'il convient pourtant de séparer. Il est vrai que l'on ne peut guère être possesseur de bonne foi si l'on n'a pas d'abord un juste titre pour fondement de sa possession; mais on peut très-bien avoir un juste titre sans être de bonne foi. Le Code français le reconnaît lui-même (art. 2265), en exigeant la réunion de ces deux qualités chez le possesseur, pour prescrire un immeuble par dix ans.

On peut reprocher, en outre, au Code français d'avoir mal défini le juste titre, en le qualifiant *d'acte translatif de propriété;* si l'acte dont il s'agit avait transféré la propriété, il serait plus qu'un *juste titre*, il serait un titre *parfait ;* il n'aurait pas seulement procuré *la possession* du droit mais *le droit* lui-même; c'est donc avec plus d'exactitude que le présent article 194 parle d'un acte "*destiné par sa nature*, à conférer le droit possédé, mais n'ayant pas produit cet effet, par un défaut de qualité chez le cédant," ce qui suppose que le cédant n'avait pas lui-même le droit qu'il a prétendu céder; or, c'est un axiôme de droit devenu banal, à force d'évidence, que "personne ne peut transférer plus de droits qu'il n'en a lui-même, ni d'autres droits que ceux qui lui appartiennent" (a). Les actes juridiques ayant, de leur nature, le caractère de *justes titres* sont, ou onéreux, comme la vente, l'échange, la société, ou gratuits, comme la donation, le legs ou testament.

283. Un autre tort de la définition française est de n'avoir parlé que de titres translatifs *propriété;* or, il y a des titres traslatifs d'autres droits réels que la propriété, auxquels il faut reconnaître le caractère de *justes titres,* comme la constitution d'un usufruit, d'une servitude foncière, d'un gage, le transport d'une créance ou droit personnel.

La définition proposée ici n'encourra pas le même reproche.

L'opposé du juste titre n'est pas le titre *injuste,* ce qui n'aurait pas de sens; ce n'est pas non plus le titre *précaire* déjà expliqué dans l'Exposé et que l'on retrouvera à l'article 197; assurément, le titre précaire n'est pas de nature à conférer la propriété, et s'il conférait un droit réel de moindre importance, comme un usufruit, une servitude ou un gage, il ne serait pas précaire quant à ce droit; si l'opposé du *juste* titre doit être cherché hors du titre *précaire,* c'est parce que celui qui possède une chose ou exerce un droit en vertu d'un titre précaire n'a qu'une possession *natu-*

(a) L'axiôme est souvent cité en latin: *nemo in alium plus juris transferre potest quàm ipse habet,* "personne ne peut transférer à autrui plus de droits qu'il n'en a lui-même;" ou, plus brièvement: *nemo dat quod non ipse habet:* "personne ne donne ce qu'il n'a pas lui-même."

Cet axiôme est reproduit, sous une forme un peu moins dogmatique, dans l'article 2125, et nous aurons souvent l'occasion de l'invoquer.

relle et non une possesssion *civile;* c'est parce qu'il possède pour autrui et non pour lui-même: il lui manque l'intention d'avoir pour lui la chose ou le droit, il n'a pas *l'animus sibi habendi;* on dit souvent qu'il *ne possède pas.*

L'opposé du juste titre c'est *l'absence de titre;* la possession *injuste,* c'est la possession usurpée; on l'appelle aussi possession *sans cause,* c'est-à-dire sans base, sans fondement légitime.

L'usurpation ne suppose pas nécessairement la fraude ou la violence; ce seraient là, il est vrai, des *vices* de la possession, de nature à en diminuer beaucoup les avantages, comme on l'a annoncé dans l'Exposé et comme on va le voir sous l'article 196; mais on comprendrait que quelqu'un se mît en possession d'un bien momentanément abandonné ou d'une succession vacante; il pourrait même s'y croire des droits, ce qui le rapprocherait, à certains égards d'un possesseur de bonne foi, comme on le verra plus loin (art. 206).

Art. 195.— 284. D'après cette disposition, il n'y a pas de bonne foi sans un juste titre : la loi ne se contente pas d'un *titre putatif,* c'est-à-dire de la croyance du possesseur à l'existence d'un titre qui n'existerait pas réellement (*b*).

Le droit romain admettait, dans certains cas exceptionnels, que le titre putatif remplaçât le titre véritable; par exemple, lorsque quelqu'un avait donné mandat d'acheter un fonds et en avait pris possession, comme lui appartenant, alors que le mandataire ne l'avait que loué ou usurpé. Cette solution avait le tort de consi-

---

(*b*) *Putatif* vient du latin *putatus:* "pensé, cru." Outre le cas de *titre putatif,* il y a encore le *mariage putatif* qui est *cru valable,* quoiqu'irrégulier (voy. c. civ. fr., art. 201 et 202); on appelle quelquefois *fils putatif,* celui qui passe pour le fils d'une personne, sans que ce soit certain.

dérer comme exempt de faute un mandant téméraire et assurément plus imprudent que ne l'avait pu être le vrai propriétaire.

En droit français, on considère le titre putatif comme insuffisant pour conduire à la prescription acquisitive par dix ans; mais on s'en contente pour admettre le possesseur à gagner les fruits.

Ces distinctions, un peu subtiles, n'ayant pas encore de précédents au Japon, il ne paraît pas bien nécessaire de les y introduire. Elles ne sont pas d'ailleurs conformes à la stricte équité, car, il doit subsister une différence, même quant à l'acquisition des fruits, entre le possesseur de bonne foi qui a un titre et celui qui n'en a pas. Il en résultera un peu moins de faveur pour le possesseur honnête; mais il paraît sage de réserver les bienfaits de la loi au possesseur qui a le moins de négligence à se reprocher.

285. C'est dans le même esprit que le Projet ne tient compte, comme élément de la bonne foi, que de l'erreur de *fait*: une erreur sur *le droit*, causant l'ignorance des vices du titre, laisserait assurément l'honnêteté intacte, mais elle ne suffirait pas pour assurer au possesseur les bénéfices de la bonne foi. La loi se condamnerait elle-même, elle semblerait avouer son obscurité, si elle déclarait excusable, en règle, celui a ignoré ou mal compris ses dispositions.

Ainsi, ne serait pas considéré comme de bonne foi, celui, qui, par ignorance du droit et de la loi, croirait qu'un titre est de nature à conférer le droit possédé, lorsqu'il est impuissant à produire cet effet; de même, celui qui n'aurait pas rempli les formalités complémentaires de publicité requises pour la transmission du droit; de même encore, celui qui, ayant traité sciemment avec un mineur, ignorerait l'incapacité qui résulte de l'âge.

On verra pourtant, à l'article 333, que l'erreur de droit peut être admise, dans certains cas, comme l'erreur de fait, pour faire annuler une convention, mais dans ces cas, celui qui invoque son erreur de droit lutte pour conserver son bien tandis qu'ici, il l'invoquerait pour acquérir le bien d'autrui.

Au contraire, il y aurait bonne foi dans une erreur *de fait*, comme celle qui consisterait à croire majeur celui qui est encore mineur, à croire propriétaire celui qui ne l'est pas. Et encore, dans ce dernier cas, faudrait-il que cette erreur ne portât que sur l'identité du propriétaire; car si l'erreur a consisté à croire que le cédant était propriétaire en vertu d'actes qui, de leur nature, ne pouvaient produire cet effet, le possesseur ne serait pas plus intéressant que s'il s'était trompé sur la nature de l'acte même qui servait de base à sa possession : ce serait encore une erreur de droit.

Par exemple, le possesseur a acheté de quelqu'un qu'il savait originairement locataire ou fermier ; mais il a cru que, par l'effet d'une longue possession, sans payement de loyers ou fermages, le fermier était devenu propriétaire par prescription et pouvait lui céder valablement: il n'aurait pas la bonne foi telle que la loi la requiert, parce que son honnêteté implique une erreur de droit consistant à croire qu'un possesseur précaire peut prescrire.

Cette disposition du présent article, au sujet de l'erreur de droit, est encore une sévérité à laquelle résiste la jurisprudence française ; mais, pour ne pas tomber dans une indulgence déraisonnable, elle est entraînée à des distinctions nombreuses qui peuvent facilement dégénérer en arbitraire.

Au Japon, tous les bénéfices qui vont être accordés au possesseur de bonne foi sont des innovations ; il est donc raisonnable de les enfermer dans des limites assez étroites et de ne pas affranchir les possesseurs des conditions de la vigilance ordinaire. Ceux qui douteront sur le droit et sur les effets juridiques des actes pourront toujours consulter des hommes expérimentés, ou même s'abstenir d'actes dont la régularité et la légalité ne leur seront pas parfaitement démontrées.

Toutefois, on introduira dans l'article 206 une disposition tendant à établir une différence raisonnable entre le possesseur de bonne foi sans titre et le possesseur de mauvaise foi.

286. La mauvaise foi se trouve expliquée, comme étant la négation des conditions requises pour la bonne foi ; en d'autres termes, le possesseur est de mauvaise foi, lorsqu'il ne croit pas que le droit cédé lui appartienne. Le doute seul exclurait déjà la bonne foi.

La cessation de la bonne foi ne rétroagit pas. Or, on verra, au Livre IIIe, que le temps exigé pour acquérir par prescription est moins long pour celui qui était de bonne foi au moment où est intervenu le juste titre ; il conservera donc le bénéfice de sa bonne foi originaire, quant à la prescription, malgré la survenance de la mauvaise foi (c) ; mais il cessera, depuis ce moment, de gagner les fruits et produits perçus, même avant la revendication.

La loi n'a pas eu à prévoir le cas inverse, celui où le possesseur qui aurait été de mauvaise foi à l'origine deviendrait de bonne foi plus tard : d'abord, le cas est difficile à concevoir, en fait ; mais s'il se présentait, les deux solutions inverses des précédentes auraient lieu naturellement : la prescription resterait soumise au temps plus long, parce que la possession été de mau-

---

(c) Les Romains nous ont encore transmis un axiôme, à cet égard : *mala fides superveniens usucapionem non impedit*," la mauvaise foi survenant n'empêche pas l'usucapion."

vaise foi à l'origine; en sens inverse, les fruits nouvellement perçus appartiendraient au possesseur.

Quant au *juste titre*, il ne peut comporter aucun changement, soit qu'il ait existé, soit qu'il ait fait défaut à l'origine.

Art. 196.— 287. L'existence des deux *vices* de la possession ici prévus n'exclut pas nécessairement le juste titre et la bonne foi.

Sans doute, une possession *obtenue* par la violence sera rarement fondée sur un juste titre; cependant, si quelqu'un avait été contraint à vendre un bien qu'il possédait, le nouveau possesseur aurait dans la vente *un juste titre* et il serait *de bonne foi*, s'il avait cru aux droits de son cédant; mais sa possession serait *vicieuse*; de même, si, ayant acheté sans violence d'un autre que le vrai propriétaire, le possesseur ne s'était *maintenu* en possession que par des menaces contre le vrai propriétaire désirant recouvrer sa chose. Dans ce dernier cas, il pourrait aussi y avoir bonne foi; car on peut mettre d'autant plus d'âpreté à défendre sa possession qu'on la croit plus légitime.

La clandestinité est encore mieux compatible avec la juste cause et avec la bonne foi. Ainsi, quelqu'un ayant acheté une chose qu'il croyait appartenir à son cédant, a, depuis lors, découvert son erreur; craignant la revendication du vrai propriétaire, il a dissimulé sa possession, de manière à ne pas attirer l'attention de celui-ci : sa possession, qui est toujours considérée comme de bonne foi, quant à la prescription, est devenue vicieuse, après avoir été régulière et utile.

Lors même que, dans beaucoup de cas, le vice de *violence* ou celui de *clandestinité* se rencontrerait avec le *défaut de titre* ou avec la *mauvaise foi*, il ne serait pas moins très-important de séparer ces qualités défavorables de la possession; en effet, le défaut de titre ou de juste cause et la mauvaise foi retardent le bénéfice de la prescription acquisitive, mais ne le suppriment pas; il en est autrement de la violence et de la clandestinité.

On verra plus loin (art. 207) l'influence de la violence et de la clandestinité sur l'acquisition des fruits.

La loi indique clairement comment le vice de la possession peut cesser, ou, suivant l'expression consacrée, être *purgé*. Il va sans dire que le changement de qualité de la possession n'est que pour l'avenir et sans rétroactivité, comme cela a lieu pour la bonne ou la mauvaise foi, d'après l'article précédent.

Remarquons, en terminant, que les deux vices de la possession dont il s'agit sont *relatifs* et *non absolus*.

Ainsi, la possession acquise ou conservée par des menaces contre une personne n'empêcherait pas de prescrire ou d'acquérir les fruits contre une autre personne qui se trouverait être le vrai propriétaire et à l'égard de laquelle on n'aurait usé d'aucune menace.

Il en est de même d'une possession qui aurait été clandestine ou dissimulée à l'égard d'une personne que le possesseur croyait par erreur le vrai propriétaire, et qui aurait été, au contraire, connue de celui-ci, parce que le possesseur ne se croyait aucun intérêt à la lui dissimuler (d).

En sens inverse, le défaut de juste titre et la mauvaise foi sont des qualités défavorables de la possession qui peuvent être opposées au possesseur par tout intéressé : leur effet nuisible est *absolu* et non pas *relatif*.

Art. 197.—288. La précarité est quelquefois qualifiée de *vice* de la possession et mise, comme telle, sur la même ligne que la violence et la clandestinité. Cette

---

(d) Les Romains exprimaient ce caractère relatif des vices de la possession, en exigeant que les vices existassent "à l'égard de l'adversaire" (*ab adversario*).

assimilation, qui remonte aux Romains, est fondée sur ce que la précarité met obstacle à la prescription et même un obstacle plus considérable, car elle est, généralement, une qualité *absolue* et non pas *relative* comme les deux autres. Mais il vaut mieux éviter de dire que la précarité est un *vice* de la possession, puisqu'elle ne contient en elle-même ni faute, ni dissimulation.

Le texte la présente comme une variété de la possession *naturelle:* en effet, le possesseur ne prétend pas avoir pour lui la chose qu'il détient ou le droit qu'il exerce ; mais, de plus, il détient la chose ou exerce le droit pour une autre personne, soit en vertu d'un mandat ou d'une gestion d'affaires spontanée, soit en vertu d'un dépôt, d'un prêt à usage, d'une constitution de dot ou d'un autre contrat l'obligeant à conserver la chose avec soin et à la restituer à l'autre contractant.

Il faut considérer également comme possesseurs précaires ceux qui détiennent à titre de gage, d'antichrèse, d'usufruit, de servitude ou de louage.

Cependant, ces personnes ont un droit réel qu'elles exercent en leur nom, pour leur compte, et non pour le compte et dans l'intérêt d'autrui.

Quand on dit que ce sont des possesseurs *précaires*, c'est par rapport au droit de *propriété* qu'on l'entend. En effet, quoique ces possesseurs détiennent la chose et puissent abusivement faire des actes de propriétaire, ces actes ne les conduiront pas à la prescription; mais, pour ce qui est du droit même que leur confère leur titre, ils ne sont pas possesseurs précaires, ils possèdent *pour eux-mêmes ;* bien plus, ils seront, le plus souvent, titulaires légitimes du droit qu'ils possèdent; car, dans ce cas, il n'y a pas de raison particulière de supposer qu'ils ont traité avec quelqu'un qui n'avait pas qualité pour céder le droit dont il s'agit.

On a dit, dans l'Exposé (p. 325), que, pour trouver des possesseurs précaires à l'égard de l'usufruit et des autres droits réels formant des démembrements de la propriété, il faudrait supposer des possesseurs exerçant ces droits au nom et pour le compte d'autrui, comme un tuteur, un mari, un administrateur.

289. La précarité, à la différence de la violence et de la clandestinité, est, comme on l'a dit plus haut, une qualité *absolue* et non pas *relative* de la possession, au moins en général; en conséquence, le possesseur précaire ne pourra se prévaloir de sa possession, non-seulement à l'encontre de celui au nom et pour le compte duquel il possède, mais même à l'encontre de personne autre; la raison en est que le possesseur précaire n'a qu'une possession *naturelle* : il lui manque, pour avoir la possession *civile,* l'intention d'avoir *à lui* ou *pour lui (pro suo)* la chose qu'il détient ou le droit qu'il exerce.

La précarité cesse, en principe, comme les vices de la possession, par la survenance de la qualité qui manquait à la possession; ainsi, quand le possesseur, par changement d'intention, commence à posséder pour lui-même.

Mais le principe reçoit exception et devient d'une application plus difficile lorsque le possesseur précaire détenait la chose en vertu *d'un titre* qui constituait formellement sa précarité, comme un dépôt, un prêt, un louage. En pareil cas, il ne peut pas dépendre de la volonté ou de la seule intention du possesseur de transformer sa possession au mépris d'un titre auquel le titulaire légitime du droit a participé et sur lequel il a fondé sa sécurité : il faut alors l'un ou l'autre des deux actes formels prévus par notre article, pour que la possession, de *précaire* qu'elle était, devienne *civile.*

Ces deux actes sont exigés aussi par le Code français (art. 2238) qui lui-même les a empruntés à l'ancienne législation romaine.

Ils ne demandent que peu d'explications.

290.—1° Si le possesseur précaire prétend exercer à l'avenir, en son nom et pour son compte, le droit dont il s'agit, il signifiera à celui pour le compte duquel il possédait en vertu d'un titre, que, désormais, il se considère comme titulaire du droit. La signification sera dite *judiciaire*, quand elle aura le caractère d'une demande en justice, et *extrajudiciaire*, quand elle ne constituera pas une demande en justice, mais, au moins, sera faite en bonne et due forme, par un officier public, suivant les règles de la procédure extrajudiciaire.

Dans cette signification, le possesseur donnera naturellement ses motifs; s'il ne les donne pas ou s'ils ne sont pas trouvés suffisants par son adversaire, ce dernier les contestera et le procès s'engagera; de toute manière, la précarité cesse, au moins jusqu'à la décision finale, et elle cesse vis-à-vis de tout le monde.

Toutefois, si la signification dont il s'agit avait dû être faite à plusieurs intéressés et n'avait été faite qu'à un seul, la précarité ne cesserait qu'à l'égard de celui-là et c'est pourquoi nous avons dit que le vice dont il sagit n'est *absolu* que *en général :* voilà un cas où il est *relatif*.

Bien que cette disposition du Projet paraisse empruntée au Code français, elle en diffère cependant, si on rapproche les deux textes: le Code français *(loco cit.)* exige que la "contradiction" soit signifiée *au vrai propriétaire*, tandis que le Projet japonais veut qu'elle soit faite "à celui pour le compte duquel la possession précaire avait lieu."

Il n'est pas douteux que la pensée de la loi française a été la même: les rédacteurs se sont placés dans l'hypothèse la plus fréquente, celle où le possesseur précaire avait un titre émané du vrai propriétaire ; mais il pourrait arriver qu'une chose ait été déposée, prêtée ou louée par un autre que le vrai propriétaire ; la possession résultant d'un pareil acte serait d'abord précaire vis-à-vis de tout le monde ; mais si le possesseur voulait transformer sa possession *naturelle* en possession *civile*, ce n'est pas au véritable propriétaire qu'il devrait signifier la contradiction, mais à celui qui lui a fait le dépôt, le prêt ou le louage ; et, en pareil cas, il aura les avantages attachés à la possession, non-seulement vis-à-vis de celui avec lequel il avait traité, ce qui n'a pas grand intérêt, mais surtout vis-à-vis du vrai propriétaire.

291.—2° Le possesseur précaire commence à posséder civilement et pour lui-même, quand son titre est interverti, changé en un autre titre qui l'autorise à posséder désormais pour lui-même *(pro suo)*. Ici encore, le Projet s'écarte un peu du Code français qui ne suppose le nouveau titre émané que *d'un tiers :* on ajoute ici " le contractant." Ainsi quelqu'un détenait, comme dépositaire ou emprunteur, une chose qui lui avait été confiée par un autre que le propriétaire : il n'aurait pu la prescrire, ni contre le déposant, ni contre le vrai propriétaire ; mais, plus tard, il fait avec le déposant un contrat d'achat ou d'échange qui l'autorise à posséder désormais la chose comme sienne : il la prescrira.

Le cas où le posssesseur traite avec un tiers donnerait le même résultat ; il sera peut-être de bonne foi, peut-être de mauvaise foi ; cela influera sur le temps requis pour la prescription, mais n'empêchera pas celle-ci.

La loi n'a pas à prévoir une interversion du titre provenant du véritable propriétaire, parce qu'alors le possesseur deviendrait lui-même propriétaire et il ne serait plus question de la simple possession.

Art. 198, 199 et 200.— 292. Ces trois articles se rapportent à la preuve des qualités de la possession.

C'est un principe général que celui qui invoque un droit doit prouver que ce droit lui appartient, et, si le droit est soumis à des conditions particulières, l'existence de ces conditions doit elle-même être prouvée.

Mais, quelquefois, la preuve directe serait difficile, et si, en même temps, il existe des vraisemblances, des probabilités, fondées sur les faits ordinaires de la vie, alors, la loi *présume*, suppose, l'existence de tout ou partie des conditions dont la preuve se trouve ainsi fournie ; mais la preuve contraire est permise, en général, et elle peut se faire par tous les moyens ordinaires de preuve.

Ainsi la condition essentielle de la possession civile ou légale est que le possesseur exerce pour lui-même le droit dont il s'agit ; or, comme il est bien plus fréquent qu'une personne possède pour elle-même que pour autrui, la loi présume cette condition remplie par le possesseur.

Mais le contraire aussi est possible ; c'est donc à celui qui conteste la possession civile à prouver directement que la possession est précaire. Cette preuve se fera, soit par le titre même en vertu duquel la possession a été prise, par exemple, si c'est un dépôt, un prêt, un louage, soit par les circonstances du fait, desquelles il résulte que le possesseur a reconnu le droit d'autrui ; ces circonstances elles-mêmes se prouveront par témoins ou par des écrits publics ou privés.

Rappelons que la preuve de la précarité résultant du titre serait détruite si le possesseur se trouvait dans l'un des deux cas prévus à l'article précédent.

293. L'article 199 contient deux dispositions différentes, au sujet de deux qualités très-importantes de la possession civile.

D'après la première, qui n'est qu'implicite, le juste titre ne se présume pas : il doit être prouvé. On pourrait dire, cependant, qu'ici encore la généralité des cas paraîtrait motiver une présomption légale favorable au possesseur ; en effet, l'usurpation, la prise de possession sans titre, sont rares ; mais, d'un autre côté, le juste titre, s'il existe, doit être si facile à prouver par les moyens ordinaires que la faveur d'une présomption n'a plus la même raison d'être.

Au contraire, une fois le juste titre prouvé directement, la bonne foi est présumée par la loi, et cela devait être, non-seulement parce que l'honnêteté est plus fréquente que la fraude, mais encore parce que la bonne foi serait difficile à prouver directement : elle consiste, en effet, dans l'ignorance des droits du véritable titulaire; elle a un caractère plutôt *négatif* que *positif*, et la preuve d'une négation est toujours difficile ; tandis que, si la possession est de mauvaise foi, l'adversaire du possesseur le pourra facilement prouver.

294. Voici encore deux solutions différentes pour deux autres qualités de la possession.

La loi ne pouvait évidemment présumer la violence qui est un délit; en outre, il serait difficile au possesseur de prouver qu'il *n'a pas* commis de violence à l'origine, et qu'il *ne s'est pas* maintenu en possession par une violence continue: ce sont encore là des négations fort difficiles à prouver. En même temps, il sera très-facile à l'adversaire du possesseur de prouver directement, par témoins, qu'il a commis des actes de violence.

Au contraire, la publicité est un fait *positif* et continu, dont la preuve directe par le possesseur est d'autant plus facile qu'il a dû avoir pour témoins tout le monde, au moins toutes les personnes de la localité; il n'y a donc aucune raison de présumer la publicité.

294 bis. La durée de la possession n'en change pas la nature, mais elle en augmente les effets, en général. Il est vrai que le premier avantage de la possession, à savoir, la présomption d'existence du droit exercé, est indépendant de la durée de la possession ; mais la prescription des immeubles est subordonnée à une longue possession ; l'acquisition des fruits civils qui a lieu jour par jour, sans acte de perception (art. 206), augmente avec la durée de la possession ; enfin, l'exercice de deux des actions possessoires est subordonné à une possession annale (art. 215) ; il y a donc pour le possesseur un grand intérêt à établir la durée de sa possession, et par contre, chez le vrai propriétaire, un grand intérêt à la contester.

La loi, ici encore, établit une présomption légale en faveur du possesseur : s'il prouve qu'il a possédé à deux époques différentes, plus ou moins éloignées, il est présumé avoir possédé dans l'intervalle, sauf toujours la preuve contraire, par tous les moyens possibles.

Généralement, l'une de ces époques est celle du procès entre le possesseur et le vrai propriétaire (action en revendication ou action possessoire), l'autre époque est celle qui, par son éloignement, suffirait pour assurer au possesseur le bénéfice de la prescription ou au moins de l'action possessoire. Quand le possesseur a prouvé directement sa possession à ces deux époques extrêmes, il est dispensé de prouver qu'il a possédé dans l'intervalle (e) : outre qu'il lui serait bien difficile de prouver directement qu'il a possédé sans discontinuité, la vraisemblance de fait en ce sens est pour lui : c'est, ici encore, un cas où la loi statue pour ce qui arrive le plus souvent *(de eo quod plerumque fit)*.

(e) On dit, en forme d'axiôme : *probatis extremis, media præsumuntur*, "les deux extrêmes étant prouvés, l'intervalle est présumé."

SECTION II.

DE L'ACQUISITION DE LA POSSESSION.

Art. 201. La possession civile s'acquiert par le fait de l'appréhension d'une chose ou par l'exercice effectif d'un droit, avec l'intention d'avoir à soi la propriété de la chose ou le droit exercé.

Possession civile.

202. La détention de la chose ou l'exercice du droit peut avoir lieu par le fait d'un tiers ; l'intention de posséder doit se rencontrer en la personne de celui qui prétend bénéficier de la possession. [2228].

Toutefois, les incapables et les personnes juridiques peuvent bénéficier de la possession, par le fait et l'intention de leur représentant.

Acquisition par un tiers.

203. La prise de possession matérielle peut être remplacée par la *tradition de brève main* et par le *constitut possessoire*.

Il y a tradition de brève main, lorsqu'une chose possédée précédemment à titre précaire est laissée au possesseur en vertu d'un nouveau titre qui lui permet de la considérer désormais comme sienne.

Il y a constitut possessoire, lorsque celui qui possédait précédemment une chose comme sienne déclare en conserver désormais la possession au nom et pour le compte d'autrui.

Tradition de brève main.

Constitut possessoire.

204. La possession se transmet aux héritiers et successeurs universels à l'égard desquels

Transmission et continuation de la possession.

elle continue, avec les qualités et les vices qu'elle pouvait avoir en la personne de leur auteur.

Jonction des possessions.

Les acquéreurs à titre particulier d'une chose ou d'un droit peuvent, suivant leur intérêt, ou invoquer seulement leur propre possession, ou se prévaloir de celle de leur cédant, en la joignant à la leur. [2235].

COMMENTAIRE.

Art. 201 et 202.— 295. L'article 201 consacre une règle développée dans l'Exposé (p. 323 et s.) et déjà impliquée dans la définition donnée par l'article 193, à savoir que la possession civile a deux éléments essentiels : l'un *de fait* et, pour ainsi dire, matériel ou corporel, l'autre *d'intention* et purement intellectuel. Il n'y a pas besoin d'y insister davantage : la loi devait présenter cette double condition comme nécessaire à l'acquisition de la possession.

296. La différence établie par l'article 202 entre le fait et l'intention a été annoncée et justifiée d'avance dans l'Exposé, ainsi que l'exception qui les rapproche dans deux cas particuliers.

Il suffit de rappeler que les éléments de fait qui constituent la possession ne pourraient raisonnablement être exigés de celui qui doit bénéficier de la possession : les moyens d'action d'un seul individu sont forcément très-limités; chacun a besoin de confier à autrui une partie de ses intérêts, pour la surveillance, la conservation et même l'amélioration de ses biens.

Mais, il y a un élément de la possession qu'il est inutile et on pourrait dire défendu de déléguer, c'est l'intention, la volonté d'avoir le droit; car cette volonté, cette intention, n'est pas plus difficile à avoir pour une chose que pour une autre; elle peut embrasser un nombre indéfini d'objets; il est donc inutile de la déléguer à autrui, du moment d'ailleurs que la loi n'exige pas qu'elle se manifeste d'une manière déterminée. L'exception à cette deuxième règle ne commence qu'avec la nécessité et cette nécessité, la loi ne la voit que dans deux cas : celui des personnes incapables et celui des personnes dites "juridiques," lesquelles ne peuvent avoir de volonté que par l'organe de leurs représentants légaux.

297. Il ne faut pourtant pas exagérer le sens restrictif de la seconde règle, à savoir que l'intention de posséder ne peut se déléguer et doit toujours se trouver chez le bénéficiaire. Ainsi, on peut valablement donner mandat à un serviteur, à un préposé ou à un ami, de se rendre acquéreur et de prendre possession d'une ou plusieurs choses incomplètement déterminées, à l'égard desquelles on lui laisse une plus ou moins grande liberté de choix; mais on ne doit pas hésiter à dire qu'en pareil cas l'intention de posséder se trouve suffisamment chez le mandant : il a voulu posséder ce qui serait choisi et acheté par son mandataire. Il n'est pas nécessaire non plus que le mandant connaisse le moment précis auquel son mandat a été exécuté : son intention existe dès que le mandat est donné, l'effet seul en est retardé. Il en serait autrement, si la possession avait été prise pour autrui, sans mandat, mais par le bon office spontané d'un *gérant d'affaires ;* dans ce cas, celui dont les affaires ont été gérées n'acquerrait la possession que lorsqu'il aurait connu et ratifié la prise de possession et, cela, sans rétroactivité.

Art. 203.—298. Le Projet consacre ici une double règle qui remonte au droit romain et qui est admise encore aujourd'hui, en France et ailleurs. Dans les deux cas prévus au texte, la possession matérielle ne change pas de mains, *en fait*, et elle est considérée comme en ayant changé *en droit*..

Les deux cas sont l'inverse l'un de l'autre. Au premier cas, un dépositaire, un emprunteur à usage, un locataire, par exemple, n'avait qu'une possession naturelle et précaire, il détenait la chose pour le compte du propriétaire, ou, tout au moins, pour le compte de celui qui lui en avait fait le dépôt, le prêt ou le bail; ensuite, désirant acquérir la propriété de cette même chose, il passe un contrat d'achat avec celui qui la lui avait remise.

Dans une législation formaliste, comme était la législation romaine à ses origines, alors que la tradition matérielle était exigée pour la translation de la propriété, il eût été nécessaire que le dépositaire ou le locataire, devenu acheteur, restituât d'abord la chose à celui de qui il l'avait précédemment reçue à titre précaire, puis la reçût du même contractant, au nouveau titre de vente; mais on n'a pas tardé à admettre, par un besoin naturel de célérité et de simplicité, que cette double tradition serait *censée faite* par un changement d'intention : le possesseur précaire devenait possesseur *civil* par une *tradition abrégée*, de là l'expression consacrée de tradition de *brève main*.

Au second cas, les faits sont inverses : un propriétaire vend sa chose, ou un possesseur vend la chose qu'il détient comme sienne ; s'il en fait la tradition immédiate à l'acheteur, celui-ci aura la possession matérielle jointe à l'intention ; mais si, pour une raison de convenance personnelle, le vendeur désire conserver l'usage temporaire de la chose, il peut l'obtenir ; mais en déclarant que, désormais, il possède précairement, au nom et pour le compte de l'acheteur. Celui-ci possède *par le fait d'autrui* : il est censé avoir reçu d'abord la possession de la chose en vertu du contrat de vente et l'avoir aussitôt restituée à titre de prêt ou de louage.

Quant à l'expression de " constitut possessoire," elle est consacrée par un long usage pour indiquer cette opération purement intentionnelle : on aurait pu en trouver une plus explicite ; mais, elle a, elle-même, pour ainsi dire, LA POSSESSION, il est bon de l'y maintenir jusque dans la loi japonaise.

Art. 204.—299. Cette double disposition se trouve déjà expliquée sommairement à la fin de l'Exposé.

Dans le premier cas, il y a *continuation* de la possession, et *jonction* dans le second (a).

L'héritier légitime, ou tout autre successeur universel, est le continuateur légal de son auteur : il succède à ses droits et avantages comme à ses charges et obligations ; s'il y a des exceptions à cette règle, elles ne concernent pas la possession, au moins pour les choses et les droits composant le patrimoine. Il y a donc, légalement parlant, *identité et continuation* de possession entre l'auteur et son héritier.

En conséquence, si la possession de l'auteur était *précaire*, elle restera telle chez l'héritier, tant qu'il n'en aura pas changé la cause et la nature, conformément à l'article 197, et comme aurait pu d'ailleurs le faire son auteur lui-même.

Si la possession de l'auteur était civile, mais *sans titre*, elle resterait sans titre pour l'héritier : le fait de succéder à titre d'héritier n'est une juste cause d'acquérir que pour les choses et les droits qui déjà appartenaient réellement à l'auteur.

Les *vices* de violence et de clandestinité ne continueraient pas nécessairement chez l'héritier, mais c'est par

---

(a) On dit quelquefois aussi, au premier cas, *translation* de la possession, et, au second, *accession* de la possession.

la même raison que pour la précarité, à savoir, parce que, chez l'auteur même, ces vices pouvaient cesser. Si donc l'héritier n'a pas eu à prolonger la violence pour continuer de posséder; de même, s'il a donné une publicité suffisante à sa possession, il en a purgé le vice, comme son auteur aurait pu le faire, conformément à l'article 196.

Si la possession de l'auteur avait pour fondement un juste titre, elle pouvait être accompagnée de *bonne foi* ou de *mauvaise foi* : elle aura pour l'héritier la même qualité bonne ou mauvaise. Cependant, en fait, l'héritier pourrait avoir reconnu que son auteur n'avait pas vraiment le droit qu'il possédait de bonne foi. Réciproquement, il pourrait croire à la réalité du droit de son auteur, alors que celui-ci n'y croyait pas lui-même ; mais ces différences d'opinions et de croyances entre l'héritier et l'auteur n'auraient pas d'autre effet que si elles s'étaient rencontrées chez l'auteur lui-même. Or, si l'auteur était primitivement de bonne foi et découvrait plus tard les vices de son titre, sa mauvaise foi, survenue après coup, ne lui enlèverait pas le droit à une prescription acquisitive abrégée (par dix ans), parce que, pour cette prescription, on n'exige la bonne foi qu'au moment où est intervenu le titre; mais il perdrait le bénéfice des fruits perçus depuis la survenance de la mauvaise foi, parce que la bonne foi est exigée au moment de chaque acquisition des fruits.

Pour ce qui est du cas inverse, c'est-à-dire de la bonne foi succédant à la mauvaise foi, il serait difficile à concevoir, en fait, chez l'auteur même, mais très-facile chez l'héritier qui, souvent, croira que son auteur avait la plénitude du droit quand il n'en avait que la possession. Cette bonne foi ne lui donnera pas le bénéfice de la prescription abrégée, mais celui des fruits perçus avant la prescription ou avant la revendication exercée par le véritable titulaire.

300. Voyons, maintenant, comment les choses se passent pour le cessionnaire à titre particulier.

Comme il ne continue pas la personne de son cédant (laquelle, existant encore, n'a pas à être continuée), il n'en continue pas non plus la possession : il commence une *nouvelle possession,* en son propre nom. On pourrait s'étonner qu'une possesssion nouvelle naîsse en la personne de l'acheteur ou du donataire d'un bien particulier, tandis que le droit de propriété même, s'il appartenait au cédant, se transmet et se continue identiquement en sa personne. La raison de cette différence est celle-ci : la possession consiste dans *deux faits*, l'un, matériel, la détention corporelle de la chose ou les actes extérieurs d'exercice du droit, l'autre, intellectuel, l'intention d'agir en maître; or, celui qui aliène une chose qu'il possédait, cesse, tout à la fois, de la détenir et d'avoir l'*animus domini;* on peut donc dire que sa possession *prend fin* (voy. art. 226) ; l'acheteur ou le donataire qui commence à détenir avec l'intention d'avoir la chose à soi se crée donc une nouvelle possession, laquelle aura ses qualités ou ses vices propres.

D'abord, elle pourra être *civile,* quoique celle du cédant fût peut-être *précaire.* Ainsi, un dépositaire ou un locataire vend et livre la chose à lui déposée ou louée, la possession précaire du cédant cesse, elle ne se transmet pas au cessionnaire : celui-ci commence une nouvelle possession ; elle est civile, car il a l'intention d'avoir la chose à lui ; elle est à juste titre, car l'achat est un juste titre ou une juste cause de posséder; en outre, elle peut être de bonne foi, si le cessionnaire a ignoré le défaut de droit chez son cédant.

On ne s'arrêtera pas au cas inverse, à celui où le possesseur primitif, ayant juste cause, donnerait la chose en dépôt ou en louage à un autre ; dans ce cas, le dépositaire ou le locataire n'aurait assurément qu'une possession naturelle et précaire, mais la possession civile resterait au déposant ou au bailleur; il n'y aurait ni cessation ni translation de la possession.

Supposons maintenant que le cédant, au lieu d'une possession précaire, avait une possession civile, mais qui était *sans titre*; le cessionnaire, certainement, commencera une nouvelle possession qui sera *à juste titre*.

La possession du cédant était elle-même à juste titre, mais elle était *de mauvaise foi*; celle du cessionnaire sera de bonne foi, s'il ignorait le défaut de droit chez son cédant.

En sens inverse, la possession était *de bonne foi* chez le cédant, elle pourra être de mauvaise foi chez le cessionnaire.

On conçoit donc que la position du cessionnaire ou successeur à titre particulier soit, lorsqu'on s'attache à sa propre possession, tantôt moins bonne, tantôt meilleure que celle du successeur à titre universel.

301. Mais on a admis, depuis les Romains, qu'il pût se prévaloir de la possession de son auteur, quand il y a intérêt. On a considéré que la possession civile n'est pas seulement *un fait* mais *un droit*, par les avantages qui y sont attachés et par les actions qui la garantissent; or, ce droit, faisant partie du patrimoine d'un particulier, est dans le commerce; il est cessible comme les autres droits, en général. Celui donc qui achète une chose ou un droit dont le cédant n'avait que la possession a, au moins, acquis cette possession, et il est naturel qu'il s'en prévale, qu'il en tire avantage, dans la mesure de son intérêt, en joignant l'ancienne possession de son auteur à la sienne propre.

Ainsi, le cédant avait juste cause et bonne foi et le cessionnaire a une possession de cette même nature doublement favorable: il pourra joindre les deux possessions, ce qui le mènera à la prescription abrégée, laquelle est un bénéfice de la bonne foi.

Ainsi encore, le cédant possédait sans titre, ou, avec juste titre, mais de mauvaise foi, et la possession avait déjà duré plus de 20 ans, en sorte qu'il aurait fallu moins de 10 ans pour que la prescription acquisitive s'accomplît; dans ce cas, le cessionnaire, de bonne ou de mauvaise foi, joindra à sa possession celle de son cédant, car il l'a acquise comme étant la seule chose que le cédant pût lui transférer. Cela ne cause aucun préjudice au légitime propriétaire, puisque, si le reste du temps s'était écoulé sans cession et avant qu'il eût revendiqué, son droit eût été également perdu.

Enfin, on peut encore admettre la jonction de possession d'un cédant de bonne foi à un cessionnaire de mauvaise foi; ainsi, le cédant avait déjà possédé 9 ans et un an de plus l'aurait conduit à la prescription; il cède à un acheteur de mauvaise foi: celui-ci ne prescrira pas assurément au bout d'une année, puisqu'il ne continue pas la même possession; mais il lui suffira de 21 ans de possession de mauvaise foi qui, joints aux 9 ans de possession de bonne foi de son auteur, feront les 30 ans exigés.

Cette dernière solution n'a peut-être pas toujours été admise, mais elle est tout à fait conforme aux principes et elle ne nuit pas au véritable propriétaire, par la même raison que la précédente.

SECTION III.

DES EFFETS DE LA POSSESSION.

Art. 205. Celui qui possède civilement est présumé, jusqu'à preuve contraire, avoir légalement le droit qu'il exerce; en conséquence, il est toujours défendeur aux actions pétitoires ou en revendication relatives à ce droit.

1er avantage de la possess. civile.

206. Le possesseur qui a juste titre et bonne foi acquiert les fruits et produits naturels et industriels, au moment où ils sont séparés du sol, par lui ou en son nom. [538.]

Acquisition des fruits naturels.

Il acquiert les fruits civils jour par jour, comme il est dit pour l'usufruitier.

Idem. des fruits civils.

Si le possesseur est de bonne foi, sans avoir de juste titre, il est dispensé de restituer les fruits consommés, en justifiant qu'il n'en est pas enrichi.

Cas intermédiaire.

Les présents avantages cessent pour l'avenir, dès que le possesseur a découvert que la chose ou le droit possédé ne lui appartient pas; ils cessent, dans tous les cas, à partir de la demande en justice, si elle triomphe définitivement. [550.]

Survenance de la mauvaise foi.

207. Le possesseur de mauvaise foi est tenu de rendre, avec la chose ou le droit revendiqué, les fruits et produits qu'il possède encore en nature ou la valeur tant de ceux qu'il a consommés ou laissés se détériorer par sa faute que de ceux qu'il a négligé de percevoir.

Possession de mauvaise foi.

Le revendiquant, de son côté, doit lui rembourser les frais et impenses qui sont la charge ordinaire des fruits. [549.]

Frais, impenses.

Celui qui possède par violence ou clandestinement est toujours considéré comme possesseur de mauvaise foi quant aux fruits, lors même qu'il croirait à la légitimité de son titre.

208. Tout possesseur, de bonne ou de mauvaise foi, doit être remboursé, par le revendi-

Dépenses nécessaires, utiles, voluptuaires.

quant, des dépenses *nécessaires* ou faites pour la conservation de la chose et des dépenses *utiles* ou qui en ont augmenté la valeur. [1634.]

Aucun possesseur n'a droit au remboursement des dépenses *voluptuaires* ou de pur agrément.

209. Dans le cas des deux articles précédents, le possesseur jouit du *droit de rétention* de la chose, jusqu'à l'entier remboursement des dépenses auxquelles le revendiquant est condamné. [C. ital., 106.] Droit de rétention.

210. A l'égard des dégradations faites à la chose, le possesseur de mauvaise foi est tenu d'en indemniser le propriétaire, dans tous les cas, et le possesseur de bonne foi, seulement dans le cas et dans la mesure où il en est enrichi. [1632.] Dégradations.

211. Les conditions sous lesquelles le possesseur peut arriver à la prescription acquisitive ou usucapion de la propriété, tant des meubles que des immeubles, sont réglées au Livre IIIe. Renvoi pour l'usucapion.

212. Le possesseur a, pour retenir ou recouvrer la possession, les actions possessoires dites *en complainte, en dénonciation de nouvel œuvre* ou *de dommage imminent* et *en réintégrande*, sous les distinctions ci-après. [C. pr. civ. fr., art. 23 à 27; Loi du 25 mai 1838, art. 6.] Actions possessoires.

213. L'action en complainte appartient au possesseur qui éprouve de la part d'un tiers un Action en complainte.

trouble de fait ou de droit impliquant une prétention contraire à sa possession.

Elle tend à faire cesser le trouble et à le réparer.

Elle appartient au possesseur tant d'un immeuble que d'une universalité de meubles ou d'un meuble particulier.

<small>Dénonciation de nouvel œuvre.</small>

214. La dénonciation de nouvel œuvre appartient au possesseur d'un immeuble, pour faire cesser ou modifier des travaux commencés sur un fonds voisin et dont l'achèvement constituerait un trouble à sa possession.

<small>Dénonciation de dommage imminent.</small>

La dénonciation de dommage imminent appartient au possesseur d'un immeuble qui a juste sujet de craindre un dommage, soit de la chûte d'un édifice, d'un arbre ou autre objet, soit de la rupture d'une digne, d'un réservoir ou d'un aqueduc, soit de l'emploi du feu ou de matières inflammables ou explosibles, sans les précautions nécessaires ; elle tend à faire ordonner des mesures préventives contre le danger ou à obtenir caution de la réparation du dommage éventuel. [C. ital., 699.]

<small>Conditions requises pour ces actions.</small>

215. L'action en complainte et celle en dénonciation de nouvel œuvre ou de dommage imminent n'appartiennent qu'à celui qui a une possession civile, paisible et publique; en outre, pour le possesseur d'immeuble, elle doit avoir duré depuis une année entière.

216. L'action en réintégrande appartient au possesseur qui a été dépossédé, par voies de fait, par menaces ou par ruse, de tout ou partie d'une universalité de meubles ou d'un meuble particulier, pourvû que sa possession ne fût pas elle-même entachée d'un des mêmes vices, à l'égard du défendeur.

<small>Action en réintégrande.</small>

Elle ne peut être exercée contre ceux qui ont succédé à titre particulier à la possession usurpée que s'ils ont participé aux actes illicites constituant l'usurpation.

<small>Contre qui elle s'exerce.</small>

Elle appartient tant au possesseur précaire qu'au possesseur civil et à celui dont la possession ne serait pas encore annale.

217. Les actions en complainte et en réintégrande ne sont recevables que dans l'année du trouble ou de la dépossession.

<small>Durée des trois actions possessoires.</small>

La dénonciation de nouvel œuvre est recevable tant que les travaux contestés ne sont pas terminés, à moins qu'il ne se soit écoulé un an depuis que les travaux, même inachevés, ont causé un trouble au possesseur.

La dénonciation de dommage imminent est admise tant que le danger subsiste.

218. Les actions possessoires ne peuvent être cumulées avec l'action pétitoire.

<small>Non cumul du possessoire et du pétitoire.</small>

Le juge de l'action possessoire ne peut fonder sa décision sur des motifs tirés du fond du droit des parties et de nature à le préjuger.

Il ne peut non plus surseoir à statuer sur le

possessoire jusqu'à ce que les parties aient fait juger le pétitoire, lors même qu'il serait déjà pendant en justice.

<small>Cas de sursis au pétitoire.</small>

219. Si l'action pétitoire est intentée par l'une ou l'autre des parties après que l'action possessoire a été portée, soit devant le même tribunal, soit devant un tribunal différent, il doit être sursis à statuer sur le pétitoire jusqu'au jugement définitif sur le possessoire.

Il en est de même, si le défendeur à l'action pétitoire se porte, au cours du procès, demandeur au possessoire, comme il est prévu à l'article 221.

<small>Déchéance du droit d'agir au possessoire.</small>

220. Celui qui a formé une demande au pétitoire ne peut plus agir au possessoire à raison de faits antérieurs à la première demande, même en se désistant de celle-ci ; mais, il peut suivre, comme demandeur ou défendeur, sur une demande au possessoire déjà formée.

Dans tous les cas, celui qui a succombé définitivement au pétitoire est déchu du droit d'agir au possessoire.

<small>Demande reconventionnelle.</small>

221. Le défendeur, soit à l'action pétitoire, soit à une action possessoire, peut, pendant la même instance, se porter lui-même demandeur au possessoire, *reconventionnellement*, soit par une action semblable, soit par une autre.

<small>Jugement du possessoire.</small>

222. Si l'action possessoire est justifiée, le juge ordonnera, suivant les cas, la cessation du trouble, la restitution de la chose usurpée, la discontinuation ou la modification des travaux dénoncés ou les mesures préventives du dommage imminent ; il condamnera, en même temps, le défendeur aux dommages-intérêts, s'il y a lieu.

Dans le cas de dénonciation de nouvel œuvre ou de dommage imminent, il peut aussi ordonner au défendeur de fournir caution pour le montant des dommages éventuels qu'il arbitrera. [C. ital., 699.]

223. Le défendeur qui a succombé au possessoire peut agir au pétitoire, mais seulement après avoir satisfait aux condamnations portées contre lui. Demande au pétitoire.

Si elles ne sont pas liquidées, il consignera au greffe une somme suffisante pour y satisfaire.

224. Le demandeur qui a succombé au possessoire, faute de justification des faits allégués, ou dont la demande a été déclarée non recevable, comme tardive ou parce que sa possession ne remplissait pas les conditions requises, peut encore agir au pétitoire. Suite.

225. La compétence et les autres règles relatives aux actions possessoires sont déterminées au Code de Procédure civile. Renvoi au Code de procédure civile.

COMMENTAIRE.

Art. 205.— 302. La loi détermine dans cette Section les trois avantages attachés à la possession, et règle les actions qui en sont la garantie.

La présomption d'existence légale du droit, *au fond*, en faveur de celui qui l'exerce, *en fait*, est limitée à la possession *civile*. Il est clair que celui qui ne possède que naturellement, c'est-à-dire, n'a pas la prétention au droit, ne peut être présumé avoir ce droit.

Cela est encore plus évident pour le possesseur *précaire*, puisqu'il possède au nom et pour le compte d'un autre, et puisque c'est en faveur de ce dernier qu'il y aura présomption du droit.

La loi aurait pu laisser à l'interprétation le soin de tirer la conséquence naturelle et nécessaire de la présomption légale, mais, pour que la disposition ait un caractère moins dogmatique ou plus pratique, elle a formulé elle-même cette conséquence. Au Japon, d'ailleurs, les présomptions légales sont une innovation, au moins en la forme; l'usage ne paraît pas avoir été jusqu'ici de les exprimer dans la loi; il est bon, dès lors, d'en faire ressortir immédiatement les conséquences utiles.

Quant à l'avantage, pour le possesseur, d'être défendeur aux actions qui tendraient à l'évincer (*a*), il est considérable : le défendeur a moins à prouver son droit, au fond, qu'à contester et combattre les preuves fournies par le demandeur, et si ni l'un ni l'autre des plaideurs n'est en mesure de prouver son droit, le possesseur triomphera par le rejet de la demande.

Le texte ne parle que des actions *pétitoires* ou en revendication, comme étant celles auxquelles le possesseur sera défendeur; quant aux actions *possessoires*, on verra plus loin que le possesseur y est, tantôt demandeur, tantôt défendeur, suivant les circonstances.

Remarquons enfin, avec le texte, que la présomp-

(*a*) On rencontrera souvent, dans la suite, les expressions "évincer, éviction"; elle viennent du latin et signifient *vaincre, victoire*, avec *expulsion*: celui qui est *vaincu, évincé en justice*, doit quitter ou restituer la chose objet du litige.

tion légale établie au profit du possesseur n'est pas *absolue* et invincible, c'est une présomption *simple*, contre laquelle toute preuve contraire est admise, soit par titre, soit par témoins, ou autrement. C'est, d'ailleurs, à raison de cette faculté de preuve contraire que le procès est possible; autrement, le possesseur serait inattaquable, ce qui serait contraire à toute raison et à toute justice.

Art. 206.— 303. Ce bénéfice du possesseur de bonne foi remonte au droit romain ; mais alors on n'en donnait pas une raison suffisante.

Certains jurisconsultes disaient que le gain des fruits était une " indemnité de la culture et des soins donnés à la chose " *(pro cultura et cura)* ; mais cette raison était doublement mauvaise: 1° il y a des fruits qui naissent sans culture et sans soins, comme les coupes de bois, les foins et herbes des prairies, ce sont ceux qu'on appelle souvent fruits *naturels*, par opposition aux fruits *industriels* qui sont surtout le résultat des efforts et du travail de l'homme ; or, on n'a pas tardé à admettre que le possesseur de bonne foi acquerrait les deux sortes de fruits, même ceux qui ne lui avaient demandé aucune culture; 2° si l'acquisition des fruits était la récompense des soins et de la culture, il n'y aurait pas de raison de la refuser au possesseur de mauvaise foi, car il a pu donner les mêmes soins à la chose et faire les mêmes travaux agricoles qu'un possesseur de bonne foi.

D'autres jurisconsultes disaient que "le possesseur de bonne foi est, quant aux fruits, presque comme un propriétaire" (b). Cette raison ne justifiait rien, parce qu'elle avait elle-même besoin d'une justification ; elle donnait pour preuve du droit du possesseur son assimi-

---

(b) *Quod ad fructus attinet, possessor bonæ fidei loco domini penè est.*

lation au propriétaire, laquelle était justement en question ; c'est ce qu'on appelle une *pétition de principe*.

La véritable raison pour laquelle la décision du droit romain était bonne et doit être encore maintenue aujourd'hui, on l'a donnée dans l'Exposé (p. 330), c'est que le possesseur de bonne foi, ayant cru à la réalité de son droit, a, le plus souvent, disposé des fruits perçus, ou, s'il les a conservés, il a pu contracter des engagements auxquels il compte faire face avec ces fruits ; "il a vécu plus largement" *(lautius vixit)*, disaient aussi les jurisconsultes romains, dans des circonstances analogues, et la restitution de ces fruits serait souvent sa ruine. Or, s'il a commis quelque négligence, au moment où il a contracté et acquis la possession, le titulaire légitime du droit, en ne se faisant pas connaître, a commis une négligence plus grave encore, car elle est continue.

Cette raison n'est pas sujette aux objections précédentes : elle autorise à ne pas distinguer les fruits industriels, elle ne s'applique pas au possesseur de mauvaise foi, et elle ne résout pas la question par l'affirmation même de ce qui est en question.

304. Le présent article ne fait pas acquérir les fruits naturels et industriels au possesseur par le seul fait qu'ils sont *séparés du sol*, comme pour l'usufruiter : il veut que ces fruits aient été *perçus* par le possesseur lui-même, ou par un tiers en son nom. Le motif de cette différence est que l'usufruitier acquiert les fruits en vertu d'un *titre parfait*, en vertu *d'un droit* proprement dit ; il suffit que les fruits, aient une existence distincte du fonds ou de la chose usufructuaire pour que son droit commence ; il n'y a pas de raison sérieuse d'exiger de sa part un acte d'appréhension (c).

(c) Les lois modernes s'écartent ici tout-à-fait du droit romain, lequel exigeait, au contraire, un acte d'appréhension de la part de l'usufruitier

Au contraire, le possesseur de bonne foi, n'ayant pas traité avec celui qui pouvait lui conférer le droit même, n'a pas un titre légal aux fruits, par droit et par contrat : il ne peut les obtenir que par un bienfait de la loi, laquelle agit raisonnablement en subordonnant ce bienfait à une prise de possession qui rend le possesseur plus digne d'intérêt, puisque c'est alors aussi que le danger de ruine commencerait pour lui, s'il lui fallait restituer.

305. Cependant, en ce qui concerne les fruits civils, la loi assimile le possesseur de bonne foi à l'usufruitier : il acquiert ces fruits, jour par jour, par conséquent, avant la perception. C'est une innovation par rapport au droit français : elle est facile à justifier.

Si le possesseur de bonne foi n'acquérait les fruits civils que par la perception, son droit ne dépendrait ni des lois de la nature, ni de sa propre diligence, mais de l'exactitude ou de l'honnêteté d'un tiers : il suffirait que le débiteur des fruits civils refusât ou tardât de les payer pour empêcher ou retarder l'acquisition du possesseur de bonne foi ; des poursuites, même un jugement obtenu, ne suffiraient pas à assurer son droit, si la revendication du légitime propriétaire survenait avant le payment. Cette solution est évidemment inadmissible, en raison et en équité, et il est surprenant qu'elle ait été admise en France sans sérieuse contestation. On la repousse, à l'égard du possesseur de bonne foi, pour les mêmes raisons qui l'on fait écarter pour l'usufruitier (v. p. 128).

306. Le 3ᵉ alinéa donne une solution nouvelle, déjà annoncée, pour une situation du possesseur qu'on peut considérer comme intermédiaire entre la bonne foi ac-

---

et se contentait pour le possesseur de la séparation des fruits, même par accident. On voit que, si le droit romain est souvent suivi encore aujourd'hui, ce n'est pas aveuglément.

compagnée d'un juste titre et la mauvaise foi (avec ou sans juste titre).

Lorsque le possesseur se croit propriétaire ou croit avoir tout autre droit qu'il exerce, sans qu'il soit cependant intervenu en sa faveur, de la part d'un tiers, un acte juridique de nature à lui conférer ce droit, on ne peut dire assurément qu'il soit de mauvaise foi : son honnêteté est certaine et mérite quelque considération ; mais on ne peut non plus le traiter aussi favorablement que le possesseur de bonne foi qui a un juste titre.

Rappelons d'abord les hypothèses vraisemblables où le possesseur peut être de bonne foi sans avoir un juste titre. Le cas le plus fréquent sera celui où quelqu'un, se croyant hériter légitime, se sera mis en possession des biens d'une succession, alors qu'un héritier plus proche le prime ou qu'un testament qu'il ignore le dépouille. Citons encore le cas où un véritable héritier a considéré comme bien de la succession un immeuble qui n'en faisait pas partie. Ajoutons le cas d'une erreur de droit qui a fait croire au possesseur qu'un titre originairement précaire avait été interverti et transformé en juste titre, en dehors des deux cas prévus à l'article 197. Enfin, ajoutons le cas d'un titre putatif déjà signalé plus haut (p. 350).

307. La doctrine et la jurisprudence françaises qui n'hésitent pas à refuser à ce possesseur le bénéfice de la prescription de dix ans, et le traitent à cet égard aussi sévèrement que le possesseur de mauvaise foi, sont presque unanimes, au contraire, pour lui reconnaître, quant aux fruits, les mêmes avantages qu'à celui qui a en même temps juste titre. S'il y a quelque divergence d'opinion, c'est pour tomber dans la solution extrême qui ne laisse plus à ce possesseur aucun bénéfice de son honnêteté.

Il semble pourtant bien naturel de faire à ce possesseur une situation intermédiaire quant à ses avantages, comme elle l'est quant à la nature de sa possession. Les principes généraux, d'ailleurs, fournissent aisément la solution, sinon en droit positif français, au moins en droit naturel et pour une loi à faire.

Pour la prescription de dix ans, il n'y a pas à hésiter à lui en refuser le bénéfice : il n'a pas juste titre et son erreur ne peut lui en tenir lieu.

Pour les fruits, rappelons que la loi et la raison naturelle ne les donnent au possesseur de bonne foi qui a juste titre que parce que celui-ci paraît plus digne d'intérêt que le propriétaire, comme ayant une moindre imprudence à s'imputer; mais, on ne peut plus dire de même du possesseur dont l'erreur n'est pas fondée sur un juste titre : quand, par exemple, il s'est cru héritier sans l'être, ou quand il cru héréditaire un bien qui ne faisait pas partie de la succession, il est contraire à toute justice et et à toute raison qu'il trouve dans sa croyance, plus ou moins téméraire, le principe d'une acquisition des fruits au préjudice du propriétaire.

Si, au moment où la revendication du bien a lieu contre lui, il a encore tout ou partie des fruits en réserve, n'est-il pas choquant qu'il les conserve, en alléguant une erreur qui n'a rien de plausible, qui n'est peut-être qu'une ignorance de la loi ?

En pareil cas, il s'enrichirait évidemment du bien d'autrui sans cause légitime. Même objection, s'il a consommé les fruits d'une manière qui l'a enrichi, par exemple, s'il les a vendus et si le prix en est encore dû ou même payé et non dépensé, ou s'il les a employés à nourrir ou chauffer lui et les siens, quand ce sont des objets de consommation indispensables, comme du riz ou du bois : dans ce cas "il est enrichi de ce dont il a épargné son propre argent" (d).

(d) Les Romains le disaient en propres termes : *locupletior factus est, quatenus pecuniæ suæ pepercit.*

308. Mais voici la part que l'équité exige qu'on fasse à son honnêteté, pour ne pas dire à *sa bonne foi* proprement dite : il ne faut pas non plus que la négligence du propriétaire, qui a plus ou moins favorisé ou prolongé l'erreur du possesseur, entraîne la ruine de celui-ci et l'expose à restituer des fruits qu'il n'a plus, ni en nature, ni en valeur équivalente. De là, la solution du texte : le possesseur sera dispensé de restituer ce qu'il n'a plus et ce dont il n'est pas enrichi.

En même temps, la loi tranche la question du fardeau de la preuve (de l'*onus probandi*) : ce ne sera pas pas au propriétaire revendiquant à prouver combien le possesseur est enrichi des fruits; il lui suffira de prouver ce que le possesseur a perçu de fruits, et même, il y aura présomption *de fait* que le possesseur a perçu les fruits ordinaires du fonds ; ce sera ensuite au possesseur à prouver, soit qu'en fait il a perçu moins de fruits, soit que, les ayant perçus, il en a perdu, donné ou consommé tout ou partie, sans profit appréciable.

Ainsi paraissent conciliés les deux intérêts opposés et les principes généraux du droit et de la justice.

309. Le dernier alinéa du présent article suppose que la bonne foi a cessé, par une cause quelconque, au cours de la possession, c'est-à-dire que le possesseur a reconnu que le droit ne lui appartenait pas.

Le bénéfice de la bonne foi cesse pour l'avenir, c'est-à-dire quant aux fruits à percevoir ou à échoir ; mais les fruits déjà perçus ou échus restent acquis au possesseur, sous les distinctions qui précèdent, quand même la revendication du légitime propriétaire ne serait exercée que depuis la cessation de la bonne foi.

La loi a dû s'exprimer nettement à cet égard, pour bien fixer la différence entre la bonne foi requise pour l'acquisition des fruits et celle requise pour la prescription acquisitive de la chose ou du droit: pour cette dernière, la mauvaise foi survenue au cours de la possession ne nuit pas au possesseur, comme on le justifiera au sujet de la prescription.

On dit généralement que la demande en justice faite contre le possesseur a l'effet de le constituer de mauvaise foi ; cette formule n'est pas bonne et le Projet a soin de l'éviter. En effet, souvent le possesseur de bonne foi est tellement convaincu de l'existence de son droit que la demande ne change pas l'opinion qu'il en a ; cependant, il ne serait pas juste que, malgré la demande et la diligence du vrai propriétaire ou autre titulaire légitime du droit, le possesseur continuât à gagner les fruits perçus pendant le procès, lequel peut durer long-temps. La loi satisfait à ces deux idées en privant le possesseur des avantages de la bonne foi, sans lui donner la qualification de possesseur de mauvaise foi, et encore, elle y ajoute la condition (qui, de toute façon, aurait été sous-entendue), que la demande ait été définitivement admise : car si la demande est finalement rejetée, la bonne foi du possesseur recouvre toute sa force, même pour le temps où le procès a été pendant.

Art. 207.— 310. Le possesseur de mauvaise foi aurait dû, en stricte équité, rendre spontanément la chose qu'il savait ne pas lui appartenir ; mais, s'il ne l'a pas fait, soit par incertitude sur la personne du véritable propriétaire, soit par malhonnêteté, au moins ne doit-il pas s'enrichir au préjudice de celui-ci ; il doit aussi réparer tout le tort qu'il lui a causé. On ne peut dire, en sa faveur, comme en celle du possesseur de bonne foi, que la restitution des fruits le ruinerait, car il n'a pas dû consommer ou aliéner des fruits et produits qu'il savait devoir restituer un jour ; à défaut d'enrichissement, il est en faute, s'il a vécu plus largement : il est également responsable, s'il a négligé de percevoir tout ou partie des fruits et produits, ou si, les ayant perçus, il les a laissés périr.

Mais il ne faut pas non plus que le légitime propriétaire s'enrichisse au préjudice du possesseur de mauvaise foi, en recouvrant les fruits sans subir les charges qui s'y rapportent et que le possesseur de mauvaise foi a supportées, tels que frais de culture et de récolte, frais de conservation, impôts et autres charges ordinaires des revenus.

C'est ce qu'exprime le 2ᵉ alinéa de notre article, imité de l'article 548 du Code français.

311. Il restait à savoir comment on devait traiter, quant aux fruits, la possession viciée par violence ou clandestinité. On sait déjà qu'elle ne mène pas à l'usucapion, lors-même qu'elle serait accompagnée d'un juste titre; on sait aussi qu'elle n'est pas incompatible avec la bonne foi (voy. p. 354).

Il va de soi que le possesseur de mauvaise foi qui s'est établi ou maintenu en possession par violence, ou qui dissimule sa possession, n'aura aucun droit aux fruits, puisque la mauvaise foi seule suffit à l'en priver. Mais, que devait-on décider pour celui qui, ayant juste titre et bonne foi, recourrait à la menace pour garder sa possession ou la dissimulerait aux tiers et spécialement au vrai propriétaire ? La question est généralement négligée par les auteurs français; sans doute parce qu'ils sont portés à croire que les vices de violence et de clandestinité sont exclusifs de la bonne foi. Mais maintenant que le contraire est établi, la question mérite d'être soulevée et elle est tranchée ici, par la loi, contre le possesseur, par la considération suivante: le possesseur violent, ou celui qui cache sa possession, n'est pas plus intéressant que le possesseur de mauvaise foi ; il l'est même moins, car il élève des obstacles plus sérieux contre la revendication du vrai propriétaire; il doit donc être privé de toute acquisition des fruits et soumis à toutes les restitutions imposées au possesseur de mauvaise foi, même quant aux fruits qu'il a perdus sans en profiter ou qu'il a négligé de percevoir.

Art. 208.— 312. Cette disposition, comme la seconde de l'article précédent, consacre le principe fondamental de droit naturel que "nul ne doit s'enrichir, sans droit, au détriment d'autrui" (voy. art. 381). La différence est qu'ici les dépenses ne sont plus supposées avoir été faites pour les fruits : elles l'ont été pour la chose même.

Les dépenses que quelqu'un peut avoir faites pour la chose d'autrui sont de trois sortes : *nécessaires, utiles* ou *voluptuaires*. La loi n'accorde pas le remboursement des dernières au possesseur, parce que, comme le nom l'indique, elles sont de pur agrément et ne procurent aucun profit au revendiquant.

Au contraire, les dépenses utiles ont donné une plus value à la chose et le revendiquant en recueille le bénéfice ; les dépenses nécessaires, si elles n'ont pas augmenté la valeur de la chose, l'ont conservée, ce qui est au moins aussi avantageux.

Cette triple distinction des dépenses remonte au droit romain et sa conformité évidente avec la raison et l'équité l'a fait admettre dans toutes les législations modernes.

Le Code français en fait plusieurs fois l'application, notamment, dans les articles 861, 862, 1375 et 1634. On la rencontrera souvent aussi dans le présent Projet.

La loi n'entre pas ici dans les détails de cette théorie, elle ne dit pas, notamment, comme le Code italien (art. 705) que "le possesseur ne peut réclamer "que la somme la plus faible entre celle de ses im- "penses et celle de la plus value :" il va sans dire que s'il obtenait plus que ses impenses, il s'enrichirait, à son tour, au préjudice du propriétaire qui perdrait le moyen de réaliser le même profit.

Art. 209.— 313. Le droit de rétention a été mentionné à l'article 2, comme un des droits réels servant de garantie aux droits personnels ; il a de l'analogie avec le gage et l'antichrèse, sans se confondre avec eux : il permet au créancier de retenir en sa possession la chose soumise au droit de rétention jusqu'au payement des sommes dues à raison de cette chose.

Cette rétention même est sa ressemblance avec le gage et avec l'antichrèse ; mais elle ne donne pas, comme le gage, le droit de faire vendre la chose pour être payé sur le prix par préférence aux autres créanciers, ni, comme l'antichrèse, le droit d'imputer, par privilége également, les fruits et produits de la chose sur les intérêts et le capital de la créance : le droit de rétention ne mènera au payement que par l'avantage que le légitime propriétaire ou ses créanciers auront à recouvrer la libre disposition de la chose ; cet avantage les conduira, tôt ou tard, à désintéresser le réteuteur.

La possession du rétenteur n'a donc plus le caractère de son ancienne possession : la première était civile, celle-ci n'est plus que naturelle et précaire.

C'est au Livre IVe que le droit de rétention sera expliqué dans son ensemble.

Le Code français ne se prononce pas sur le droit de rétention du possesseur, aussi ce droit est-il l'objet, en France, de sérieuses difficultés. Le Code italien ne l'accorde qu'au possesseur de bonne foi (art. 706) ; le Projet japonais accorde la rétention sans distinguer la bonne ou la mauvaise foi, parce qu'autrement il faudrait faire des sous-distinctions compliquées, au sujet des possesseurs de qualités intermédiaires, tels que ceux dont parlent les articles 206, 3e et 4e al. et 207, 3e al. Il y aurait, notamment, des difficultés inextricables en pratique, quand le possesseur aurait été de bonne foi à l'origine, serait devenu de mauvaise foi plus tard et aurait fait des impenses à diverses époques.

Art. 210.— 314. Il a pu arriver que le possesseur ait détruit des bâtiments, coupé des bois qui n'étaient pas aménagés en coupe réglée, ouvert des carrières qui n'étaient pas en exploitation auparavant et dont, par conséquent, les produits n'avaient pas le caractère de fruits; il est juste que le propriétaire en soit indemnisé; mais, ici, on voit reparaître la différence entre la bonne et la mauvaise foi du possesseur.

Le possesseur de mauvaise foi a encore une obligation résultant de sa faute, de son délit civil, peut-être même de son délit pénal; le possesseur de bonne foi n'est toujours tenu qu'en vertu de son enrichissement indû; de là, l'étendue différente de l'une et de l'autre obligation, comme la détermine le texte: il ne peut être question d'imputer à faute au possesseur de bonne foi ses négligences, ni même ses abus de jouissance: " il a cru user ou abuser de sa chose *(re sua abuti credidit)*."

Ici, il n'y a pas à distinguer si la bonne foi est ou non accompagnée d'un juste titre: c'est une simple distinction entre l'honnêteté et la malhonnêteté.

Art. 211.—315. On a déjà annoncé, dans l'Exposé (p. 332), que l'acquisition de la propriété est le principal effet de la possession, si non par sa fréquence, au moins par son importance. Mais comme c'est au Livre IIIe qu'il sera traité des moyens d'acquérir la propriété, il n'y a pas de raison suffisante de traiter ici de *l'usucapion* ou acquisition par l'usage de la chose, c'est-à-dire, par la possession.

Pour le même motif, on s'est également borné, au Chapitre IIe, à mentionner l'acquisition de l'usufruit par la prescription (art. 47). Au contraire, au Chapitre suivant, il sera parlé de la prescription des servitudes, au moins en ce qui concerne les particularités qu'elle présente.

Art. 212.— 316. Les effets attachés à la possession ont suffisamment démontré qu'elle n'est pas seulement *un fait*, comme on l'a quelquefois soutenu, mais qu'elle est aussi, et surtout, *un droit*, un droit sur une chose, un droit réel; la preuve en est complétée par l'existence d'actions judiciaires accordées et organisées en faveur du possesseur.

C'est au Code de procédure civile (art. 23 à 27) que la loi française a traité des actions possessoires, au sujet de la compétence des juges de paix, dans les attributions duquel rentre la connaissance des actions possessoires, en première instance, avec appel au tribunal d'arrondissement. La loi n'est pas, à cet égard, à l'abri du reproche, parce que le Code de procédure ne devrait contenir que les dispositions de compétence, de formes et de délais relatives aux actions, mais non pas ce qui concerne le fond même du droit. Or, la théorie de la possession n'est complète que si elle contient les règles générales d'après lesquelles elle est sanctionnée par des actions et on ne les trouve pas dans le Code civil.

Dans le Code de procédure français il n'est traité des actions possessoires que d'une manière générale et sans détermination d'aucune en particulier; il y est seulement question du trouble qu'elles tendent à faire cesser, ce qui ne paraît guère s'appliquer qu'à l'action en complainte. Mais déjà le Code civil (art. 2060-2°) mentionnait incidemment la réintégrande (e). Enfin, une loi

---

(e) Le mot *réintégrande*, vient du latin: *in integrum*, "en entier," et la particule *re* indique *un retour* : la possesssion usurpée est rétablie en entier.

du 25 mai 1838, sur la compétence de juges de paix, mentionne formellement (art. 6-1°) la complainte et la réintégrande et y ajoute la dénonciation de nouvel œuvre admise déjà dans le droit romain et dans l'ancien droit français et dont la persistance avait toujours été soutenue par la Cour de cassation. La loi de 1838 fait même allusion à "d'autres actions possessoires," sans les déterminer, ce qui ne se comprend guère, à moins de supposer que la loi ait fait allusion aux actions possessoires relatives à l'usufruit et aux servitudes, lesquelles ne seraient que des actions *quasi-possessoires*, conformément à la théorie vulgaire, mais écartée dans l'Exposé, qui ne reconnaît pour l'usufruit et les servitudes qu'une *quasi-possession*.

317. Le Projet japonais admet formellement les trois actions possessoires du droit français; le présent article a pour but de les énoncer et d'indiquer leur double but: *conserver* ou *retenir* la possession *troublée*, *recouvrer* celle qui a été *perdue*.

Les trois actions possessoires ont quelques règles communes, surtout les deux premières; mais elles ont aussi d'assez grandes différences. Les articles suivants feront ressortir ces ressemblances et ces différences (*f*).

Art. 213.— 318. Ce que la loi appelle trouble *de fait* est facile à concevoir: ce sont des actes matériels exercés par un tiers sur la chose possédée par un autre et tendant à gêner, à diminuer, peut-être même à supprimer sa possession; comme serait l'occupation de

---

(*f*) La dénonciation *de nouvel œuvre* et celle *de dommage imminent* ne sont comptées que comme une seule action possessoire, malgré quelques différences. Cette dernière a été ajoutée dans le Projet, au dernier moment et pendant cette impression même. On en donne la raison sous l'article 214 qui la concerne. Au surplus, il n'y en a pas de traces dans la loi française.

tout ou partie d'un terrain ou d'une maison, un passage répété à travers un terrain ou une cour, le fait de puiser de l'eau à un puits ou à un réservoir, d'appuyer un bâtiment, ou de faire sur le fonds possédé quelque entreprise qui ne pourrait se faire qu'en vertu d'une servitude ou d'un autre droit réel.

Le trouble *de droit* consisterait dans des réclamations judiciaires ou extrajudiciaires contre les locataires du fonds qui ont traité avec le possesseur, ou dans le fait de renouveler leur bail; il consisterait aussi dans des réclamations contre le possesseur lui-même et tendant à lui faire abandonner tout ou partie de la chose qu'il détient ou du droit qu'il exerce ; dans ce cas, si l'auteur du trouble ne va pas jusqu'à une une demande en justice, le possesseur troublé peut intenter l'action possessoire pour le faire cesser.

On verra même, à l'article 221, que l'action, soit pétitoire, soit possessoire, intentée contre le possesseur, peut être considérée par lui comme un trouble et qu'il peut y répondre par une action possessoire dite *reconventionnelle*.

La loi veut que le trouble implique, de la part de celui qui le cause, une prétention contraire à celle du possesseur, par conséquent, une prétention, soit à la propriété même ou au fond du droit, soit à la possession ; autrement, le trouble ne serait plus apporté à la possession même, mais à la tranquillité privée; il pourrait donner lieu à une action personnelle en dommages-intérêts, mais non à une action réelle, comme sont les actions possessoires.

319. Ce caractère *réel* des actions possessoires demande qu'on s'y arrête un instant et qu'on y apporte quelques distinctions. Le 2e alinéa de notre article nous y amène d'ailleurs tout naturellement.

L'action en complainte a deux objets : faire cesser

le trouble et en obtenir la réparation, c'est-à-dire l'indemnité. Or, l'action est bien réelle pour le premier objet, car elle tend à faire maintenir la chose dans un certain état, même à l'y faire rétablir, si cet état avait déjà été modifié ; mais, pour ce qui est de l'indemnité à obtenir à raison du dommage déjà éprouvé par le possesseur, l'action ne peut être que personnelle, car elle fait valoir un droit de créance né de la faute de celui qui a causé le trouble.

On doit donc reconnaître que l'action est *mixte*, ce qui veut dire, suivant le sens consacré, qu'elle a, tout à la fois, le caractère réel et le caractère personnel. La question n'est pas sans intérêt ; car si l'auteur du trouble changeait, si, par exemple, le trouble avait été causé par le propriétaire d'un fonds voisin et qu'il cédât son fonds, après le trouble causé par quelque entreprise exécutée sur le fonds du possesseur, l'action possessoire en complainte pourrait bien être exercée contre le nouveau propriétaire, pour faire cesser le trouble et détruire ce qui aurait été fait ; mais l'indemnité de la faute commise ne pourrait pas lui être demandée : elle ne pourrait être demandée qu'au précédent propriétaire, et par une action purement personnelle ; l'action en complainte serait ainsi réduite à son caractère réel et ce qu'elle a de personnel deviendrait l'objet d'une autre action née du quasi-délit.

On verra plus loin que l'action en dénonciation de nouvel œuvre est purement réelle ; on devra décider de même pour la dénonciation de dommage imminent ; quant à l'action en réintégrande, étant fondée sur un fait toujours illicite, elle est, par cela même, toujours personnelle.

320. Le dernier alinéa de notre article nous dit quelles choses possédées peuvent donner lieu à l'action possessoire en complainte.

La question est fort débattue en France, au moins pour les meubles.

D'abord, pour ce qui est des immeubles, il n'y a pas de doute que la possession en soit garantie par l'action en complainte, et, par immeubles, il faut entendre surtout les droits immobiliers que quelqu'un possèderait, c'est-à-dire exercerait comme siens: droits de propriété, d'usufruit, de servitude, d'emphytéose, d'antichrèse.

Le doute n'a lieu que pour les meubles, à l'égard desquels on a prétendu établir une différence entre les universalités (voy. art. 17) et les meubles particuliers. Pour les universalités de meubles, l'action possessoire était admise dans l'ancien droit français (Ordonnance de 1667, sur la procédure) et certains auteurs pensent qu'il faut l'admettre encore aujourd'hui; par exemple, au profit d'un possesseur de tout ou partie d'une succession mobilière qui serait troublé par les actes d'un tiers se prétendant lui-même héritier ou légataire.

On propose d'adopter ce système au Japon. Il devient d'ailleurs nécessaire, à cause de la solution proposée pour les meubles particuliers.

C'est à ce sujet qu'il y a le plus de difficulté. Elle vient de la célèbre maxime: "En fait de meubles, la possession vaut titre" (C. civ. fr., art. 2279), d'après laquelle le possesseur d'un meuble en devient aussitôt propriétaire, par une sorte de prescription ou usucapion instantanée. D'où il résulterait deux obstacles à l'action possessoire au sujet d'un meuble: 1° le possesseur troublé, si courte qu'ait été sa possession, n'aurait pas seulement une action possessoire, mais bien une action *pétitoire* ou en revendication; 2° l'auteur du trouble étant, le plus souvent, devenu lui-même possesseur du meuble litigieux, pourrait aussi invoquer cette prescription, sinon pour se défendre au possessoire (voy. ci-après, art. 218), au moins pour triompher au pétitoire, ce qui ôterait tout intérêt à l'action possessoire.

Cependant, cette double objection ne paraît pas suffisante pour refuser l'action possessoire à celui qui est troublé dans la possession d'un meuble.

D'abord, c'est un principe de raison que "celui qui peut le plus peut aussi le moins;" or, l'on a vu déjà, dans l'Exposé (p. 323), que le vrai propriétaire d'une chose, ou le titulaire légitime d'un droit, qui, en même temps, a la possession de la chose ou l'exercice du droit, peut s'abstenir de soulever la question du fond du droit et ne se prévaloir que de sa possession.

En outre, il n'est pas exact que le possesseur d'un meuble en soit toujours, et par cela même, propriétaire en vertu de la prescription dite instantanée : non seulement, en effet, il faut que la possession soit civile et non précaire, mais il faut encore qu'elle soit de bonne foi (voy. C. civ. fr., art. 1141), et il est raisonnable d'exiger, en outre, qu'elle soit fondée sur un juste titre (*g*); or, ces deux dernières conditions ne sont pas exigées pour l'action possessoire en complainte ; voilà donc déjà deux cas où le possesseur, même civil, d'un meuble, n'aurait pas l'action pétitoire et où l'action possessoire lui serait utile.

Supposons, d'un autre côté, que l'auteur du trouble soit devenu lui-même possesseur du meuble litigieux, il peut ne le posséder que naturellement ou précairement, ce qui est un obstacle absolu à ce qu'il puisse invoquer la maxime "en fait de meubles, la possession vaut titre;" si même il avait la possession civile, il pourrait n'avoir pas juste titre ou n'être pas de bonne foi : il ne pourrait triompher au pétitoire ; il est donc juste qu'il soit soumis à l'action possessoire.

(*g*) Les auteurs sont très-divisés, en France, sur le point de savoir si la prescription instantanée des meubles exige un juste titre en même temps que la bonne foi. On proposera d'exiger ces deux conditions, au Japon, et ce sera encore une grande faveur pour les possesseurs de meubles ; surtout, si l'on va, dans ce cas, jusqu'à présumer le juste titre.

Dans les développements qui précèdent, on a supposé plusieurs fois, notamment au sujet des meubles, que celui qui exerce la complainte est non seulement troublé, inquiété, mais même *dépossédé en entier*. En effet, il ne faut pas croire que la différence entre la complainte et la réintégrande soit dans l'étendue du dommage à réparer : elle est bien plutôt dans la nature du fait qui cause ce dommage et donne lieu à l'action : on a déjà annoncé plus haut que l'action en complainte tend à combattre une prétention à la possession et à en faire cesser les effets ou à les réparer, tandis que la réintégrande tend à faire réparer un acte illicite qui dépasse les limites d'une prétention, comme, du reste, on le verra à l'article 216.

Art. 214.—321. La deuxième action possessoire est d'une application beaucoup plus limitée que la précédente même avec l'extension que lui donne le Projet.

D'abord, elle n'appartient qu'au possesseur d'un immeuble ou à celui qui exerce, comme lui appartenant, un droit réel sur une chose immobilière.

En effet, et pour commencer par la dénonciation de nouvel œuvre, on ne comprendrait guère que des travaux commencés ou même achevés sur un fonds pussent nuire à la possession d'un meuble.

En outre, il faut supposer que les travaux sont faits sur un fonds autre que celui qui est possédé par le demandeur; autrement, celui-ci éprouverait un trouble *actuel* par ces travaux et ce serait le cas de l'action en complainte. Il en résulte que l'action possessoire est donnée ici *avant* le trouble et, par conséquent, en vue seulement de prévenir un trouble *éventuel*.

C'est un avantage pour les deux parties, car il vaut mieux prévenir le mal que le réparer.

La loi suppose que les travaux contestés sont faits

sur un *fonds voisin;* cette circonstance du voisinage n'est pas une condition rigoureusement nécessaire; mais la nature des choses ne laisserait guère concevoir que quelqu'un craignît un trouble à provenir de travaux faits sur un fonds éloigné.

Il va sans dire que cette action appartient tout aussi bien à un vrai propriétaire qu'à un simple possesseur; mais, quand le propriétaire en use, ce n'est pas comme tel, c'est comme possesseur.

Remarquons, à ce sujet, que la dénonciation de nouvel œuvre est exercée plus souvent par un propriétaire véritable que par un simple possesseur. Si elle est considérée comme action *possessoire*, c'est parce que le demandeur n'a pas besoin, pour y triompher, de justifier qu'il est propriétaire du fonds auquel les travaux commencés pourraient nuire: il lui suffit de prouver qu'il en est possesseur civil.

Au surplus, on retrouvera la dénonciation de nouvel œuvre au Chapitre de *Servitudes* (art. 289), comme moyen de préserver un fonds, prétendu libre, d'une servitude que le voisin tenterait d'établir sans droit.

322. La dénonciation de dommage imminent est soumise aux mêmes conditions : le dommage est à craindre du mauvais état, de la vétusté d'ouvrages ou d'objets immobiliers et il menace un immeuble possédé par un autre propriétaire ou par un autre possesseur.

Cette action possessoire dont il n'y a pas trace dans le Code français (*h*), comme on l'a dit (p. 391, note *f*), a été introduite dans le Projet, par emprunt au Code italien (art. 699). Elle a une origine romaine, mais avec de notables différences.

Chez les Romains, le propriétaire menacé par la ruine du bâtiment voisin demandait principalement

---

(*h*) L'article 1386 du Code français ne règle que la réparation du dommage causé, mais il n'autorise aucune mesure préventive.

"la promesse de réparation du dommage" *(cautio damni infecti)*, car s'il avait attendu que le dommage fût effectivement causé, le propriétaire de l'édifice ruiné se serait libéré en abandonnant les matériaux (*i*).

Si le propriétaire de l'édifice refusait de faire la promesse réclamée, le demandeur obtenait du magistrat l'envoi en possession de l'édifice; il pouvait alors y faire lui-même les réparations nécessaires ou le démolir; enfin, il en devenait propriétaire après le temps de l'usucapion.

Ni la loi italienne, ni le Projet ne vont aussi loin: le demandeur demandera au juge d'ordonner les mesures préventives du dommage ou une caution pour la réparation. Si le danger est tout à fait menaçant, c'est la démolition ou la réparation immédiate des ouvrages qui sera naturellement ordonnée; si, au contraire, le danger est encore éloigné ou si le voisin annonce l'intention de réparer lui-même, le cautionnement sera préférable.

Art. 215.— 323. Les trois premières conditions exigées ici de la possession sont déjà connues. Il résulte de ces conditions que celui qui possède naturellement ou précairement n'a pas les deux actions possessoires qui précèdent; de même, celui dont la possession serait fondée sur la violence ou serait restée clandestine.

Quant à la dernière condition, l'*annalité* de la possession, elle apparaît ici pour la première fois. La loi ne l'a pas exigée pour les deux premiers avantages de la possession, à savoir, la présomption de propriété et l'acquisition des fruits.

Elle ne suffirait pas pour la prescription acquisitive d'un immeuble; elle serait excessive pour l'usucapion d'un meuble; elle serait trop rigoureuse aussi pour

---

(*i*) On appelait cet abandon: *noxal*, "abandon de ce qui avait nui" (*noxa, id est, quod nocuit*).

l'acquisition des fruits; mais la loi la déclare, ici, tout à la fois, nécessaire et suffisante pour l'exercice des actions en complainte et en dénonciation de nouvel œuvre ou de dommage imminent, relatives au trouble dont se plaint un possesseur d'immeuble.

Ce délai d'un an, emprunté à la loi française (C. pr. civ., art. 23), est raisonnable; on pourrait, sans inconvénient, le réduire ou l'augmenter; mais il faut toujours exiger un certain temps de possession; autrement, il pourrait arriver que le défendeur à l'action possessoire invoquât lui-même une possession de la même chose ou du même droit, et l'on serait alors obligé de rechercher, avec beaucoup de difficultés, lequel des deux a la possession la plus ancienne ou la plus longue.

Cette condition d'une possession annale, rapprochée de l'article 217, qui exigera que l'action soit intentée dans l'année du trouble, assure facilement la préférence au plus ancien possesseur.

Ce n'est que pour les actions possessoires relatives aux immeubles que la loi exige une possession annale. A l'égard des meubles, la loi n'exige pas une durée déterminée de possession, parce que si la prescription des meubles, elle-même, ne doit être soumise à aucun délai, il est encore plus impossible d'y soumettre l'exercice ds l'action possessoire.

Art. 216.— 324. Ce qui caractérise le cas où il y a lieu à la réintégrande, ce n'est pas seulement *la dépossession* totale ou partielle; car, en pareil cas, la dépossession étant *un trouble*, et le plus considérable possible, l'action en complainte serait également recevable (v. p. 396); c'est le moyen employé pour la dépossession, à savoir, la violence, la menace ou la surprise; le caractère délictueux de ces faits motive une action possessoire particulière et ces particularités sont mises en relief par le présent article.

La loi française est restée muette sur les applications de l'action en réintégrande; aussi y a-t-il, tant dans la doctrine que dans la jurisprudence, un désaccord complet sur ses conditions. On propose ici d'adopter les solutions de la Cour de cassation française, laquelle paraît avoir le mieux compris le but de cette action.

325. Le 1er alinéa nous dit que l'action en réintégrande suppose une dépossession, totale ou partielle, opérée au moyen des trois actes délictueux déjà signalés. Il nous dit encore que l'action appartient au possesseur des trois sortes de biens déjà énoncées à l'article 213: immeubles, universalité de meubles, meubles particuliers.

Au sujet ces derniers objets, il y a encore moins à hésiter que pour l'action en complainte; l'objection tirée de la maxime "en fait de meubles, la possession vaut titre", par laquelle on prétendrait rendre l'action possessoire inutile, est encore moins admissible, puisque la réintégrande est donnée au possesseur précaire (3° alinéa), lequel ne peut jamais invoquer cette maxime.

Enfin, le 1er alinéa exige que le demandeur en réintégrande n'ait pas lui-même obtenu la possession par un des moyens qu'il impute au défendeur; autrement, il n'y aurait pas de raison pour qu'il lui fût préféré. C'est le cas d'appliquer un axiome célèbre: "dans deux situations semblables, on préfère celle du possesseur actuel" *(in pari causâ melior est possidentis)*. Mais, pour que les faits délictueux du demandeur le privent de l'action en réintégrande, il faut qu'ils aient été commis contre le défendeur; autrement, celui-ci n'aurait pas le droit de les opppser au demandeur: ce sont des vices relatifs, non absolus, comme on l'a déjà vu sous l'article 196.

326. Le 2ᵉ alinéa établit encore une différence profonde entre l'action en réintégrande et les deux premières actions possessoires. On a vu, plus haut, que ces deux actions sont vraiment *réelles*, en ce sens qu'elles se donnent contre tout possesseur, lors même qu'il ne serait pas l'auteur du trouble ou des travaux contestés: il suffit qu'il ait succédé à la possession et qu'il n'ait pas fait cesser le trouble ou les travaux ; la réparation seule, l'indemnité du dommage, est demandée à l'auteur direct du trouble. Dans la réintégrande, au contraire, l'action toute entière, aussi bien pour la restitution que pour l'indemnité, a un caractère *personnel;* comme telle, elle peut bien être exercée contre les successeurs universels, parce qu'il continuent la personne de leur auteur et succèdent à ses obligations civiles, même à celles nées de faits délictueux ; mais, elle ne s'exercerait pas contre un successeur à titre particulier (acheteur, donataire), comme tel, puisqu'il ne succède pas à la personne; toutefois, s'il était lui-même complice des actes d'usurpation, il serait sujet à l'action pour ses faits personnels.

327. Le 3ᵉ alinéa est celui où le Projet adopte les deux théories de la Cour de cassation française :

1° L'action en réintégrande appartient au possesseur *précaire,* aussi bien qu'au possesseur civil (voy. p. 335);

2° Elle n'exige pas, même pour les immeubles, une possession annale ; c'est l'application d'un axiôme encore, et d'une évidente équité : " le spolié doit être, avant tout, rétabli dans sa situation première," *spoliatus antè omnia restituendus.*

Art. 217.— 328. On a déjà fait remarquer, sous l'article 215, que le défendeur aux actions possessoires, pouvant être lui-même, le plus souvent, considéré comme possesseur, le délai de l'exercice des actions possessoires devait, dès lors, être calculé de façon à donner la préférence au plus ancien possesseur. Or, le demandeur en complainte doit avoir possédé un an, au moins, avant le trouble; il devra donc agir aussi dans l'année du trouble; autrement, le défendeur lui serait préférable par la durée de sa possession.

Pour l'action en réintégrande, le principe n'est pas tout-à-fait observé : il faut toujours, il est vrai, que l'action soit intentée dans l'année; mais, comme il n'est pas nécessaire que la possession du spolié ait duré un an (art. 216), ce n'est pas toujours le plus ancien possesseur qui aura la propriété. Ainsi, le spolié n'avait possédé que pendant trois mois et il exerce son action lorsque le spoliateur a déjà possédé onze mois, il triomphera : cette exception s'explique par la défaveur qui s'attache à l'auteur de la spoliation.

A l'égard de la dénonciation de nouvel œuvre, le principe est suffisamment observé : le demandeur doit avoir la possession annale, et si l'action peut être intentée même après un an depuis les travaux commencés, c'est à la condition qu'ils n'ont causé de trouble que depuis moins d'un an; en outre, elle devient non recevable, même avant l'année écoulée, si les travaux sont terminés auparavant.

Pour ce qui concerne la dénonciation de dommage imminent, il est clair que tant que le danger subsiste la cause de l'action renaît, pour ainsi dire, chaque jour: celle-ci ne peut donc cesser qu'avec la réparation des ouvrages ou leur suppression. Si le dommage est une fois consommé par la chûte de l'édifice, l'action possessoire est éteinte faute d'objet, elle est remplacée par une action personnelle en indemnité.

Art. 218.— 329. Le principe posé et appliqué dans cet article se trouve, en forme d'axiôme, dans le Code de procédure civile français (art. 25), en ces termes: "Le possessoire et le pétitoire ne seront jamais cumulés."

Il semble, au premier abord, que rien ne serait plus naturel, pour le juge, que de chercher, dans les titres et autres preuves du fond du droit des parties, la solution demandée sur la préférence respectivement prétendue par elles au sujet de la possession; mais la loi le lui défend, avec raison et pour deux motifs principaux:

1° Dans les actions possessoires, il n'est pas question de savoir si, du côté du demandeur, la possession est juste et légitime, mais si elle existe, avec les caractères et la durée requis; ni, du côté du défendeur, si le trouble qu'il a causé ou l'usurpation qu'il a commise sont fondés ou non sur un droit, mais seulement s'il y a eu véritablement trouble ou dépossession et, dans le cas de travaux contestés, s'ils peuvent éventuellement causer un trouble; ce serait donc, de la part du juge, statuer sur choses non demandées, commettre *un excès de pouvoir*, que d'examiner le fond du droit respectif des parties et d'y puiser les éléments de sa décision;

2° La compétence, en matière d'actions possessoires, est donnée à un juge inférieur et très-rapproché des parties, le juge de paix (*j*), tant à cause de la simplicité de la question qu'à raison de la célérité qu'en réclame la solution: il ne serait donc pas admissible que le juge pût excéder sa compétence, en se livrant à l'examen du fond, si non pour le *juger*, au moins pour le *préjuger*.

Le défense faite au juge par le 3e alinéa, se justifie autrement: si le juge, pour sortir d'embarras, prononçait un sursis et renvoyait les parties se pourvoir au

---

(*j*) Au Japon, on adoptera, sans doute, comme en France, la compétence du juge de paix pour les actions possessoires. C'est le Code de Procédure civile qui règlera ce point.

pétitoire, il commettrait *un déni de justice*, ce que la loi réprouve plus encore qu'un mauvais jugement.

Ajoutons qu'après le jugement du pétitoire, il n'y aurait plus rien à juger au possessoire (art. 220, 2ᵉ al.), ce qui bouleverserait toute la théorie.

Art. 219.— 330. Cet article est la contre-partie du 3ᵉ alinéa de l'article précédent : celui-là défendait le sursis au possessoire, celui-ci ordonne le sursis au pétitoire. Mais le motif n'est plus le même ; car, tandis que le juge ne peut statuer sur choses non demandées, les parties peuvent, en général, à leurs risques, demander ce qu'elles croient leur appartenir et, en fait, il y a deux demandes pendantes.

La principale raison pour laquelle la loi veut qu'il soit sursis à statuer sur le pétitoire, jusqu'après le jugement définitif sur le possessoire, c'est que le possessoire a toujours un caractère d'urgence : il arrive souvent, en effet, que les contestations sur la possession amènent des injures, des violences ou des rixes ; c'est une des matières où les particuliers ont une fâcheuse disposition à se faire justice à eux-mêmes ; en outre, les preuves, tant de la possession que des atteintes qu'elle peut recevoir, sont de nature à disparaître avec le temps, plus facilement et plus promptement que celles du fond du droit ; il y a donc urgence à examiner et juger le possessoire.

Ajoutons que celui qui triomphera au possessoire sera défendeur à l'action pétitoire, il est donc juste de laisser à chaque partie le moyen d'obtenir son véritable rôle dans la procédure du pétitoire.

La loi suppose que les deux actions peuvent être portées devant le même tribunal ; il semble, d'après ce qui a été dit plus haut, que l'un d'eux devrait toujours être incompétent ; mais cela n'est pas constant : d'abord, si l'action possessoire est déjà portée en appel au tribunal de département, au moment où l'action pétitoire est portée en première instance à ce même tribunal, il n'y a aucune incompétence; de même, s'il s'agit de meubles et que l'action pétitoire soit portée devant le juge de paix, dans les limites de sa compétence, alors que l'action possessoire y est déjà pendante (k); enfin, lors même que le cumul des deux actions devant le même tribunal constituerait un cas d'incompétence, ce n'est pas l'exception d'incompétence qui devrait être opposée la première, mais celle tirée de notre article et tendant au sursis; elle est, en effet, beaucoup plus facile à juger qu'une question de compétence: il suffit de constater que les deux demandes sont pendantes et d'en ajourner une.

Le 2ᵉ alinéa autorise le défendeur au pétitoire à se porter demandeur au possessoire. Cela est très-juste: il ne fallait pas que l'auteur du trouble ou de la spoliation pût, en intentant l'action pétitoire, se soustraire à une prompte réparation et priver le possesseur de l'action possessoire.

Art. 220.— 331. La disposition du 1ᵉʳ alinéa est empruntée à l'article 26 du Code de procédure français. Elle paraît un peu sévère. On en donne généralement le motif que celui qui, paraissant pouvoir agir au possessoire, à raison d'un trouble ou d'une spoliation, ne l'a pas fait, a reconnu que sa possession n'avait pas les qualités voulues ou que les faits n'étaient pas assez graves pour l'autoriser à agir au possessoire et qu'il a ainsi renoncé tacitement à cette voie judiciaire.

Quelques auteurs vont jusqu'à décider que la renonciation tacite s'appliquerait même à une action posses-

---

(k) Il est vraisemblable que dans les cas où la revendication des meubles ne sera pas empêchée par la maxime "en fait de meubles, la possession vaut titre," elle sera de la compétence des juges de paix, sauf appel.

soire déjà intentée par la même partie. Le Projet japonais ne va pas jusques-là : il permet, formellement à cette partie, de continuer à procéder, de "suivre," autant comme demandeur que comme défendeur, sur une action possessoire déjà intentée, et cette disposition concorde parfaitement avec celle de l'article précédent qui veut qu'au cas où les deux actions sont simultanément pendantes, il soit seulement sursis au jugement du pétitoire.

Bien entendu, la demande au pétitoire ne ferait pas perdre le droit d'agir au possessoire pour des faits de trouble ou de spoliation commis contre le demandeur *après* sa demande : le texte et la raison ne font présumer la renonciation qu'à l'égard de faits *antérieurs*.

Si l'action pétitoire a été seule intentée d'abord, celui qui y a succombé, soit comme demandeur, soit comme défendeur, ne peut plus agir au possessoire. Cette décision du 2e alinéa de notre article est facile à comprendre : les droits et actions accordés au possesseur sont fondés sur une présomption de propriété ou de droit au fond, laquelle est démentie par le jugement sur l'action pétitoire.

Observons seulement que cette déchéance du droit d'agir au possessoire n'a lieu que contre celui qui a succombé "définitivement;" par conséquent, un jugement sur le pétitoire, encore susceptible d'opposition, d'appel ou de pourvoi en cassation, et contre lequel ces voies de recours seraient déjà exercées, ne ferait pas obstacle à l'exercice d'une action possessoire.

Art. 221.— 332. Il est fréquent que les plaideurs aient à se reprocher, respectivement, les mêmes torts ou des torts semblables, et il est naturel, en pareil cas, que chacun puisse prendre le rôle de demandeur pour en obtenir la réparation. Lorsque celui qui a été actionné le premier se porte à son tour demandeur, sa demande est dite *reconventionnelle* (*l*).

C'est surtout en matière de possession qu'il est facile de concevoir que les deux adversaires s'imputent réciproquement des torts, des troubles ou des voies de fait. Si notre article proclame le droit pour le défendeur au pétitoire de former une demande reconventionnelle au possessoire, c'est pour compléter le jeu assez compliqué de ces diverses actions, et aussi de peur qu'on n'exagère la règle que "le pétitoire et le possessoire ne peuvent être cumulés." Il sera, bien entendu, sursis au pétitoire, d'après l'article 129.

Art. 222.— 333. Cet article ne présente pas de difficulté : il consacre ce qui a déjà été annoncé comme étant l'objet des diverses actions possessoires.

On rappelle seulement ici que, dans l'action en réintégrande, la restitution de la chose usurpée ne peut être exigée que de l'auteur même de la spoliation ou de ses héritiers, parce qu'elle a pour cause une faute ; il en est de même dans les autres actions, pour les dommages-intérêts : sur ces deux chefs, les actions possessoires ont le caractère d'actions personnelles.

Enfin, on remarquera une double particularité sur la dénonciation de dommage imminent : 1° les mesures préventives du dommage, qui peuvent être des travaux de réconfortation ou une démolition totale ou partielle d'édifices, 2° la caution ou garantie de l'indemnité éventuelle *(cautio damni infecti)*.

(*l*) Il ne faut pas voir, dans ce mot, l'idée d'une *nouvelle convention*, mais celle d'une nouvelle action : le défendeur, actionné, *réactionne* le demandeur : *conventus reus reconvenit actorem*.

Cette singularité de langage vient de ce que le mot latin *convenire* qui signifie "venir ensemble" ne s'emploie pas seulement pour ceux qui contractent, qui conviennent, mais encore pour ceux qui vont plaider ensemble et qui *se rencontrent* au tribunal.

Art. 223.— 334. La disposition du 1er alinéa ne pouvait faire doute: la question de propriété, ou du fond du droit, n'a pas été soulevée, elle est entière; il a été jugé que le demandeur était possesseur avec les qualités requises pour agir au possessoire et qu'il avait été troublé ou spolié; le défendeur n'a pas été admis à se justifier par des moyens tirés du fond, parce que "le possessoire et le pétitoire ne peuvent être cumulés;" mais il peut maintenant introduire l'action pétitoire: il y sera demandeur, avec toute la charge de la preuve, et, s'il triomphe, son adversaire sera obligé de lui rendre la possession et les fruits perçus depuis la demande; enfin, le débat ne pourra plus être soulevé entre les mêmes parties: il y aura définitivement *chose jugée au fond.*

Mais, il y avait à craindre que celui qui a succombé comme défendeur au possessoire ne cherchât à se soustraire, pendant un certain temps, à l'effet des condamnations portées contre lui et qu'il n'intentât, témérairement ou de mauvaise foi, une action pétitoire. La loi prévient ce danger, en exigeant que l'exécution des condamnations ait lieu préalablement, ou qu'il soit donné à cet égard des garanties suffisantes.

Art. 224.— 335. Cet article est la contre-partie de l'article 220, 2e alinéa.

Il est clair que le fait, par le demandeur au possessoire, d'avoir manqué aux justifications exigées de lui, comme tel, n'empêche pas qu'il puisse avoir la propriété ou tout autre droit qu'il exerçait déjà comme lui appartenant. De même que le défendeur, il n'a pu se prévaloir, dans l'action possessoire, des titres et autres moyens de prouver son droit au fond, lequel reste encore à juger, s'il le requiert. Et, son procès ne pouvant être présumé téméraire, comme celui du défendeur prévu à l'article précédent, il n'est même pas obligé d'acquitter préalablement les frais du premier procès auxquels il a pu être condamné.

Art. 225.—336. Il est vraisemblable, comme on l'a déjà observé, qu'on admettra au Japon la compétence des juges de paix pour les actions possessoires, par les mêmes raisons qu'en France: 1° parce que le jugement de ces actions requiert célérité; 2° parce qu'il y a souvent lieu de faire des visites de lieux, lesquelles seraient coûteuses, s'il fallait les faire faire par les juges du *Ken*; 3° parce que ces actions n'ont, en quelque sorte, qu'un caractère provisoire, pouvant toujours être suivies d'une demande au pétitoire sur laquelle les droits respectifs des parties pourront être jugés, au fond, tout différemment.

Quoiqu'il en soit, la question est réservée: ce n'est pas au Code civil qu'elle doit être tranchée.

Les autres règles de procédure, également réservées, sont celles relatives aux enquêtes, aux visites de lieux, aux expertises, etc.

SECTION IV.

DE LA PERTE DE LA POSSESSION.

Art. 226. La possession se perd : *(Perte de la possession.)*

1° Par la cessation de l'intention de posséder pour soi-même ou pour autrui;

2° Par l'abandon volontaire ou légalement forcé de la détention de la chose ou de l'exercice du droit;

3° Par la prise de possession d'un tiers, même illégale, lorsqu'elle a duré plus d'une année, sans que l'action en complainte ou en réintégrande ait été exercée ;

4° Par la destruction totale ou par la perte de la chose ou du droit qui fait l'objet de la possession.

COMMENTAIRE.

Art. 226.— 337. Il semblerait qu'on dût retrouver ici tout ou la plus grande partie des sept causes qui font perdre le droit de propriété (voy. art. 44). Cependant, il n'y a guère que les 2e et 4e cas qui soient communs aux deux droits (voy. art. 44, 5e et 7e al.) ; cela tient à la grande influence, dans la possession, du *fait* de la détention, lequel est indifférent dans la propriété qui est un pur *droit*.

On reprendra séparément chacune des causes qui font perdre la possession ; mais elles ne présentent guère de difficultés, après les développements qui précèdent.

338.— 1er al. L'intention de posséder étant un des deux éléments du droit de possession, il est naturel que le droit cesse avec cette intention.

Comme il y a deux sortes de possession, l'une civile, l'autre naturelle, comme la différence entre elles tient à ce que, dans la première, on possède pour soi, et, dans l'autre, pour autrui ou sans aucune affectation déterminée, dès lors, le texte, pour embrasser les deux sortes de possession, suppose que, dans chacun de ces deux cas, le possesseur a cessé d'avoir l'intention qui constituait et caractérisait sa possession.

Ainsi, celui qui possédait pour lui-même et avait la possession civile a commencé à posséder pour autrui : il a perdu la possession civile et n'a plus qu'une possession précaire ; ainsi encore, celui qui possédait pour autrui et avait la possession précaire a cessé d'avoir l'intention de posséder pour aucune personne : il n'a plus la possession précaire ; il serait même difficile de dire qu'il conserve une possession purement *naturelle* ; car il ne se rencontrerait plus en sa personne qu'un pur fait matériel, la détention de la chose, que la loi ne protège aucunement et ne reconnaît pas.

On n'a pas à revenir ici sur le cas inverse du premier, celui où le possesseur précaire aurait désormais l'intention de posséder pour lui-même : en pareil cas, son changement d'intention serait rarement valable ; il resterait légalement possesseur précaire, et si, par exception, le changement d'intention était admis, il y aurait moins *perte* de la possession précaire qu'*acquisition* de la possession civile (voy. art. 197).

339.— 2ᵉ al. Si le possesseur, sans cesser d'avoir l'intention de posséder, cesse de détenir la chose ou d'exercer le droit, c'est le deuxième élément de la possession, l'élément *de fait*, qui lui manque ; son intention est insuffisante pour lui faire retenir la possession.

Toutefois, la loi exige, pour cela, que la cessation du *fait* soit *volontaire*, ou, si elle est *forcée*, qu'elle le soit *légalement* ; comme serait l'exécution d'un jugement rendu au possessoire, sur une action en réintégrande, ou au pétitoire, sur une action en revendication ou en résolution de contrat ; telle serait encore l'exécution d'un jugement de confiscation.

Ces cas correspondent à quelques uns de ceux où, d'après l'article 44, la propriété elle-même se perd ; mais, il y a cette différence que la propriété étant un pur *droit*, se perd par le jugement même qui prononce la résolution ou la confiscation ; tandis que la possession, à cause de son élément de *fait*, ne se perd que par l'exécution effective du jugement.

Si la cessation de la détention n'était ni volontaire,

ni légalement forcée, mais résultait d'une force majeure, comme d'une inondation prolongée, la possession ne serait pas perdue; il en serait de même s'il s'agissait de terrains inaccessibles pendant une partie de l'année (*a*); on peut encore ajouter le cas où un objet mobilier est égaré dans une maison et où l'on ne peut pas dire qu'il soit encore possédé en fait, sans qu'on puisse dire non plus que la possession en soit perdue.

Dans tous ces cas, on dit que "la possession se conserve par la seule intention."

340.— 3ᵉ al. Le texte du précédent alinéa, en exigeant que la cessation forcée de la détention soit *légale*, a pour but d'exclure le cas de dépossession illégale, par violence ou par ruse, cas auquel le spolié a la réintégrande et n'a pas perdu la possession, tant qu'il n'a pas perdu cette action par le laps d'un an. C'est à cette occasion que s'est introduit l'axiôme de droit que "celui qui a une action pour recouvrer une "chose est considéré comme ayant encore la chose elle- "même."

Dans le cas où le possesseur spolié ou privé de la possession par le fait d'un tiers, même de bonne foi, néglige d'intenter, dans l'année, l'action en réintégrande ou l'action en complainte, on pourrait dire que, le plus souvent, il y a abandon volontaire de la possession; mais il est préférable de séparer ce cas du précédent; en effet, lors même que l'inaction du possesseur dépouillé tiendrait à son absence ou à son ignorance de la dépossession, il n'en perdrait pas moins son droit, comme il arrive d'ailleurs dans les autres cas où les droits se perdent par prescription.

(*a*) Cette distinction des lieux inaccessibles en hiver est très fréquente dans les textes du droit romain où on les nomme *saltus hiberni*. Elle ne sera pas moins utile, au Japon, à cause de ses montagnes long-temps couvertes de neige.

341.—4ᵉ al. Il va de soi que la possession ne peut survivre, ni comme *fait,* ni comme *droit,* à la destruction totale de la chose: l'intention de la posséder n'aurait plus d'objet.

La loi prévoit aussi la *perte* de la chose, qui ne se confond pas toujours avec sa *destruction :* ainsi, si une chose privée passe dans le domaine public, la possession cesse, au moins la possession civile (art. 192); ainsi encore, si un animal sauvage s'échappe et n'a pu être ressaisi, avant d'être occupé par un tiers de bonne foi, la possession est perdue.

CHAPITRE V.

DES SERVITUDES FONCIÈRES.

Nature des Servitudes.

Art. 227. Les servitudes foncières sont des charges établies sur un fonds, pour l'utilité d'un fonds appartenant à un autre propriétaire. [C. fr., 637, 639.]

Leurs causes.

Elles sont établies par la loi ou par le fait de l'homme. [C. ital., 532.]

COMMENTAIRE.

Art. 227.— 342. Le nom de *servitudes*, employé pour désigner certains démembrements de la propriété, remonte au droit romain (*a*); il exprime l'idée qu'une chose est affectée, d'une façon dépendante, à l'usage et au service d'un autre que le propriétaire de cette chose. Le droit de propriété lui-même assujettit pleinement la chose au propriétaire; mais le nom même de *propriété* l'indiquant suffisamment, le nom de *servitude* ne s'emploie pour aucun des services que le propriétaire tire de sa propre chose (*b*).

Les servitudes dont il va être parlé sont appelées *prédiales* (de *prœdium*, fonds) ou *foncières* et, souvent, *réelles*, par opposition à l'usufruit, à l'usage et à l'habitation qu'on appelle quelquefois servitudes *personnelles*.

(*a*) Servitude, vient du latin *servire*, "être asservi, assujetti, dépendant;" d'où *servitus*: "dépendance."

(*b*) Les Romains exprimaient ainsi cette idée: *nemini res sua servit*, "personne n'a un droit de servitude sur sa propre chose."

343. Ces noms demandent quelque attention, car ils pourraient causer de la confusion, et si on les conserve ici, c'est parce qu'ils sont consacrés, en Europe, par un long usage.

La qualification de *réelles* n'a pas ici pour but de dire que les servitudes sont des *droits réels ;* car l'usufruit, l'usage et l'habitation sont aussi des droits réels. La qualification de *prédiales* ou *foncières* n'est pas employée pour exprimer que ces servitudes portent toujours *sur des fonds ;* car l'habitation porte toujours sur un bâtiment, et si l'usufruit et l'usage ne portent pas toujours sur un fonds, ils peuvent aussi porter et, en fait, ils portent, le plus souvent, sur cette nature de biens.

Ici, les qualifications de *réelles* ou *foncières*, appliquées aux servitudes, expriment l'idée qu'elles APPARTIENNENT A *une chose*, A *un fonds*, par opposition à l'usufruit, à l'usage et à l'habitation, qui appartiennent toujours *à une personne déterminée* et s'éteignent avec elle, sans se transmettre à son héritier, même au plus proche (c).

Il y a, au premier abord, quelque chose de bizarre à dire qu'un droit "appartient à une chose : " les choses sont les *objets* du droit et n'en peuvent être les *sujets ;* elles *subissent* un droit, mais ne peuvent *l'exercer ;* leur rôle est toujours *passif*, jamais *actif ;* et, en réalité, les servitudes foncières appartiennent *au propriétaire* du fonds en faveur duquel la servitude est établie ; mais, comme ce propriétaire peut changer, par cession ou par héritage, et comme le droit de servitude n'en subit aucune atteinte et passe intact au nouveau propriétaire, en cette qualité, on est amené à dire, par figure de

---

(c) Les expressions du droit Romain rendaient la même idée, non sans quelque équivoque aussi : *servitutes prædiorum, servitutes personarum,* " servitudes DE fonds, servitudes DE personnes." Le mot *servitudes* était alors pris activement, dans le sens de DROITS *de servitude*.

langage, que le droit de servitude appartient plutôt au fonds qu'à la personne du propriétaire. En outre, si l'on considère que les servitudes ont pour but l'amélioration des fonds, leur utilité, leur plus value, et non le seul agrément des personnes, il n'y a rien d'exagéré à dire que les servitudes foncières " appartiennent aux fonds," et même, en suivant jusqu'au bout la figure de langage, on appelle fonds *dominant* celui en faveur duquel la servitude est établie et fonds *servant* celui qui la subit, celui sur lequel elle s'exerce.

Ces observations préliminaires servent d'explication au 1er alinéa de notre article 227 qui donne la définition des servitudes foncières.

344. Il suffit maintenant d'en faire ressortir les deux caractères distinctifs.

1° La servitude doit avoir pour but de donner plus d'utilité au fonds dominant. Par *utilité*, on doit entendre tout ce qui en favorise l'usage, en facilite l'exploitation et, d'une manière générale, en augmente la valeur ; ce qui comprend même certains agréments, lorsqu'étant de nature à convenir *à toute personne* et non au seul propriétaire actuel, ils donneront plus de valeur au fonds.

On aura à revenir, plus loin, avec l'article 286, sur les distinctions à faire au sujet des agréments purement personnels qui ne pourraient être établis à titre de servitude *foncière*.

Le présent article exige que la servitude procure de l'*utilité* au fonds dominant ; c'est le principe essentiel.

L'établissement des servitudes a un grand avantage économique. Généralement, le profit qu'elles procurent au fonds dominant est bien supérieur au préjudice qu'elles causent au fonds servant ; cependant, s'il en était autrement, la servitude n'en serait pas moins valable, car les propriétaires auraient usé de leur liberté respective et, d'ailleurs, il serait, sans doute, intervenu quelque compensation, en argent ou autrement.

2° Il est nécessaire que les deux fonds, servant et dominant, appartiennent à différents propriétaires: si le propriétaire de deux fonds tirait de l'un des avantages dans l'intérêt de l'autre, ce serait l'exercice du droit de propriété, il n'y aurait pas servitude (*d*); cet état de chose dépendrait uniquement de la volonté du propriétaire, quant à son étendue et quant à sa durée; la loi n'aurait pas à s'en occuper. Ce principe a des conséquences variées que l'on rencontrera ultérieurement.

345. Généralement, les servitudes sont établies entre fonds contigus ou, tout au moins, voisins; mais, cette condition n'étant pas absolument nécessaire, en raison, la loi ne l'exige pas; ainsi, rien n'empêcherait qu'un droit de passage ou une prise d'eau fussent établis à la charge d'un fonds, au profit d'un fonds éloigné, lorsque la communication entre les deux fonds ne pourrait se faire que par la voie publique, par un cours d'eau, ou par des fonds intermédiaires.

La loi n'exige pas non plus que les servitudes aient un caractère perpétuel, pour les fonds de terre, ni même, s'il s'agit de bâtiments, qu'elles soient aussi durables que ceux-ci; cette condition de perpétuité était exigée dans le droit romain, sans qu'on en ait donné une raison bien satisfaisante; elle a été abandonnée dans les législations modernes et il n'y a aucune raison de l'exiger au Japon.

346. Le 2° alinéa de notre premier article indique les causes d'établissement des servitudes; il n'en reconnaît que deux: *la loi* et le fait ou la volonté de *l'homme*.

(*d*) *Nemini res sua servit* (voy. note *b*).

En cela, le Projet s'écarte du Code français qui admet, en outre, des servitudes *naturelles* ou résultant de la situation des lieux (art. 640 et suiv.). Mais, sous ce titre de servitudes naturelles, ce Code place à tort (et par inadvertance sans doute) des servitudes légales et des servitudes provenant du fait de l'homme; en réalité, il ne contient qu'une seule servitude qui paraisse due à la nature, avant d'être reconnue par la loi.

Ce ne serait pas, cependant, une raison pour négliger un droit qui viendrait de la nature avant d'être consacré par la loi; mais, si l'on veut examiner les choses de plus haut, on reconnaîtra que tous les droits sont naturels avant d'être consacrés par la loi, surtout dans les pays où la loi se garde d'être arbitraire et tyrannique; toutes les servitudes dites légales seraient donc, avant tout, *naturelles;* il est préférable de nommer *légales* toutes celles que la loi consacre. D'ailleurs, même dans les servitudes que la nature semble imposer davantage au législateur, il y a toujours lieu de régler l'exercice du droit, d'en déterminer l'étendue et les limites; or, si les intéressés n'y pourvoient pas eux-mêmes, la loi seule le peut, si elle ne veut pas laisser aux tribunaux un trop grand pouvoir, lorsque les contestations se présenteront.

En n'admettant que deux causes d'établissement des servitudes, la loi et le fait de l'homme, le Projet japonais se trouve d'accord avec le nouveau Code civil italien (art. 532).

347. Ce n'est pas, cependant, sans avoir beaucoup hésité que les auteurs du Projet se sont décidés à reconnaître des servitudes *légales*, bien qu'on trouve cette idée dans la plupart des législations modernes.

Depuis long-temps, il est admis, en doctrine, que les dispositions classées sous le nom de servitudes légales ne sont pas de véritables servitudes, qu'elles constituent plutôt *le droit commun* de la propriété, tandis que les servitudes proprement dites ne peuvent être que des *charges exceptionnelles.*

En effet, parmi les servitudes dites *légales,* on trouve des limites à l'exercice du droit de propriété qui n'est pas et ne peut être *absolu,* des restrictions à la liberté du propriétaire, établies dans le but de l'empêcher de nuire à ses voisins: comme la défense d'envoyer ses eaux ménagères ou industrielles sur le fonds voisin, ou même d'y faire tomber l'égoût de ses toits, comme aussi celle de faire certains actes abusifs à l'égard du mur ou du fossé mitoyen. Or, il est difficile de considérer ces défenses comme des "charges établies sur un fonds pour l'utilité d'un autre fonds;" on ne peut non plus, dans ces cas, parler de fonds *dominant* ni de fonds *servant;* car, chacun des fonds a, tout à la fois, les deux qualités vis-à-vis de l'autre.

D'autres dispositions légales ont davantage le caractère de *charges* comme celle de fournir au voisin enclavé un passage qui lui donne accès à la voie publique; comme aussi l'obligation, pour les voisins, de contribuer également aux frais du bornage de leurs propriétés contiguës et même de la clôture, en certains cas.

Mais, on peut dire que la première seule de ces charges est établie pour l'utilité *de l'un* des fonds, car, les deux dernières le sont dans l'intérêt réciproque des voisins.

348. Ces considérations, si sérieuses qu'elles soient, n'ont cependant pas suffi pour déterminer les auteurs du Projet à s'écarter de la classification ordinaire.

Plusieurs motifs s'y opposaient.

D'abord, il est toujours gênant de s'écarter des traditions universellement reçues; car, on prive la jurisprudence du bénéfice des travaux antérieurs.

Ensuite, il y a, entre voisins, des obligations légales

qu'il est bien difficile de ne pas qualifier de *servitudes ;* telle est celle de fournir le passage des personnes en cas d'enclave, celle de subir le passage des eaux pour l'irrigation, ou leur écoulement pour le drainage (e), et plusieurs autres relatives aux eaux ; sans compter les nombreuses charges imposées aux propriétaires, dans l'intérêt général, par les lois administratives.

Enfin, si l'on voulait suivre une classification théorique rigoureusement exacte, on serait amené, comme l'ont été certains auteurs français et allemands, à répartir, dans trois ou quatre différentes places, des matières que tout le monde est accoutumé à chercher et à trouver sous la rubrique consacrée des *Servitudes.*

Ainsi, on aurait :

1° Des modifications au droit de propriété, comprenant la mitoyenneté, comme variété de la co-propriété ;

2° Des restrictions au droit de propriété, comprenant des défenses relatives aux actes nuisibles entre voisins ;

3° Des obligations entre voisins, comme celles relatives au bornage et à la clôture ;

4° De véritables servitudes légales (car on ne peut les exclure entièrement), et, sous ce titre, on trouverait, outre les servitudes d'utilité publique, celles relatives au passage en cas d'enclave et à l'écoulement des eaux, tant naturelles qu'artificielles.

Il faut souvent, en matière de législation, sacrifier la théorie pure à l'utilité pratique. Il y a long-temps qu'un législateur romain, l'empereur Justinien, a proclamé que "la simplicité est amie des lois." C'est une vérité encore aujourd'hui et au Japon comme partout ailleurs.

On aura donc, dans cette matière, deux Sections : l'une, pour les diverses modifications de la propriété

(e) Le *drainage* est le contraire de *l'irrigation :* il consiste à faire écouler les eaux surabondantes des terrains marécageux.

nommées, improprement, *servitudes légales*, l'autre, pour les véritables *servitudes*, pour celles qui, créées par la volonté de l'homme, constituent un asservissement exceptionnel d'un fonds à un autre.

349. Les deux Sections ne pourront être subdivisées de la même manière; tandis que la seconde présentera nos subdivisions habituelles (1° les diverses espèces du même droit, 2° les causes ou moyens d'établissement du droit, 3° les effets du droit, 4° les causes d'extinction du droit), la première ne présentera d'autre subdivision que celle tirée des cas particuliers constituant les diverses espèces de servitudes dites "légales." En effet, il ne peut être question de tirer une subdivision des *causes*, puisque ces servitudes ont toutes la même cause, à savoir, la loi; quant aux *effets* et à l'*extinction* de chacune de ces servitudes, ils varient, plus ou moins, avec chaque espèce de servitude et ils constituent, justement, la matière principale de chaque paragraphe.

SECTION PREMIÈRE.
DES SERVITUDES ÉTABLIES PAR LA LOI.

§ I.— DES DROITS D'ACCÈS ET DE PASSAGE
SUR LE FONDS VOISIN.

Art. 228. Tout propriétaire peut obtenir l'accès sur le fonds voisin, pour la construction et la réparation de ses murs ou bâtiments placés sur la limite des fonds ou à une distance trop rapprochée pour qu'il puisse faire les travaux sur son propre fonds. [C. ital., 592.]   <small>Droit d'accès.</small>

Epoque de l'accès.

229. Sauf le cas d'urgence ou de nécessité absolue, les travaux de construction ou de réparation ne doivent pas être faits à l'époque où ils pourraient nuire aux récoltes, ni en cas d'absence momentanée du propriétaire voisin.

Lieu de l'accès.

En aucun cas, ils ne peuvent, sans le consentement du voisin, motiver l'accès dans sa maison d'habitation, même contiguë aux bâtiments demandant réparation.

Indemnité.

230. Dans tous les cas, le voisin qui donne l'accès peut obtenir une indemnité mesurée sur le trouble à lui causé, eu égard à la nature et à la durée des travaux exécutés.

Passage au cas d'enclave.

231. Si un fonds se trouve enclavé dans un ou plusieurs autres fonds, de telle sorte qu'il ne puisse communiquer avec la voie publique, il devra lui être fourni un passage sur ces fonds, jusqu'à la voie publique, moyennant une juste indemnité. [C. fr., 682; C. it. 593.]

Un fonds peut être considéré comme enclavé, quand il n'a de communication qu'avec un canal, même public, avec une rivière ou la mer, ou lorsqu'il est notablement en contre-haut ou en contre-bas de la voie publique.

Largeur de la voie.

232. Le passage fourni doit être assez large pour l'emploi de voitures, si les besoins des habitants ou l'exploitation des fonds le requièrent.

Frais.

Les travaux d'établissement et d'entretien du passage sont à la charge du fonds enclavé.

§ Ier.—DROITS D'ACCÈS ET DE PASSAGE.

233. En cas de désaccord des intéressés sur la fixation de la ligne du passage, elle est faite par le tribunal, qui concilie, autant que possible, la commodité de la voie avec le moindre dommage aux fonds traversés. [683.]

Fixation du passage.

234. L'indemnité sera fixée en capital, à moins que les parties ou le tribunal n'estiment que, dans un temps plus ou moins prochain, il sera établi une voie publique ou qu'il surviendra tel autre événement qui fera cesser l'enclave; auquel cas, l'indemnité est réglée en annuités.

Indemnité.

Dans ce dernier cas, le passage et l'indemnité annuelle cessent d'être dus, respectivement, dès que l'enclave a cessé.

Cessation de l'enclave.

Si l'indemnité a été fixée en capital et que l'enclave vienne à cesser, le propriétaire du fonds servant peut s'affranchir du passage en restituant l'indemnité qu'il a reçue.

Suite.

235. Lorsque l'indemnité a été réglée à une somme annuelle, soit par les parties, soit par le tribunal, le propriétaire qui en est chargé peut s'en affranchir après cinq ans, en payant un capital représentant vingt fois l'annuité.

Rachat de l'annuité.

Le propriétaire du fonds servant peut aussi demander le même capital, si le débiteur de l'annuité a laissé passer deux années sans la payer, après en avoir été dûment sommé.

236. Si l'enclave résulte de la cession par-

Passage sans indemnité.

tielle d'un fonds ou d'un partage entre co-propriétaires, le passage est dû, sans indemnité, par le cédant ou le copartageant, et il cesse de même avec la création d'une voie publique faisant cesser l'enclave. [Voy. 684, *nouveau*.]

COMMENTAIRE.

Art. 228.— 350. C'est assurément un des droits les plus certains du propriétaire que celui de refuser à autrui l'accès ou l'entrée chez lui; cependant, ce droit même doit céder devant un autre droit plus respectable encore : celui qui demande l'entrée chez son voisin pour des travaux de construction ou de réparation, à faire sur la limite ou à proximité de la limite des fonds, est mû par un intérêt pécuniaire légitime et souvent considérable, celui qui la refuse ne cherche souvent qu'une satisfaction de pure convenance personnelle.

Il ne faudrait même pas croire qu'il n'y a ici que deux intérêts privés en présence. Si cela était, il ne serait pas facile de faire prévaloir l'intérêt de l'un sur les convenances de l'autre. Mais, il faut voir ici un intérêt général, un intérêt économique.

Si la loi n'autorisait pas l'accès sur la propriété d'autrui pour la réparation des bâtiments, chaque propriétaire serait obligé de construire ses bâtiments et même ses murs en deçà de la ligne séparative, ce qui produirait une perte de terrain. C'est ce qui avait lieu autrefois, en France, où, au lieu de la servitude ici établie par la loi, il en existait une inverse : le constructeur d'un bâtiment devait ménager entre sa construction et la ligne séparative un espace libre, dit *tour d'échelle*. On en a reconnu les graves inconvénients, surtout dans les villes où le terrain a toujours une grande valeur. Cette obligation a d'abord été supprimée dans les villes où elle a été remplacée par les droits et obligations relatifs à la mitoyenneté, et le Code civil français ne l'a même pas maintenue pour les campagnes.

Au Japon, un usage ancien, qui tend à disparaître et que le nouveau Code fera cesser, est aussi de ménager entre les bâtiments un espace convenable pour les réparations.

Il y a aussi un intérêt économique à la conservation de bâtiments déjà faits et même à la possibilité d'en construire de nouveaux.

On ne trouve pas, cependant, dans le Code français, de dispositions formelles sur le *droit d'accès* ici réglé; mais, le principe n'en est pas contesté. C'est un de ces cas, encore nombreux, où l'insuffisance de la loi positive est suppléée par les tribunaux en vertu du droit naturel.

Le Code italien consacre le droit d'accès (art. 592).

Art. 229.— 351. Bien qu'il s'agisse ici d'un double intérêt économique, l'épargne des terrains et la conservation des bâtiments, il ne faudrait pas non plus sacrifier un autre intérêt économique, la conservation des récoltes. La loi pose donc, en principe, que les travaux ne pourront se faire à l'époque où les récoltes, déjà plus ou moins proches de la maturité, pourraient en être compromises. Mais, la prohibition fléchit devant l'urgence ou la nécessité absolue, justement parce que l'intérêt des bâtiments est, en général, plus grand que celui des récoltes: les bâtiments réparés en temps utile peuvent durer long-temps; leur perte, au contraire, est irrémédiable et peut être considérable; tandis qu'une récolte perdue ne l'est que pour une année et souvent pour une valeur minime.

La loi interdit encore les travaux, sauf toujours le cas de nécessité, lorsque le propriétaire voisin est absent. Il est juste qu'une atteinte à ses immunités, même autorisée par la loi, n'ait lieu que sous son contrôle et sous sa surveillance. Les parents ou les serviteurs pourraient être mauvais gardiens de ses intérêts. Mais encore faut-il, pour retarder les travaux, que le voisin ne soit que *momentanément* absent; car, si son absence était déjà ancienne ou devait durer encore long-temps, le propriétaire n'en devrait pas souffrir indéfiniment; d'ailleurs, l'absent a pu et presque dû laisser un mandataire pour surveiller sa propriété.

La loi revient, dans le 2ᵉ alinéa, au respect des convenances du voisin, en interdisant que les travaux puissent motiver l'accès ou l'entrée dans les bâtiments consacrés à l'habitation; ce qui doit s'entendre même de l'habitation de la famille et des serviteurs, et des accessoires immédiats et nécessaires desdits bâtiments.

Il ne paraît pas nécessaire de justifier cette sage disposition.

Si les travaux ne demandaient l'accès qu'à des bâtiments consacrés à l'industrie, au commerce, ou à des magasins, la prohibition cesserait.

Art. 230.— 352. Bien que l'obligation de fournir l'accès soit imposée au voisin par la loi et soit tout à fait conforme au droit naturel, ce n'est pas une raison pour lui refuser une indemnité: il n'en est pas moins vrai qu'il éprouve un dommage du fait d'autrui, en même temps que ce fait est avantageux à celui qui l'accomplit.

Lorsque le dommage n'aura été qu'un trouble dans les convenances personnelles, résultant des allées et venues des ouvriers et de la nécessité d'une certaine surveillance, l'indemnité sera naturellement légère et le plus souvent, elle ne sera même pas demandée, par l'effet des bons rapports de voisinage; il en serait autrement, s'il y a eu dégradation des jardins ou des

§ Ier.—DROITS D'ACCÈS ET DE PASSAGE. 427

champs ou si les travaux ont été très-longs, comme ceux de la construction d'un *Koura (go-down).*

Du reste, le payement d'une indemnité ne dispenserait pas l'auteur des travaux d'enlever les débris de matériaux et d'approprier les lieux, en les rétablissant, autant que possible, dans l'état où ils étaient auparavant.

Les contestations sur le droit d'accès seront de la compétence des tribunaux civils et, probablement, des juges de paix.

Art. 231.— 353. Cette servitude connue sous le nom de "droit de passage, en cas d'enclave" (*a*), est, plus encore que la précédente, fondée sur un grand intérêt économique.

Si un fonds n'avait pas d'accès à la voie publique, il ne pourrait être, ni habité par les personnes, ni exploité en culture ou autrement ; ce serait une propriété perdue pour tout le monde. Il faut donc faire fléchir l'intérêt des voisins devant l'intérêt général, en même temps que devant l'intérêt particulier du propriétaire enclavé.

Il ne faudrait pas, cependant, considérer cette servitude comme "dérivant de la situation naturelle des lieux ;" car, si elle est devenue nécessaire, ce n'est que par l'imprévoyance des propriétaires antérieurs, dans des opérations de partage ou de cession. Aussi, les législations qui, comme celle de France, admettent des servitudes *naturelles*, n'y font-elles pas rentrer celle qui va nous occuper : elle figure, comme ici, parmi les servitudes *légales ;* la loi, en effet, intervient pour corriger la faute de l'homme.

Par cela même que la cause de la servitude n'est pas purement naturelle, le passage ne pourra être

---

(*a*) *Enclave,* vient du latin *in*, "dans, sous," et *clavis,* "clef :" le fonds enclavé est, en quelque sorte, *sous clef.*

obtenu que moyennant une indemnité, sur laquelle revient l'article 234 et sauf une exception portée par l'article 236.

354. La loi tranche, au 2ᵉ alinéa, une question qui pourrait faire difficulté et qui reste indécise dans le Code français, à savoir, si un fonds peut être considéré comme enclavé quand il n'a de communication qu'avec un cours d'eau, même public; sans doute, dans le langage du droit, un fleuve, une rivière, un canal public, sont des *voies publiques* et ces "voies mobiles" communiquent, de distances en distances, à des voies terrestres; mais, on ne peut méconnaître qu'elles sont d'un accès souvent difficile et même quelquefois dangereux; un fonds de quelque importance qui n'aurait pas d'autre communication avec le dehors, serait, presque toujours, difficile à exploiter et d'une habitation très-incommode. Cela est encore plus évident, si le fonds ne communique qu'avec la mer qui n'est pas accessible à toute heure, par le mouvement du flux et du reflux, et qui souvent est bouleversée pendant plusieurs jours.

Toutefois, il peut y avoir tant de variétés dans les dispositions locales que la loi a laissé un pouvoir d'appréciation aux tribunaux : ils pourront, sans encourir la cassation, déclarer, suivant les circonstances, qu'un fonds contigu à un cours d'eau est enclavé ou ne l'est pas.

La solution est la même et devait encore plus être laissée à l'appréciation des tribunaux, lorsque le fonds prétendu enclavé est supérieur ou inférieur à la voie publique: il est clair que, dans biens des cas, une communication qui n'aurait lieu que par de hauts escaliers serait bien défavorable à l'exploitation d'un fonds; mais il ne faudra considérer l'inégalité des niveaux comme constituant une enclave que si elle est "notable" et en outre, il faudra tenir compte de la nature et du mode d'exploitation des propriétés : une maison d'habitation ne serait pas enclavée par la même différence de niveaux qu'une manufacture ou un fonds mis en culture.

Au surplus, comme le passage sur les fonds voisins sera toujours plus ou moins onéreux pour celui qui le requiert, il n'y a guère à craindre qu'il le réclame sans nécessité, lorsqu'il a déjà une communication avec un cours d'eau, avec la mer, ou avec une voie publique se trouvant en contre-bas ou en contre-haut de sa propriété.

355. La loi n'a pas cru devoir s'occuper du cas où les communications directes d'un fonds avec la voie publique se trouveraient momentanément interrompues par quelque accident, comme un éboulement, une inondation, ou des travaux publics. En pareil cas, si les communications ne pouvaient se faire qu'à travers des fonds voisins, les propriétaires de ces fonds devraient s'y prêter, et sans indemnité. C'est à la police locale qu'il appartiendrait de résoudre les difficultés nées de ces circonstances.

Il peut enfin se produire une enclave véritable et permanente par la suppression d'une voie publique, ou par son déplacement, au moyen d'un redressement ou autre opération de voirie. Dans ce cas, si l'administration n'a pu fournir aux fonds précédemment riverains de la voie publique une communication avec la nouvelle voie, celle-ci sera demandée aux fonds voisins ; généralement, ce sera l'administration qui fera la demande et fera reconnaître et exécuter la servitude légale.

Dans tous les cas, l'indemnité sera à la charge de l'administration.

Art. 232.— 356. Le but de la loi ne serait pas complétement atteint et même ne le serait que très-imparfaitement si le passage n'était accordé qu'aux personnes. Lors même que le fonds enclavé ne serait qu'une maison d'habitation, il faudrait, presque toujours, accorder le passage des véhicules, soit pour les personnes, soit pour les provisions. Il en est ainsi, à plus forte raison, pour un fonds qui serait l'objet d'une exploitation agricole, industrielle ou commerciale.

Il n'y aurait même pas à distinguer, comme on a prétendu le faire, en France, entre le cas où, soit les bâtiments d'habitation, soit l'exploitation, seraient antérieurs à l'enclave et celui où ils y seraient postérieurs : il y a toujours le même intérêt économique.

Si le fonds enclavé n'a pas d'habitation et que les travaux d'exploitation n'aient lieu qu'à certaines époques de l'année, comme la plupart des travaux des champs, ou comme ceux relatifs à un bois, le passage ne devrait, en règle, être exercé qu'à ces époques ; toutefois, le droit de surveillance appartenant au propriétaire du fonds enclavé devrait être respecté, pourvu qu'il n'y eût pas, de sa part, abus et vexation.

357. Quoique le passage ne soit accordé, en principe, que contre une indemnité à payer par le propriétaire qui se prévaut de la servitude, cela ne dispense pas celui-ci de faire les frais de premier établissement du passage, tels que nivellement, terrassement, empierrements, et, plus tard, de supporter les frais d'entretien. Le propriétaire du fonds enclavé fera d'ailleurs autant ou aussi peu de travaux qu'il jugera à propos ; de cette façon, on évite des contestations qui pourraient gâter tout à fait les rapports de bon voisinage.

Art. 233.— 358. Il arrivera le plus souvent, sans doute, que les parties se mettront d'accord sur la fixation de la ligne du passage et sur le montant de l'indemnité : leur intérêt bien compris sera toujours d'éviter les lenteurs et les frais d'une expertise judiciaire. Mais, la loi a dû prévoir le cas de désaccord. Elle indique alors au tribunal le double but qu'il doit poursuivre: la plus grande commodité possible pour le fonds enclavé et le moindre dommage pour le fonds traversé.

La loi ne dit pas, comme le Code français (art. 683) (*b*), que le passage sera pris par la voie la plus directe, c'est-à-dire la plus courte, car, elle pourrait être aussi la plus incommode, par l'effet d'une pente trop rapide, ou par un terrain inondé ou encombré de roches; la voie la plus courte pourrait aussi être la plus dommageable au fonds servant, car, il pourrait être nécessaire de supprimer des plantations ou de détruire des cultures importantes.

Il faudra chercher la meilleure conciliation de ces deux intérêts, et si les parties n'ont pu tomber d'accord, ce sera, le plus souvent, par l'effet du mauvais vouloir du propriétaire du fonds servant. Il sera facile au tribunal, au moyen d'une visite des lieux, ou par la nomination d'un expert, de répondre au vœu de la loi.

Art. 234.—359. Les servitudes sont perpétuelles, en principe, comme les fonds auxquels elles sont attachées activement et passivement. Cependant, cette perpétuité n'est pas de *leur essence*, c'est-à-dire, n'en est pas inséparable: elle n'est que de *leur nature*, c'est-à-dire qu'elle a lieu *de droit*, s'il n'y est pas dérogé, soit par la loi, soit par le fait de l'homme. On a déjà fait remarquer, sous l'article 227, que la perpétuité ne figure pas dans la définition des servitudes.

(*b*) Depuis la 1re édition de ce Projet, imprimée en 1880, les articles 682 à 685 du Code français ont été un peu élargis par une loi du 20 août 1881 qui contient une partie du nouveau Code rural; mais la loi nouvelle nous semble encore beaucoup moins complète que le présent Projet.

L'enclave qui est la cause de la servitude légale de passage se présentera ordinairement comme devant avoir une durée indéfinie ; l'indemnité devra donc, en principe, être fixée en capital une fois payé. Mais, l'enclave peut aussi cesser par des causes diverses, notamment, par la création d'une nouvelle voie publique avec laquelle communiquerait le fonds enclavé ; elle peut cesser aussi, si le propriétaire du fonds enclavé acquiert un des fonds voisins communiquant avec la voie publique, autre que celui sur lequel il exerçait la servitude ; on peut supposer aussi que le fonds servant se trouve réuni au fonds dominant dans les mêmes mains.

Chacun de ces cas présente des particularités.

La création d'une nouvelle voie publique est le cas qui donne l'application naturelle à l'exception portée au 1er alinéa de notre article. Il est possible que la nouvelle voie soit projetée depuis plus ou moins longtemps par l'administration et que le tribunal en ait connaissance, soit par lui-même, soit par les justifications d'une des parties ; dans ce cas, le tribunal fera sagement, surtout s'il en est requis par l'une des parties, de fixer une indemnité annuelle, à payer par le propriétaire du fonds dominant, laquelle cessera lorsque le passage, n'étant plus nécessaire, cessera lui-même.

Les choses pourraient se passer de la même manière si, au moment du règlement judiciaire de l'indemnité, le tribunal avait été informé du projet d'acquisition d'un fonds contigu à la voie publique par le propriétaire enclavé.

Il va sans dire que, dans ces deux cas, le passage cesserait, lors même que la communication nouvelle avec la voie publique se trouverait moins directe ou plus difficile que par celle qui résultait de la servitude.

Remarquons, sur ces deux premiers cas, que lorsque

§ Ier.—DROITS D'ACCÈS ET DE PASSAGE.

le tribunal a fixé une indemnité annuelle, la servitude cesse par la volonté de l'une ou de l'autre des parties, sans aucune restitution des annuités; au contraire, quand le tribunal, n'ayant pas admis la probabilité de cessation future de l'enclave, a fixé l'indemnité en capital, la cessation du passage ne peut avoir lieu, malgré l'événement, que par la volonté du propriétaire du fonds servant; mais alors, il rend l'indemnité qu'il a reçue. Il ne faut pas s'étonner, en pareil cas, que l'indemnité soit restituée en entier, même lorsque le passage a été exercé plus ou moins long-temps: le propriétaire du fonds servant a eu la jouissance du capital, en compensation du trouble que lui a causé le passage.

Quant au troisième cas qui ferait cesser l'enclave, à savoir, la réunion du fonds servant et du fonds dominant dans les mêmes mains, ou *confusion*, il présente cette particularité qu'il ne donnera pas application au 3e alinéa de notre article: l'indemnité qui aurait été fixée en capital ne sera pas restituée par le propriétaire du fonds servant vendeur de sa propriété. On ne peut pas dire, en effet, qu'il "s'affranchit du passage" puisqu'il n'a plus de fonds. D'ailleurs, le règlement du prix de vente entre les parties met fin à tous leurs rapports pécuniaires au sujet des fonds; enfin, il y a présomption que le fonds servant a été vendu moins cher à cause de la servitude.

Art. 235.— 360. Il est toujours gênant d'avoir à payer des annuités, pour quelque cause que ce soit; c'est aussi une cause fréquente de procès. Lorsque ces annuités n'ont pas de durée fixe et peuvent se prolonger indéfiniment, la loi doit en favoriser l'extinction par le payement d'un capital. Il y a de nombreux exemples, dans la loi française, de cette faculté dite *de rachat*. Une loi célèbre, du 29 décembre 1790, a permis le rachat de presque toutes les redevances admises dans l'ancien droit et le Code civil lui-même (art. 530 et 1911) a permis le rachat des rentes perpétuelles.

Le Projet japonais fait donc sagement de permettre au débiteur de l'annuité de s'en libérer, après un certain temps, en payant un capital.

Ce capital est fixé à vingt fois la valeur de l'annuité, ce qui correspond à 100 de capital pour 5 de revenu. C'est comme si, l'indemnité ayant été fixée d'abord, en capital, à 100, il avait été stipulé que le débiteur, en attendant le payement dudit capital, payerait 5 d'intérêts annuels. Cet intérêt est un peu faible pour le Japon; mais, il faut régler avec ménagements les rapports entre voisins.

Il n'y a pas mêmes motifs d'autoriser le créancier de l'annuité à la convertir en capital à sa volonté; mais, ce droit ne peut lui être refusé lorsque le débiteur a manqué à ses engagements pendant deux ans.

Le Code civil français a une disposition semblable (art. 1912).

Art. 236.—361. Dans le cas particulier prévu par cet article, la négligence qui a donné naissance à l'enclave est imputable autant au propriétaire qui a cédé la parcelle enclavée qu'à celui qui l'a acquise, il est donc juste que le premier n'ait pas droit à une indemnité pour le passage qu'il est tenu de livrer; d'ailleurs, quand on cède un droit à autrui, on est toujours obligé de lui garantir les moyens d'user du droit cédé.

Cette disposition pourrait, dans le silence de la loi, y être suppléée en vertu du principe de la garantie de la vente et du partage; c'est peut-être pour cela qu'on ne la trouve pas dans le Code français (c); mais, elle

---

(c) Elle ne se trouve même pas dans le *nouvel article 684*, quoiqu'il ait prévu notre hypothèse.

§ II.—DE L'USAGE DES EAUX.

se trouve dans le Code italien (art. 595) et on ne doit avoir aucun scrupule à l'insérer dans le Code japonais.

Il est naturel aussi qu'en pareil cas la servitude cesse de plein droit avec l'enclave, et sans aucune restitution. Mais, la loi n'admet cette cessation que s'il y a création d'une nouvelle voie publique, ce qui est un avantage gratuit et commun; si donc l'enclave cessait parce que le propriétaire enclavé aurait acquis un fonds voisin ou obtenu par convention un autre droit de passage, le premier passage subsisterait, parce qu'il est dû en vertu d'une autre cenvention.

---

§ II.—DE L'ÉCOULEMENT, DE L'USAGE ET DE LA CONDUITE DES EAUX.

362. Le Projet réunit sous cette rubrique toutes les charges relatives aux eaux, moins, bien entendu, celles établies par le fait de l'homme.

Ainsi, d'abord, on y trouve celle relative à l'écoulement naturel des eaux par le seul effet de la déclivité des terrains. Vient ensuite l'obligation pour chaque propriétaire de préserver ses voisins de l'égoût de ses toits et de ses eaux ménagères ou industrielles. Puis, les limites au droit d'usage des eaux de source ou des eaux courantes. Enfin, le droit d'aqueduc (a), permettant aux propriétaires d'obtenir un passage à travers le fonds voisin, pour faire venir les eaux nécessaires à l'irrigation ou, pour faire sortir celles provenant du drainage ou d'autres opérations de dessèchement.

Art. 237. Les propriétaires des fonds inférieurs sont assujettis à recevoir les eaux plu- *Eaux pluviales et de sources.*

(a) *Aqueduc*: conduite d'eau; de deux mots latins: *aqua*, eau, et *ducere*, conduire.

viales ou de sources qui découlent naturellement des fonds supérieurs, sans que la main de l'homme y ait contribué. [640.]

Si même l'écoulement des eaux a été créé ou modifié par des travaux de main d'homme remontant à plus de trente ans ou à une époque inconnue, la servitude ne peut être contestée.

Rupture de digues ou autres ouvrages.

238. Si, par la rupture de berges, digues ou autres ouvrages destinés à contenir les eaux, ou par des encombrements d'aqueducs ou canaux, il se produit sur le fonds supérieur des débordements qui aggravent l'écoulement ou en modifient la direction, les propriétaires inférieurs peuvent faire la *dénonciation de dommage imminent* et être autorisés à faire les réparations aux frais du propriétaire supérieur, conformément aux articles 214 et 222.

Si le cours des eaux se trouve obstrué par accident sur les fonds inférieurs, le propriétaire supérieur peut faire à ses frais les travaux nécessaires pour rétablir l'écoulement normal; mais il n'en est pas tenu. [C. it., 537, 538.]

Eaux ménagères et industrielles.

239. Les propriétaires ne peuvent faire ni laisser écouler sur les fonds voisins leurs eaux ménagères, ni des eaux naturelles altérées par l'industrie ou par l'irrigation; sauf ce qui est dit de la servitude d'aqueduc, par l'article 252.

Egoût des toits.

Ils ne peuvent non plus disposer leurs toits ou terrasses de telle façon que l'eau pluviale tombe directement sur le fonds voisin. [681.]

§ II.—DE L'USAGE DES EAUX.

240. Le propriétaire d'une source peut en user à son gré et même priver le voisin de l'excédant d'eau qui s'écoulait naturellement chez celui-ci ; sauf ce qui est dit, à la Section suivante, de l'acquisition de ces eaux par prescription. [641, 642.]

<small>Usage des sources.</small>

241. Si les eaux de la source sont nécessaires aux usages domestiques des habitants d'une commune ou hameau, le propriétaire est tenu de laisser s'écouler la portion de ces eaux qui ne lui est pas utile.

La commune pourra même, à ses frais, faire exécuter sur le fonds les travaux nécessaires à la réunion et à la conduite des eaux, pourvu qu'ils ne causent pas de dommage permanent au fonds et moyennant indemnité.

La commune devra, en outre, une indemnité pour l'usage des eaux, s'il n'a pas été déjà exercé gratuitement pendant trente ans. [643.]

<small>Suite : droits d'une commune.</small>

242. Dans les autres cas, si l'excédant des eaux d'une source privée se perd au dehors, sans profiter à personne, le plus proche voisin de la sortie desdites eaux peut réclamer la faculté de les amener chez lui, précairement, en faisant les travaux nécessaires, comme il est dit à l'article précédent. [C. it., 545.]

<small>Suite : eaux perdues au dehors.</small>

243. Celui dont la propriété est contiguë à une eau courante ne faisant pas partie du domaine public, d'après l'article 25, et n'apparte-

<small>Eau courante : droits des riverains.</small>

nant pas non plus à un particulier, peut en user à son passage, pour les usages domestiques, pour l'irrigation de ses terres ou pour son industrie ; mais sans en modifier le cours.

Si, au contraire, un fonds est traversé par une eau de la même nature, le propriétaire peut en dériver le cours dans l'intérieur de son fonds, pour les mêmes besoins ; mais, à la charge de la rendre à son cours naturel, à la sortie de son fonds. [644.]

Dans l'un et autre cas, les riverains ont le droit de pêche, en se conformant aux règlements locaux.

Suite : rôle des tribunaux.

244. Dans les deux cas prévus à l'article précédent, s'il y a contestation de la part des propriétaires intérieurs auxquels ces eaux peuvent être utiles, les tribunaux civils statueront, en tenant compte des usages locaux et en conciliant les besoins de l'hygiène domestique avec les intérêts de l'agriculture de l'industrie. [645.]

Police des eaux.

245. Au surplus, la police générale des eaux de la nature qui précède appartient à l'autorité préfectorale, laquelle peut prescrire les mesures nécessaires, tant pour leur libre écoulement que pour leur conservation et pour celle du poisson.

Curage des cours d'eau.

246. Le curage desdits cours d'eau est à la charge des riverains qui peuvent se concerter et même s'associer à cet effet.

§ II.— DE L'USAGE DES EAUX.

A défaut par eux de procéder au curage, aux époques déterminées par l'autorité locale, il y sera procédé, par celle-ci, à leurs frais.

Le recouvrement de la part contributoire de chacun se fera de la même manière que pour les autres contributions locales.

247. Un riverain ne peut élever de digues de son côté, s'il en doit résulter un dommage pour le riverain opposé. Endiguements.

Si un endiguement reconnu nécessaire intéresse plusieurs riverains et s'ils ne se concertent pas pour l'exécuter, il poura y être procédé par l'autorité locale, aux frais des intéressés, comme il est dit ci-dessus.

248. Les dispositions des cinq articles précédents sont applicables aux lacs ou étangs se trouvant dans les mêmes conditions. Lacs, étangs.

249. L'usage et la police des eaux faisant partie du domaine public général ou local sont réglés par l'autorité supérieure ou préfectorale, conformément aux lois administratives. Eaux du domaine public.

250. Tout propriétaire qui a le droit d'user d'eaux naturelles ou artificielles situées en dehors de son fonds, peut en exiger, moyennant indemnité, le passage à travers les fonds intermédiaires supérieurs, tant pour l'industrie que pour l'irrigation et les usages domestiques. [Lois fr. des 29 avril 1845, 11 juillet 1847; C. it., 598.] Passage des eaux.

Suite.

251. La disposition qui précède s'applique aux prises d'eau concédées par l'administration, quelle que soit leur durée, et à celles faites par les particuliers, soit pour la vie du concessionnaire, soit pour un temps fixe, s'il doit durer encore cinq ans au moins, au moment où le passage est réclamé. [C. it., 604.]

Suite.

252. Pareillement, les propriétaires des fonds inférieurs sont tenus de fournir le passage, soit jusqu'à la voie publique, soit jusqu'à un égoût ou un cours d'eau public, pour l'écoulement des eaux provenant du drainage ou de l'asséchement des terres submergées, et pour l'évacuation des eaux surabondantes, après leur usage domestique, agricole ou industriel.

Si les eaux pour lesquelles le passage est réclamé sont altérées par les usages domestiques ou industriels, le passage ne pourra être exigé que souterrainement. [Loi fr. du 10 juin 1854; C. it., 609, 610.]

Suite.

253. Le passage sera pris, autant que possible, dans les lieux les moins dommageables aux fonds servants.

Dans aucun cas, il ne pourra être exigé à travers les bâtiments, ni les cours ou jardins attenant aux habitations. [*Ib.*; C. it., 598.]

Suite.

254. Dans tous les cas, l'établissement et l'entretien des travaux nécessaires au passage des eaux seront exécutés aux frais du propriétaire dans l'intérêt duquel ils sont faits.

§ II.—DE L'USAGE DES EAUX.

255. Le propriétaire du fonds servant peut exiger que le passage des eaux, soit pour l'arrivée, soit pour la sortie, se fasse, en tout ou en partie, dans les canaux déjà existant sur son fonds, si leurs dimensions le permettent et si les eaux qui y passent déjà ne sont pas de nature à nuire à celles destinées au fonds dominant.

Réciproquement, il peut, sous les mêmes conditions, demander à se servir, pour le passage de ses eaux, des ouvrages faits sur son fonds par le propriétaire du fonds dominant.

Dans l'un et l'autre cas, celui qui use des ouvrages faits par l'autre contribue aux dépenses d'établissement et d'entretien, porportionnellement à son intérêt. [*Ibid.;* C. it. 599.]

Usage des canaux déjà existant.

256. Si un propriétaire ayant le droit d'user d'une eau courante, conformément au 1er alinéa de l'article 243, a besoin d'élever les eaux par un barrage, il peut l'appuyer sur la rive opposée, moyennant une indemnité.

Si le propriétaire qui n'a pas fait le barrage a le droit d'user des mêmes eaux, il peut utiliser ledit barrage à son profit, en participant à la dépense, comme il est dit à l'article précédent. [Loi fr. du 11 juillet 1847.]

Barrage.

COMMENTAIRE.

Art. 237.—363. C'est cette servitude que le Code français fait dériver "de la situation des lieux," et que, pour cela, on nomme servitude *naturelle ;* étant observé d'ailleurs qu'il ne s'agit, comme le dit ici le texte, que des eaux pluviales ou des eaux de sources, et non des eaux ménagères ou industrielles, dites aussi *eaux artificielles*.

On a déjà justifié la qualification de *légale* qui est donnée ici à la servitude.

L'eau suit si impérieusement la déclivité des terrains qu'il n'y a pas de force humaine qui puisse la retenir: le plus faible ruisseau, s'il est contenu plus ou moins long-temps, devient un torrent dévastateur.

La loi respecte et consacre la puissance de la nature et ce serait en vain qu'elle prétendrait dispenser les fonds inférieurs de l'obligation de recevoir les eaux naturelles des fonds plus élevés: la loi ne peut décréter que les rivières remonteront à leur source. Mais, l'obligation légale n'existe plus si la déclivité a été produite par des travaux exécutés sur le fonds supérieur.

Toutefois, le Projet japonais introduit, à cet égard, une sage innovation: il est souvent très-difficile de savoir si la disposition respective des lieux a toujours été la même; dans les villes et autres localités où la population est agglomérée, les terrains ont presque toujours subi des modifications plus ou moins considérables: les terrains bas ont été comblés et relevés, les pentes ont été modifiées; mais le souvenir en est perdu, ou l'origine en est difficile à prouver. Si les propriétaires des fonds inférieurs étaient admis à refuser de recevoir les eaux après un temps immémorial, en prouvant qu'il y a eu des travaux de main d'homme, il en résulterait un dommage énorme pour les fonds supérieurs, et même, le plus souvent, il serait impossible de remettre les choses dans l'état primitif.

La loi va plus loin, elle assimile les travaux remontant à plus de 30 ans à ceux qui ont une ancienneté immémoriale.

§ II.—DE L'USAGE DES EAUX.

364. Au surplus, on a cru inutile d'insérer dans le Projet deux dispositions qui se trouvent dans le Code français (art. 640) et dans le Code italien (art. 536), à savoir, que " le propriétaire du fonds inférieur ne peut point élever de digue qui empêche l'écoulement," et que, réciproquement, " le propriétaire du fonds supérieur ne peut rien faire qui aggrave cet écoulement."

Ces dispositions sont évidemment surabondantes : si le propriétaire inférieur pouvait élever une digue contre les eaux, c'est qu'il ne serait pas tenu de les recevoir ; si le propriétaire supérieur pouvait aggraver l'écoulement, on ne pourrait plus dire que celui-ci est naturel, qu'il a lieu "sans que la main de l'homme y ait contribué."

Ainsi, le propriétaire supérieur ne pourrait pas réunir ses eaux en un ou plusieurs ruisseaux qui, en faisant une irruption plus ou moins violente chez le voisin, pourraient lui causer dommage. Assurément, il pourrait diriger les eaux à son gré dans l'intérieur de son fonds ; mais, il devrait, pour la sortie, leur rendre l'écoulement naturel déterminé par le terrain.

365. Un cas plus délicat est celui de savoir si le fonds inférieur serait tenu de recevoir les eaux d'un puits jaillissant creusé par le propriétaire supérieur, ou d'une source qui aurait été amenée par lui à la surface du sol. Il y aurait là, évidemment, un travail de l'homme, lequel semblerait exclure l'idée de servitude légale ; d'un autre côté, l'eau étant amenée à la surface du sol, la pente peut la conduire naturellement chez le voisin. Faudrait-il obliger le propriétaire supérieur à supprimer le puits jaillissant ou la source ? Il y a des cas où ce serait impossible et où il n'y aurait d'autre remède que celui d'une indemnité au propriétaire inférieur. On pourrait dire qu'il y a là des *eaux enclavées*

requérant un passage, comme les personnes, dans le cas de l'article 231.

Même question pour les eaux de source amenées d'une propriété voisine et que le cédant ne voudrait pas reprendre.

La question devra, le plus souvent, être résolue par les tribunaux, au moyen d'une indemnité : on assimilera les eaux jaillissantes ou provenant de travaux de l'homme aux eaux amenées pour l'irrigation et qui se trouveraient excéder les besoins du fonds qui les a obtenues. On verra, plus loin, que l'excédant des eaux d'irrigation peut être évacué sur les fonds inférieurs, moyennant indemnité.

On a quelquefois vu, en France, des voisins malveillants ou peu intelligents, alléguer que des monticules élevés sur le fonds supérieur aggravaient la servitude, comme donnant au fonds une plus grande surface recevant l'eau pluviale : l'idée était aussi fausse que s'ils eussent fait le même reproche à des toits inclinés : il est clair qu'il ne tombe pas plus d'eau pluviale sur un plan incliné que sur un plan horizontal. Ce qui peut induire en cette erreur les esprits peu ouverts, c'est qu'en effet, s'il s'agit de couvrir de gazon un monticule, il en faudra une plus grande quantité que sur une surface plane; de même, il tient plus de tuiles ou de feuilles métalliques sur un toit très-incliné que sur un toit presque horizontal.

La prétention qu'il en est de même pour l'eau pluviale égayerait certainement un tribunal, si elle était portée jusque devant lui.

366. Le propriétaire inférieur peut, de son coté, recueillir les eaux à l'entrée de son fonds, soit pour les diriger au lieu où elles sont le moins dommageables, soit pour s'en servir.

La loi n'a pas cru devoir exprimer que le propriétaire

§ II.—DE L'USAGE DES EAUX.   445

inférieur doit recevoir avec les eaux, les terres, sables ou pierres qui seraient entraînées par les eaux: mais, l'obligation est la même, si c'est toujours l'œuvre de la nature. Dans les pays de montagnes, les eaux entraînent souvent des masses énormes de terres et de graviers : les fonds inférieurs se trouvent *ensablés* et dévastés, les récoltes sont perdues, et il faut souvent plusieurs années pour reconstituer les cultures : c'est aux propriétaires des fonds inférieurs à faire chez eux des ouvrages qui retiennent les terres en laissant passer les eaux.

Une question inverse pourrait se présenter, à savoir : si le propriétaire supérieur aurait le droit de reprendre les terres, sables ou pierres que les eaux ont entraînés.

Il paraît difficile de lui refuser ce droit, pourvu qu'il ne cause pas de nouveaux dégâts et qu'il n'ait pas attendu que le propriétaire inférieur ait rétabli ses cultures sur les terres descendues chez lui, autrement, il pourrait être déclaré non recevable par l'effet d'un abandon volontaire desdits matériaux.

Art. 238.— 367. La présente disposition ne se trouve pas dans le Code français ; elle se trouve, au contraire, dans le Code italien (art. 537 et 538), mais avec une grande différence, au moins pour le premier cas, où les frais de réparation des digues sont à la charge du propriétaire inférieur qui les réclame. Elle est facile, du reste, à justifier.

Bien que les modifications des cours d'eaux, ici prévues, ne proviennent pas de faits de l'homme, mais d'accidents naturels, elles ne doivent pas aggraver la situation respective des fonds : les propriétaires pourront toujours rétablir le cours normal des eaux.

Le cas le plus saillant est celui où un cours d'eau traversait un fonds supérieur dans une direction plus ou moins horizontale et ne laissait écouler aucune partie de ses eaux sur un des fonds inférieurs ; mais par la rupture d'une digue, l'eau s'échappe latéralement et inonde ce fonds. Il est juste, en pareil cas, que le propriétaire inondé puisse faire rétablir le cours naturel de l'eau.

Mais aux frais de quel propriétaire ?

Le Code italien met ces frais à la charge du propriétaire inférieur, sans doute parce que c'est lui qui réclame les travaux et qui en profite. Mais on peut s'étonner que ce Code qui admet "la dénonciation de dommage imminent" (art. 599) ne l'applique pas ici avec ses conséquences.

Le cas ne pouvait faire doute dans le Projet japonais qui accorde formellement cette action possessoire pour danger de rupture de digues ou aqueducs. Il y a là des ouvrages de main d'homme dont l'entretien doit être à la charge de celui sur le fonds duquel ils se trouvent.

Il en serait autrement si les berges rompues ou menaçant de se rompre étaient naturelles : dans ce cas la réparation ne pourrait être imposée au propriétaire du fonds supérieur, il devrait seulement la laisser exécuter.

Le 2e alinéa met encore les frais de dégagement des canaux ou aqueducs à la charge du propriétaire supérieur, parce que le fonds servant n'a pas la charge d'entretenir l'écoulement des eaux : il suffit qu'il n'y mette pas obstacle. En effet, on verra plus loin, sous l'article 254 et à la Section suivante, que les servitudes n'obligent pas *à faire*, mais seulement *à souffrir*.

368. La servitude relative à l'écoulement des eaux pourrait être modifiée dans son exercice par des conventions particulières ; mais, il est impossible d'admettre qu'elle puisse être entièrement supprimée par convention, parce qu'il est d'ordre public et économique que les fonds supérieurs ne soient pas rendus improductifs par la surabondance des eaux.

Par la même raison, le propriétaire inférieur ne pourrait se dire affranchi de l'obligation de recevoir les eaux, sous le prétexte que le propriétaire supérieur les aurait retenues et absorbées pendant 30 ans, temps ordinaire du non-usage extinctif des servitudes.

C'est une des différences que présentent, avec les servitudes établies par le fait de l'homme, celles des servitudes légales qui sont fondées sur un intérêt d'ordre public essentiel (v. ci-après, art. 286 et 310).

Il est d'autant moins possible de soutenir que la servitude qui nous occupe pourrait être éteinte par une convention particulière que le propriétaire supérieur peut même exiger le passage des eaux provenant de drainage ou d'irrigation, et, cependant, ce ne sont pas là des eaux purement naturelles. La seule conséquence qu'il faille attacher à une convention qui exclurait la servitude d'écoulement des eaux naturelles, c'est qu'elle ne pourrait être rétablie que moyennant indemnité, comme cela a lieu pour les eaux de drainage ou d'irrigation : l'indemnité serait ici d'autant plus juste qu'il est probable que le propriétaire supérieur qui aurait consenti antérieurement à conserver ses eaux naturelles aurait lui-même reçu une compensation ou indemnité pour ce sacrifice de son droit; il ne devrait donc pas le recouvrer gratuitement.

Art. 239.— 369. L'explication des deux articles précédents a déjà amené à distinguer les eaux naturelles des eaux ménagères et des eaux industrielles.

Lors même que ces dernières eaux proviendraient d'une source ou du ciel, du moment qu'elles ont été employées à un usage domestique ou à une industrie, elles sont plus ou moins altérées, elles pourraient être nuisibles ou incommodes aux voisins; le propriétaire doit donc les diriger sur la voie publique ou les retenir chez lui et les y absorber au moyen de *puisards*, et ceux-ci doivent être suffisamment éloignés des limites pour que les infiltrations ne puissent corrompre les puits des voisins ou pénétrer sous leurs bâtiments.

On a dit que l'usage industriel des eaux les altère, en général; c'est ce qui a lieu pour la teinture, pour les bassines à dévider les cocons de vers-à-soie, pour la fabrication de produits chimiques et pour une foule d'autres industries; mais, si une eau naturelle était seulement employée comme force motrice, cet usage industriel ne lui faisant subir aucune altération, elle pourrait être rendue à son écoulement naturel.

A l'égard de l'égoût des toits, la loi ne permet pas de le faire tomber directement sur la propriété voisine parce que la hauteur de la chûte creuserait plus ou moins le sol, parce que l'espace où l'eau tomberait, serait en général, plus étendu que l'écoulement naturel sur le sol, enfin parce qu'aucune partie de l'eau pluviale ne se trouverait absorbée par le sol; il faut donc, si les bâtiments sont élevés sur la limite même, que la pente des toits soit dirigée vers le terrain où se trouvent les bâtiments, ou, si la disposition des toits est inverse, que les eaux soient ramenées par des gouttières sur le dit terrain, d'où ensuite elles suivront leur pente naturelle.

Art. 240.— 370. L'écoulement naturel des eaux de source est une charge pour le propriétaire inférieur; mais, il n'est pas un droit pour lui: le propriétaire auquel appartient la source peut donc, en principe, détourner les eaux ou en disposer au profit d'un tiers.

Mais on verra, dans la Section suivante, que parmi les servitudes établies par le fait de l'homme se trouve la prescription acquisitive des eaux qui reçoit une application dans le cas présent. A plus forte raison, le propriétaire de la source ne pourrait-il priver le voisin de l'écoulement, s'il lui avait concédé les eaux par titre.

§ II.—DE L'USAGE DES EAUX.

Art. 241.—371. La présente disposition se trouve dans le Code français (art. 643) et y a été empruntée par plusieurs Codes étrangers. Elle repose sur le principe que l'intérêt général ou collectif doit primer, dans certains cas, l'intérêt individuel.

L'usage de l'eau est un des besoins les plus impérieux de l'homme, et il est passé en axiôme de morale que ce que l'on peut le moins refuser à son semblable c'est l'eau nécessaire à éteindre sa soif. La loi apporte ici, d'ailleurs, un grand soin à concilier les intérêts opposés; elle est aussi plus précise que la loi française, et on le reconnaîtra en comparant les deux textes.

D'abord, pour que le propriétaire de la source soit privé de la plénitude de son droit, il faut que les réclamants constituent une agglomération d'habitants, reconnue par l'administration, un *hameau*, au moins (*b*); il ne suffirait pas d'une réunion de quelques maisons particulières n'ayant aucun lien entre elles, ni de quelque grande manufacture, même employant beaucoup d'ouvriers: il faut que l'agglomération représente un intérêt général, si limité qu'il soit. Sous ce rapport, le Projet est conforme au Code français.

De même, les deux textes veulent que l'eau de la source soit *nécessaire* aux habitants: il ne suffirait pas qu'elle fût simplement *utile*.

Le Projet précise davantage le genre de nécessité: ce n'est pas la nécessité agricole ou industrielle, laquelle pourtant se comprendrait, mais, n'a pas paru aussi impérieuse que les nécessités domestiques (*c*), c'est-à-dire ce qui est nécessaire à l'usage direct de

---

(*b*) En France, un *hameau* est une petite agglomération d'habitants, un peu isolée, n'ayant pas de maire, ni d'école, ni d'église: le hameau dépend d'une commune, mais, porte un nom particulier, comme le *quartier* d'une ville.

(*c*) De *domus*, maison.

l'homme et des animaux, même des bestiaux logés dans le bâtiment.

372. Le Code français, dans le cas qui nous occupe, défend au propriétaire de la source d'en *changer le cours ;* mais, lui défend-il d'épuiser l'eau de la source par des travaux d'irrigation ou même par des usages d'agréments, comme de la recueillir dans un étang, où elle se perdrait, ou bien dont elle ne sortirait qu'après un long séjour à l'air qui la corromprait ?

Cette question est fort difficile à résoudre avec le texte français. Elle ne le sera pas avec le Projet japonais : le propriétaire devra laisser écouler l'excédant d'eau qui ne lui est pas *utile;* son droit n'est pas, comme celui des habitants inférieurs, limité à la *nécessité* : il va jusqu'à *l'utilité;* mais, l'utilité ne comprend pas *l'agrément*. Le propriétaire pourra faire des irrigations, il ne pourra pas faire un étang : le plaisir d'une personne ne doit pas être respecté au prix de la vie ou de la santé des autres hommes.

373. Le Projet va encore plus loin que la loi française, en permettant à la commune ou aux habitants du hameau de faire exécuter quelques travaux sur le fonds où naît la source, pour recueillir les eaux et pour en favoriser la sortie. La seule limite que la loi mette à ce droit, c'est que le dommage ne doit pas être permanent, mais seulement temporaire, et, de ce chef, il y aura lieu à une indemnité, si le propriétaire l'exige.

Il y aura lieu à une autre indemnité, pour la privation que le propriétaire éprouve par la perte d'une partie des avantages de la source. Mais, cette indemnité serait prescrite, elle cesserait d'être due, par la prescription libératoire, si la commune avait joui de la source pendant trente ans sans rien payer.

On remarquera seulement qu'en pareil cas, il ne faut

pas dire que la servitude est acquise par prescription ; elle est acquise par la loi et indépendamment d'aucun délai, et même avant que l'usage en ait commencé (*d*): la prescription n'est ici qu'extinctive de l'obligation d'indemniser le propriétaire.

Art. 242.— 374. Cette disposition n'est pas dans le Code français et elle pourrait étonner, au premier abord ; mais elle se trouve, avec quelque différence, dans le Code italien (art. 545). Dans les pays de montagnes où les eaux sont abondantes, mais s'échappent avec une trop grande rapidité, on doit éviter de les perdre, tant qu'elles peuvent être utiles (*e*).

Ici, la loi ne dépouille pas le propriétaire au profit d'un particulier, elle permet seulement à ce dernier "de recueillir le superflu qui tombe de la table du riche," suivant l'image d'un précepte de morale bien souvent cité en Europe.

Au surplus, cette disposition n'est pas seulement conforme à la morale sociale, elle est aussi conforme à la théorie économique, laquelle veut que toutes les richesses naturelles soient utilisées pour la production.

Ce cas diffère d'ailleurs beaucoup du précédent :

1° Le propriétaire de la source ne sera privé d'aucun de ses avantages, car, on se trouve dans le cas où les eaux se perdent *au dehors ;* par conséquent, le propriétaire a tiré de la source tous les avantages et agréments qui lui convenaient, puisqu'il rejette l'excédant de ses eaux ;

(*d*) Le Projet japonais s'écarte encore ici du Code français, lequel ne reconnaît le droit de la commune que quand, en fait, elle use déjà de l'eau ; il se place dans le cas où déjà la source *fournit* l'eau nécessaire. Dans le nouveau texte, il suffira que la source la *puisse fournir ;* la question aura de l'intérêt pour une source nouvelle : le droit des habitants naîtra avec la source.

(*e*) Le Code italien, fait pour un pays de montagnes et d'irrigations, est très-développé, au sujet des eaux.

2° L'usage que pourra réclamer le voisin sera *précaire*, c'est-à-dire pourra lui être retiré au gré du propriétaire (voy. p. 325), dès que celui-ci voudra utiliser l'excédant des eaux ;

3° A raison de cette précarité même, le propriétaire ne recevra aucune indemnité pour l'usage de l'eau par le voisin ; il sera seulement indemnisé du dommage temporaire que pourraient lui causer les travaux autorisés par loi.

Art. 243.— 375. Cet article correspond à l'article 644 du Code français et à l'article 543 du Code italien, avec quelques additions.

On a emprunté à ce dernier Code une condition qui manque au Code français : à savoir, que le cours d'eau qui n'appartient pas au domaine public n'appartienne pas non plus à un tiers ; on lui a emprunté également le droit d'user de l'eau pour l'industrie.

On a ajouté aux deux Codes : 1° le droit de se servir de l'eau pour les usages domestiques, lesquels sont encore plus favorables que l'irrigation et l'exploitation industrielle, 2° le droit de pêche qui mérite d'être mentionné.

Ainsi que le dit le Projet, avec les deux Codes étrangers précités, il ne s'agit pas ici des eaux faisant partie du domaine public ; or, les eaux qui ont ce caractère sont les fleuves, les rivières navigables ou flottables et les canaux de navigation, avec leur lit (*f*).

On sait que les fleuves sont les cours d'eau navigables qui se jettent directement dans la mer. Les rivières se jettent elles-mêmes dans les fleuves ou dans les grands lacs ; on les appelle *navigables,* quand elles

---

(*f*) Quoique l'article 26 ne soit pas limitatif et ne prétende qu'*énoncer* les principaux biens du domaine public, il serait bon de compléter ainsi le 2° alinéa : "les rivières navigables *ou flottables et leur lit*, les canaux de navigation."

§ II.—DE L'USAGE DES EAUX.

peuvent porter des bateaux de marchandises (*g*) et *flottables*, lorsque, à cause de leur peu profondeur, elles ne peuvent porter que des trains de bois.

Les cours d'eau plus petits encore peuvent être simplement *flottables à bûches perdues*, c'est-à-dire qu'on peut livrer à leur courant les bois coupés dans les lieux élevés, pour les recueillir à leur jonction avec un cours d'eau plus considérable ou avec un chemin public. Des règlements administratifs sont nécessaires pour fixer les obligations respectives des flotteurs et des riverains. Mais ces cours d'eau ne sont pas compris dans la qualification de "flottables," lorsqu'on l'emploie sans aucune addition; en tout cas, ils ne font pas partie du domaine public, non plus que les simples ruisseaux, lorsque d'ailleurs les uns ou les autres ne sont pas des dépendances d'un bien de ce domaine.

Quant aux canaux, ils ne sont du domaine public que s'ils peuvent porter des bateaux; il n'y en a pas qui ne puissent porter que des trains de bois; car, étant le résultat d'un travail de l'homme, ils ne seraient pas creusés pour une si faible utilité; les canaux qui ne sont pas de *navigation* ne sont plus que de simples aqueducs.

C'est à ces cours d'eau de peu d'importance que fait allusion le 1er alinéa de notre article, lorsqu'il suppose, pour en donner une certaine jouissance aux riverains, "qu'ils n'appartiennent pas à des particuliers."

376. En présence de cette double condition : à savoir, que les cours d'eau dont il s'agit ici n'appartiennent ni au domaine public ni aux particuliers, on se demandera à qui ils peuvent appartenir.

En France, il a régné jusqu'ici une grande incer-

(*g*) Dans les cas douteux, pour qu'il n'y ait point d'incertitude sur la *navigabilité* d'une rivière, l'administration préfectorale doit la déclarer, après enquête.

titude sur le point de savoir à qui appartiennent les cours d'eau qui ne font pas partie du domaine public. Les uns les attribuent au domaine privé de l'Etat; les autres, aux riverains; d'autres disent qu'ils n'ont pas de maître et n'en peuvent avoir, c'est-à-dire qu'ils sont choses *communes*; d'autres distinguent entre le lit et l'eau courante, et c'est l'opinion qui semble la plus raisonnable: le lit serait la propriété des riverains et l'eau courante serait commune. Cette solution, paraît devoir être adoptée dans le nouveau *Code rural* français actuellement soumis aux Chambres et déjà voté en partie (h). On la propose pour le Japon: elle concilierait les divers intérêts et concorderait le mieux avec d'autres dispositions de la loi, notamment: d'une part avec les limites au droit des riverains d'user de l'eau à son passage, telles qu'elles sont portées par le présent article et, d'autre part, avec le droit pour les riverains de profiter des îles et îlots qui se forment dans ces cours d'eau, ainsi que du lit abandonné par un changement de direction (voy. au Livre IIIe, *l'accession*). Cela n'exclut pas, pour l'autorité administrative, le droit de police et de réglementation de l'usage des eaux et de la pêche (v. ci-après, art. 245); car l'administration a le droit et le devoir de sauvegarder les choses communes, ce que les particuliers ne peuvent pas faire eux-mêmes.

Tel est le caractère des cours d'eau auxquels s'appliquent le présent article et les cinq articles suivants: les riverains ont la propriété du lit et ils ont seulement l'usage privilégié de l'eau courante.

377. Il n'est pas inutile de justifier un peu plus au long cette distinction entre le lit du cours d'eau et l'eau courante elle-même.

Que le lit appartienne aux riverains ou à ceux dont

(h) Voir trois Lois portant la date du 20 août 1881.

le cours d'eau traverse la propriété, il y a là une chose toute naturelle ; il serait déraisonnable et inadmissible en pratique que le domaine public ou le domaine de l'Etat fût ainsi interposé entre les propriétés privées : ce serait une source de difficultés continuelles ; l'objection serait la même si l'on voulait reconnaître la même nature de bien à l'eau courante.

Théoriquement, on comprendrait que l'eau courante appartînt au propriétaire dans le fonds duquel elle prend sa source ; ce pourrait être l'Etat, un département, une commune ou un particulier ; mais un cours d'eau, dans son chemin, ne tarde pas à en rencontrer d'autres qui le grossissent et, bientôt, il y aurait cumul de plusieurs droits de propriété sur une eau courante, ce qui serait une source de difficultés inextricables. Il est bien plus naturel et tout aussi juste que la propriété de l'eau courante soit perdue pour le propriétaire de la source originaire, dès que l'eau est sortie de son domaine : elle devient alors *sans maître;* mais, pour qu'il ne soit pas permis au premier occupant de s'en emparer, surtout au riverain ou à celui dont l'eau traverse l'héritage, la loi, d'accord avec la raison et l'intérêt public, la déclare *commune,* c'est-à-dire que personne n'en a et n'en peut acquérir *la propriété* et que tout le monde en a *l'usage :* en première ligne, se trouvent les riverains ou les propriétaires à travers le fonds desquels passe le cours d'eau, et ceux-ci ont une sorte de privilège que nos articles déterminent ; ils peuvent même empêcher la prise d'eau chez eux, par les tiers ; par conséquent, celui qui, en fait, aurait puisé de cette eau pourrait avoir commis une faute en entrant sur le fonds d'autrui ; mais il n'aurait pas commis une "soustraction de la chose d'autrui," c'est-à-dire un vol.

378. La distinction une fois faite entre les eaux

qui font partie du domaine public et celles qui n'y rentrent pas, il n'y a plus à tenir compte parmi ces dernières, de leur importance ou de leur exiguité (sauf ce qui a été dit des cours d'eau "flottables à bûches perdues :" le plus petit filet d'eau séparant deux propriétés ou traversant un fonds doit être respecté, sinon dans son intégrité, au moins dans son existence ; il est en effet, très-important pour les propriétaires inférieurs de recueillir le bénéfice de l'eau, dans la mesure de ce qui en reste après l'usage normal des propriétaires supérieurs. Sans doute, il pourra arriver qu'un petit ruisseau soit épuisé sur son parcours ; mais encore ce ne sera souvent que pendant certaines saisons, et les propriétaires inférieurs pourront exiger que le passage de l'eau ne soit pas supprimé, de manière à ce qu'elle puisse toujours y reprendre son cours.

La théorie qui placerait dans le domaine de l'Etat les eaux qui ne sont pas du domaine public aurait, outre le tort grave d'être arbitraire, l'inconvénient énorme d'autoriser l'Etat à dépouiller les particuliers de leur usage, sans indemnité.

Celle qui fait de ces eaux des *choses communes*, outre les raisons de justice et d'utilité déduites plus haut, a encore pour elle les précédents de la législation romaine qui déclarait chose commune, l'eau courante, *aqua profluens* (i).

Art. 244.— 379. La même disposition se trouve dans les deux Codes précités, avec deux différences de

---

(i) V. *Institutions de Justinien*, Liv. II, tit. 1, § 1er. C'est par inadvertance que l'article 23 du Projet ne cite parmi les "choses communes" que l'eau *des rivières*, il faut y substituer *l'eau courante*, sans distinguer l'importance du cours d'eau, et même y ajouter "celle des lacs et étangs qui ne sont pas enclos dans des propriétés publiques ou privées."

Remarquons, à ce sujet, que lorsque l'article 25, 2º al. considère les rivières navigables, comme faisant partie du domaine public, c'est dans son ensemble et comme *voie publique* que l'eau est envisagée et non dans les parties que tout homme peut y puiser pour son usage particulier.

rédaction : 1° on a dû parler ici de l'hygiène ou de la santé, laquelle correspond aux usages domestiques de l'eau, dont ne font pas mention les deux Codes étrangers ; 2° on a supprimé, dans les intérêts à concilier, ceux de la propriété, puisqu'il ne s'agit pas de l'usage du lit, mais, de celui de l'eau courante, laquelle n'est par la propriété des riverains.

La loi n'a pas à déterminer ici la compétence spéciale pour le jugement de ces contestations ; il suffit de la donner aux tribunaux *civils*.

En France, jusqu'ici, ces contestations ont été jugées par les tribunaux d'arrondissement, avec appel à la cour, comme en matière ordinaire ; le Projet de Code rural en attribue la connaissance aux juges de paix, avec appel au tribunal d'arrondissement : on a pensé que ces contestations demandaient un juge rapproché des plaideurs et une justice simple, rapide et et peu coûteuse.

Art. 245.— 380. Bien que les eaux dont il s'agit ici ne fassent pas partie du domaine privé de l'Etat ou des départements, c'est cependant au préfet qu'il appartient, naturellement, d'en assurer la conservation : d'un côté, il n'est pas nécessaire, à cause de leur peu d'importance, de recourir à l'autorité centrale ou supérieure, si ce n'est en cas de réclamation contre le règlement même du préfet, de l'autre, il ne serait pas possible de donner cette attribution à un agent inférieur, plus local et, comme tel, plus accessible aux influences des propriétaires ; en outre, il pourrait y avoir dans un même département des règlements plus ou moins différents, ce qui aurait de sérieux inconvénients.

On appelle "police des eaux" ce pouvoir réglementaire du préfet : on lui donne ici deux objets principaux qui sont l'opposé l'un de l'autre : le *libre écoulement* des eaux, tant pour préserver les fonds supérieurs des inondations que les fonds inférieurs de la sécheresse, et *la conservation*, contre les déperditions inutiles des eaux qui pourraient s'échapper et s'absorber dans des sables arides ou dans des excavations du sol.

Le préfet réglementera aussi la pêche, tant pour les époques où elle sera permise que pour les instruments qui pourront être employés. Il ne faudrait pas, notamment, que les propriétaires supérieurs pussent, au moyen de larges filets, recueillir tous les poissons, au préjudice des fonds inférieurs.

Mais, le pouvoir du préfet s'arrête et fait place à celui des tribunaux dès que la mesure à prendre n'est plus générale pour tout le cours d'eau, mais est seulement relative à deux ou plusieurs riverains en contestation les uns vis-à-vis des autres.

Art. 246.—381. Le curage des cours d'eau a deux utilités : il entretient le libre écoulement de l'eau par l'enlèvement des boues, des sables et des herbes, et il préserve le voisinage des émanations fébrifères résultant des eaux devenues stagnantes.

Comme ce sont les riverains qui retirent la plus grande utilité des cours d'eau, il est naturel que le curage soit à leur charge, chacun dans la mesure de son droit d'usage, c'est-à-dire d'après la longueur de son terrain contigu au cours d'eau, quelle que soit d'ailleurs sa largeur.

Celui dont la propriété est traversée par le cours d'eau fera donc le curage du lit tout entier, dans sa propriété ; celui qui n'est riverain que d'un côté ne curera que la moitié du lit. Il est clair que de pareils travaux, pour être bien exécutés et avec le moins de frais possibles, doivent l'être simultanément dans toute la largeur du lit et autant que possible sur une assez grande longueur à la fois. Pour cela, il est désirable que les riverains, sur un certain parcours de l'eau, s'entendent, se concertent, pour procéder simultanément au curage.

En France, l'usage se répand, de plus en plus, de la part des propriétaires, de former des associations spéciales, dites *syndicales*, pour la gestion de leurs intérêts communs ; les unes sont libres, les autres sont approuvées par les préfets, avec certains avantages légaux. Le Projet de Code rural français contient, à cet égard, des développements très-minutieux qu'il serait prématuré d'introduire au Japon, en ce moment.

S'il se forme des associations libres entre les riverains pour le curage ou pour les travaux d'endiguement dont il est parlé ci-après, elles suivront le droit commun des conventions privées. Lorsque le curage sera devenu nécessaire, l'autorité locale (ici, le maire, sans doute) fixera l'époque à laquelle il devra être commencé et fini. L'arrêté devra être publié assez long-temps à l'avance pour que les riverains aient le temps de se concerter, s'il y a lieu.

S'ils ne se sont pas entendus pour procéder au curage, à frais commun, en proportion de leur étendue de contiguïté, l'autorité locale (communale ou départementale) y fera procéder à leurs frais et le remboursement se fera comme celui des autres contributions locales.

Art. 247.—382. L'endiguement qui serait exécuté d'un seul côté du cours d'eau aurait pour effet, le plus souvent, de rejeter les eaux du côté opposé ; surtout, s'il s'agissait d'un lieu où le cours d'eau forme un coude ou angle plus ou moins court. Il est donc désirable que de pareils travaux soient précédés d'un accord des intéressés. Dans le cas contraire, l'autorité locale fera faire, à leurs frais, le travail jugé par elle nécessaire.

Il y aura lieu de faire, à cet égard, une enquête et un

rapport d'expert, par un agent des travaux publics. Ces mesures ne peuvent être prescrites que par les lois administratives.

Art. 248.— 383. Quoique les articles 243 à 247 soient faits surtout pour les eaux *courantes*, il y a lieu de les étendre aux eaux *agglomérées* qui pourraient se trouver contiguës à plusieurs propriétés distinctes. Il pourrait même arriver qu'un lac ou étang se trouvât dans l'intérieur d'une propriété et que le propriétaire du fonds n'eût pas la propriété de l'eau, parce qu'elle aurait une entrée et une sortie sur son fonds: ces deux communications avec le dehors la feraient assimiler à une eau courante.

Art. 249.— 384. En matière de police générale des eaux, la loi civile est inapplicable : l'intérêt général prédomine ; c'est donc le domaine du droit administratif.

Art. 250.— 385. Cette disposition et les suivantes, connues sous le nom de *servitudes d'aqueduc*, manquaient dans le Code civil français : elles y ont été ajoutées par des lois spéciales (des 29 avril 1845, 11 juillet 1847, 10 juin 1854) et le Projet français de Code rural les reproduit, en les complétant, pour abroger ensuite l'ancien texte. Elles se trouvent aussi dans le Code italien (art. 598 et suivants).

On y trouve de nouveaux sacrifices imposés aux propriétaires fonciers dans l'intérêt général et économique : la loi considère toujours que les sacrifices imposés aux uns sont moindres que les avantages procurés aux autres, en sorte que la production totale des fonds se trouve augmentée, pour le plus grand bien du pays.

Cependant, la loi française, même dans le nouveau

§ II.—DE L'USAGE DES EAUX.

Projet, est allée moins loin que la loi italienne, dans le sens de l'utilité générale, et le Projet japonais va aussi loin que cette dernière: la loi française ne permet le passage des eaux que pour l'*irrigation des terres;* la loi italienne le permet même pour les *usages industriels* et les *nécessités de la vie.* Si l'industrie mérite des encouragements au même titre que l'agriculture, l'hygiène des personnes et des animaux est encore plus digne de faveur que ces deux moyens de production.

Une autre différence entre le droit français et le Projet japonais est que, en France, le passage des eaux n'est pas *un droit absolu* pour celui qui le requiert: les tribunaux peuvent l'accorder ou le refuser, suivant que l'utilité en sera plus ou moins considérable; tandis que le Projet japonais, imitant encore en cela le Code italien, l'accorde chaque fois qu'il est requis (*j*); la seule condition à observer, sans même que la loi s'en soit exprimée, c'est que requérant n'ait pas de passage plus facile pour ses eaux à travers ses propres fonds.

Le motif qui fait dispenser de recourir aux tribunaux pour l'obtention du droit (sauf le règlement de son exercice et de l'indemnité), c'est qu'il ne rentre pas dans le rôle ordinaire et normal de ceux-ci d'accorder des droits ou des facultés; ils sont seulement chargés de les reconnaître et de les faire respecter; dans le système français, les tribunaux seront toujours obligés de faire des visites de lieux, et de faire procéder à des vérifications, à des expertises lentes et coûteuses, lesquelles sont souvent évitées dans le système italien et le seront aussi avec le Projet japonais.

Il y a d'ailleurs une garantie contre les demandes abusives de tels passages pour les eaux, c'est que le requérant est tenu 1° d'une indemnité envers le pro-

---

(*j*) La loi française dit: "pourra *obtenir;*" le Code italien dit: "*est tenu*"; le Projet japonais dit: "*peut exiger.*"

priétaire du fonds servant, 2° des frais d'établissement et d'entretien des ouvrages nécessaires à la conduite de ses eaux. Or, il n'y a guère à craindre que celui qui n'aurait pas un besoin réel d'amener des eaux ou qui aurait la facilité de les amener par ses propres fonds, en réclame le passage par les fonds d'autrui.

L'indemnité due aux propriétaires des fonds traversés sera réglée par les tribunaux, eu égard au préjudice causé d'une façon permanente par le passage et temporaire par les travaux préalables.

Art. 251.— 386. La loi française ne s'est pas suffisamment expliquée sur le point de savoir si ce droit d'aqueduc s'applique aux prises d'eau concédées par l'administration : elle se borne à parler des eaux " dont on a le droit de disposer ; " mais l'interprétation doctrinale et judiciaire n'a pas hésité à y faire rentrer les concessions administratives sur les divers cours d'eau.

La loi française n'a pas prévu non plus le cas où le droit du réclamant serait temporaire quant aux eaux, ce qui permet de croire qu'elle n'a autorisé le droit d'aqueduc que pour un droit illimité ; autrement, il faudrait que la loi eût fixé un *minimum* de durée, afin d'éviter des prétentions abusives ou vexatoires entre voisins ; elle ne l'a pas fait.

Le Code italien admet que le droit d'aqueduc soit réclamé temporairement (art. 598) ; il fait varier l'indemnité avec la durée, suivant qu'elle doit excéder, ou non, neuf années (art. 604) ; mais, ce délai n'est pas un *minimum*, ce qui est peut-être un tort.

Le Projet japonais croit faire sagement en ne permettant pas d'exiger le passage pour un délai de moins de cinq ans (*k*). Pour un délai inférieur, il n'y aura

---

(*k*) Dans la 1re édition de ce Projet, on avait proposé un *minimum* de 10 ans ; mais on pense que celui qui a droit à des eaux pendant seule-

que la ressource des conventions particulières : on pourra avoir "une servitude établie par le fait de l'homme." Toutefois, si la concession de l'eau est viagère, bien qu'elle puisse durer moins de 5 ans après la demande, comme elle peut aussi durer davantage, l'aqueduc pourra être exigé.

Art. 252.— 387. La sortie des eaux est encore plus nécessaire peut-être que leur entrée sur un fonds ; car leur surabondance peut causer plus de dommages que leur insuffisance.

La disposition du présent article doit être rapprochée des articles 237 à 239, auxquels elle apporte une grande extension, sans les contredire.

Dans ces premiers articles, il s'agit de l'obligation, pour les propriétaires des fonds inférieurs, de recevoir les eaux qui découlent *naturellement* des fonds supérieurs, et cette servitude doit être subie sans indemnité.

Ici, il y aura travail de l'homme pour les évacuer ; peut-être même y aura-t-il eu un premier travail sur des fonds supérieurs pour les amener ; enfin, il y aura eu usage de l'eau et un usage qui les aura le plus souvent altérées, même quand il n'y aura eu qu'usage agricole, lequel corrompt ordinairement les eaux, notamment, par l'effet de la stagnation dans les rizières.

Ici, le législateur se retrouve, comme dans les cas qui précèdent, en face du problème qui consiste à concilier le respect dû à la propriété, à son indépendance, avec l'intérêt économique qui demande l'évacuation des eaux nuisibles à la production et encore plus de celles qui pourraient compromettre la santé publique. Le droit d'aqueduc peut donc être exigé à travers les

---

ment 5 années a encore un intérêt sérieux à les utiliser au moyen de la servitude d'aqueduc.

fonds inférieurs, pour conduire à la voie publique, ou à toute autre issue publique, les eaux qui, même après avoir été amenées pour l'utilité, deviendraient un embarras ou un danger.

Sous ce rapport aussi, le Projet japonais va plus loin que les deux législations étrangères qui lui servent de guide en cette difficile matière: il autorise l'évacuation des eaux *ménagères*. La loi française qui ne donne le droit d'amener les eaux que pour l'irrigation, non pour l'industrie, ni pour les usages domestiques, ne pouvait pas songer à permettre l'évacuation d'eaux industrielles ou ménagères à travers les fonds d'autrui, elle a cru aller assez loin dans cette voie en permettant, en outre, l'évacuation des eaux provenant du drainage et de l'assèchement des étangs et marécages. Mais, le Code italien, qui permet d'amener les eaux par voie d'aqueduc, pour les usages et besoins domestiques, aurait dû, ce semble, permettre l'évacuation des mêmes eaux. On ne peut objecter leur altération presque constante; car, les eaux industrielles sont, le plus souvent, dans le même cas. D'ailleurs, il suffisait de prescrire certaines précautions pour les eaux altérées, comme on le fait ici, au 2e alinéa.

On remarquera, à ce sujet, que l'altération des eaux agraires n'est jamais considérée comme assez nuisible pour exiger un passage souterrain: en effet, dès qu'elles reprennent un cours à ciel ouvert, elles se purifient promptement.

Enfin, ce qui sépare profondément cette nouvelle servitude de celle relative aux eaux *naturelles*, c'est l'indemnité due aux propriétaires des fonds servants: c'est là le respect du droit de propriété.

388. Il n'est pas nécessaire d'entrer dans des développements sur le *drainage*, opération très-usitée en Europe et en Amérique et encore peu connue au Japon,

§ II.—DE L'USAGE DES EAUX.

au moyen de laquelle on diminue la trop grande humidité des terres (*l*). Le drainage sera probablement toujours moins usité au Japon qu'en Europe, parce que les terres trop humides y peuvent presque toujours être consacrées à la culture du riz, laquelle demande même des irrigations artificielles. Cependant, l'eau stagnante pourrait être trop profonde, même pour des rizières, et alors il y aurait lieu de la diminuer : ce ne serait pas encore le desséchement, mais le droit d'aqueduc serait tout aussi utile et il est aussi légitimement accordé par la loi.

Il y aura lieu, plus tard, de faire une loi spéciale sur le desséchement des marais, lacs, étangs, comme en France et dans les autres pays étrangers : il y a là une intervention nécessaire des autorités administratives ; les propriétaires intéressés peuvent se constituer en syndicat pour les travaux, pour la contribution aux dépenses et pour le partage du profit après le desséchement.

Plusieurs lois en France (notamment, du 16 septembre 1807 et du 21 Juin 1865) se trouvent refondues dans le Projet de Code rural et sont destinées à être remplacées par lui.

Art. 253.—389. La disposition de cet article, dans son 1er alinéa, rappelle celle de l'article 233, au cas d'enclave : il y a identité de motifs.

Le 2e alinéa n'a pas besoin de justification : l'habitation demande plus de respect que le sol arable.

Art. 254.— 390. Voilà encore une disposition dont l'équité est trop évidente pour avoir besoin d'être justifiée ; il s'en trouve déjà une semblable dans les articles 241 et 242.

(*l*) Voyez page 420, note *e*.

Les Romains ont formulé, en matière de servitudes, une maxime générale dont l'application se présente ici et se retrouvera à la Section suivante, c'est que "la nature des servitudes n'oblige pas celui qui les subit à faire quelque chose, mais seulement à souffrir, à tolérer, à endurer." C'est là un principe de droit positif qui, une fois admis, circule comme une monnaie courante et ne se discute plus; mais encore faut-il le faire dériver d'un autre principe, plus élevé, parce qu'il est d'équité et de raison, à savoir, que la loi peut bien diminuer quelque chose des avantages qu'un propriétaire peut tirer de sa chose, pour augmenter beaucoup les avantages d'une autre propriété et, de cette façon, accroître la richesse générale du pays; mais, elle manquerait le but, en le dépassant, si elle imposait au propriétaire du fonds servant des sacrifices à prendre sur ses autres biens, comme ici le prix des travaux; dans ce cas, la richesse générale ne serait pas toujours augmentée; les sacrifices de l'un seraient souvent égaux aux bénéfices de l'autre; l'on n'y trouverait guère qu'un déplacement injuste des valeurs.

Dans le cas des servitudes qui nous occupent, il serait d'autant moins possible de faire supporter les frais des travaux au propriétaire du fonds servant qu'il a déjà droit à une indemnité pour le trouble et la diminution de jouissance que lui cause le passage des eaux. Si la loi mettait les travaux à sa charge, il faudrait, de toute nécessité, augmenter, en proportion, l'indemnité qui lui est due.

Art. 255.— 391. Les deux premières dispositions de cet article rentrent dans le système économique qui gouverne toute cette matière.

C'est un principe économique qu'il faut chercher à obtenir le plus d'avantages possibles avec le moins de travaux, c'est-à-dire avec les moindres dépenses.

§ II.—DE L'USAGE DES EAUX.

Or, lorsqu'il s'agit d'amener des eaux pour l'irrigation ou l'industrie, ou d'évacuer des eaux surabondantes, si l'on peut utiliser les mêmes canaux en faveur de plusieurs fonds, c'est un bien général en même temps que particulier. Dût-on même faire les canaux plus larges ou plus profonds, ce serait encore moins coûteux que de faire deux ou plusieurs canaux.

On ne réfutera pas ici l'idée ridicule de ceux qui prétendent, au contraire, que, plus il y a de travail à faire, plus il y a de profits répandus dans le pays, par les ventes de matériaux et par les salaires donnés à la main-d'œuvre. Autant vaudrait dire que c'est un grand bien pour un pays d'être périodiquement dévasté par les incendies, les typhons et les tremblements de terre, parce que ces désastres font vendre des bois et donnent du travail aux charpentiers. C'est ne voir qu'un côté des choses. Le côté qu'on ne voit pas, c'est que, si le désastre n'avait pas eu lieu, les capitaux ainsi employés auraient reçu un autre emploi ; car, les capitalistes intelligents n'ont pas pour habitude de conserver l'argent oisif ; il y aurait eu des constructions nouvelles, par conséquent, des ventes de matériaux et des salaires gagnés et payés ; la richesse générale s'en fût trouvée augmentée et, par suite, le bien-être ; tandis que, s'il n'y a que des réparations de désastres, le pays a moins de capitaux amassés et n'a pas plus de constructions qu'auparavant (*m*).

392. Pour revenir au texte, on remarquera que la réunion, dans un même canal, des eaux de deux propriétaires ne demande pas les mêmes précautions pour

---

(*m*) Cette courte digression économique rattachée au commentaire de la loi y trouvera plus d'autorité pour combattre une erreur populaire, sans doute aussi commune au Japon qu'en Europe.

On a traduit en japonais les PETITS PAMPHLETS ÉCONOMIQUES de Bastiat : notamment, *Ce qu'on voit et ce qu'on ne voit pas*, et on les trouve, au Japon comme en France, aussi piquants qu'instructifs.

la sortie que pour l'entrée : pour la sortie, il importe peu que les eaux soient aussi pures les unes que les autres, puisque leur emploi est terminé ; il en est autrement pour l'entrée : il ne faut pas que les unes gâtent les autres.

On pourrait enfin se demander si cette sorte d'association des eaux et des intérêts des propriétaires modifie, en plus ou en moins, l'indemnité due au fonds servant. Il faut reconnaître que l'indemnité ne reste pas la même, si le propriétaire du fonds servant prête ses canaux au fonds dominant ; car, dans ce cas, le fonds servant n'est déprécié que par une perte partielle de la liberté du propriétaire ; mais il n'y a pas occupation d'une partie utile du terrain. Dans le cas, au contraire, où le fonds servant emprunte le canal déjà fait par le fonds dominant, si l'indemnité a déjà été réglée, tant pour la diminution de liberté que pour l'occupation de terrain, elle ne sera pas modifiée par l'emprunt du canal. Le seul effet de cette communication des eaux dans un même canal est que chacun supportera une part proportionnelle des dépenses dudit canal, et que chacun aussi en aura le bénéfice à moins de frais. Mais si, au moment où le fonds dominant réclame le passage, le fonds servant demandait que le canal pût recevoir ses eaux, le tribunal pourrait toujours tenir compte de cet avantage pour fixer une indemnité moindre.

Art. 256. — 393. Cet article paraîtrait au premier abord, devoir être placé après l'article 243, car, il se rattache aux eaux courantes. Mais, il a dû être placé ici, à cause de son 2° alinéa qui repose sur le même principe que l'article précédent et demande la même justification.

L'usage des eaux courantes, par les riverains, nécessite presque toujours que les eaux soient élevées, car, elles se trouvent le plus souvent en contre-bas du sol riverain; pour que le contraire eût lieu, il faudrait supposer que les eaux coulent entre des digues ou chaussées, ce qui est assez rare et suppose des travaux antérieurs très-considérables et d'un entretien coûteux. Les eaux devront donc, en général, être élevées par un barrage, qui sera nécessairement appuyé aux deux rives.

Le préjudice causé au riverain sur le fonds duquel le barrage est appuyé n'est jamais bien considérable, parce que les piles de bois ou de pierre s'enfoncent assez peu dans la rive; néanmoins, il y a comme dans tout droit exercé sur le fonds d'autrui, une diminution de liberté; par conséquent, il y aura indemnité.

Le droit accordé au même riverain d'utiliser ledit barrage à son profit se justifie, comme celui d'user des canaux, en vertu du précédent article, et c'est une suffisante raison de ne pas reporter celui-ci après l'article 243 ; autrement, il faudrait y transporter aussi la justification économique de l'article précédent et elle y serait moins motivée.

394. On remarquera que cet article ne se réfère qu'aux eaux courantes qui ne sont ni navigables ni flottables; c'est, en effet, pour celles-là seules qu'il est permis d'établir des barrages; dans les autres rivières, la navigation en serait empêchée, à moins que le barrage ne fût mobile et en système d'écluse; de pareils travaux ne sont permis que très-exceptionnellement par l'administration supérieure et lorsque le barrage peut alimenter un grand nombre d'usines sur les deux rives.

Cette matière appartient, du reste, au droit administratif et non au droit civil.

§ III.—DU BORNAGE.

Art. 257. Tous propriétaires voisins peuvent se contraindre respectivement à la délimi-

Droit respectif des voisins au bornage.

tation de leurs propriétés contiguës, au moyen de pierres ou poteaux-bornes portant un signe indicatif approprié, d'après l'usage des lieux. [C. fr., 646; C. it. 441.]

Terrains exclus.

258. L'action en bornage n'a pas lieu pour les bâtiments, ni pour les terrains enclos en maçonnerie ou en charpente.

Elle n'a pas lieu non plus pour les terrains séparés l'un de l'autre par un chemin ou un cours d'eau publics.

Imprescriptibilité du droit.

259. L'action en bornage est imprescriptible, tant que les fonds contigus n'ont pas été délimités, soit à l'amiable, soit judiciairement.

Action préalable, s'il y a lieu.

Néanmoins, si l'un des voisins se prévaut de la prescription acquisitive ou seulement d'une possession annale de tout ou partie du terrain au profit duquel le bornage est réclamé, le demandeur devra préalablement agir en réintégrande ou en revendication.

Etablissement des limites.

260. Hors les cas qui précèdent, si les limites sont incertaines ou contestées, le bornage se fait d'après la contenance et les limites portées aux titres de propriété ou, à défaut de titres, d'après les autres preuves ou documents qui peuvent les suppléer.

S'il y a contestation sur le droit de propriété il est statué préalablement à cet égard par le tribunal compétent.

§ III.—BORNAGE.

261. Dans le cas où ce qui manque à l'un des voisins ne serait pas possédé par l'autre, il y a lieu de mettre en cause les arrière-voisins jusqu'aux limites non contestées; il est alors procédé, contradictoirement avec tous, au bornage commun. *Mise en cause des arrière-voisins.*

S'il se trouve, sur la totalité des fonds, un excédant ou une insuffisance de contenance, le profit ou la perte se répartissent entre tous les fonds, proportionnellement à leur étendue.

262. Le retranchement à opérer en vertu de l'article précédent se fera par voie d'indemnité à fournir, lorsque, pour l'opérer en nature, il serait nécessaire d'entamer des bâtiments ou des enclos tels qu'ils sont prévus à l'article 258. *Indemnité.*

263. Si le bornage est fait à l'amiable entre toutes les parties intéressées, il en est dressé acte, en telle forme qu'elles jugent à propos, et ledit acte vaut titre définitif pour et contre elles, quant à la contenance et aux limites respectives de leurs fonds. *Constatation amiable des limites.*

A défaut d'accord mutuel, il est rendu un jugement déterminant lesdites contenances et limites, avec plan annexé; les bornes y sont indiquées avec la mention de leur distance, tant entre elles que par rapport à des points fixes de la localité. *Idem par jugement.*

264. Le coût et la pose des pierres ou po- *Frais divers.*

teaux-bornes sont, par portions égales, à la charge des voisins auxquels ils servent de limite.

Les frais d'arpentage et ceux d'actes ou de procédure sont supportés par tous les intéressés, proportionnellement à l'étendue de leurs fonds.

Toutefois, les frais de procédure spécialement relatifs à une contestation jugée mal fondée sont à la charge de la partie perdante.

Renvoi. **265.** La compétence et les autres formes de l'action en bornage sont réglées par le Code de procédure civile. [Loi fr. du 25 mai 1838, art. 6-2°.]

COMMENTAIRE.

Art. 257.— 395. Le but du Bornage ou Abornement est de prévenir les difficultés et contestations qui naîtraient infailliblement du voisinage, si la contenance et les limites de chaque propriété n'étaient pas exactement déterminées par des signes visibles et durables; l'intérêt général et l'intérêt même des propriétaires y trouvent donc satisfaction.

Le bornage est une de ces charges établies par la loi que l'on a signalées au commencement de ce Chapitre (p. 418 et s.) comme étant improprement qualifiées du nom de *servitudes*. La réciprocité même de cette charge fait qu'il est difficile d'y voir un fonds *servant* et un fonds *dominant*, puisque chacun des deux fonds a cette double qualité et que le bornage est établi pour l'avantage des deux propriétaires.

Mais, on a vu aussi qu'il n'y a guère d'intérêt à s'arrêter à cette difficulté purement théorique et que la loi y perdrait en simplicité.

§ III.—BORNAGE.

Il est certain que le bornage est une des charges légales de la propriété foncière dont il forme le droit commun; sous ce rapport, le Projet a suffisamment proclamé le principe, en écrivant le 4° alinéa de l'article 35.

Mais, il faut reconnaître: 1° que c'est improprement aussi que la charge du Bornage est appelé *obligation* entre voisins: elle ne correspond pas à une *créance* ou droit personnel, mais à un *droit réel*, attribut de la propriété (a), 2° que la circonstance que le droit est réciproque et que les deux fonds se trouvent en même temps servants et dominants n'est pas une objection sérieuse à la dénomination de *servitude*, lors même qu'on la déclarerait *double*; il y a là un effet résultant de la nature des choses; car, depuis les Romains, il est d'usage de dire que l'action en bornage a une nature *mixte* ou *double*, en ce sens que chacun des voisins est tout à la fois demandeur et défendeur.

La matière du bornage est une de celles qui ont été le plus négligées dans les lois étrangères: le Code français ne lui consacre qu'un court article (art. 646) (b), et le Code italien se contente de le reproduire (art. 441).

On s'est efforcé, dans le Projet japonais, de combler les lacunes qui pourraient embarrasser la jurisprudence nouvelle.

396. Le présent article pose le principe du droit de demander le bornage; les deux articles qui le suivent y apportent des exceptions et des limites.

La loi ne détermine pas d'une façon rigoureuse la nature des signes qui serviront à reconnaître les *bornes-*

(a) C'est à tort que le Code français a rangé dans les *Obligations nées de la loi* "les engagements entre propriétaires voisins" (art. 1370): il leur avait déjà lui-même reconnu la nature de *droits réels*, en les plaçant sous le titre des *Servitudes*.

(b) La loi précitée du 20 août 1881 n'a rien ajouté à cet article 646.

limites : les parties pourront, suivant l'usage des lieux, soit y inscrire leurs noms, soit y mettre l'indication de la contenance ; mais toujours de façon à ce que ces pierres ou poteaux révèlent au premier aspect leur caractère, car, il y a dans le nouveau Code pénal (art. 420) une punition pour ceux qui déplacent les limites des propriétés et il faut chercher à prévenir le délit avant de le réprimer.

Bien que la loi prescrive l'emploi du bois ou de la pierre comme devant être la matière des bornes, les parties pourront toujours, d'un commun accord, y substituer une autre matière, comme des charbons, des tuiles ou autres matières résistant à l'action du temps et de l'humidité du sol ; elles pourront aussi y substituer des plantations d'arbres. Mais, la disposition de la loi devra être observée, lorsque les parties recourront à la justice.

Art. 258.— 397. La loi affranchit ici du bornage trois sortes de fonds :

1° Les bâtiments : ils se présentent, en effet, dans des conditions de fixité qui rendent le bornage inutile. Si donc un des propriétaires prétendait que l'autre a construit sur le terrain qui ne lui appartient pas, il ne pourrait qu'agir en réintégrande ou en revendication de la portion de sol qu'il prétend usurpée. Il se présenterait ensuite une question *d'accession* et d'indemnité à régler ; car, les constructions suivent le sol, même celles faites par un autre que le propriétaire (voy. Livre III°). Si les bâtiments étaient séparés par un terrain libre servant de cour ou chemin d'accès et dont chacun des voisins eût une partie, il y aurait lieu à en demander le bornage.

2° Les terrains enclos de la manière indiquée au texte ne sont pas non plus sujets au bornage. Il peut arriver, cependant, que l'un des voisins soutienne que l'enclos de l'autre empiète sur son fonds; mais, la question ne pourra être vidée que par une action en revendication. Pour que la clôture ait ainsi pour effet d'exclure le bornage, la loi veut que la clôture ait un caractère stable et définitif et elle ne reconnaît comme tels que les murs en maçonnerie (pierre, brique, tuiles), dits *néri-beï* ou ceux en charpente *(hei, yaraï)*. La loi considère que si l'un des voisins a laissé l'autre établir de pareilles clôtures sans protestations, c'est qu'il en a reconnu la légalité. Si, pourtant, ce voisin croit découvrir qu'il y a eu usurpation, il lui reste deux actions: l'action en réintégrande, si la clôture et la possession qui en résulte pour celui qui l'a faite ne remontent pas à plus d'un an (voy. art. 217), et l'action en revendication, lorsque la première n'est plus recevable.

3° Les terrains séparés par un chemin public ou par un cours d'eau également public ne présentent pas non plus l'incertitude de limites qui motive l'action en bornage. Bien entendu, le bornage reste exigible, si la séparation est un chemin ou un cours d'eau privé.

Art. 259.— 398. Bien que tous les droits, tant réels que personnels, se perdent, en général, par la prescription, c'est-à-dire quand celui auquel ils appartiennent a laissé s'écouler un certain temps sans les exercer, il en est cependant que le temps n'éteint pas et celui qui nous occupe est du nombre.

On en peut donner une première raison, qui est la plus frappante et la plus simple, c'est que la prescription n'a pas lieu pour les droits qui sont d'intérêt public autant que d'intérêt privé, et l'on a vu plus haut que le but du bornage est de prévenir les contestations et les procès.

On peut encore donner cette raison que lorsqu'un droit est accessoire d'un autre il ne se prescrit qu'avec le droit principal ; or, le droit au bornage est l'accessoire du droit de propriété; donc, tant que la propriété n'est pas perdue elle-même par la prescription, le droit au bornage subsiste.

On peut dire encore que le droit au bornage naît du défaut de limites et qu'il *renaît* pour ainsi dire chaque jour, tant que les fonds contigus ne sont pas délimités. C'est exactement la même théorie que pour la demande en partage entre co-propriétaires indivis (art. 40): elle est imprescriptible tant que dure l'indivision.

Enfin, on peut encore fonder l'imprescriptibilité de l'action en bornage sur le principe que "le défaut d'exercice des actes de pure faculté ne peut fonder ni possession ni prescription" (voy. c. civ. fr. art. 2232).

399. Mais, l'action en bornage ne serait plus recevable, si l'un des voisins invoquait la prescription acquisitive de tout ou partie du fonds de son adversaire, ou seulement une possession civile ayant déjà un an de durée, soit pour tout le fonds, soit pour une portion déterminée. Ici, il n'y aura pas à distinguer la nature des clôtures qui ont pu modifier les limites primitives: quelle que soit leur faible consistance, elles peuvent suffire à déterminer la portion possédée si, d'ailleurs, il y a eu d'autres actes constituant la possession, conformément au Chapitre précédent.

Si, dans ce cas, le bornage était demandé d'après les titres de propriété, le possesseur serait privé du bénéfice de sa possession ; or, il ne peut l'être que par une action en réintégrande, s'il est prouvé que sa possession n'avait pas encore un an de durée et, dans le cas contraire, par l'action en revendication, si la prescription acquisitive n'était pas accomplie. C'est donc par l'une ou l'autre de ces deux actions que le demandeur en bornage devra procéder préalablement : s'il y triomphe, le bornage sera exécuté d'après les contenances et les limites établies tant par les titres que par les autres preuves reconnues et déclarées par le jugement; s'il y succombe, les bornes seront placées de façon à consacrer la possession ou la prescription du défendeur.

Cette combinaison de l'action en bornage avec l'action possessoire et la revendication est complétement passée sous silence par les lois étrangères et elle pourrait créer de grands embarras aux tribunaux, si elle n'était pas réglée au Japon.

Art. 260.— 400. Lorsque les limites ne résultent pas de la prescription acquisitive ou de la possession annale, on doit les rechercher dans les titres de propriété, et s'ils sont perdus ou détruits, on les supplée par témoins ou par les autres preuves admises en droit civil ordinaire.

Mais, ici, comme dans le cas de prescription prévu à l'article précédent, il peut y avoir contestation sur les contenances déclarées aux titres ou sur la validité des titres eux-mêmes; le débat ne portera plus alors sur les limites seulement, mais, sur le droit même de propriété, et comme, vraisemblablement, le juge du bornage sera un juge inférieur, le juge de paix, il ne lui appartiendra pas de statuer incidemment sur le droit de propriété; il devra donc surseoir à statuer sur le bornage, jusqu'à ce que le droit de propriété ait été reconnu et déclaré par le tribunal civil. C'est une solution inverse de celle du concours de l'action possessoire avec l'action pétitoire (voy. art. 219).

Art. 261.— 401. Il arrive fréquemment que l'action en bornage ne s'arrête pas aux deux voisins entre lesquels elle a commencé; les autres voisins peuvent y être appelés de proche en proche, en s'arrêtant cependant à ceux qui se trouvent compris dans un même îlot, c'est-à-dire, sans franchir les voies ou cours d'eau publics, ni les enclos ou bâtiments faisant obstacle au bornage, d'après l'article 258. Ceux que la loi appelle ici, d'après l'usage, *arrière-voisins*, sont en même temps voisins immédiats pour les fonds qui leur sont contigus.

A cause de ces derniers, ils ne peuvent se refuser à entrer en cause pour le bornage.

Les fonds seront tous mesurés ou arpentés par un expert choisi par les parties ou désigné par le tribunal, et il arrivera souvent que la contenance totale de tout le périmètre en question donnera plus ou donnera moins que le total des contenances portées à tous les titres.

Quand il est impossible de découvrir à l'égard de quels fonds spécialement l'erreur originaire a été commise, il est naturel et juste de procéder à une répartition proportionnelle entre tous les fonds soumis au bornage. La proportion est préférable à l'égalité; car s'il s'agissait d'un retranchement à opérer, rien ne serait plus choquant que d'ôter autant à un champ exigu qu'à un immense domaine.

Ces opérations seront donc quelquefois délicates, surtout lorsque les mesures primitives remonteront à une époque où les opérations d'arpentage étaient faites négligemment.

Art. 262.— 402. La disposition de cet article était nécessaire pour ne pas créer une nouvelle difficulté aux tribunaux: l'article 258 ne soumet pas au bornage les bâtiments, ni certains enclos; mais, si un domaine contient, avec des terrains ouverts, un enclos et des bâtiments, il pourrait arriver que la réduction dût porter sur le côté bâti ou enclos; dans ce cas, pour répondre à l'esprit de l'article 258, le retranchement sera remplacé par une indemnité en argent.

Art. 263.— 403. Il est toujours désirable que les

parties s'accordent pour le bornage ; la loi leur laisse alors le soin de rédiger l'acte qui constatera l'opération : leur intérêt est de le faire clairement.

S'il faut recourir à la justice, le bornage sera déterminé par un jugement, précédé ordinairement d'un arpentage et d'un rapport par un géomètre-expert. La loi exige aussi qu'il soit annexé au jugement un plan figuratif des parcelles, présentant l'indication des bornes qui seront nécessairement placées à tous les angles.

Pour dispenser de faire le plan à une échelle de réduction géométriquement exacte, il suffira que les distances entre les bornes soient notées, lors même que la proportion exacte de ces distances ne serait pas observée sur le plan ; on notera aussi la distance des principales bornes par rapport à quelque point fixe qu'il ne dépend pas des parties de déplacer ; de cette façon, en cas de contestation ultérieure ou de déplacement des bornes, il sera facile de retrouver leur place véritable, sans nouvel arpentage.

Art. 264.—404. Le Projet corrige ici les Codes français et italien qui, tous deux, mettent les frais de bornage à la charge commune des voisins, sans distinction, ce qui serait une injustice si la jurisprudence n'y remédiait par une sage interprétation de l'esprit de la loi.

Il est naturel que la dépense des bornes, assez minime d'ailleurs, soit supportée également par les deux voisins auxquels elles servent de limites, parce que chacun y trouve le même avantage, quelle que soit l'étendue de son fonds. Mais, il est évident que l'arpentage d'un domaine plus ou moins considérable coûtera beaucoup plus que celui d'un champ exigu et la charge doit en être proportionnelle. En fait, le géomètre-expert se fera payer directement, par chaque propriétaire, le travail qu'il a fait pour lui, et, s'il a été commis par le juge, il présentera un compte séparé pour chaque fonds ; ce sera le moyen le plus simple d'observer la proportionnalité des frais d'arpentage. Pour les autres frais, ceux d'actes et de procédure, la proportion devra être établie par le tribunal, ce qui sera facile.

L'exception portée par le 3e alinéa recevra son application dans plusieurs cas qui sont supposés plus haut : un des voisins a contesté le sens ou la portée d'un titre de propriété, ou bien il s'est prétendu possesseur annal d'une portion du terrain à borner, ou, enfin, il a élevé une prétention à la propriété ou contesté celle de son voisin ; celui qui aura succombé dans l'un ou l'autre de ces cas, supportera seul les frais de cette partie de la procédure. C'est l'application du droit commun des procès.

Art. 265.— 405. Il est désirable que les procès ou actions en bornage, ne touchant pas au fond du droit de propriété, soient jugés promptement et avec peu de frais.

Le premier avantage sera obtenu si la loi donne la compétence au juge le plus rapproché des justiciables, c'est-à-dire au juge de paix. Le second avantage sera la conséquence toute naturelle du premier : devant les juges inférieurs, les formes sont toujours plus simples et les frais moins élevés.

En France, les actions en bornage sont jugées par les juges de paix (C. pr. civ., art. 3 et 38 ; Loi du 25 mai 1838, art. 6, 2e al.).

§ IV.—DE LA CLÔTURE.

Droit de clôture.

Art. 266. Tout propriétaire peut clore son fonds à la hauteur et avec les matériaux qu'il juge à propos.

§ IV.—CLÔTURE.

Toutefois, si le fonds est soumis à une servitude légale ou du fait de l'homme autorisant l'entrée ou le passage du voisin, la faculté d'exercer la servitude doit être ménagée. [C. fr., 649; C. it., 442.]

267. Dans les villes de plus de 10,000 habitants, tout propriétaire peut contraindre son voisin à contribuer à la clôture des fonds contigus.

Obligation de clôture.

La clôture pourra également être exigée dans les autres communes, villages ou hameaux, pour les terrains formant cours ou jardins situés entre les bâtiments d'habitation ou d'exploitation agricole ou industrielle.

Si la clôture a été faite et terminée par l'un des voisins, sans qu'il ait mis l'autre en demeure d'y contribuer, il ne pourra exiger la participation de celui-ci à la dépense.

268. La clôture pourra être exigée en planches et charpentes dans les villes désignées au premier alinéa de l'article précédent, et seulement en bambous juxta-posés dans les autres lieux.

Mode de clôture.

La hauteur sera de sept pieds, au moins, en tous lieux.

Elle se calculera à partir de la superficie du sol le plus élevé, et sera assise sur le fonds inférieur.

269. L'entretien et la réparation se feront à frais communs et pour moitié par chacun.

Entretien de la clôture.

Exception. Néanmoins, si l'un des voisins croit dans son intérêt de faire une clôture en matériaux autres ou à une plus grande hauteur que ce qui est prescrit ci-dessus, il en aura toujours la faculté, en payant seul la différence du prix de construction; dans ce cas, l'entretien et la réparation seront à sa charge exclusive.

COMMENTAIRE.

Art. 266.— 406. La faculté de se clore est, pour le propriétaire, une conséquence naturelle du droit de propriété. Si la loi s'en explique, c'est surtout à cause de l'exception portée au second alinéa.

Le Code français, en proclamant le droit de se clore (art. 667) n'y a apporté qu'une exception, celle relative au passage en cas d'enclave; mais cette exception n'est pas la seule; il est clair que celui qui a obtenu un passage sur le fonds d'autrui, bien qu'il ne soit pas enclavé, ou qui a le droit d'y aller puiser de l'eau, d'y prendre du sable ou d'autres objets utiles, a nécessairement le droit d'accès sur le fonds servant; s'il y a une porte, il devra en avoir une clef ou en obtenir l'ouverture à première demande, le tout pendant le jour et sans troubler le propriétaire du fonds servant.

Une autre raison justifie encore ici la proclamation du droit de clôture: on aurait pu douter que le voisin pût, par des clôtures très-élevées, gêner la vue du propriétaire voisin; dans certains lieux, la vue à distance peut avoir un grand charme et même donner une plus-value à une habitation, comme la vue de la mer, du Fusiyama ou même de la voie publique, et il pourrait arriver que l'un des voisins, par malice ou vengeance, élevât une clôture pour masquer la vue de l'autre. Assurément, il y aurait là un mauvais sentiment; mais, comme la clôture peut avoir un autre motif, par exemple, celui d'arrêter des regards indiscrets, la loi préfère proclamer le droit absolu à la clôture, sans qu'il y ait lieu d'en rechercher les motifs.

Art. 267.— 407. La clôture des héritages contigus est, comme le bornage et plus encore, un moyen de prévenir les contestations entre voisins.

Si les terrains ne sont pas clos, il naît souvent des querelles entre les voisins, par suite des troubles ou dommages causés par les enfants, par les domestiques, ou par les animaux; ces querelles s'enveniment en se répétant et il n'est pas rare que des violences en soient la conséquence.

La loi fait donc sagement d'autoriser le plus sage ou le plus défiant des voisins à demander la clôture. Mais, une fois la clôture faite et terminée, même par un seul des voisins, le danger est conjuré et il n'y a plus lieu d'exiger la participation à la dépense.

La loi distingue les villes ayant une population assez considérable d'avec les villes, communes ou hameaux moins peuplés. Dans le premier cas, il y a plus d'aisance, en général, la charge sera moins lourde; ensuite, les habitants sont plus rapprochés, les terrains à clore sont moins étendus; ces circonstances motivent une plus grande exigence de la part de la loi.

Dans les campagnes, la clôture n'est obligatoire que pour les terrains, généralement peu vastes, qui, attenant aux habitations, les séparent les unes des autres.

La loi, même dans ces dernières localités, assimile aux habitations les bâtiments servant à des usages agricoles ou industriels. En effet, le danger de querelles est le même que pour les habitations: les domestiques, les ouvriers, les animaux de basse-cour se trouveront souvent en contact et il en peut résulter, entre les maîtres, des conflits qu'il faut toujours éviter.

Art. 268.—408. La loi n'a pas voulu exiger une clôture trop coûteuse, en maçonnerie, par exemple; mais, il a paru convenable d'exiger une clôture plus forte et plus durable dans les villes populeuses; dans les autres, les bambous suffiront; mais, pour qu'il n'y ait pas d'abus, dans une prétention ou dans une autre, quant à l'ouverture des mailles, la loi demande que les bambous soit juxta-posés, c'est-à-dire rapprochés sans intervalle. Il en résultera deux avantages: un obstacle aux regards indiscrets et la nécessité de mettre une plus grande solidité dans les poteaux de soutien.

La loi a dû fixer également la hauteur. Ici, il n'y a plus de distinction entre les villes et les jardins de la campagne: une hauteur de sept pieds a paru suffisante, mais nécessaire.

L'inégalité de niveau des fonds aurait pu créer une autre difficulté, la loi la prévient, en exigeant que la hauteur se calcule d'après le sol le plus élevé.

Enfin, il était bon d'exiger que la clôture fût placée sur le fonds inférieur, autrement, elle eût été sujette à une dégradation continue, sa solidité eût été moindre et la charge des propriétaires s'en fût trouvée augmentée.

Lorsque la clôture sera en charpente, les poteaux de soutien ou *arcs-boutants (hikaï)* devront être placés alternativement sur chaque fonds, car ils sont une gêne pour les propriétaires.

Art. 269.—409. La loi, en n'exigeant qu'une clôture simple et peu coûteuse, pour ne pas trop charger la propriété foncière, ne pouvait pas défendre à un propriétaire de faire une clôture plus forte, plus élégante ou plus haute. Mais, il est naturel aussi qu'il n'en résulte aucune charge supplémentaire pour le voisin plus modeste dans ses goûts ou dans ses moyens.

Il était naturel aussi que l'entretien et la réparation

fussent exclusivement à la charge de celui qui a fait la clôture de luxe. Il serait impossible d'ailleurs de savoir si une clôture en planches ou en bambons *qui n'existe pas* aurait besoin de réparation, lorsque le mur en aura besoin. La seule difficulté pourrait naître de l'épaisseur d'un mur toujours bien plus considérable que celle d'une clôture en bois. Dans ce cas, l'excédant de largeur devra être pris sur le fonds du constructeur, et si, à cause de la différence de niveau des terrains, il fallait la prendre sur le fonds inférieur, il y aurait lieu à indemnité ou à faire la construction sur le sol supérieur, au moyen de fondations aussi profondes que le sol inférieur.

§ V.— DE LA MITOYENNETÉ.

Art. 270. Lorsqu'une clôture, de quelque nature qu'elle soit, a été faite à frais communs et sur la ligne séparative des fonds, soit en vertu de l'obligation déterminée au paragraphe précédent, soit volontairement et d'un commun accord, elle appartient par indivis, avec le sol qui la supporte, à chacun des voisins et est dite *mitoyenne*. {Fondement de la mitoyenneté.}

Il en est de même des murs en pierre ou en maçonnerie séparant les bâtiments respectifs des voisins, des fossés creusés ou des haies, vives ou sèches, plantées à frais communs sur la ligne divisoire des terrains contigus. [C. fr., 653 à 673 ; C. it., 546 à 569.]

271. Toute clôture ou séparation de terrains ou de bâtiments, de quelque nature et en {Présomption de mitoyenneté.}

quelque lieu qu'elle soit, est présumée mitoyenne, comme ayant été faite à frais communs et sur la ligne divisoire, s'il n'y a preuve du contraire en faveur d'un seul des voisins, soit par titre écrit, soit par la prescription de trente ans, ou par un des signes matériels, désignés ci-après, auxquels la loi attache la présomption de non-mitoyenneté. [653.]

Signes de non-mitoyenneté.

272. A défaut de preuve écrite ou de prescription établissant la propriété exclusive d'un des voisins, les signes de non-mitoyenneté, à l'égard des terrains, sont :

1° Pour les murs en pierre, en briques ou en maçonnerie, l'existence sur un seul côté, soit d'un plan incliné pour l'écoulement de l'eau pluviale, soit de saillies, ouvertures, enfoncements, ouvrages ou ornements quelconques ;

2° Pour les clôtures en planches ou en bambous, la circonstance que les poteaux de soutènement sont exclusivement d'un seul côté ;

3° Pour les fossés, le rejet de la terre d'un seul côté ;

4° Pour les haies vives ou sèches, la circonstance qu'un seul des fonds est clos de tous côtés. [666 ; Loi du 20 août 1881.] (*a*).

Dans ces quatre cas, la propriété exclusive est présumée appartenir à celui des voisins du côté duquel sont les ouvrages particuliers ou qui est seul entièrement clos. [654.]

(*a*) Les articles 666 à 673 du Code français sont modifiés par une des trois lois du 20 août 1881, déjà citées.

§ V.—MITOYENNETÉ.

273. S'il s'agit d'un mur, soit en pierre ou en maçonnerie, soit en charpente, séparant deux bâtiments d'inégale hauteur, la présomption de mitoyenneté cesse pour la partie dont le mur le plus élevé excède l'autre bâtiment. [653.]

Suite.

La présomption n'a lieu pour aucune partie, si le mur ne soutient qu'un seul bâtiment.

274. S'il se rencontre, tout à la fois, dans une même clôture ou autre ouvrage séparatif de deux fonds, des signes de mitoyenneté et de non-mitoyenneté, les tribunaux apprécieront, d'après les circonstances, si la propriété est commune aux deux voisins ou exclusive pour un seul.

Signes en sens contraires.

275. La réparation et l'entretien de la séparation mitoyenne sont à la charge des copropriétaires, par égale portion, à moins que les dégradations ne proviennent du fait d'un seul.

Charges de la mitoyenneté.

Toutefois, s'il ne s'agit pas des clôtures obligatoires d'après l'article 267, chacun peut se soustraire à la charge de l'entretien, en renonçant au droit de mitoyenneté, pourvu qu'il ne s'agisse pas d'un mur soutenant un bâtiment qui lui appartienne et sauf à payer les réparations déjà nécessitées par son fait. [655, 656, 667.]

276. Dans le cas de mitoyenneté, chacun des voisins peut user de la séparation mitoyenne, suivant sa nature et sa destination, de façon toutefois à ne pas en compromettre la solidité.

Droits résultant de la mitoyenneté.

Chacun peut appuyer un bâtiment au mur mitoyen, en y enfonçant des poutres jusqu'aux trois quarts de son épaisseur, en y adossant une cheminée ou en y faisant passer des tuyaux pour la fumée, l'eau ou le gaz, ou pour les autres usages domestiques ou industriels, si la nature et l'épaisseur du mur le permettent; mais, il ne peut y pratiquer d'ouvertures, ni même de simples enfoncements pour l'usage des appartements. [657, 675.]

Tout co-propriétaire peut aussi exhausser le mur mitoyen, si la solidité du mur le permet, ou en faisant à ses frais les travaux de confortation; dans ce cas, la partie exhaussée n'est pas mitoyenne. [658, 652.]

S'il s'agit d'un fossé mitoyen, chacun des voisins peut y conduire les eaux pluviales, industrielles ou ménagères, si le fossé a une pente suffisante pour éviter une stagnation nuisible.

S'il s'agit d'une haie vive, chacun profite pour moitié de la taille et peut demander l'abattage des arbres à haute tige qui s'y trouveraient.

Cession forcée de la mitoyenneté.

277. Si un mur de séparation, en pierres, en briques ou en maçonnerie, a été construit par un seul des voisins, l'autre peut toujours en acquérir la mitoyenneté, en tout ou partie, en payant la moitié de la valeur du terrain, des matériaux et de la main-d'œuvre, au prix qu'ils valent alors. [661; C. it., 571.]

Il en est de même pour l'exhaussement du mur opéré conformément au 3° alinéa de l'article précédent. [660.]

§ V.—MITOYENNETÉ.

Celui qui a ainsi acquis la mitoyenneté d'un mur peut en user comme il est dit à l'article précédent ; mais, il ne peut faire fermer les ouvertures qui s'y trouvent, si elles ont été établies comme servitudes de vue par le fait de l'homme.

La présente disposition n'est pas applicable aux *koura* ou *do-zô*.

COMMENTAIRE.

Art. 270.— 410. Cette matière se trouve réglée avec assez de soin et assez complétement dans le Code français (art. 653 et suiv.) pour qu'on ait eu peu à s'en écarter ici ; cependant, on s'est efforcé d'y mettre encore plus de précision et d'y introduire quelques améliorations.

Ainsi d'abord, le Code français omet de donner à la mitoyenneté sa véritable base qui est la participation réelle de chacun des voisins à la construction, c'est-à-dire, à la fourniture du sol sur lequel la clôture ou séparation est assise, à l'achat des matériaux et au payement de la main-d'œuvre. Le présent article s'en explique clairement, et il a soin de généraliser la disposition, en y faisant rentrer la clôture forcée, avec ses limites de lieu et de matières, et la clôture volontaire avec ses variétés indéfinies.

Le présent texte nous apprend encore que la mitoyenneté est une *co-propriété indivise* ; ce qui empêchera de soutenir au Japon, comme on l'a essayé en France, que le mur mitoyen appartient aux voisins par moitiés *divises*, c'est-à-dire à chacun de son côté, jusqu'au centre du mur. Enfin, le texte ne néglige pas de dire que le sol appartient indivisément aux deux voisins comme le mur lui-même.

L'indivision que nous rencontrons ici a une nature propre déjà annoncée à l'article 40 : nul ne peut la faire cesser par un partage forcé ; on ne peut s'y soustraire qu'en renonçant au droit lui-même, ce qui alors donne la propriété entière au voisin (voy. art. 274).

Art. 271.— 411. Lorsque le Code français (art. 653) base la mitoyenneté sur une présomption, il ne fait pas sentir quel est le fondement de cette présomption. Le présent texte s'en explique formellement : il y a présomption que chacun des voisins a fait les sacrifices de sol et de travaux qui sont la véritable base du droit de co-propriété (*a*). La présomption toutefois n'est pas invincible et ne devait pas l'être, parce qu'il est possible et fréquent même que la séparation ait été construite par un seul des voisins.

Le texte indique trois moyens de combattre la présomption légale ; le Code français n'en indique que deux : il omet la prescription. Sans doute, en France, on ne nierait pas que si l'un des voisins a eu, pendant trente ans, une possession exclusive du mur de séparation, cette prescription équivaille à un titre écrit; mais la loi a le devoir de faire une énumération exacte et complète, lorsqu'elle n'adopte pas une formule générale ou qu'elle ne procède pas par voie d'exemples.

La loi n'admet pas ici la preuve testimoniale, au moins en règle générale, pour combattre la présomption, parce que celle-ci a surtout pour but de prévenir les procès sur la preuve de la co-propriété et que la preuve par témoins pourrait, au contraire, les favoriser ; mais dans les cas où le titre écrit a été perdu, la preuve testimoniale sera recevable, conformément au droit commun, pour établir l'existence antérieure du titre, sa teneur et sa perte.

(*a*) *Mitoyen* signifie ce qui est *mien* et *tien*.

§ V.—MITOYENNETÉ.

Quant à la possession annale, elle ne suffirait pas ici à démentir la présomption de la loi, parce que la possession annale n'est elle-même qu'une présomption. Or, lorsqu'il s'agit de combattre une présomption simple par une autre présomption n'ayant pas un caractère différent, il faut que la loi s'en explique avec soin, ce dont elle s'est gardée ici. La présomption résultant d'une possession annale n'est pas suffisante pour détruire la présomption de mitoyenneté, parce que la nature de la chose se prête si facilement à des actes de possession plus ou moins légitimes qu'il y aurait toujours une grande incertitude sur l'existence ou le caractère de ces actes. Il y aurait danger aussi à donner à ces actes une importance sérieuse : ce serait obliger les voisins à une surveillance, à une défiance continuelles, qui dégénéreraient facilement en querelles, en rixes ou en procès, suivant le caractère des personnes.

Art. 272.—412. La loi n'a pas besoin de reprendre l'idée que le titre écrit et la prescription trentenaire peuvent combattre la présomption de mitoyenneté : les titres sont la preuve normale du droit de propriété exclusive, et la prescription trentenaire, quoique constituant elle-même une présomption de droit, est une présomption *absolue et invincible*.

Les autres présomptions que la loi admet ici comme preuves contraires de la présomption de mitoyenneté ont, à la différence de la possession annale, un caractère précis, indiscutable et permanent.

Il n'est pas nécessaire de reprendre ici en détail, chacun des quatre cas réglés par la loi. Il suffira d'une observation sur chacun.

1er al. Les poteaux de soutènement étant une gêne pour le propriétaire, il est clair que s'ils se trouvent d'un seul côté, c'est que de ce côté seul aussi est le droit de propriété.

2° al. Nul ne pouvant envoyer les eaux pluviales de ses bâtiments sur le fonds voisin (art. 239), la circonstance que les eaux du mur tombent sur un seul fonds a le même sens que la situation des poteaux ci-dessus. De même, on verra plus loin que si le mur est mitoyen, aucun des voisins n'y peut pratiquer d'ouverture ou d'enfoncement; si donc de pareilles dispositions existent dans un mur de séparation, c'est qu'il n'est pas mitoyen.

3° al. Nul ne pouvant, en vertu des principes élémentaires de la propriété, empiéter, usurper sur le fonds voisin, de quelque façon que ce soit, si ce n'est en vertu d'un droit de servitude, il est naturel d'en conclure que si la terre tirée du fossé est toute entière déposée sur un seul fonds, c'est que le fossé a été pris exclusivement sur ce fonds.

4° al. Quant aux haies, il était difficile d'y chercher un signe matériel qui indiquât par qui et sur quel terrain elles ont été plantées. La loi en trouve, non plus dans la haie même, mais dans la circonstance qu'un des fonds est seul enclos de tous côtés : il n'est pas vraisemblable que le propriétaire qui n'est pas clos de tous côtés ait consenti à faire d'un seul côté le sacrifice d'une portion de son sol et la dépense de la haie.

Le dernier alinéa de l'article tire la conséquence de la présomption, en désignant quel est celui des voisins qui est présumé propriétaire exclusif. Il se trouve expliqué par les quatre observations ci-dessus.

Art. 273.—413. Le fondement de la présomption de mitoyenneté établie par l'article 271 est l'utilité que chacun des voisins tire de la séparation du fonds, laquelle autorise à supposer que chacun a contribué à son établissement. Mais, dans le cas prévu ici, lorsqu'il n'y a qu'un bâtiment, ou même lorsqu'il y en a deux et que l'un excède l'autre en hauteur, il n'y a aucune raison de croire que le mur ait été fait à frais communs, soit pour un seul bâtiment, soit pour cet excédant ; on pourrait même ajouter que ce mur n'est plus une séparation, puisque, d'un côté, il n'est contigu qu'au vide (b).

Mais, s'il n'y a plus ici de preuve de la mitoyenneté par présomption, il y a toujours droit de la prouver par titre. Le titre jouera donc un rôle inverse de celui qu'il jouait précédemment: au lieu de servir à démentir une présomption, il la suppléera; au lieu d'établir la propriété exclusive d'un seul, il établira la co-propriété indivise.

Il n'est pas question ici de la preuve par prescription de 30 ans : on ne concevrait guère, en fait, la possession, par le voisin, d'un mur ou d'une partie de mur qui ne soutiendrait pas un bâtiment à lui appartenant.

Quant à la preuve testimoniale, elle pourrait être admise ici pour prouver la mitoyenneté ; il n'y a pas, en effet, les mêmes motifs de l'exclure lorsqu'elle tend à replacer les voisins dans le droit commun que lorsqu'elle tend à les en priver. Ainsi, l'un des propriétaires aurait obtenu que les poteaux de soutènement de la clôture fussent tous placés sur le fonds voisin, parce que celui-ci avait plus d'espace, mais il aurait cependant fourni la moitié des matériaux et de la main d'œuvre: rien ne serait plus juste que de lui permettre d'user de la preuve testimoniale pour établir ces circonstances, au moins dans les conditions du droit commun de cette preuve.

Art. 274.—414. On se retrouve ici dans un cas qui est assez fréquent en matière litigieuse: à savoir, lorsqu'il est fourni des preuves de deux droits opposés ; ce qui est fréquent pour les preuves testimoniales n'est

---

(b) Le Code français (art. 653) nomme *héberge* la ligne séparative de la hauteur de deux bâtiments inégaux ; on peut même appeler *héberge* toute la partie dont le bâtiment le plus élevé excède le plus bas.

pas rare pour les présomptions de *fait*. Ici, les présomptions sont *légales*, il est vrai, mais, elles reposent sur des faits matériels assez variés pour n'être pas toujours concordants.

Le juge fera donc ici comme dans les autres cas de preuves contradictoires : il appréciera, dans sa raison, de quel côté paraît être la vérité.

Le Code français n'a aucune disposition à cet égard et le Code italien (art. 547, 3e al.) a cru devoir établir la prépondérance respective de quelques unes des présomptions ; mais sans qu'on puisse dire, que par là, toutes les difficultés seront prévenues ; en sorte qu'il faudra toujours s'en remettre aux tribunaux pour les résoudre.

Art. 275.—415. Il y a ici l'application d'un principe fondamental des servitudes, déjà énoncé sous l'article 254, à savoir, que "les servitudes n'obligent pas à faire, mais à souffrir." Ici, l'obligation d'entretien est corrélative, moins au profit que le fonds tire de la clôture ou de la séparation qu'à la propriété même des matériaux qui la composent et du sol qui la supporte.

En renonçant à la co-propriété, l'un des voisins conservera souvent le bénéfice de la séparation, car, elle ne sera pas, sans doute, supprimée par l'autre voisin ; mais il perdra le droit d'appui, s'il s'agit d'un mur, et les autres avantages énumérés sous l'article suivant ; enfin, il perdra la propriété du sol indivis qui porte la clôture ; tout cela préviendra les renonciations abusives.

Cette faculté d'abandon cesse dans les cas où la clôture est obligatoire. Cela est d'une nécessité évidente ; car, en abandonnant la clôture, le voisin n'aurait pas moins un fonds contigu à l'autre, et, dans les cas où la clôture est obligatoire, on pourrait toujours la lui demander.

§ V.—MITOYENNETÉ.

Le Projet s'explique sur ce point, parce qu'il fait doute, en France, pour quelques personnes.

Quant aux deux autres conditions de cette faculté d'abandon, on pourrait les suppléer, d'après les principes généraux ; mais déjà la première a paru utile à énoncer aux rédacteurs du Code français (art. 656) et, pour la seconde, le Projet n'a pas encore eu tellement d'occasion d'appliquer le principe que "tout dommage causé à tort doit être réparé" qu'il y ait surabondance à le noter ici.

Art. 276.—416. La loi pose, au premier alinéa, un principe qu'elle applique dans les alinéas suivants.

On pourrait contester l'utilité de ces déductions légales d'un principe posé : c'est, en général, une tâche laissée à la jurisprudence ; mais, outre qu'il y a de pareilles déductions, en cette matière même, dans le Code français (art. 657 à 659, 662 et 675) et dans le Code italien (art. 551 à 554, 557, 558 et 583), on peut remarquer encore que les quatre alinéas qui développent notre article n'ont pas seulement le caractère de *conséquences* du principe, ils contiennent aussi des *dispositions* que les tribunaux n'auraient pas qualité pour suppléer ; elles doivent être formellement écrites.

Au contraire, la loi ne croit pas nécessaire de dire, comme le Code italien, que "les voisins ne peuvent appuyer contre le mur mitoyen des amas de terre ou fumier qui pourraient le dégrader par la poussée ou par l'humidité :" c'est là une conséquence pure et simple du 1er alinéa.

Au surplus, les quatre alinéas dont il s'agit sont assez précis dans leurs détails pour n'avoir besoin d'aucun développement.

Art. 277.—417. La loi applique encore ici un principe économique déjà rencontré plusieurs fois, à savoir, qu'il vaut mieux diminuer dans une certaine mesure l'indépendance des propriétaires que de faire des constructions inutiles.

Le propriétaire qui a construit seul un mur ou qui l'a acquis avec le fonds, lorsqu'il est de construction antérieure à son acquisition, n'éprouvera aucun préjudice sérieux en se trouvant obligé d'en céder la co-propriété au voisin. Le seul inconvénient qui pourra en résulter pour lui, c'est qu'il n'aura plus sur ce mur des droits aussi étendus que s'il en était propriétaire exclusif; notamment, il ne pourra plus le changer ou le détruire; mais, ce sont là des droits dont on use peu à l'égard des séparations en maçonnerie. Il sera d'ailleurs équitablement indemnisé. Au contraire, l'avantage sera très-considérable pour le voisin et, par suite, pour la propriété foncière qui sera ainsi allégée d'une dépense inutile.

Ce droit d'acquérir la mitoyenneté est consacré par les deux Codes étrangers constamment cités ici (C. fr., art. 660 et 661; C. ital., art. 555 et 556).

418. On remarquera, d'ailleurs, trois limites apportées à ce droit d'exiger la cession de la mitoyenneté:

1° Il n'a lieu que pour les murs en pierre, briques ou maçonnerie; il n'a pas lieu pour les séparations en charpente, même pour celles qui forment les parois d'une maison: on a craint que les maisons ne fussent exposées à un plus grand danger d'incendie par leur réunion trop intime au moyen d'un mur commun; les propriétaires répugneraient à une connexion forcée; il suffit qu'ils aient la faculté de l'établir d'un commun accord, ce que la loi ne veut et ne doit pas empêcher.

2° La cession forcée n'a pas lieu non plus, et pour le même motif, à l'égard des *koura* ou *do-zô* (remises, *go-down*): ces bâtiments, destinés à remiser les objets précieux, à l'abri de l'incendie, doivent pouvoir rester

§ VI.—VUES ET JOURS DE TOLÉRANCE.

isolés les uns des autres, si les propriétaires le préfèrent.

3° La cession forcée n'a pas lieu non plus pour les clôtures en bois, pour les fossés, ni pour les haies ; il n'y a pas là assez d'utilité pour diminuer la liberté des propriétaires ; d'ailleurs, ces séparations sont toujours plus ou moins provisoires : si elles devenaient forcément mitoyennes, aucun des propriétaires ne pourrait plus les remplacer à son gré en en changeant la nature.

Enfin, la loi s'exprime formellement sur le droit de fermer les ouvertures pratiquées dans le mur avant qu'il fût devenu mitoyen ; mais, ce droit lui-même cesse si les ouvertures sont établies avec le caractère de "servitudes du fait de l'homme," comme on le verra plus loin.

419. A l'égard de l'indemnité due au cédant, le Projet paraît s'écarter un peu des deux Codes étrangers, en n'exigeant pas le payement de *ce qu'a coûté* le mur, lors de la construction, mais seulement la moitié de *ce qu'il vaut* lors de la demande. Il n'est pas certain, d'ailleurs, que les Codes étrangers aient absolument voulu qu'on se reportât à la valeur *primitive* des matériaux et de la main-d'œuvre, tandis que pour le terrain, le prix doit certainement être le prix *actuel* : ce dernier peut être augmenté, tandis que la construction elle-même a souvent perdu de sa valeur avec le temps.

La solution du Projet est, au moins, plus nette, et il est facile de reconnaître qu'elle est juste.

---

§ VI.—DES VUES ET DES JOURS DE TOLÉRANCE SUR LA PROPRIÉTÉ D'AUTRUI.

Art. 278. Les bâtiments ne pourront avoir de vues *droites* ou directes sur la propriété d'au- *Vues droites.*

trui, au moyen de fenêtres d'aspect, balcons ou *vérandas (engawa)*, s'il n'y a une distance d'au moins trois pieds de la ligne séparative des deux fonds. [678; C. it., 587.]

Est considérée comme vue droite celle qui s'obtient d'un bâtiment ou d'un ouvrage parallèle à la ligne séparative ou qui ne s'en écarte que d'un angle de 45 degrés ou de $\frac{1}{8}$e du cercle.

Vues obliques.
Les autres vues, dites *obliques* ou *par côté*, obtenues par un angle de 46 à 90 degrés, pourront être établies à un pied de la ligne séparative. [679.]

La distance se calcule, dans les deux cas, entre la ligne séparative et la partie la plus avancée des ouvrages donnant la vue.

Auvent.
279. Si la distance prescrite à l'article précédent ne peut être observée sans inconvénients, les ouvertures devront être masquées par un auvent, sans toutefois que ledit auvent puisse avancer au-dessus de la ligne séparative.

Jours [de tolérance.
En cas d'impossibilité d'établir un auvent, il ne pourra être pratiqué que des jours dits *de tolérance*, dont la partie inférieure sera à six pieds au moins au-dessus du plancher, avec chassis ou grillage fixe, en fer ou en bois, dont les mailles auront un pouce d'écartement au plus. [676, 677.]

Le propriétaire voisin pourra même, dans ce cas, exiger un auvent, s'il consent à ce que ledit auvent excède la ligne séparative d'un pied ou davantage.

§ VI.—VUES ET JOURS DE TOLÉRANCE.

280. Les restrictions apportées par les deux articles précédents à la liberté des vues ou jours cessent lorsque la partie du fonds voisin faisant face aux constructions est elle-même une construction sans ouvertures.

Exception.

COMMENTAIRE.

Art. 278.—420. Il y a ici une nouvelle restriction à la liberté des propriétaires, toujours dans l'intérêt des bons rapports entre voisins et pour éviter les vexations et les troubles. Le propriétaire peut construire sur la limite de son fonds et, par conséquent, son bâtiment peut être en contact immédiat avec le fonds voisin ; celui-ci ne pourrait pas se plaindre de perdre ainsi la vue à distance, les rayons du soleil et l'air libre ; mais, le propriétaire ne peut avoir sur la limite des vues *droites* ou *fenêtres d'aspect* qui pourraient favoriser une curiosité indiscrète et seraient un moyen de jeter des corps durs ou de répandre des liquides sur le fonds voisin. La loi veut même, pour que de pareilles ouvertures soient permises, que la distance soit de trois pieds ; cette distance n'exclut pas tout danger de ce genre, mais elle n'aurait pu être augmentée sans devenir une cause soit de perte de terrain, surtout dans les villes, soit de dépréciation des bâtiments ; car, souvent, le côté où il s'agit d'ouvrir ces vues sera le plus favorable pour le soleil.

En France, la loi (art. 678) exige un mètre et neuf dixièmes, qui font un peu plus de 6 pieds japonais et, en Italie (art. 587), un mètre et demi, qui font 5 pieds japonais (*a*).

Au Japon, où cette restriction aux droits du propriétaire n'est pas encore formellement établie, même par

---

(*a*) Le pied japonais *(shakou)* a 30 centimètres et demi.

l'usage, bien qu'elle soit souvent observée par un accord tacite des voisins, on a cru devoir adopter une distance encore moindre : trois pieds.

Pour les vues *obliques* ou *par côté*, dont le préjudice est moindre et pour lesquelles la loi française demande deux pieds de distance et la loi italienne un pied et demi, le Projet japonais n'exige qu'un pied.

421. Il restait à déterminer légalement la différence entre la vue droite et la vue oblique.

Géométriquement, on doit dire qu'une vue *droite* est " celle qui tombe perpendiculairement sur la ligne séparative des deux fonds," ce qui suppose que le plan du bâtiment d'où part la vue est lui-même parallèle à cette ligne (voy. Fig. 1), et une vue *oblique*, " celle qui ne rencontre la ligne séparative qu'en faisant un angle plus ou moins obtus avec elle, un angle de plus de 90 degrés ou d'un quart du cercle," ce qui suppose que le plan du bâtiment forme, au contraire, un angle aigu, un angle de moins de 90 degrés avec la ligne séparative (voy. Fig. 2); que si le plan du bâtiment est lui-même perpendiculaire à la ligne séparative, c'est-à-dire forme avec lui un angle de 90 degrés (*ibid.*), la vue qui s'en échappe marche parallèlement à la ligne séparative et ne la rencontrera jamais, elle porte alors sur un terrain qui doit être supposé attenant au bâtiment, autrement il y aurait une autre vue droite prohibée ; on peut dire alors qu'il n'y a *aucune vue* sur le fonds latéral.

Mais, *en droit*, à cause du but que la loi poursuit dans cette restriction aux facultés du propriétaire, on a dû s'écarter un peu des règles et des dénominations de la géométrie : ainsi, on appelle vue *droite* non seulement celle qui tombe perpendiculairement sur le fonds voisin, mais encore celle qui, partant du bord interne de l'ouverture le plus rapproché de la ligne séparative, rencontre cette ligne avant d'avoir parcouru la distance

§ VI.—VUES ET JOURS DE TOLÉRANCE.

légale assignée aux vues perpendiculaires; en effet, dans ce cas, le danger d'indiscrétions que la loi a voulu écarter est le même que dans les vues géométriquement droites. En même temps, on a considéré que les vues géométriquement parallèles à la ligne séparative pouvaient facilement devenir des vues *obliques* ou par côté, si la personne qui regarde s'incline à gauche ou à droite; de là encore, une restriction à la liberté de pratiquer les ouvertures, mais, moindre que la précédente.

Le Code français n'a pas mis une précision suffisante dans ses dispositions sur cette matière, aussi y a-t-il des désaccords assez sérieux entre les auteurs et dans la jurisprudence sur ce qu'il faut entendre au juste par vue droite et vue oblique.

422. Le Projet japonais, considérant que les règles géométriques ne peuvent être suivies absolument en cette matière, a cherché à s'en écarter le moins possible, tout en adoptant un système simple de mesurage, et le résultat se trouve encore favorable à la liberté des bâtiments.

Dans les quatre hypothèses réglées par la loi (la dernière l'est implicitement), le plan du bâtiment du côté duquel il est question d'ouvrir des vues est comparé à la ligne séparative des terrains.

Au premier cas, le bâtiment est exactement parallèle à la ligne séparative, il ne pourra y avoir de vues droites que si l'écartement est de 3 pieds dans toute sa longueur.

Au second cas, le plan du bâtiment d'où part la vue ne s'écarte de la ligne séparative que d'un angle de 45 degrés ou moins, l'ouverture la plus rapprochée du sommet dudit angle devra en être assez éloignée pour que le rayon visuel partant du bord interne de cette ouverture ne tombe sur la ligne séparative qu'après avoir parcouru un espace de trois pieds, ce qui obligera toujours à laisser au moins trois pieds entre le sommet de l'angle et l'ouverture, et même davantage, si l'angle est plus fermé que 45 degrés.

Au troisième cas, le plan du bâtiment s'écarte de la ligne séparative d'un angle de plus de 45 degrés, la vue qui s'en échappera sera considérée comme oblique et la distance requise ne sera plus que d'un pied à partir du sommet de l'angle; dans ce cas, l'incidence de la vue sur la ligne séparative aura lieu au delà ou en deçà des trois pieds requis, suivant l'ouverture de l'angle (*b*).

Au quatrième cas, le bâtiment fait avec la ligne séparative un angle obtus, ou de plus de 90 degrés: la vue sera libre, car elle ne peut plus rencontrer cette ligne qu'au moyen d'un véritable effort.

Les deux figures ci-après rendront faciles à saisir les explications qui précèdent.

Fig. 1.

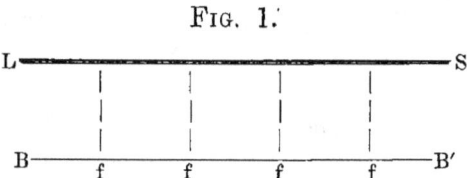

Soit une ligne séparative L S et un bâtiment parallèle B B'; si la distance entre eux est de trois pieds, le bâtiment pourra avoir des vues droites ou fenêtres d'aspect, en *f*, dans toute sa longueur.

Si le bâtiment avait été construit à moins de trois pieds de la ligne séparative et toujours parallèlement, il ne pourrait plus y avoir aucune fenêtre d'*aspect*, mais seulement des fenêtres *masquées* ou des *jours de tolérance*, comme il est dit à l'article suivant.

(*b*) C'est vers l'angle de 70 degrés que la vue partant de la distance d'un pied du sommet de l'angle atteint la ligne séparative.

§ VI.—VUES ET JOURS DE TOLÉRANCE.

Fig. 2.

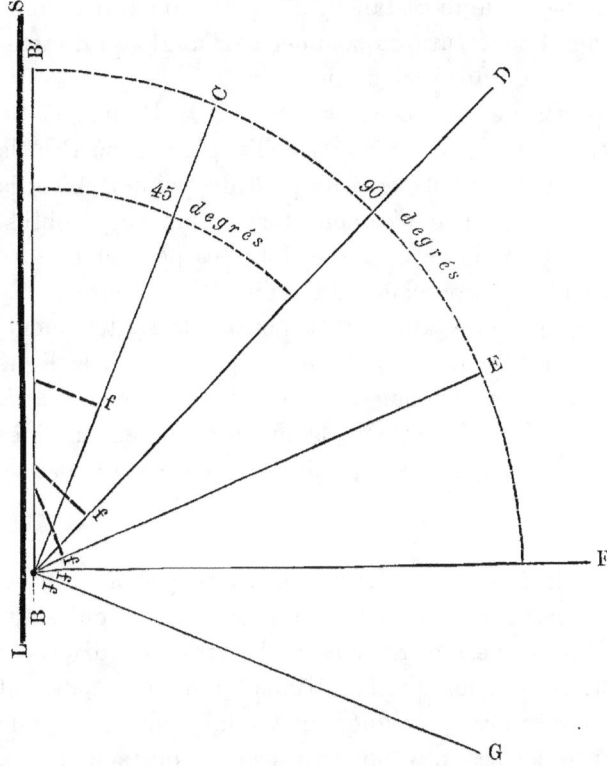

Soit toujours une ligne séparative L S et un bâtiment qu'on suppose, successivement, touchant la ligne séparative dans toute sa longueur, B B′, ou s'en écartant à l'une de ses extrémités, B C, B D, B E, B F, B G.

Si le bâtiment est en B B′, il ne peut y avoir aucune fenêtre d'aspect. S'il est en B C ou B D, les fenêtres d'aspect seront placées en f, de manière à ne pas rencontrer la ligne L S avant d'avoir franchi une distance de trois pieds ; or, on remarquera que plus l'angle d'écartement est ouvert, plus la fenêtre peut se trouver rapprochée de l'angle B: c'est une loi géométrique des lignes. Il en serait de même, si l'angle du bâtiment, au lieu de partir de la ligne séparative même, en était déjà à une certaine distance: il y aurait d'autant moins à écarter l'ouverture du sommet de l'angle qu'il resterait moins de distance à observer.

A partir de l'angle de 45 degrés B D, jusqu'à 90 degrés, quand le bâtiment forme l'angle B E ou B F, la fenêtre peut être placée à un pied du point B; c'est la vue *oblique*. Si le bâtiment formait un angle obtus, B G, avec la ligne L S, les fenêtres pourraient être encore plus rapprochées du point B; il pourrait n'y avoir que l'intervalle de la poutre de soutènement, parce que la vue, loin de se rapprocher de la ligne séparative en se prolongeant, s'en écarterait davantage.

Le dernier alinéa, sur la manière de calculer les distances, a déjà été appliqué et ne présente pas de difficultés.

Art. 279.— 423. Le cas prévu au premier alinéa de cet article se présentera, soit lorsque l'exiguïté des terrains ne permettra pas d'observer les distances prescrites, soit lorsque le bâtiment aura été construit et les ouvertures pratiquées avant la publication de la présente loi, ce qui ne sera pas un obstacle à son application auxdits bâtiments, car, les propriétaires ne pourront arguer d'un droit acquis à l'ancien état de choses, s'il est reconnu contraire à l'intérêt général: le principe de la non-rétroactivité des lois ne fait aucun obstacle à ce que les droits de propriété déjà existant soient restreints ou modifiés pour l'avenir.

Quand les fenêtres seront *masquées* par un auvent, elles ne pourront plus être qualifiées fenêtres *d'acpect* (c), puisque la vue est obstruée; cependant, ce ne sont pas non plus des jours de *tolérance* ou de *souffrance*, puisque le voisin n'y met aucune complaisance et n'en éprouve aucun trouble.

(c) *Aspect*, du latin *aspicere, aspectus* : "voir, vue, de face."

§ VI.—VUES ET JOURS DE TOLÉRANCE.

Les jours sont, au contraire, de tolérance, dans le cas du second alinéa, puisqu'ils ne sont pas masqués ou obstrués. La loi prend encore dans ce cas, deux précautions dans l'intérêt du voisin : 1° la hauteur des ouvertures, par rapport au plancher, afin qu'il ne soit pas possible de voir chez le voisin, sans quelque gêne, 2° l'application d'un chassis grillagé, dont les mailles, en fil de fer ou en bois, seront assez rapprochées pour empêcher que les enfants ou les domestiques puissent jeter des objets nuisibles chez le voisin.

Le Projet n'exige pas une troisième condition qui se trouve dans le Code français (art. 676) et dans le Code italien (art. 584): à savoir, que le chassis soit *à verre dormant*, ce qui veut dire qu'il y ait un vitrage non susceptible de s'ouvrir. Cette condition a paru exagérée avec celle d'un grillage, et la circulation de l'air est trop nécessaire à l'hygiène pour que la loi puisse en priver les habitants des maisons.

La dernière disposition est également sage: comme c'est par respect pour les droits du voisin que la loi ne permet pas de placer les auvents en saillie sur la ligne séparative, celui-ci doit pouvoir renoncer à son droit, s'il préfère supporter l'avance de l'auvent au danger des regards indiscrets à travers le grillage ; mais, il ne fallait pas non plus qu'il exigeât un auvent très-peu large et obstruant trop la lumière; de là, le *minimum* d'un pied d'écartement.

Art. 280.— 424. Du moment que l'obstacle à la vue vient de la nature de la construction voisine, il n'y a plus de motif sérieux d'exiger une distance ou de nouveaux obstacles à la vue de la part de la construction opposée.

Mais, si le premier constructeur pratiquait plus tard des ouvertures à la distance légale, il aurait le droit de faire obstruer, chez le voisin, celles qui ne rempliraient pas les conditions ci-dessus prescrites.

La loi n'a pas cru devoir ajouter, comme le Code italien (art. 587), un autre cas où les distances cessent d'être exigibles, à savoir, le cas où les deux fonds sont séparés par un chemin public : outre qu'un chemin public aura presque toujours plus de trois pieds, il n'y a plus entre les voisins la contiguité immédiate qui motive ces restrictions à la liberté des propriétaires.

---

§ VII.—DES DISTANCES REQUISES POUR CERTAINS OUVRAGES.

Distances pour les excavations.

Art. 281. Le propriétaire qui veut creuser dans son fonds, soit un puits ou une citerne, soit une fosse pour recevoir des eaux ménagères ou des matières fécales ou stercorales, doit laisser une distance d'au moins six pieds de la ligne séparative; sans préjudice des travaux nécessaires pour empêcher l'éboulement des terres ou les infiltrations. [874 ; C. it., 573.]

La distance sera réduite à trois pieds, s'il s'agit d'une cave sèche et couverte.

Suite.

S'il ne s'agit que d'une rigole, d'un caniveau ou d'un simple fossé, destinés au passage des eaux, la distance devra être égale à la moitié au moins de leur profondeur, sans qu'elle doive néanmoins excéder trois pieds ; le fossé devra, en outre, être taillé en talus du côté de la ligne séparative ou soutenu par un revêtement en pierres ou en bois. [C. it., 575 à 577.]

§ VII.—DISTANCES POUR CERTAINS OUVRAGES.

282. Il n'est pas permis de planter ou d'avoir à une distance moindre de six pieds de la ligne séparative des arbres ayant plus de trois *ken* de hauteur.

Les arbres ayant moins de trois *ken* et plus d'un *ken* de hauteur devront être à la distance de deux pieds.

Les autres arbres, arbustes ou arbrisseaux pourront joindre immédiatement la ligne séparative.

Dans tous les cas, le voisin pourra requérir le propriétaire desdits arbres d'élaguer les branches qui dépasseraient la ligne séparative ; il pourra lui-même couper les racines qui pénétreraient dans son fonds. [C. fr., 671 à 673 *nouveaux*; C. it., 579 à 582.]

Distances pour les plantations.

283. Les dispositions des deux articles précédents ne sont pas obligatoires s'il existe des usages locaux différents, anciens et non contestés, lesquels seront observés.

Elles sont d'ailleurs applicables, lors même que la séparation des deux fonds serait mitoyenne.

Usages locaux.

284. Les conditions requises, dans l'intérêt du voisinage, pour l'exercice des industries dangereuses, insalubres ou incommodes, sont déterminées par les lois administratives.

Etablissements industriels.

COMMENTAIRE.

Art. 281.— 425. Il s'agit encore, dans ce paragraphe, d'une de ces charges réciproques entre voisins qui, tout en restreignant un peu leur liberté comme propriétaires, les préservent de dommages mutuels qui diminueraient davantage la valeur des fonds et troubleraient les rapports de bon voisinage.

La première disposition concerne les puits et citernes.

Les puits sont des cavités circulaires creusées jusqu'à l'eau vive ; le danger qu'ils présentent n'est pas celui des infiltrations, car l'eau qui existait déjà en nappes s'en trouvera plutôt diminuée : c'est le danger des éboulements qui pourraient faire fléchir le sol voisin ; généralement, les puits sont revêtus d'un tube en bois, à moins qu'ils ne soient creusés dans un sol très-dur ; c'est pourquoi la loi n'exige qu'une distance relativement faible (6 pieds) de la ligne séparative.

Les citernes sont des cavités plus ou moins considérables destinées à recueillir les eaux pluviales ou de source dans les lieux où les nappes d'eau souterraine manquent ou bien sont à une trop grande profondeur.

Les citernes présentent plus de danger d'infiltration que les puits, à cause de la hauteur de l'eau qui peut monter jusqu'au niveau du sol, et aussi plus de danger d'écoulement, à cause de leurs plus grandes dimensions : la loi, cependant, n'exige pas une plus grande distance, parce que l'étendue des terrains ne pourrait pas toujours la permettre ; mais on y suppléera par la solidité du revêtement. En France, l'usage des citernes est très-répandu dans les contrées où le sol est aride et les pluies rares ; on construit généralement les citernes en forme circulaire, avec revêtement et voûte en pierre ; l'eau s'y conserve fraîche et pure n'étant pas en contact avec l'air extérieur.

Au Japon, l'abondance des eaux ne paraît pas rendre aussi nécessaire ce mode de leur conservation ; mais la loi fait sagement de le mentionner, à tout événement.

§ VII.—DISTANCES POUR CERTAINS OUVRAGES.

426. La deuxième disposition du 1er alinéa concerne des cavités destinées à recevoir des matières impures, soit pour qu'elles s'absorbent lentement, comme les eaux ménagères que la disposition des lieux ne permettrait pas de conduire à la voie publique, soit pour les employer ultérieurement à l'engraissement des terres comme le fumier animal ou l'engrais humain (a). Ici, les infiltrations seraient plus nuisibles au voisin; mais il y sera paré au moyen d'un revêtement convenablement enduit de son côté.

Pour les caves sèches, la distance est réduite de moitié, puisqu'il n'y a pas à craindre d'infiltrations.

Le 3e alinéa concerne de menues excavations, à ciel ouvert, dont la profondeur peut varier à l'infini; la loi pare au danger de l'infiltration, par la distance qui est proportionnelle à la profondeur (la moitié) (b), et au danger de l'éboulement, par le talus ou le revêtement.

S'il y avait contestation sur l'inclinaison du talus, les tribunaux pourraient exiger qu'il ne formât pas un angle inférieur à 45 degrés, ce qui est la pente naturelle des terres rejetées d'un fossé.

Bien entendu, la distance doit se calculer à partir du bord supérieur du fossé.

Art. 282.— 427. La trop grande proximité des arbres cause aux voisins une autre nature de dommage que les excavations: c'est la privation d'air et de lumière, laquelle nuit aux habitations autant qu'à la cul-

---

(a) Le Code français (art. 674) dit "une fosse d'aisance," le Code italien (art. 573) ajoute "un cloaque;" le Projet japonais, par matières *fécales*, entend l'engrais humain, très-employé en agriculture dans ce pays, et, par matières *stercorales*, l'engrais animal (du latin *stercus*, "fumier").

(b) Le Code italien (art. 575) est plus exigeant: il veut que la distance des fossés par rapport à la ligne séparative soit égale à leur profondeur.

La 1re édition de ce Projet fixait un *maximum* de distance de 6 pieds, quelle que fût la profondeur du fossé: on propose de le réduire à 3 pieds, en considérant qu'il y a toujours un talus ou un revêtement.

ture. La loi, ici encore, peut, sans scrupules, restreindre la liberté des propriétaires ; car, dans les villes, les arbres sont plutôt pour l'agrément que pour l'utilité et, dans les campagnes, l'espace permet d'observer aisément les distances prescrites.

Il est naturel que la distance légale soit déterminée d'après la hauteur des arbres. Bien entendu, il s'agit ici de la hauteur effectivement obtenue par les arbres et non de celle à laquelle ils peuvent atteindre d'après leur nature ; seulement, les propriétaires qui n'auront pas eu la prudence de tenir compte de cet accroissement, pourront être tenus, quand il sera atteint, soit de supprimer leurs arbres, soit de les *étêter* à la hauteur voulue.

Les hauteurs et distances adoptées ici ne sont pas tout à fait celles de la loi française, même avec la modification apportée par le Code rural (art. 671 *nouveau*), ni celles du Code italien (art. 579) : le Projet japonais est un peu plus libéral pour les propriétaires des arbres, en leur accordant, soit une distance moindre, soit une plus grande hauteur pour une même distance (c).

Art. 283.—428. La loi, désirant seulement pourvoir à la sécurité et aux bons rapports des voisins, se contentera ici des usages qui y auront pourvu autrement : ces usages, en effet, nés des besoins locaux, sont généralement sages, modérés et suffisants dans leurs exigences. La loi veut seulement qu'ils soient " anciens et non contestés." S'ils étaient trop nouveaux, s'ils n'avaient pas la consécration du temps, ils ne pourraient remplacer la loi ; de même, s'ils n'étaient pas généralement reconnus.

La loi française et la loi italienne, en toute cette matière des servitudes, se réfèrent aussi aux usages

---

(c) La 1re édition fixait 3 pieds de distance, dans le cas des arbres d'un à trois *ken* ; on propose ici de réduire la distance à 2 pieds.

locaux; mais, elles mettent sur la même ligne que les usages les "règlements locaux." On ne le propose pas au Japon, parce que les règlements administratifs anciens n'ont pas toujours été faits avec le soin qu'on y apporte aujourd'hui et il y aurait quelque danger à les consacrer ici d'une façon générale. D'ailleurs, si ces règlements ont répondu sagement aux besoins locaux, ils ont été consacrés par l'usage, et c'est comme "usages locaux" qu'ils seront observés.

429. Le 2e alinéa ne présente pas de difficulté : la circonstance que chacun des voisins est co-propriétaire de la séparation (mur, clôture ou haie) ne justifierait pas le défaut des précautions prescrites ci-dessus, car le co-propriétaire ne doit pas, par son fait, compromettre la sécurité de la chose commune ; en outre, lorsqu'il y a danger d'infiltrations ou d'éboulement, le dommage pourrait dépasser la séparation mitoyenne.

Il va sans dire que, sur ce point des distances à observer, on pourra toujours y déroger au moyen de conventions particulières, lesquelles constitueront alors des servitudes du fait de l'homme, opérant en sens inverse des servitudes légales, ainsi qu'on va les rencontrer à la Section suivante.

Cette faculté de modifier par convention les rapports des voisins aura d'autres applications mais elle ne doit pas non plus être considérée comme absolue.

Art. 284.— 430. Les progrès de l'industrie, tout en améliorant les conditions de la vie sociale, entraînent aussi des dangers pour la vie ou la santé des hommes, non seulement des personnes directement employées à ces industries, mais encore de celles qui se trouvent dans le voisinage des établissements industriels.

Dans les pays où l'industrie est très-développée, les règlements sur les manufactures et ateliers dangereux, insalubres ou seulement incommodes sont très-nombreux et augmentent chaque jour avec les nouvelles découvertes. Ce n'est pas à la loi civile qu'il appartient de faire ces règlements, parce que l'intérêt général y est bien plus en jeu que l'intérêt privé. D'ailleurs, la loi civile doit avoir, de sa nature, une certaine fixité qui serait tout à fait mauvaise en une matière aussi variable et aussi progressive que l'industrie et ses procédés.

Il en doit être de même au Japon.

DISPOSITION COMMUNE
AUX SEPT PARAGRAPHES PRÉCÉDENTS.

Domaine privé de l'Etat. **Art. 285.** Les charges et conditions imposées aux propriétaires par la présente Section sont applicables, activement et passivement, à l'Etat, aux départements et aux communes, pour leurs biens privés ou patrimoniaux.

Domaine public. Elles ne s'appliquent pas, passivement, aux biens du domaine public, mais elles leur profitent. [C. it., 556.]

COMMENTAIRE.

Art. 285.—431. On a vu, aux articles 24, 25 et 26, que le domaine de l'Etat, des départements et des communes se divise en domaine *public* et domaine *privé*.

Pour leur domaine privé, ces " personnes morales" sont et doivent être traitées par la loi comme des particuliers et soumises aux mêmes obligations, comme aussi appelées aux mêmes droits et avantages; c'est ce que le texte qualifie d'application *active* et *passive* de la présente section.

§ Ier.—NATURE DES SERVITUDES.

Mais, pour ce qui concerne les biens du domaine public, l'intérêt général doit primer l'intérêt privé. Ce principe, sans être formellement proclamé par les Codes étrangers, a été souvent reconnu par les jurisconsultes et appliqué par les tribunaux. On propose de l'adopter au Japon et de le proclamer formellement.

Ainsi, les établissements publics pourront avoir des vues et des plantations d'arbres, sans observer les distances légales; leurs murs et clôtures ne seront pas soumis à la cession forcée de la mitoyenneté; on ne pourra exercer le droit d'aqueduc à travers les fonds du domaine public, etc.; ils se trouvent donc affranchis des charges légales établies par les sept paragraphes qui composent cette Section.

Mais ces fonds auront, activement, les bénéfices de la loi : l'administration pourra requérir le passage des eaux, le bornage, la clôture, la cession de la mitoyenneté, l'observation des distances, etc. Il n'y a pas, d'ailleurs, à craindre de sa part, les abus et vexations qui peuvent se rencontrer entre voisins particuliers.

Il va sans dire que chaque fois que l'administration requierra pour un bien du domaine public l'exercice d'une servitude active, elle en subira les charges et conditions passives : sous ce rapport, les effets de la loi sont indivisibles.

SECTION II.
DES SERVITUDES ÉTABLIES PAR LE FAIT DE L'HOMME.

§ Ier.— DE LA NATURE DES SERVITUDES ET DE LEURS DIVERSES ESPÈCES.

Art. 286. Les propriétaires voisins peuvent établir toutes espèces de servitudes fon- *Liberté pour l'établissement des servitudes.*

cières, au profit et à la charge de leurs fonds, respectivement, pourvu qu'elles ne soient pas contraires à l'ordre public.

Caractère de certaines charges.

Ne sont pas considérées comme servitudes *foncières* les charges qui exigent, principalement, le travail individuel d'un propriétaire ou de quelque personne placée sur son fonds, ni celles qui profitent, principalement, à la personne d'un propriétaire ou à ceux qu'il se substitue : les premières pourront valoir comme droits *personnels* à des services, les secondes, comme droits *réels* d'usage ou de bail; sans préjudice de ce qui est dit à l'article 305, 2ᵉ alinéa. [686.]

Caractère accessoire des servitudes.

287. Les servitudes foncières restent attachées accessoirement aux fonds, tant activement que passivement, en quelques mains qu'ils passent.

Les servitudes actives ne peuvent être cédées, louées, ni hypothéquées séparément du fonds dominant; elles ne peuvent non plus être grevées d'une autre servitude.

Leur indivisibilité.

288. Les servitudes sont *indivisibles*, en ce sens que si les fonds appartiennent à plusieurs par indivis, l'un d'eux ne peut, pour sa part, priver le fonds dominant de la servitude, ni en affranchir le fonds servant.

De même, en cas de partage ou de cession partielle des fonds, elles affectent indivisiblement chaque partie du fonds servant ou profi-

§ Ier.—NATURE DES SERVITUDES.

tent à chaque partie du fonds dominant ; sauf le cas où elles ne pourraient s'exercer utilement que sur une partie du fonds servant ou ne procureraient d'avantage qu'à une partie du fonds dominant. [709, 710; C. it., 639, 644.]

289. Le propriétaire du fonds dominant peut exercer les actions CONFESSOIRES, tant *possessoires* que *pétitoires*, au sujet des servitudes qu'il soutient lui appartenir; Actions relatives aux servitudes.

Réciproquement, le propriétaire du fonds prétendu servant peut exercer les actions NÉGATOIRES, tant *possessoires* que *pétitoires*, pour prévenir ou faire cesser l'exercice des servitudes qu'il conteste.

Dans l'un et l'autre cas seront observées les règles et distinctions établies au Chapitre *de la Possession*.

Les droits, actions et obligations de l'usufruitier et du preneur à bail, au sujet des servitudes, sont établis aux articles 69, 70 et 99, 144 et 151.

290. Les dispositions des trois articles précédents sont applicables aux servitudes établies par la loi. Application aux servitudes légales.

291. Les servitudes sont : Divisions des servitudes.
    1° Continues ou discontinues,
    2° Apparentes ou non apparentes,
    3° Positives ou négatives.
Les unes et les autres s'établissent, s'exercent

et s'éteignent conformément aux trois paragraphes ci-après.

S. continues.   **292.** Les servitudes sont *continues* lorsqu'elles procurent au fonds dominant une utilité permanente ou grèvent sans interruption le fonds servant, par la seule disposition des lieux et sans qu'il soit besoin de la coopération de l'homme.

S. discontinues.   Elles sont *discontinues*, lorsque, pour être utiles au fonds dominant, elles ont besoin du fait actuel de l'homme. [688.]

S. apparentes.   **293.** Les servitudes sont *apparentes*, lorsqu'elles se révèlent par des ouvrages extérieurs ou par des signes visibles.

S. non apparentes.   Elles sont *non apparentes* dans le cas contraire. [639.]

S. positives.   **294.** Les servitudes sont *positives*:

1° Lorsqu'elles autorisent le propriétaire d'un fonds à tirer quelque avantage du fonds d'autrui;

2° Lorsqu'elles l'autorisent à faire sur son propre fonds quelque ouvrage que la loi interdit, en général, dans l'intérêt des voisins.

S. négatives.   Elles sont *négatives*:

1° Lorsque le propriétaire d'un fonds peut interdire au voisin de faire, sur son propre fonds, un des actes permis, en général, aux propriétaires;

2° Lorsqu'un propriétaire peut s'abstenir de

faire ou de souffrir sur son propre fonds un des actes que le droit commun ordonne d'y accomplir ou d'y permettre dans l'intérêt des voisins.

COMMENTAIRE.

Art. 286.— 432. La loi arrive ici aux Servitudes proprement dites, à celles qui, à la différence des servitudes dites *légales*, ne sont plus le droit commun de la propriété, mais sont établies, exceptionnellement, par l'accord exprès ou tacite des propriétaires, pour l'amélioration économique d'un fonds.

On a déjà expliqué, sous l'article 227 (p. 415), que leur nom de *foncières* ne vient pas de ce qu'elles portent *sur des fonds*, mais de ce qu'elles appartiennent, figurativement, *à des fonds* dont elles deviennent des accessoires et, en quelque sorte, des *qualités* actives, comme disaient les jurisconsultes romains.

De même, lorsqu'on les qualifie de servitudes *réelles*, ce n'est pas pour dire qu'elles sont des *droits réels*, ce qui est incontestable d'ailleurs, c'est pour exprimer que le droit appartient *à une chose* et qu'on ne peut avoir un droit de servitude sans avoir d'abord sur un fonds la propriété ou un de ses démembrements.

Le premier alinéa pose en principe la pleine liberté des propriétaires voisins pour établir entre leurs fonds ces rapports qui, vraisemblablement, apporteront plus d'avantages au fonds dominant qu'ils n'en enlèveront au fonds servant ; d'ailleurs, leur intérêt est leur meilleur guide et si le fonds servant devait souffrir plus que le fonds dominant profiter, il est naturel de croire que les conditions plus onéreuses de l'arrangement en détourneraient l'un ou l'autre des voisins.

433. Parmi les servitudes du fait de l'homme, il y

en a qui sont la contre-partie des servitudes légales et qui ont justement pour but de lever des entraves que la loi a cru devoir mettre à la liberté des voisins, mais que ceux-ci peuvent, d'un commun accord, juger inutiles ou même nuisibles à leurs intérêts particuliers.

Ainsi, on peut, par convention :

1° Donner à l'un des voisins le droit d'envoyer chez l'autre des eaux pluviales ou de source, ou même des eaux ménagères ou industrielles, en dehors des conditions imposées par la loi ;

2° Affranchir un des voisins de la nécessité de payer une indemnité pour le passage d'un aqueduc, dans les cas où la loi l'autorise à user de cette servitude ;

3° Affranchir un des voisins des distances légales à observer pour les puits, citernes ou caniveaux, pour les vues et pour les plantations d'arbres ;

4° Supprimer, pour l'un des voisins ou pour tous deux, l'obligation de contribuer à la clôture, dans les cas où la loi permet de l'exiger, ou l'obligation de céder la mitoyenneté.

434. Mais il ne faudrait pas croire que les voisins pussent, par convention, s'affranchir de toutes les servitudes légales : le principe de la liberté des conventions reçoit ici une exception générale qui est de n'établir aucune servitude "contraire à l'ordre public." Or, quand la servitude légale est fondée sur un principe d'ordre public et sur un intérêt général de premier ordre (car il y a toujours un intérêt général dans la cause des servitudes légales), les parties ne peuvent s'en affranchir par une convention dont l'imprévoyance pourrait, plus tard, causer des troubles sérieux.

Ainsi on ne pourrait, par convention :

1° Supprimer le droit d'accès sur la propriété voisine pour la réparation des bâtiments, ni le droit de passage en cas d'enclave; car, dans le premier cas, on aurait ôté presque toute valeur au bâtiment qui viendrait à avoir besoin de réparations, et, dans le second, sa valeur toute entière au fonds enclavé;

2° Affranchir le voisin inférieur de l'obligation de recevoir les eaux qui découlent naturellement du fonds supérieur;

3° Affranchir le voisin supérieur ou inférieur de l'obligation de livrer passage aux eaux ménagères, industrielles ou agricoles, dans les cas où la loi l'y soumet;

4° Affranchir les voisins de l'obligation de subir respectivement le bornage ou la clôture.

Toutefois, comme les conventions doivent recevoir tout l'effet possible, en tant qu'il n'est pas contraire à l'ordre public, on pourrait leur donner ici quelque effet quant à l'indemnité, au moins dans les trois derniers cas: ainsi, au 2° cas, celui qui aurait stipulé son affranchissement des eaux naturelles devrait recevoir une indemnité, si le propriétaire supérieur, pour échapper à l'inondation, était forcé de se prévaloir de la servitude légale; de même, au 3° cas, une indemnité spéciale et supplémentaire serait due par le voisin qui requierrait le passage d'un aqueduc après y avoir renoncé; au 4° cas, le bornage et la clôture, toujours possibles, seraient aux frais exclusifs de la partie qui les requierrait, après avoir pris un engagement contraire; on pourrait même, au 1ᵉʳ cas, mais par exception, donner effet à la convention qui tendrait à affranchir un fonds du droit d'accès du voisin, c'est lorsque la convention serait intervenue *avant* la construction en faveur de laquelle le droit d'accès est plus tard réclamé: cette convention, en effet, tendait indirectement à obliger le voisin à réserver *le tour d'échelle* (v. p. 424): le constructeur, pour n'avoir pas tenu compte de cette indication, pourrait être tenu d'une indemnité plus forte que si elle était fixée par la seule application de l'article 230.

435. On a, plus haut, présenté comme valable la convention par laquelle un voisin renoncerait à user du droit que lui donne la loi d'acquérir la mitoyenneté d'un mur. La question n'est pas sans difficulté et peut-être quelques personnes hésiteraient-elles à admettre notre solution, à cause de l'intérêt économique qu'il y a à ne pas faire deux murs entre deux bâtiments; mais nous ne voyons pas là cet intérêt public "de premier ordre" qui nous semble la cause de prohiber certaines conventions contraires aux servitudes légales: une pareille convention sera trop peu fréquente et la propriété qui sera privée du droit de mitoyenneté ne sera pas assez notablement dépréciée pour qu'il y ait lieu de déroger au principe général et essentiel de la liberté des conventions.

Les cas qui précèdent paraissent être les seuls où la servitude du fait de l'homme ne serait pas valablement établie, comme contraire à l'ordre public; car on ne conçoit guère quelle autre faculté illégale on pourrait stipuler sur le fonds d'autrui; en tout cas, l'acte serait défendu, non comme exercice illégal d'une servitude, mais comme acte défendu à toute personne.

436. Le second alinéa demande plus d'attention. Il rappelle, en paraissant y déroger, l'article 686 du Code français qui défend d'établir des charges "imposées à la personne ou en faveur de la personne."

Il est reconnu que cette double prohibition a été introduite dans la loi pour abolir tout vestige du système féodal, dans lequel les seigneurs avaient le droit d'exiger de leurs vassaux des prestations de travaux et de services personnels pour leurs terres et quelquefois pour leur personne. C'est dans le même ordre d'idées qu'a été écrit l'article 638 dudit Code, portant que "la servitude n'établit aucune prééminence d'un fonds sur l'autre."

§ Ier.—NATURE DES SERVITUDES.

Mais, quoique les mêmes abus ne paraîssent pas avoir existé au Japon, au moins avec la même gravité, et qu'il n'y ait pas à en craindre un retour, il n'y a pas moins quelque utilité à régler des stipulations analogues.

La loi ne les prohibe pas, mais elle leur assigne leur véritable caractère.

Ainsi, l'ordre public ne s'oppose nullement à ce que deux voisins conviennent que l'un d'eux fera certains travaux sur le fonds de l'autre, soit par lui-même, soit par des hommes de journée payés par lui : par exemple, qu'il plantera le riz et le récoltera, qu'il réparera les bâtiments, qu'il curera les étangs, le tout avec ou sans rétribution, suivant les accords ; mais cette convention ne vaudrait que comme promesse de services gratuits ou onéreux : le texte dit qu'elle donnerait une créance ou un droit personnel et ne constituerait pas une servitude.

La conséquence en est fort importante : les services ne seraient pas dus par tout propriétaire qui succéderait sur le fonds au promettant, ils ne seraient dus que par le promettant lui-même, qu'il ait ou non gardé le fonds ; ils ne seraient même pas dûs par ses héritiers, car la promesse de services est personnelle, dans le sens le plus étroit du mot, elle ne passe même pas aux héritiers passivement ; de même, l'obligation serait éteinte par la mort du stipulant et ne profiterait pas à ses héritiers ; car les conventions de services, même faites à titre onéreux, sont généralement faites en considération des personnes, respectivement (voy. art. 331 et 358).

Si le fonds sur lequel les travaux devaient être faits, venait à être aliéné, le changement de propriétaire devrait être, en principe et par le même motif, considéré comme mettant fin au contrat, à moins que le cédant n'ait expressément transféré sa créance de services en même temps que le fonds.

437. En sens inverse, si l'on suppose une stipulation donnant à un propriétaire le droit de se promener sur le fonds voisin, d'y chasser, d'y pêcher, de s'y baigner, il n'y aura là aucune charge pour la personne du propriétaire voisin; mais on n'y trouvera pas non plus un avantage pour *tout propriétaire* du fonds prétendu dominant, par conséquent, point de plus-value donnée au fonds lui-même; en effet, tous les propriétaires ne sont pas chasseurs ou pêcheurs: l'âge, la santé, les occupations, pourraient rendre inutiles les facultés dont il s'agit; on ne se trouve donc pas dans les conditions qui font le mérite économique des servitudes: il n'y aura pas servitude *foncière*.

Mais une pareille stipulation n'a rien de contraire à l'ordre public et elle ne sera pas nulle; elle donnera même un droit *réel*, c'est-à-dire un droit affectant la propriété de la chose et la démembrant: ce sera, suivant qu'il sera établi à titre gratuit ou à titre onéreux et d'après les autres circonstances du fait, soit un droit d'usage spécial, soit un droit de bail, avec un objet plus limité que d'ordinaire. Quant à sa durée, elle sera, au *maximum*, celle de la vie du stipulant, et même elle sera moindre, si un délai avait été stipulé et qu'il se trouvât écoulé avant la mort du stipulant.

438. Il ne fallait pas cependant enlever le caractère de servitude foncière à toute charge établie entre voisins, par cela seul qu'elle imposerait à l'un d'eux quelque prestation de travail, personnel ou procuré, ou qu'elle aurait pour résultat un avantage au profit de la personne de l'autre ou des personnes de sa famille ou de sa maison.

Ainsi, dans le cas d'un droit de passage accordé à l'un des voisins sur le fonds de l'autre, on peut convenir que le chemin sera entretenu par ce dernier et, dans le cas d'un droit d'aqueduc, que le propriétaire

§ Ier.—NATURE DES SERVITUDES. 523

du fonds servant entretiendra la construction et fera le curage, soit périodiquement, soit quand il sera nécessaire ; dans ces deux cas et autres analogues, on ne devrait pas hésiter à reconnaître une servitude foncière: les travaux à exécuter par le propriétaire du fonds servant ne sont qu'une charge accessoire qui ne peut changer la nature de la charge principale; il ne restera plus qu'à la concilier avec le principe déjà énoncé que "la servitude n'oblige pas *à faire* mais seulement *à souffrir :*" on donnera la conciliation en son lieu (voy. art. 305).

439. Ainsi encore, et en sens inverse, il est très-fréquent que les mêmes servitudes de passage et d'aqueduc procurent au propriétaire ou aux siens des avantages personnels, comme la facilité ou la brièveté de la communication avec la voie publique, ou comme l'usage d'une eau plus abondante ou plus salubre pour les usages personnels et domestiques. Mais, ce qu'il y a de profit personnel est encore secondaire et accessoire; l'effet principal du droit de passage ou du droit d'aqueduc est toujours l'amélioration économique du fonds dominant; car tout propriétaire du fonds sera sensible à l'abréviation des distances ou à la qualité et à la quantité de l'eau.

C'est pour répondre à cette distinction entre ce qui est accessoire et ce qui est principal que le texte ne refuse le caractère de servitudes foncières qu'aux charges qui ont *principalement* pour effet un travail personnel pour l'un des voisins ou un profit personnel pour l'autre.

440. On a dit (p. 417) que la perpétuité n'est pas de l'essence des servitudes foncières, cependant elle est de leur nature, et quand une servitude aura été établie pour un temps un peu court, il sera nécessaire

d'examiner si, dans l'intention des parties, elle n'a pas été établie en faveur du propriétaire actuel plutôt qu'en faveur de son fonds ; la question dépendra de l'ensemble des circonstances : spécialement, de la nature du service à tirer de la chose et des relations de parenté ou d'amitié des parties.

Art. 287.— 441. Le 1er alinéa de cet article consacre le principe développé à l'article précédent, à savoir, que le droit de servitude foncière est doublement *réel* en ce sens que, non seulement il porte sur une chose et reste opposable à tous ceux qui la détiendront, mais encore qu'il appartient à une chose et, par là, profite à tous ceux auxquels cette chose appartiendra successivement.

La loi leur reconnaît, en même temps, le caractère de *droit accessoire* déjà annoncé à l'article 2.

442. Du reste, quand la loi nous dit (2e al.) que les servitudes ne peuvent être cédées, louées ni hypothéquées séparément du fonds et peuvent l'être seulement avec lui, ce n'est pas seulement à raison de ce caractère accessoire ; en effet, il y a d'autres accessoires des fonds qui pourraient en être ainsi détachés et cédés ou loués séparément, comme les objets mobiliers attachés aux fonds pour leur exploitation ou leur agrément, lesquels pourraient aussi être, sinon hypothéqués, au moins donnés en gage et livrés au créancier, comme meubles (voir Livre IVe).

La raison de cette prohibition n'est pas non plus que le droit de servitude a pu être constitué *en vue de la personne* du voisin et que la cession du droit en changerait indûment le titulaire ; on a vu, en effet, que la servitude doit être établie en faveur du fonds et non en faveur du propriétaire, et, d'ailleurs, le constituant est toujours exposé à un changement de titulaire avec le changement de propriétaire du fonds dominant lui-même.

La véritable raison de la présente prohibition, c'est que la servitude foncière, outre les limites qui peuvent avoir été mises à son exercice par l'acte constitutif, en reçoit encore d'autres dans les besoins même du fonds dominant: celui qui aurait le droit de prendre sur le fonds d'autrui de l'eau, du sable, des pierres, des bois, en une quantité déterminée, pour les besoins agricoles, industriels ou domestiques de son fonds, n'épuisera pas toujours son droit, car la quantité stipulée peut, à certaines époques, excéder les besoins du fonds. Si donc, il était permis de céder, soit le droit même, tout entier, aux matières stipulées, soit ce qui en excède les besoins du fonds dominant, la condition du fonds servant se trouverait aggravée. Cette raison s'applique autant à l'hypothèque qu'au bail ou à la cession; car l'hypothèque mène généralement à la vente du bien pour satisfaire le créancier.

443. La seconde disposition est encore commandée par le même principe; ainsi le propriétaire d'un fonds auquel appartient un droit de passage sur le fonds voisin ne pourrait en permettre l'usage à un autre voisin, même en s'abstenant d'en user personnellement.

On a vu, cependant, à l'article 59, que l'usufruit, qui est une servitude personnelle, peut être grevé d'un autre usufruit. Cela s'explique par la cessibilité du droit lui-même d'usufruit; car il est susceptible d'être cédé, loué et hypothéqué (art. 71), et cette faculté, reconnue à l'usufruitier, de changer le bénéficiaire de son droit, se justifie elle-même par la considération qu'il a *tout l'usage* et *tous les fruits* de la chose, ce qui ôte tout intérêt au nu-propriétaire à s'opposer à une cession. Par la raison inverse, l'usager, dont les droits sont limités à ses besoins personnels, ne peut céder son droit (art. 116). Toutes ces dispositions sont donc en complète harmonie.

Cette défense, de constituer une servitude sur une autre, remonte au droit romain: les jurisconsultes l'y ont souvent proclamée comme un axiôme, sans prendre la peine de la justifier (a).

Art. 288.— 444. La loi reconnaît, en principe, aux servitudes le caractère d'indivisibilité déjà signalé par l'article 20; mais elle y apporte des exceptions qui, en fait, se rencontreront peut-être plus souvent que la règle.

Les auteurs ont presque toujours exagéré le principe, en trop négligeant les exceptions.

Il est certain, comme l'explique le 1er alinéa, que s'il y a plusieurs propriétaires de l'un des fonds, du fonds dominant, par exemple, et que ces co-propriétaires soient en état d'indivision, l'un d'entre eux ne peut, sans le concours des autres, renoncer à la servitude active et en priver le fonds dominant: il ne peut le faire pour le tout, parce qu'il n'a pas qualité pour diminuer le droit de ses co-propriétaires (voy. art. 38 et 39); il ne le peut, non plus, pour sa part indivise, pour une moitié, un tiers ou un quart, parce que la nature des avantages que procure une servitude foncière ne permet pas d'en concevoir des fractions: la vue, le passage des personnes ou des eaux, la prohibition de bâtir ou de planter sur des points déterminés, ne comportent pas de parties.

Réciproquement, si l'indivision existe entre co-propriétaires du fonds servant, la convention que ferait l'un d'eux avec le propriétaire du fonds dominant pour l'extinction de la servitude ne profiterait pas aux autres, s'il n'était pas autorisé à stipuler pour eux, et elle ne

---

(a) *Servitus servitutis esse non potest :* "il ne peut y avoir une servitude sur une servitude."

lui profiterait pas à lui-même pour sa part indivise du fonds, car la servitude ne pourra toujours être exercée qu'intégralement ou indivisiblement, pour le motif donné plus haut.

445. Le 2e alinéa nous dit que l'indivisibilité des servitudes pourra même persister après le partage du fonds dominant ou du fonds servant. Par exemple, le fonds A, appartenant à plusieurs, avait, sur le fonds B, le droit de passage ou d'aqueduc ou le droit d'empêcher certaines constructions ou plantations ; s'il est partagé entre les co-propriétaires, chacun aura, pour le lot de terrain qui lui est échu, le droit intégral de vue, de passage, d'aqueduc, etc. Même solution, si, au lieu d'un partage du fonds dominant, il en était cédé une partie à un tiers : celui-ci jouirait intégralement de la servitude, sans qu'elle cessât d'appartenir en entier au cédant pour la partie conservée par lui. Réciproquement, si le fonds servant était partagé ou cédé partiellement, chaque lot se trouverait soumis à la servitude, au moins, en principe, et en tant que ce résultat serait nécessaire à la plénitude du droit du fonds dominant.

446. Mais c'est ici que se rencontrent, le plus souvent, les exceptions réservées par le 2e alinéa et auxquelles il faut s'arrêter un instant. Elles se rencontreront aussi, quoique peut-être plus rarement, dans le cas de division du fonds dominant.

Soit un fonds servant grevé d'un droit de passage ou d'aqueduc, dans une direction déterminée. Bien qu'on puisse dire que le fonds tout entier est grevé, en ce sens qu'il s'en trouve amoindri dans sa valeur totale, par la diminution de liberté du propriétaire, cependant, en fait, le passage des personnes ou des eaux ne s'exerce pas sur toutes les parties du fonds, lequel est traversé dans un sens ou dans un autre, peut-être sur une faible étendue. Si, dans la division du fonds, la partie consacrée au passage se trouve contenue toute entière dans un lot, les autres se trouveront à l'avenir, affranchis de la servitude (b).

De même, s'il existe une servitude défendant de construire ou de planter, ce ne sera généralement que sur une partie du fonds faisant face aux bâtiments du voisin auxquels on a voulu conserver la vue de la mer, de la campagne ou du *Fusi-yama*; lorsque le fonds servant sera divisé, cette portion de terrain qui doit rester libre de bâtiments ou de plantations ne se trouvera pas dans tous les lots : il y en aura toujours quelques uns qui seront affranchis de la servitude.

Si nous supposons le fonds dominant divisé en plusieurs lots, le même résultat pourra se produire; moins souvent, peut-être, pour le passage ou l'aqueduc, lesquels pourront quelquefois rester nécessaires à tous les lots, mais presque toujours pour la défense de planter ou de bâtir, qui ne profitera plus qu'au lot où se trouvent les bâtiments dont on a voulu conserver le *prospect*, la vue à distance (c).

Art. 289.— 447. Le caractère particulier des servitudes qui a motivé la prohibition de les aliéner séparément du fonds dominant ne commandait pas une prohibition analogue pour l'exercice des actions judiciaires par lesquelles on les réclame ou on les conteste : chacun des deux propriétaires pourra donc plaider *pour* ou *contre* la servitude, sans être tenu de prouver son droit de propriété, lorsqu'il ne sera pas en question.

(b) Il faut toutefois reconnaître qu'il n'y a pas extinction complète de la servitude pour ces lots, car si le passage des personnes ou des eaux devient impossible sur le lot qui était primitivement affecté, il pourra être établi sur un ou plusieurs des autres.

(c) Le mot *prospect* employé dans le Code italien est peu usité en français; mais il est très-expressif; il vient du latin *prospicere*, qui lui-même est composé de *pro*, "en avant" et *spectare*, "regarder, voir."

§ Ier.—NATURE DES SERVITUDES.

Il serait, en effet, bien inutile toujours, et dangereux souvent, de réunir, dans le procès, deux questions qui ne sont pas nécessairement connexes. Telle est au moins la règle.

Mais, si la propriété ou la possession du fonds même était contestée au demandeur, le droit d'invoquer la servitude ou de la dénier serait contesté aussi, par cela même, et les deux questions devraient être réunies, avec la priorité donnée à celle de propriété ou de possession du fonds, comme question préalable ou préjudicielle (d).

Hors ce cas, qui sera rare sans doute, la question de la servitude se présentera seule et sera jugée de même.

Déjà, l'article 37, 2ᵉ al. nous a dit que le propriétaire peut exercer l'action *négatoire* pour contester que son fonds soit assujetti à un autre par une servitude. Le même article ne nous a pas dit qu'il eût l'action *confessoire* pour faire reconnaître une servitude au profit de son fonds. Ce n'est pas une omission, dans cet article où l'on n'avait à parler que des actions qui garantissent la propriété; or, celui qui conteste que son fonds soit asservi ne fait autre chose, en réalité, qu'affirmer son droit de propriété plein, entier, normal; celui qui, au contraire, soutient que son fonds est dominant à l'égard d'un autre, invoque un droit distinct de la propriété, un droit qui l'augmente d'une façon anormale; il ne dit pas seulement qu'il est plein propriétaire de sa chose, mais, de plus, qu'il a un démembrement de la propriété d'autrui. C'était donc dans le présent Chapitre que ce droit d'action devait lui être reconnu.

Les noms, un peu nouveaux, au Japon, d'action con-

(d) Les questions préjudicielles sont celles qui doivent être jugées avant le jugement de la question principale *(præ judicium)*; elles peuvent avoir plus d'importance que celle-ci; mais elles ont toujours, dans la procédure, un caractère incident.

FESSOIRE opposée à l'action NÉGATOIRE, avec subdivision, pour chacune, en action *possessoire* et action *pétitoire*, ont déjà été rencontrés plus haut (art. 37 et 70) et expliqués assez longuement, au sujet de la propriété et de l'usufruit, et surtout au Chapitre de la *Possession* (art. 212 et s., p. 390 et s.). On se bornera donc à en rappeler brièvement les caractères.

448. Dans l'action CONFESSOIRE, le demandeur soutient, *affirme* son droit de servitude sur le fonds d'autrui ; dans l'action NÉGATOIRE, le demandeur conteste, *nie* que son fonds doive une servitude au fonds d'autrui. Il faut bien avoir soin, d'ailleurs, d'éviter ici une confusion à laquelle on est exposé par la nature du sujet et par les habitudes du langage. Ainsi, on a déjà dit qu'il y a des servitudes qui assujétissent le fonds servant à *ne pas* planter, à *ne pas* bâtir dans un lieu déterminé. Or, lorsque le propriétaire du fonds dominant soutient que celui du fonds servant *ne peut* bâtir, il n'intente pas une action NÉGATOIRE, mais une action CONFESSOIRE ; c'est, en réalité, comme s'il soutenait *qu'il a le droit* d'empêcher le voisin de bâtir; c'est bien "affirmer son propre droit sur le fonds d'autrui," conformément à la définition donnée plus haut.

En sens inverse, si le demandeur soutient *qu'il a le droit* de faire boucher chez le voisin des fenêtres d'aspect ouvertes à moins de trois pieds de la ligne séparative, en vertu d'une prétendue servitude qu'il conteste, son action est NÉGATOIRE, parce que la négation ne doit pas être cherchée dans les mots, mais dans la prétention ; en effet, le demandeur "*nie* que le voisin ait sur son fonds un droit de vue ou de prospect," ce qui est bien conforme aussi à la définition de l'action négatoire.

Du reste, la question de savoir si une action relative aux servitudes est confessoire ou négatoire n'a pas

§ Ier.—NATURE DES SERVITUDES.

seulement un intérêt de théorie et de doctrine, elle a aussi un intérêt pratique sur lequel on reviendra au sujet des preuves : dans l'action *confessoire* le demandeur a, comme tel et d'après le droit commun, toute la charge de la preuve de ce qu'il *affirme ;* dans l'action *négatoire*, le demandeur ne pouvant, par la nature des choses, prouver pleinement une *négation indéfinie*, sommera la défendeur d'*alléguer* la cause *directe et positive* de son prétendu droit de servitude et c'est seulement cette cause déterminée dont il aura à démontrer l'inexistence, ce qui sera encore fort difficile (comp. art. 347).

449. Rappelons maintenant ce qui distingue, dans chacune de ces deux actions, le caractère *possessoire* et le caractère *pétitoire*.

Quand le demandeur se trouve, *en fait*, dans la situation qu'il prétend avoir aussi *en droit*, il peut se borner à demander le maintien *du fait*, de l'état actuel (du *statu quo*), sans soulever la question *du droit*, la question *du fond*.

Ainsi celui qui prétend avoir un droit de passage ou de vue, était *en possession* de ce droit, c'est-à-dire l'exerçait, *en fait*, depuis un certain temps, lorsque le voisin fait brusquement fermer le passage ou obstruer la vue; dans ce cas, le prétendant à la servitude pourra se borner à agir *en réintégrande;* il agira *en complainte*, s'il est seulement troublé dans l'exercice de son droit, enfin, il agira *en dénonciation de nouvel œuvre*, si le voisin commence des travaux qui peuvent bientôt constituer un trouble ou une dépossession. L'avantage d'agir ainsi *au possessoire* plutôt qu'au pétitoire, c'est que le demandeur, pour triompher, n'aura qu'à prouver l'*exercice actuel* de la servitude par lui prétendue, tandis que, s'il agissait *au pétitoire*, il lui faudrait prouver son droit *au fond*, c'est-à-dire produire un acte constitutif de la servitude.

Lorsqu'il aura triomphé, le voisin pourra, il est vrai, intenter, à son tour, une action *négatoire ;* mais les rôles y seront renversés et le premier y sera défendeur avec tous les avantages attachés à cette qualité; en outre, cette action négatoire ne pourra pas être *possessoire,* par exemple, en réintégrande, car la possession a déjà été jugée en faveur du premier demandeur, l'action négatoire sera alors *pétitoire,* c'est-à-dire tendra à faire juger, *au fond,* que le voisin n'a pas de servitude de vue ou de passage. C'est ainsi qu'on a vu (art. 223-224 et p. 408) que lorsqu'il s'agit, non plus d'une servitude, mais du droit de propriété tout entier, celui qui a succombé au possessoire peut encore utilement agir au pétitoire, tandis que la réciproque n'est pas permise.

Ceci implique que l'action NÉGATOIRE pourrait avoir elle-même le caractère *possessoire,* lorsque c'est elle qui est intentée la première. Ainsi, un propriétaire voit son voisin construire un bâtiment sur la ligne séparative, avec des ouvertures d'aspect, il peut faire la dénonciation de nouvel œuvre; si le bâtiment est terminé, il intentera l'action en réintégrande pour faire supprimer les ouvertures; s'il s'agit d'un passage déjà exercé par intervalles, il intentera l'action en complainte : comme son voisin ne possédait pas encore la servitude, il *possédait* lui-même la liberté de son fonds : il conserve ou recouvre la possession de cette liberté, un instant troublée ou usurpée. Toutes ces actions *possessoires* sont en même temps NÉGATOIRES, car elles nient le droit du voisin. Si le demandeur y triomphe, il sera désormais défendeur à l'action du voisin qui se croirait le droit d'agir *au fond ;* cette action du voisin sera CONFESSOIRE, puisqu'elle AFFIRMERA son droit et, en même temps, *pétitoire,* puisqu'elle tendra à faire juger non plus la possession, mais *le fond* du droit.

Le renvoi fait par le 3° alinéa au Chapitre *de la Pos-*

session a trait, surtout, aux caractères que doit avoir la possession des servitudes pour être garantie par des actions, notamment, d'être paisible, publique, non précaire et quelquefois annale (art. 196, 197 et 214) ; il a trait aussi au délai dans lequel les actions possessoires doivent être intentées (art. 217) et à la défense de cumuler le possessoire et le pétitoire (art. 218).

Art. 290.— 450. Ce n'est pas sans une intention particulière que l'on a placé ici cette disposition qui ne se trouve pas dans les lois étrangères et que les jurisconsultes ou les tribunaux n'osent pas toujours y suppléer : elle consacre d'une façon formelle le caractère de servitudes déjà attribué par la Section précédente aux charges, limites et conditions restrictives auxquelles est soumis le droit de propriété.

Ainsi les servitudes légales, comme celles établies par le fait de l'homme, sont attachées aux immeubles, activement et passivement, elles sont donc doublement *réelles* ou *foncières*, par leur *objet* et leur *sujet* ; elles sont indivisibles, également au point de vue actif et au point de vue passif ; elles ne peuvent être cédées, louées, ni hypothéquées séparément du fonds dominant, ni grevées d'autres servitudes ; enfin elles sont garanties par les mêmes actions : CONFESSOIRE, pour faire reconnaître la servitude, NÉGATOIRE, pour la contester ; en sous-distinguant : l'action *possessoire*, pour faire respecter ou rétablir le *fait actuel de la possession* et l'action *pétitoire* pour faire juger le *fond du droit*, c'est-à-dire si les immeubles voisins sont, ou non, dans la situation respective d'où naît la servitude légale (e).

(e) Cette théorie des actions relatives aux servitudes paraîtra peut-être compliquée ; mais la difficulté ne cesserait pas parce que la loi garderait le silence : le législateur aggraverait la tâche déjà difficile des nouveaux magistrats, s'il ne remplissait pas lui-même la sienne.

Le Projet japonais aura ici une précision que ne présente aucune législation étrangère.

On verra, au contraire, sous l'article 310, que tous les modes d'extinction des servitudes du fait de l'homme ne s'appliquent pas aux servitudes légales: notamment, la renonciation et le non-usage.

Art. 291.—451. Les dispositions précédentes correspondent à la première partie de l'intitulé du présent paragraphe, à *la nature* des servitudes; la loi arrive maintenant à *leurs diverses espèces*. En réalité, on pourrait dire que les précédents articles se rapportent à leur *nature commune*, et ceux qui vont suivre, à leur *nature particulière*. En effet, par cela même que la liberté des parties est très-grande, presque absolue, pour l'établissement, des servitudes, comme aussi les avantages que chacune d'elles peut procurer sont très-variés, il faut s'attendre à ne pas leur trouver à toutes les mêmes caractères particuliers; les différences qu'elles présenteront exerceront même une grande influence sur leur établissement, sur le mode de leur exercice et sur leur extinction, ainsi qu'on le verra aux paragraphes suivants.

Les trois divisions des servitudes ici présentées peuvent être considérées comme résultant de la nature des choses, aussi les trouve-t-on plus ou moins explicitement, dans toutes les législations modernes et ne doit-on pas hésiter à les reconnaître au Japon; on ne pourrait varier que sur les conséquences légales à attacher à leurs différences.

La loi se borne ici à présenter les trois divisions réunies, en indiquant que leurs conséquences sont considérables; pour éviter de dogmatiser, la loi n'ajoute pas ce qu'on verra suffisamment plus loin, à savoir, que chacune des divisions peut se combiner avec les deux autres; ainsi, une servitude continue est, nécessairement, soit apparente, soit non apparente; elle est, en même temps, soit positive, soit négative; il en est de

§ Ier.—NATURE DES SERVITUDES.

même de la servitude discontinue : elle a, en même temps, l'un des caractères de chacune des deux autres divisions. Par cela même, encore, les deux autres divisions se combinent entre elles et avec la première. On en verra la preuve dans les exemples donnés sous les articles suivants.

452. Le Projet ne mentionne pas une autre division des servitudes, en *urbaines* et *rurales*, qu'on trouve dans le Code français (art. 687) et qu'il n'y avait aucune utilité à conserver; d'abord, parce qu'elle est théoriquement inexacte dans ce Code, ensuite parce que, même en la rectifiant, elle serait sans intérêt pratique.

Les Romains, n'ayant pas législativement reconnu ni consacré la division des servitudes en continues et discontinues, au moins dans les termes, en avaient implicitement consacré l'idée et reconnu le caractère dans une division capitale, en servitudes *de fonds urbains* et *de fonds ruraux*. Les mots eux-mêmes étaient mal choisis, car ils éveillaient dans l'esprit une fausse idée de situation des lieux, une idée de ville et de campagne (*f*). En réalité, les servitudes urbaines (ou de fonds urbains) étaient relatives *aux bâtiments*, et les servitudes rurales relatives *aux terrains*, quelle que fût d'ailleurs leur situation, et c'est, sans doute, parce que les bâtiments sont plus fréquents à la ville qu'à la campagne et les terrains plus fréquents à la campagne qu'à la ville, que ces expressions avaient été adoptées.

Reste à savoir quand la servitude avait l'un ou l'autre caractère. C'est un point très-discuté aujourd'hui.

Si les deux fonds, dominant et servant, étaient deux bâtiments, la servitude, sans aucun doute, était urbaine; il n'en était déjà plus de même, si c'étaient deux terrains non bâtis : la servitude n'était pas nécessairement rurale; et si l'un des fonds était bâti et l'autre

---

(*f*) *Urbaine* vient de *urbs*, "ville," *rurale*, de *rus*, "campagne."

non, était-ce le fonds dominant ou le fonds servant qui imprimait à la servitude son caractère et lui donnait son nom, suivant qu'il était bâti ou non bâti? Ce n'était ni l'un ni l'autre, en cette qualité de fonds dominant ou de fonds servant. Ainsi, la servitude de vue était urbaine; mais la servitude de ne pas élever plus haut un bâtiment était urbaine également, comme celle de ne pas bâtir du tout; cependant, le bâtiment, qui était le fonds dominant, dans le premier cas, était le fonds servant, dans le second. De même, la servitude de passage ou de puisage d'eau était toujours rurale, sans distinguer si elle était établie au profit d'une maison ou d'un champ. Le vrai principe de cette distinction paraît avoir été celui-ci: la servitude tirait son nom et son caractère urbain ou rural de la nature du fonds nécessaire à son exercice; ainsi, il n'y a pas de vue sans un bâtiment: la servitude de vue était donc toujours urbaine; il n'y a pas de passage des personnes ou des eaux sans un sol (même quand il y aurait une galerie pour élever le niveau): la servitude de passage ou d'aqueduc était donc toujours rurale; quant à la servitude de ne pas bâtir, elle implique l'idée de bâtiment, bien que négativement: elle était toujours urbaine, même entre deux fonds non bâtis (g).

L'erreur du Code français aurait donc été de faire dépendre de la nature du fonds dominant le caractère de la servitude et de dire que la servitude est *urbaine* quand elle est établie *en faveur* d'un bâtiment et *rurale* quand elle est *en faveur* d'un fonds de terre; ce qui

---

(g) On donne ici l'opinion la plus généralement admise sur le sens des expressions latines: *servitutes prædiorum urbanorum, vel rusticorum,* "servitudes de fonds urbains ou ruraux;" cependant, les textes latins laissent des doutes: si l'un d'eux, notamment, dit que "parmi les servitudes, les unes *consistent dans le sol*, les autres *dans un bâtiment*," ce qui est favorable à l'opinion émise plus haut, un autre y est contraire, lorsqu'il dit que "les servitudes urbaines sont celles qui sont *attachées aux édifices*."

donnerait ce résultat singulier et inadmissible que la même servitude pourrait être urbaine ou rurale, suivant la nature du fonds dominant : ainsi, la servitude de passage n'aurait pas le même caractère quand elle serait établie en faveur d'une maison que lorsqu'elle le serait en faveur d'un fonds de terre ! Ce qui prouve l'inutilité de cette division dans le Code français c'est qu'il n'en reparle pas davantage. Chez les Romains, elle tenait lieu de la division en servitudes continues et discontinues qui n'existait pas. Aujourd'hui, même en rectifiant la définition, la division ferait double emploi avec cette dernière.

Le Code italien, pour le même motif, sans doute, n'a pas reproduit la division des servitudes en urbaines et rurales.

Art. 292.— 453. Cette division est d'une importance considérable ; le Projet japonais, sans s'écarter de la définition qu'en donne le Code français (art. 688), s'est efforcé d'être plus précis encore ; mais il a supprimé les exemples, qui appartiennent plutôt à un commentaire doctrinal.

Les principales servitudes continues sont : les vues droites ou obliques, sur la propriété d'autrui, à une distance moindre que celle qui constitue la servitude légale ; les plantations et excavations, également plus rapprochées que ne le permet le droit commun ; l'égoût des toits au-delà de la ligne séparative ; l'aqueduc à travers le fonds d'autrui, pour amener de l'eau ou pour en évacuer, en dehors des conditions de la servitude légale du même nom. Sont encore continues, les prohibitions de bâtir ou de planter, contrairement à la liberté légale des propriétaires.

Dans ces divers cas, il est évident qu'une fois les lieux disposés pour la servitude, celle-ci s'exerce *d'elle-même*, activement et passivement, sans le fait actuel de l'homme, c'est-à-dire, non-seulement sans que le propriétaire du fonds *servant* ait à accomplir quelque acte, puisque " la servitude n'oblige pas à faire, mais à souffrir," mais même sans que le propriétaire du fonds *dominant*, ou quelqu'un pour lui, ait besoin d'accomplir un fait actif d'usage.

Quelques auteurs ont pourtant hésité à admettre comme continues les servitudes d'égout des toits ou d'aqueduc, sous le prétexte que la pluie et les eaux naturelles ou artificielles présentent des intermittences; mais c'est un doute mal fondé : l'avantage du fonds dominant et l'assujettissement du fonds servant sont permanents dès que, par la disposition des lieux, l'égout de la pluie ou l'écoulement des eaux peuvent se produire aussi souvent que la nature le permettra.

454. Au contraire, il y a discontinuité de la servitude lorsque la disposition des lieux, une fois appropriée, ne suffit pas à son exercice, mais qu'il faut encore un fait actif du propriétaire du fonds dominant, comme dans la servitude de passage sur le fonds d'autrui, dans celle qui permet d'y puiser ou d'y faire puiser de l'eau portative (non conduite), d'y faire paître des animaux (pacage), d'y prendre ou d'y faire prendre des matériaux, tels que bois, pierres, sables, etc. ; or, l'homme, d'après sa nature, ne peut accomplir, d'une façon continue, aucun acte volontaire.

Le Code italien (art. 619) classe parmi les servitudes continues, "les prises d'eau, au moyen d'un ca-
" nal ou orifice, lors même que l'écoulement ne serait
" permis que par intervalles fixes ou par tours de jours
" ou d'heure."

Cette disposition, que le législateur est toujours le maître d'adopter, n'est pas conforme aux principes : il faut nécessairement un fait de l'homme pour ouvrir ou fermer l'orifice ou la *bouche d'eau ;* la servitude n'est donc pas continue de sa nature; c'est à peine si on pourrait lui reconnaître ce caractère dans le cas, sans doute sans exemple, où l'ouverture et la fermeture de l'orifice se feraient à intervalles réguliers, par le moyen d'une machine; car il faudrait, au moins, qu'elle fût chauffée, si elle était à vapeur, ou remontée, si elle était purement mécanique. Il y aurait toujours là, pour l'exercice de la servitude, "un fait de l'homme" et non un mouvement automatique.

On pourrait éprouver ici, à l'égard du pacage un doute pareil au précédent: si la servitude permettait de laisser les animaux placés sur le fonds dominant, passer et paître en liberté sur le fonds servant, non clos d'ailleurs, il semblerait qu'aucun fait de l'homme n'étant ici nécessaire, la servitude serait continue; mais ce serait encore une illusion: il y aurait toujours le fait, par le propriétaire du fonds dominant, d'avoir des animaux sur son fonds, fait qui n'est pas permanent de sa nature, qui peut cesser, puis recommencer, qui peut donc être et sera souvent intermittent.

Art. 293.— 455. Cet article ne diffère de l'article 689 du Code français que par la suppression des exemples qui s'y trouvent et ainsi par une plus grande concision.

On peut remarquer, en outre, que tandis que le Code français a employé l'expression d'*ouvrages* dans le 1er alinéa et celle de *signes extérieurs* dans le 2e, sans qu'on puisse voir une intention particulière dans cette forme différente, on a réuni ici les deux caractères distinctifs de la servitude apparente; ils ne sont pas d'ailleurs identiques: un *ouvrage* est un travail de l'homme destiné à faciliter l'exercice de la servitude; un *signe* n'est pas toujours un ouvrage: si par exemple, pour le passage des personnes, on a laissé, depuis la limite du fonds dominant, un espace libre de plantations et de cultures, alors qu'il en existe de chaque côté, il n'y a là aucun *ouvrage de l'homme*, mais il y a un *signe visible* du droit de passage, surtout si le chemin, étant fréquenté, est battu et n'est pas envahi par les herbes; de même, si des eaux, sortant d'un fonds ou y entrant, se sont creusé un lit naturel.

Comme exemples de servitudes apparentes, on peut citer encore: une fenêtre d'aspect ou des plantations plus rapprochées que la distance prescrite par la loi, des toits avançant au delà de la ligne séparative, un aqueduc non souterrain.

Comme servitudes non apparentes, il y a: l'aqueduc souterrain, les droits de puisage, de pacage, de prise de matériaux sur le fonds d'autrui et toutes les servitudes consistant dans des prohibitions ou restrictions à la liberté légale des propriétaires, ou servitudes *négatives*, objet de l'article suivant.

Art. 294.— 456. La division des servitudes en positives et négatives n'est pas annoncée dans le Code français, mais elle se trouve indiquée incidemment, sans sa dénomination propre, mais sous celle de *prohibition*, comme exemple de servitudes non apparentes.

Elle mérite cependant une grande attention, comme on l'a déjà fait remarquer, au sujet de l'emploi des actions confessoires et négatoires (voy. art. 289) et comme l'étendue du présent texte le fait immédiatement reconnaître.

Le Code italien la consacre formellement (art. 631).

Une servitude est positive, ou affirmative, quand son effet immédiat et direct est d'étendre pour le propriétaire du fonds dominant le droit d'*agir* que la loi lui donne normalement, soit sur son propre fonds, soit sur le fonds voisin. Elle est négative, ou prohibitive, lorsqu'elle donne au propriétaire du fonds dominant le droit de *défendre* au voisin des actes que le droit commun permet à chacun d'accomplir, soit sur son propre fonds, soit sur le fonds contigu.

Comme exemples de servitudes *positives*, on peut citer, dans l'ordre du texte :

1° Sur le fonds voisin : l'aqueduc, l'égoût des toits, le passage, le puisage, le pacage, la prise de matériaux ;

2° Sur le fonds dominant lui-même : les fenêtres d'aspect ou obliques, les plantations ou excavations à des distances moindres que celles que la loi prescrit.

Comme servitudes *négatives*, on trouve :

1° Les prohibitions de bâtir, de planter, d'ouvrir des vues droites ou obliques, de pratiquer des excavations, soit d'une manière absolue, soit à moins d'observer une distance plus grande ou des conditions plus onéreuses que celles prescrites par le droit commun ;

2° Les prohibitions d'écouler les eaux naturelles ou artificielles, dans les cas où il y a, au contraire, servitude légale d'aqueduc ou d'écoulement des eaux ; de même l'affranchissement de la contribution au bornage ou à la clôture, ou celui de l'obligation de céder la mitoyenneté.

457. On a dit plus haut que ces divisions des servitudes, tirées de leur nature envisagée à des points de vue différents, peuvent se combiner ensemble.

Ainsi, une servitude peut être *continue et apparente*, comme la servitude de vue et d'aqueduc avec un canal extérieur ; elle peut être *continue et non apparente*, comme celle d'aqueduc avec canal souterrain et comme toutes les servitudes négatives ou prohibitives.

La servitude peut être *discontinue et apparente*, comme le droit de passage avec une porte et un chemin frayé sur le fonds servant; elle peut être *discontinue et non apparente*, comme le droit de prendre sur le fonds voisin de l'eau ou des matériaux.

Il est évident aussi que les servitudes *positives* sont

les unes apparentes et les autres non apparentes, comme elles peuvent être continues ou discontinues; tandis que les servitudes *négatives* sont toujours non apparentes et continues.

§ II.—DE L'ÉTABLISSEMENT DES SERVITUDES.

Établissement par titre.

Art. 295. Toutes les servitudes peuvent être établies par convention entre les propriétaires ou par testament. [690, 691.]

Dans l'un et l'autre cas seront observées les règles ordinaires des aliénations de droits réels immobiliers, soit à titre gratuit, soit à titre onéreux, pour leur validité, tant entre les parties qu'à l'égard des tiers.

Idem par prescription.

296. Les servitudes continues et apparentes peuvent être acquises par la prescription, au moyen d'une possession de la nature et la durée requises pour l'acquisition de la propriété immobilière. [*Ibid.*]

S'il s'agit d'une prise d'eau tirée du fonds voisin, le temps de la prescription ne compte qu'à partir du moment où le propriétaire qui l'invoque a fait sur son fonds des ouvrages apparents destinés à recueillir et conduire les eaux pour son avantage. [642; C. it., 637.]

Idem par destination du propriétaire.

297. Les servitudes continues et apparentes sont considérées comme tacitement établies par la destination du propriétaire, lorsque deux fonds, actuellement séparés, ayant primitive-

§ II.—ÉTABLISSEMENT DES SERVITUDES.

ment appartenu à un seul propriétaire, celui-ci avait établi ou laissé subsister entre eux une disposition des lieux constitutive de cette sorte de servitude, et que, lors de la séparation des fonds, il n'a été rien fait ni stipulé qui modifie cet état de choses. [692, 693, 694; C. it., 632, 633.]

298. Les servitudes discontinues et les servitudes non apparentes ne peuvent être établies que par l'un des deux titres prévus à l'article 295. [691.]

Corollaire des dispositions précédentes.

299. Le propriétaire du fonds prétendu dominant sera dispensé de représenter un titre originaire constitutif de la servitude ou d'en prouver directement l'acquisition par prescription ou par destination du propriétaire, s'il peut produire un acte émanant du propriétaire du fonds servant ou de l'un de ses prédécesseurs et portant reconnaissance de la servitude, comme constituée antérieurement par l'un des trois modes ci-dessus énoncés. [697; C. it., 634.]

Titre récognitif.

COMMENTAIRE.

Art. 295.— 458. Cet article, au lieu de dire que toutes les servitudes peuvent s'établir *par titre*, selon l'expression un peu vague du Code français (art. 690 et 691) et du Code italien (art. 629 et 630), préfère indiquer directement de quels *titres* il s'agit; or, en cette matière, il n'y en a et il ne peut y en avoir que deux : la convention et le testament.

Ce mode d'établissement est commun à toutes les servitudes, continues et discontinues, apparentes et non apparentes, positives et négatives, et, lors même que la raison en concevrait un plus grand nombre d'espèces, on comprendrait aussi que toutes s'établissent encore par titre; car il s'agit ici des servitudes "établies par le fait de l'homme"; or, le *titre* n'est autre chose que la volonté de l'homme, dans sa manifestation la plus directe.

La loi n'a, d'ailleurs, à entrer ici dans aucun détail sur la forme et les conditions de validité des conventions et du testament, lesquelles n'ont pas lieu d'être modifiées par cet objet particulier : les servitudes sont des droits réels, des démembrements de la propriété; elles se constitueront donc par convention ou par testament, comme les autres droits réels et comme se transfère la propriété; mais elles sont des droits immobiliers : la capacité du constituant y est plus limitée que s'il s'agissait de droits mobiliers; enfin, certaines mesures de publicité sont requises pour mettre les tiers à l'abri de surprises, s'ils acquéraient le fonds servant sans savoir qu'il est grevé de servitudes.

C'est dans la IIe Partie du présent Livre que l'on trouvera les règles qui concernent la capacité des contractants et les moyens de publicité prescrits dans l'intérêt des tiers, pour les aliénations d'immeubles.

Art. 296.—459. La prescription acquisitive est toujours un "fait de l'homme," mais elle ne constitue pas un *titre;* tout au plus, pourrait-on dire qu'elle en fait présumer l'existence antérieure, c'est-à-dire qu'elle en constitue la preuve par présomption légale (voy. pp. 106 et 333).

Il est naturel que la prescription acquisitive soit admise en matière de servitudes, comme en matière d'usufruit et de propriété; mais la loi ne l'admet que

§ II.—ÉTABLISSEMENT DES SERVITUDES.

pour les servitudes qui présentent le double caractère de continuité et d'apparence. En effet, la prescription a pour base et pour justification la possession, c'est-à-dire l'exercice prolongé du droit prétendu, comme s'il appartenait au possesseur; or, la loi exige, pour la prescription de la propriété, que la possession soit, entre autres qualités, *continue* et *publique* : elle ne fait ici qu'appuyer davantage sur ces deux conditions. Sans doute, quand il s'agit de la possession de la propriété ou de l'usufruit, la continuité est compatible avec des intermittences dans les actes : celui qui possède comme un propriétaire ou un usufruitier ne peut, à tout moment, labourer, semer, planter, récolter, ni même se promener sur le fonds ou occuper les bâtiments; il suffira que l'ensemble de ses actes présente la régularité de ceux d'un véritable propriétaire ou d'un véritable usufruitier; quant à la publicité, elle sera suffisante quand les actes pourront être vus ou connus au dehors, de sorte que celui contre lequel court la prescription puisse en être informé et y mettre obstacle, s'il le juge à propos.

En matière de servitudes, la loi est plus exigeante : la continuité doit être absolue, l'exercice doit être de tous les instants, et comme, ainsi qu'on l'a déjà observé (p. 538), l'homme ne peut accomplir aucun acte sans repos ni intermittences, il n'y a que les servitudes "s'exerçant sans le fait de l'homme" qui aient une continuité suffisante pour s'acquérir par prescription; dans les autres cas, s'il s'agissait d'un passage, par exemple, il pourrait n'avoir lieu qu'à des intervalles plus ou moins éloignés et le propriétaire du fonds prétendu servant ne manquerait pas d'alléguer qu'il n'a laissé exercer le passage qu'à titre *précaire* ou de *simple tolérance*.

De même, la loi aggrave la condition de publicité, en exigeant que l'exercice continu de la servitude se révèle par des ouvrages ou signes extérieurs (art. 293) qui, parlant constamment aux yeux du propriétaire dont le fonds est grevé, le provoqueront à mettre obstacle à la servitude, si elle est illégalement exercée, ou feront présumer son acquiescement, s'il garde le silence pendant le temps de la prescription.

460. La loi renvoie, sans détails, aux autres conditions générales requises pour que la possession conduise à la prescription acquisitive, ce qui équivaut à dire qu'elle ne doit être ni précaire, ni violente ; cela fait allusion aussi à l'influence du juste titre ou de l'absence de titre, à la bonne foi ou à la mauvaise foi (voy. art. 194 à 197).

Il y avait à trancher ici une question souvent débattue en France, à savoir, si la prescription acquisitive des servitudes exigerait une possession uniforme de 30 ans, comme paraissent l'exiger, absolument et sans distinction, le Code français (art. 690) et le Code italien (art. 629), ou si, d'après le droit commun de la prescription immobilière, le délai se trouverait réduit à 10 ans, lorsque le possesseur aurait juste titre et bonne foi. En admettant que les deux Codes précités aient entendu s'écarter ici du droit commun et exigent toujours 30 ans de possession, ce qui n'est pas certain, les raisons de cette exception ne sont ni assez solides, ni assez démontrées, pour obliger à s'écarter du droit commun. Le Projet s'y réfère donc pour la durée de la possession autant que pour ses autres conditions.

461. Le 2ᵉ alinéa résout une question réservée à l'article 240 : à savoir, comment s'accomplit la prescription qui prive un propriétaire du droit de disposer librement de l'eau qui prend naissance sur son fonds et la fait acquérir au voisin.

§ II.—ÉTABLISSEMENT DES SERVITUDES. 547

Le Code français (art. 642) est équivoque sur ce point : il exige des ouvrages *apparents* faits par le propriétaire du fonds inférieur, mais on n'est pas d'accord sur le point de savoir si ces ouvrages doivent être faits sur le fonds supérieur, ou s'il suffit qu'ils soient faits sur le fonds inférieur.

Le Code italien (art. 627) exige, en principe, que les ouvrages soient faits sur le fonds *servant*, c'est-à-dire sur le fonds supérieur qui deviendra servant quand la prescription sera accomplie ; mais il admet implicitement que des ouvrages fait sur le fonds *dominant* ou inférieur auraient le même effet, si ces ouvrages avaient donné lieu à une protestation ou opposition de la part du propriétaire des eaux et que l'usage en eût été continué nonobstant cette oppositison.

Le Projet japonais se contente d'ouvrages faits sur le fonds inférieur, pourvu qu'ils soient *apparents*, c'est-à-dire visibles pour celui qu'ils tendent à dépouiller. Si l'on objecte qu'il est injuste d'attacher la prescription à des travaux que le propriétaire supérieur ne peut empêcher et que ce système ne lui laisse d'autre moyen d'empêcher la prescription que le détournement de ses eaux, nous répondons qu'il a toujours le moyen bien simple d'une protestation ou opposition prévu par le Code italien, et, en la renouvelant tous les 30 ans, il échappera à la prescription.

C'est d'ailleurs l'interprétation que nous donnerions de l'article 642 du Code français lui-même, tel qu'il est rédigé.

462. Au sujet de la prescription acquisitive des servitudes et de cette protestation, le Code italien (art. 631) a une autre disposition qui paraît bien moins justifiable : il permet la prescription des servitudes *négatives*, à partir "d'un acte formel de prohibition fait par le propriétaire du fonds dominant à celui du fonds

servant, pour lui en contester la libre disposition." Or, les servitudes négatives, comme la défense de bâtir, de planter, d'ouvrir des vues, sont toujours *non apparentes* et, comme telles, elles ne sont pas susceptibles de s'acquérir par prescription, même d'après le Code italien (art. 630); il est donc bien difficile de concilier les deux articles juxta-posés de ce Code.

Art. 297.— 463. Ce cas particulier de constitution tacite de la servitude porte en Europe le nom assez heureux de *destination du père de famille* (voy. C. fr., art. 692 à 694; C. ital., art. 632 et 633); si on ne le conserve pas dans le texte japonais, c'est que l'expression n'y aurait pas la même valeur (*a*); d'ailleurs, l'intérêt n'est pas ici dans les mots, mais dans l'idée, c'est-à-dire dans l'intention tacite du propriétaire révélée par les circonstances du fait.

Mais on se trouve ici en présence d'une bien grosse difficulté à laquelle donne lieu la rédaction obscure de l'article 694 du Code français rapproché de l'article 692.

D'après l'article 692, l'établissement de la servitude par destination du père de famille n'aurait lieu que si, avant la séparation des deux fonds, l'état respectif des lieux avait été disposé convenablement par le propriétaire unique, de manière à être constitutif "d'une servitude tout à la fois continue et apparente;" tandis que l'article 694 paraît se contenter du second caractère, "d'un signe apparent de servitude." Pour concilier ces deux articles, il n'existe pas moins de cinq systèmes qui ont, chacun en leur faveur, des auteurs recommandables et des décisions judiciaires.

Le Code italien ne présente pas la même difficulté: il est formel pour n'admettre la destination du père de

---

(*a*) Déjà, en matière d'usufruit, on a dû remplacer l'expression: "jouir en bon père de famille," par celle de "jouir en bon administrateur" (voy. art. 46).

famille que pour les servitudes "continues et apparentes" (art. 620), et il n'a pas reproduit la disposition équivoque de l'article 694 du Code français.

Le Projet japonais ne pouvait négliger de se prononcer et il exige également la continuité et l'apparence pour que la servitude soit tacitement établie par la destination du propriétaire rapprochée de la circonstance que rien n'a été changé lors de la séparation des fonds.

Un exemple fera bien comprendre la situation. Un propriétaire a bâti sur un terrain lui appartenant; il a mis les ouvertures à son gré, parce que le terrain lui appartenait tout autour, à une distance suffisante pour n'être pas sujet aux réclamations des voisins; à ce moment, on ne peut pas dire qu'il jouisse d'une servitude de vue droite ou directe; car "on ne peut avoir un droit de servitude sur sa propre chose" *(nemini res sua servit)*. Plus tard, il vend, soit le bâtiment, soit le terrain contigu au bâtiment, et les ouvertures ne sont pas supprimées au moment du contrat, et rien non plus n'y est stipulé pour la suppression ultérieure des vues. Dans ce cas, l'origine de la disposition des lieux rapprochée de l'inaction et du silence des parties, prouve leur l'intention évidente, quoique tacite, de maintenir l'état de choses préexistant, lequel devient une servitude véritable pour l'avenir. Il serait donc exact de dire qu'ici la servitude est "établie par une convention tacite" et le Code français n'est pas éloigné de cette idée, lorsqu'il dit: "la distination du père de famille *vaut titre* à l'égard des servitudes continues et apparentes" (art. 692).

Dans l'exemple ci-dessus, on a supposé que le fonds sur lequel ont été faits les travaux était unique et a été ensuite divisé; on pourrait supposer aussi que, primitivement, il y avait deux fonds distincts, un terrain et un bâtiment appartenant à différents propriétaires, qu'ils ont été ensuite réunis dans les mêmes mains et que les ouvertures ont été alors pratiquées dans le bâtiment; on peut supposer encore que les ouvertures étaient déjà pratiquées dans le bâtiment avant la réunion des fonds et qu'elles auraient pu être supprimées comme illégalement pratiquées, mais que le propriétaire, désormais unique, des deux fonds, n'ayant plus d'intérêt à leur suppression, les a laissées subsister; c'est comme s'il les avait établies lui-même; enfin, on pourrait supposer qu'avant la réunion des deux fonds dans les mêmes mains, la vue sur la propriété voisine était valablement établie comme servitude; la réunion des fonds a opéré l'extinction de la servitude par confusion (comme on le verra au § IV); plus tard, quand les fonds ont été de nouveau séparés, la servitude a repris naissance par la double circonstance que la disposition des lieux n'a pas été changée et que le contrat n'a pas déclaré qu'elle serait supprimée (*b*).

On a supposé aussi, dans l'exemple précité, que le propriétaire des deux fonds a aliéné l'un et gardé l'autre, sans distinguer d'ailleurs, s'il a vendu celui qui va se trouver le fonds dominant, ou celui qui sera le fonds servant; on peut supposer aussi qu'il les aliène tous deux à des acquéreurs différents, ou même qu'à sa mort, les fonds sont attribués divisément à ses différents héritiers. Toutes ces hypothèses rentrent dans "la destination du propriétaire."

Art. 298.— 464. La prescription et la destination du propriétaire ayant été limitées aux servitudes continues et apparentes, il ne reste plus que le *titre* qui

---

(*b*) Certains auteurs croient que c'est là l'hypothèse prévue par l'article 694 du Code français, et que, dans ce cas, il suffirait que la servitude fût apparente, sans être continue, comme un passage avec porte ou chemin tracé. C'est là un des cinq systèmes de conciliation proposés.

§ II.—ÉTABLISSEMENT DES SERVITUDES. 551

soit applicable à celles qui ne réunissent pas ces deux caractères.

Cet article pourrait, à la rigueur, être considéré comme une conséquence assez évidente des deux articles précédents pour qu'il ne soit pas nécessaire de l'insérer dans le texte. Toutefois, plusieurs raisons ont fait préférer son insertion.

D'abord, on avait le double précédent des Codes français et italien qui, n'ayant pas de motif plus impérieux de s'expliquer sur ce point, n'ont pas craint de le faire (C. fr., art. 691; C. ital., art. 630). Ensuite, il paraît bon que chaque classe de servitudes ait ici sa part directe et déterminée dans les moyens d'établissement. Enfin, cet article sert de transition à l'article suivant qui nous ramène au titre.

Art. 299.— 465. Cet article présente une assez large extension de la disposition de l'article 695 du Code français, reproduit lui-même par l'article 634 du Code italien.

Ces deux Codes paraissent restreindre l'admission du *titre récognitif* destiné à suppléer le titre originaire ou *primordial*, au cas où la servitude ne s'établit *que par titre*, ce qui est limiter ce bénéfice aux servitudes discontinues ou non apparentes. Le Code italien est formel en ce sens. Quant au Code français, il a bien dit que "la destination du père de famille *vaut titre* à l'égard des servitudes continues et apparentes" (art. 692), et la rédaction équivoque de l'article 694 ferait croire qu'elle vaut titre également pour les servitudes simplement apparentes; d'où l'on semblerait autorisé à conclure que ce *titre fictif* peut être suppléé aussi par un *titre récognitif* ; mais cette extension est difficile, en face des termes mêmes de l'article 695 qui n'admet le titre récognitif "que pour les servitudes qui ne peuvent s'acquérir par prescription", ce qui est arriver, par une autre voie, à limiter le bénéfice de l'acte récognitif aux servitudes discontinues ou non apparentes. Or, ce résultat de la loi, prise à la lettre, est tout à fait déraisonnable; car, on arriverait à dire que si la servitude continue et apparente avait été établie, en fait, par un titre, au lieu de l'être par prescription ou par destination du père de famille, ce titre primordial ne pourrait être remplacé par un titre récognitif; il est permis de croire que la loi n'a pas entendu exclure le titre récognitif dans ce cas.

Quoiqu'il en soit, le Projet japonais est plus large que les deux Codes européens précités: il ne distingue pas si la servitude a été, en fait, établie par titre (ce qui peut être le cas de toutes les servitudes, d'après l'art. 295), ni si, en droit, elle ne pouvait l'être que par ce seul moyen; dans tous les cas, il permet de remplacer la preuve directe d'une constitution de la servitude, par un titre récognitif ou " portant reconnaissance de la constitution antérieure par l'un des modes légaux." Le seul cas où le titre récognitif serait sans valeur, est celui où il reconnaîtrait un mode antérieur de constitution inapplicable au genre de servitude dont il s'agirait: par exemple, s'il reconnaissait qu'il y a eu prescription, pour une servitude qui ne serait pas continue et apparente, ou même destination du propriétaire, pour une servitude qui n'aurait pas ces deux mêmes caractères.

L'utilité de l'acte récognitif est facile à saisir dans chacun des trois cas de constitution de la servitude.

Dans le cas d'un titre primordial, il peut être obscur et les parties veulent prévenir un procès entre leurs héritiers respectivement, en le rédigeant mieux; ou il a été perdu et elles veulent le remplacer.

Dans le cas de la prescription, elles veulent constater, sans recourir à un jugement, qu'elle a été régulièrement acquise.

§ III.—EFFET DES SERVITUDES.

Enfin, dans le cas de la destination du propriétaire, elles veulent constater que les circonstances particulières qui la constituent ont réellement existé.

Lorsque le Projet sera arrivé aux Preuves (Livre V°), on retrouvera le titre récognitif dans ses autres applications.

Le Code français, dans l'article 695 précité, s'il a trop limité l'emploi de l'acte récognitif en matière de servitudes, a cru, au moins, devoir l'affranchir de certaines conditions de forme qu'il lui impose, pour les autres cas, par l'article 1337.

§ III.— DE L'EFFET DES SERVITUDES.

Art. 300. Le droit de servitude légalement acquis emporte les droits et facultés accessoires nécessaires à son exercice, d'après sa nature. [696 ; C. it., 639.] *Accessoires des servitudes.*

Au surplus, si la servitude a été établie par titre, les règles générales sur l'interprétation des testaments seront observées ; si elle a été acquise par la prescription, son étendue se mesure sur celle de la possession effective ; si la servitude résulte de la destination du propriétaire, son étendue se détermine d'après l'intention présumée du constituant. *Interprétation des titres.*

301. Dans le cas d'une servitude de passage, de prise d'eau, continue ou discontinue, de pacage ou autre, permettant de tirer des substances du fonds d'autrui, si le titre constitutif ou une convention postérieure ne déter- *Pouvoir des tribunaux.*

mine pas les quantités qui pourront être prises, ni le temps, le lieu ou le mode d'exercice de la servitude, chacune des parties pourra toujours demander au tribunal de les fixer contradictoirement avec l'autre.

Dans ce règlement, le tribunal tiendra compte des besoins respectifs des deux fonds et s'éclairera des résultats de l'exercice antérieur de la servitude.

<small>Manque ou insuffisance de l'eau.</small>

302. Le propriétaire du fonds assujetti à une prise d'eau n'est responsable du manque d'eau que si elle résulte de son fait.

En cas d'insuffisance de l'eau pour les besoins des deux fonds, la priorité appartient aux usages personnels et domestiques, ensuite, aux besoins agricoles avant les besoins industriels; le tout, proportionnellement à l'importance des fonds.

S'il y a plusieurs fonds dominants, ils concourront à l'usage de l'eau pour les besoins domestiques; à l'égard des besoins agricoles et industriels, la préférence appartiendra à celui des fonds dont le droit est antérieur en date. [C. it., 650 à 652.]

<small>Changements à l'exercice de la servitude.</small>

303. Celui auquel appartient une servitude ne peut changer le mode, le temps ni le lieu de son exercice régulièrement fixés, sans le consentement du propriétaire du fonds servant, à moins que celui-ci n'en doive éprouver aucun dommage.

§ III.—EFFET DES SERVITUDES.

De son côté, si le propriétaire du fonds servant a un intérêt légitime à un pareil changement, sans que le propriétaire du fonds dominant en éprouve aucun dommage, il peut le demander et l'obtenir. [701, 702 ; C. it., 645.]

304. Si l'établissement de la servitude nécessite certains ouvrages ou travaux sur l'un des deux fonds, ils seront à la charge du propriétaire du fonds dominant, à moins qu'il n'ait été stipulé dans l'acte constitutif qu'ils seront à la charge du constituant. [697, 698.]

Charge des travaux nécessaires.

305. L'entretien et la réparation des ouvrages ou travaux relatifs à l'exercice de la servitude sont également à la charge du propriétaire du fonds dominant, à moins que les réparations ne soient devenues nécessaires par la faute du propriétaire du fonds servant. [*Ib.*]

Entretien des ouvrages.

On peut aussi convenir que l'entretien et la réparation seront à la charge du propriétaire du fonds servant, même sans qu'il y ait faute de sa part ; mais, dans ce cas, celui-ci pourra toujours s'affranchir de ladite charge en abandonnant au propriétaire du fonds dominant la partie du fonds servant sur laquelle porte la servitude. [699.]

306. Le propriétaire du fonds servant ne perd pas le droit d'exercer toutes les facultés légales inhérentes à la propriété, en tant qu'il

Droits du fonds servant.

n'en résulte aucun obstacle à la servitude ni aucune diminution de son utilité.

Il peut même utiliser les ouvrages établis sur son fonds pour l'exercice de la servitude, en contribuant aux dépenses d'établissement ou d'entretien, proportionnellement à l'utilité respective qu'il en tire et à l'aggravation de frais qui en peut résulter.

COMMENTAIRE.

Art. 300.— 466. La distinction des droits principaux et des droits accessoires est déjà connue par l'article 16, et l'on a vu, plus haut, à plusieurs reprises, que les servitudes sont des droits accessoires de la propriété du fonds dominant ; mais elles présentent cette singularité que si elles sont accessoires, d'un côté, elles sont, d'un autre côté, des droits principaux et elles ont, à leur tour, comme corollaires, des droits accessoires qui n'existent et ne subsistent que par elles et pour elles. Ainsi, le droit de puiser de l'eau chez autrui entraîne virtuellement le droit de passage pour prendre l'eau (a) ; il en est de même des autres servitudes qui permettent de prendre des matériaux sur le fonds d'autrui. Mais, bien entendu, le passage sera limité, quant au temps et quant au lieu, à ce qui est nécessaire pour l'exercice de la servitude. Ainsi encore, le droit de faire des charrois de matériaux ou de récoltes à travers le fonds d'autrui emporte celui de faire accompagner les chevaux et voitures par un conducteur et celui de ramener les voitures vides. Mais les per-

---

(a) Le Code français a donné cet exemple dans l'article 696, ce qui n'est pas d'un bon système législatif. L'article 696 n'est d'ailleurs pas à sa place : il devrait figurer en tête de la Section IIIe relative aux " Droits résultant des servitudes."

§ III.—EFFET DES SERVITUDES.

sonnes ne pourraient passer seules, si ce n'est au retour d'un charroi effectué.

Dans la pratique, il pourra y avoir une certaine tolérance, surtout si les voisins sont en bonnes relations ; mais la loi statue toujours pour le cas où il n'y a pas accord des parties.

467. Indépendamment des droits et facultés accessoirement attachés aux servitudes, il pourra se présenter des difficultés sur l'étendue que doit avoir la servitude. La loi se borne à poser les règles générales qui devront guider les tribunaux. Le texte suppose successivement les trois modes d'établissement des servitudes.

1° Au cas de constitution par titre, c'est-à-dire par convention ou par testament, on appliquera les règles ordinaires d'interprétation en ces matières : elles se trouveront dans le Code à leur place naturelle. Il suffit de dire ici que les tribunaux doivent, dans l'interprétation des conventions, rechercher la commune intention des parties, plutôt que de s'attacher au sens littéral des termes employés (voy. art. 376) ; dans l'interprétation des testaments, ils doivent rechercher l'intention probable du testateur et s'attacher encore moins aux termes mêmes du testament, puisqu'ils n'ont pas été adoptés après discussion ou contradiction du légataire.

S'il reste des doutes aux juges, ils doivent adopter le sens le moins défavorable au fonds servant (comp. art. 380) ; car la liberté respective des fonds est le droit commun et l'assujettissement de l'un vis-à-vis de l'autre est l'exception.

2° Au cas d'acquisition par la prescription, l'étendue de la servitude sera, dit le texte, "mesurée sur la possession effective."

La loi consacre par ces mots un principe traditionnel en matière de prescription, à savoir que "autant il y a eu possession, autant il y a prescription" *(quantum possessum tantum præscriptum)*. Ainsi, celui qui a possédé, pendant le temps voulu pour prescrire, une ou deux ouvertures donnant des vues droites, à une distance moindre que la distance légale, ne pourra, plus tard, une fois son droit acquis à une ou deux fenêtres d'aspect, en ouvrir une troisième, parce qu'il n'en a pas possédé trois ; de même, si les fenêtres d'aspect ont été possédées à deux pieds de la ligne séparative, elles ne pourront, en cas de reconstruction du bâtiment, être placées à une distance plus rapprochée ; enfin, tout en gardant le même nombre d'ouverture et la même distance, leur position correspondant au front du fonds voisin ne pourrait être changée, par exemple, portée plus à gauche ou plus à droite : dans ces divers cas, la prescription n'a donné que les avantages même qui ont été *possédés*, que les droits qui ont d'abord été exercés *en fait*.

3° Au cas de destination du propriétaire (ou du père de famille), c'est dans l'intention probable du propriétaire qui a établi la situation des lieux que l'on recherchera l'étendue que doit avoir la servitude après la séparation. Or, cette intention se verra dans l'exercice même que l'ancien propriétaire a pratiqué, en fait, pendant que les deux fonds étaient réunis dans ses mains ; elle se verra aussi dans le but qu'il paraissait vouloir atteindre et dans les circonstances où il se trouvait. Ainsi, le propriétaire a établi un aqueduc conduisant l'eau d'une partie de son fonds sur l'autre, pour les usages domestiques ou pour l'irrigation ; après la séparation des fonds, le propriétaire du fonds dominant ne pourrait employer l'eau pour une industrie.

Ce qui a été dit, ci-dessus, pour les vues droites acquises par prescription, s'appliquerait aussi aux mêmes vues établies par destination du propriétaire.

§ III.—EFFET DES SERVITUDES.

Art. 301.— 468. L'imprévoyance des parties contractantes, et encore plus celle des testateurs, laissera bien souvent des points à régler pour l'exercice de la servitude. On aura, par exemple, établi une servitude de passage, sans dire s'il s'appliquerait seulement aux personnes ou s'il s'étendrait même aux chevaux, aux voitures et aux matériaux (*b*): le tribunal prendra en considération la nature des deux fonds, principalement celle du fonds dominant, et l'étendue de la servitude, son mode d'exercice, seront plus larges pour un fonds exploité en culture ou en manufacture que pour une habitation d'agrément.

Pour le puisage discontinu, la quantité d'eau à prendre sera plus ou moins considérable, suivant les mêmes distinctions; quant au temps, il sera presque toujours limité au jour, sauf les cas urgents et imprévus où l'eau pourrait être nécessaire la nuit: notamment, s'il y avait danger d'incendie.

S'il s'agit de pacage, et que le propriétaire du fonds dominant n'ait eu qu'une ou deux vaches, une chèvre ou deux, pour le lait et le beurre nécessaires à sa famille, ou un ou deux bœufs pour le labourage ou le transport, le tribunal ne permettra pas, à lui ou à son successeur, de faire paître un troupeau, s'il était devenu éleveur de bétail.

Pour la prise de matériaux (argile, sable, pierres, bois), la question de quantité sera la plus importante; il faudra également la régler d'après la condition du fonds dominant au moment de la constitution de la servitude. Ainsi, le fonds dominant était, à cette

---

(*b*) Le droit romain, très-complet sur la matière des servitudes, avait trois noms différents pour désigner les variétés du passage sur le fonds d'autrui : *iter*, donnant le droit de passer à pied et à cheval ; *actus*, donnant, en outre, le droit de faire passer des voitures et des animaux rustiques ; *via*, ajoutant le droit de faire passer des matériaux.

La largeur du chemin était réglée pour chacun de ces droits.

époque, la résidence d'un haut personnage: la prise de matériaux avait été évidemment stipulée pour les services du fonds, avec cette destination; ce qui pouvait donner droit à du sable pour les allées du parc, à des pierres pour la réparation ou la réfection des murs et à du bois pour le soutien des arbres, tout au plus pour le chauffage des personnes, et vraisemblablement non pour la réfection des bâtiments; si le fonds est vendu et passe dans les mains d'un potier ou d'un fabricant de briques, celui-ci ne pourra prendre l'argile et le sable pour son industrie, ni le bois pour ses fours.

Au contraire, le fonds servant pourrait profiter du changement de destination du fonds dominant: si ce fonds passait des mains d'un potier ou d'un briquetier dans celle d'un rentier ou d'un fonctionnaire: celui-ci ne pourrait continuer à prendre la même quantité de matériaux; car, ce ne pourrait être que pour les aliéner et la servitude ne donne pas ce droit (voy. art. 288).

469. Le dernier alinéa complète ces idées, qui sont encore des règles d'interprétation, en disant: 1° que le tribunal tiendra compte des besoins respectifs des deux fonds; ce qui veut dire surtout, après ce qui précède, que lors même que les droits et besoins du fonds dominant seraient considérables, il ne faudrait pas refuser au fonds servant le droit de subvenir aux siens propres; 2° que l'exercice de la servitude avant le règlement aura pu révéler des abus auxquels il faut mettre fin, ou, au contraire, aura donné aux parties une satisfaction convenable qu'il y a lieu de consacrer ou de ne modifier que légèrement.

Cette sage disposition ne se trouve pas dans les Codes français et italien.

Art. 302.— 470. Si la prise d'eau était accordée à un voisin par l'effet d'un louage, le manque d'eau, même indépendant du fait du bailleur, engagerait sa responsabilité, en ce sens qu'ayant contracté personnellement l'obligation d'en fournir la jouissance, il n'aurait pas droit au prix de location pendant le temps où l'eau manquerait; mais le droit de servitude n'est pas identique au droit résultant du bail, et lors même que la servitude aurait été constituée par vente, c'est-à-dire par un contrat qui oblige à la garantie de l'existence de la chose vendue, au moment où la vente a eu lieu, il n'en résulterait pas une garantie de sa durée indéfinie. Enfin, même si le vendeur s'était engagé à garantir la durée de l'eau pendant un temps plus ou moins long, le droit à la garantie pourrait bien passer, activement, à tout cessionnaire du fonds dominant, mais il ne passerait pas, passivement, à la charge du cessionnaire du fonds servant : l'obligation de garantie serait personnelle au vendeur et à ses héritiers.

Au contraire, quand la prise d'eau étant constituée à l'état de servitude, la privation de l'eau résulte de travaux faits par le propriétaire du fonds servant, celui-ci est toujours responsable, sans distinguer s'il est, ou non, vendeur de la prise d'eau ou héritier du vendeur : sa responsabilité résulte de son fait personnel.

Un cas pourrait faire doute : l'eau sur laquelle la servitude a été concédée n'était pas une eau naturelle, mais elle résultait, elle-même, d'une concession faite au fonds servant, moyennant une somme à payer annuellement, comme sont, par exemple, les concessions d'eau faites par les municipalités sur leurs réservoirs ; le propriétaire du fonds servant a cessé de payer l'annuité et l'eau lui a été retirée ; par suite, le fonds dominant en a été privé également. Dans ce cas, la responsabilité du manque d'eau est-elle encourue par le propriétaire du fonds servant ? Il faut décider négativement, en principe ; car " les servitudes n'obligent pas *à faire* mais seulement *à souffrir ;"* pour qu'il en fût autrement, il faudrait que le constituant de la servitude se fût engagé à continuer le payement de l'annuité et ce serait là une obligation personnelle n'obligeant que lui et ses héritiers et non une charge réelle imposée à tout propriétaire du fonds servant. On pourrait seulement admettre, par interprétation du contrat, que cet engagement a été pris tacitement, au moins quand l'origine de l'eau a été déclarée.

471. Les deux derniers alinéas prévoient le cas où l'eau, sans manquer entièrement, serait insuffisante pour le fonds dominant et le fonds servant réunis ; la loi prévoit même le cas de deux fonds dominants.

Dans le cas où le débat n'intéresse que le fonds dominant et le fonds servant, on ne pouvait songer à donner la préférence à un fonds sur l'autre : il serait bien difficile, en raison, de justifier une pareille solution. Il a paru plus juste de distinguer entre les usages auxquels l'eau est nécessaire. En première ligne, la loi place les usages personnels et domestiques ; on a déjà fait remarquer, au sujet de l'article 241, que l'eau étant, dans une certaine mesure, nécessaire à la vie et à la santé de l'homme, la loi doit lui en assurer l'usage, quand elle le peut. Les usages agricoles viennent ensuite, parce qu'ils favorisent la production des denrées alimentaires ou autres de première nécessité ; les usages industriels viennent en dernier lieu, parce que, lors même que les usines ou manufactures cesseraient de fonctionner pendant un certain temps, le dommage général qui en résulterait serait minime, comparativement à la privation de récoltes faute d'irrigation.

Le Code français est tout à fait muet sur ces difficultés ; aussi, dans les localités où l'eau est rare à certaines époques, y a-t-il souvent des contestations, des querelles et quelquefois des rixes, au sujet de l'usage des eaux privées et même publiques. Le Code italien paraît s'être préoccupé davantage de ces questions ; il en a même prévu d'autres, mais qui ne semblent pas devoir se présenter au Japon ; il a malheureusement fait une certaine confusion entre les concessions d'eau par bail et celles constituant des servitudes foncières (voy. art. 649 à 652), de sorte que ses solutions n'ont pas paru pouvoir être, en général, adoptées dans le Projet japonais ; une seule l'a été, c'est celle donnée par le 3e alinéa du présent article, à savoir, la préférence accordée entre plusieurs fonds dominants, à celui dont le titre est antérieur en date.

472. L'hypothèse la plus fréquente où il y a plusieurs fonds dominants est évidemment celle où un fonds dominant, d'abord unique, aura été ensuite divisé par un partage entre co-propriétaires ou co-héritiers ; dans ce cas, ils n'auront droit, en totalité, qu'à la même quantité d'eau que celle qui était due primitivement au fonds unique ; mais, le partage ayant la même date pour tous, ce ne sera donc pas le cas où la préférence appartiendra au fonds dont le titre est antérieur en date. Il faut supposer des ventes partielles et successives du fonds unique, ou une concession d'eau faite successivement à divers fonds voisins du fonds servant.

L'ordre des droits à l'usage de l'eau sera alors le suivant : d'abord, un droit égal ou proportionnel à l'eau nécessaire aux usages domestiques, sans distinction de la date des titres ; ensuite, le droit exclusif et successif à l'usage agricole, suivant les dates ; enfin, s'il y a lieu, le droit à l'usage industriel, suivant les mêmes dates.

On pourra trouver ces détails minutieux et compliqués, mais la réponse a déjà été donnée ailleurs : mieux vaut que le législateur prenne la peine de résoudre des difficultés possibles et probables que d'en laisser le soin et la responsabilité aux tribunaux.

Art. 303.— 473. En général, les conventions particulières ne peuvent être changées que de l'accord commun des parties ; de même, les décisions des tribunaux forment pour ceux entre lesquels elles sont intervenues un lien qu'on assimile, avec quelque raison, à une convention et qu'on appelle souvent *quasi-contrat judiciaire*. La loi permet cependant ici que la volonté d'une des parties change quelque chose à la situation établie, pourvu que l'autre partie n'en éprouve pas un préjudice appréciable. Le motif de cette dérogation au droit commun est toujours le désir, par la loi, d'éviter les animosités entre voisins ; or, il est probable que si l'un des voisins pouvait, par simple mauvais vouloir et sans intérêt légitime, s'opposer à la modification demandée dans l'exercice de la servitude, il en résulterait des rancunes, peut-être des haines qu'il est nécessaire de prévenir.

Au surplus, comme le dit la loi, il ne s'agit que de modifier "le mode, le temps ou le lieu de l'exercice de la servitude," non son *étendue ;* ainsi, l'une des parties ne pourrait obtenir, par sa seule volonté, l'augmentation ou la diminution de la quantité d'eau ou d'autres substances à prendre sur le fonds servant, ni du nombre de fenêtres d'aspect acquises sur ce fonds ; en pareil cas, d'ailleurs, lors même que la faculté de demander le changement serait ouverte, ce serait sans utilité réelle, parce qu'il serait toujours facile à celui qui résisterait au changement d'établir qu'il en éprouverait un préjudice.

Art. 304.— 474. Il est naturel que les travaux nécessaires à l'établissement de la servitude soient à la charge de celui qui profite de celle-ci ; la loi a déjà appliqué ce principe aux servitudes légales relatives au droit d'aqueduc (voy. art 254 et 256). Les parties peuvent, du reste, y déroger par des conventions particulières et mettre ces travaux à la charge du propriétaire du fonds servant; mais il faut remarquer que celui-ci n'en serait pas tenu en cette qualité et à titre de servitude, à la différence de la convention prévue à l'article suivant, au sujet des travaux d'entretien: il serait tenu personnellement, comme constituant, et sans qu'on ait à voir ici une dérogation à la règle que "les servitudes obligent à souffrir et non à faire." Il s'agit ici, en effet, de travaux à exécuter une seule fois; ils pourraient être accomplis par le constituant après les premiers accords au sujet de la servitude et avant la convention définitive, cas auquel on n'hésiterait pas à dire que le propriétaire du fonds servant ne les a pas accomplis en cette qualité; or, ces travaux ne changent pas de nature par le moment auquel ils sont exécutés.

Au contraire, pour les travaux d'entretien qui ont un caractère périodique ou continu, il est clair qu'ils ne pourraient être accomplis avant la constitution de la servitude et que, s'ils ont été imposés au constituant c'est en sa qualité de propriétaire du fonds servant; aussi va-t-on rencontrer ci-après un tempérament à cette *charge réelle*, contraire au principe qui veut que "la servitude n'oblige pas à faire."

Art. 305.— 475. Le 1er alinéa se justifie comme la disposition de l'article précédent: c'est le propriétaire du fonds dominant qui a le bénéfice de la servitude, il use d'un droit qui lui appartient; il est donc naturel que les frais résultant de l'exercice de son droit soient à sa charge; il n'est pas moins naturel que si certaines réparations sont nécessitées par la faute du propriétaire du fonds servant, celui-ci les supporte.

Le 2e alinéa permet de déroger au principe, souvent cité et rappelé plus haut, que "la servitude n'oblige pas à faire, mais seulement à souffrir." L'exception se justifie déjà par la considération que cette charge est un simple accessoire de la servitude. De plus, et par respect pour le principe, la loi permet au propriétaire de s'affranchir de cette charge en abandonnant son droit de propriété sur la portion du fonds grevée de la servitude.

Deux remarques sont à faire sur cet abandon.

En premier lieu, ce n'est pas un abandon pur et simple qui devra être fait, lequel permettrait à l'Etat de s'emparer de la partie abandonnée, comme "immeuble vacant et sans maître" (art. 21 et 23) : l'abandon devra être fait "au propriétaire du fonds dominant;" ce sera, en réalité, une cession et elle sera plutôt onéreuse que gratuite, puisqu'elle aura pour compensation l'affranchissement d'une charge.

En second lieu, l'abandon ne devra pas nécessairement porter sur tout le fonds assujetti, mais seulement sur "la portion du fonds sur laquelle porte la servitude." Le Projet tranche ainsi une question encore débattue en France, sur l'article 699, et il la tranche dans le sens le plus favorable au fonds servant, contrairement à l'opinion la plus répandue. Ainsi, s'il s'agissait d'un droit de passage et que l'entretien du chemin eût été imposé au fonds servant, il suffirait d'abandonner le chemin; de même s'il s'agissait d'un aqueduc : en pareil cas, il serait trop dur et sans raison d'exiger l'abandon du fonds tout entier.

On objectera peut-être que cet abandon qui, d'une part, décharge le propriétaire du fonds servant de l'obligation d'entretenir le chemin ou d'aqueduc, ne lui cause, d'autre part, aucun préjudice, car l'emplacement du chemin ou de l'aqueduc ne lui procurait déjà plus aucune utilité; en même temps, on dira qu'il ne procure au fonds dominant aucune compensation sérieuse; mais c'est une double erreur : le fonds dominant n'aura plus le chemin ou l'aqueduc à titre *de servitude*, mais à titre *de propriété;* le chemin pourra être transformé en aqueduc ou l'aqueduc en chemin ; le terrain pourra même être affecté à un autre usage, autant que sa largeur le permettra ; le droit de passage, pour les personnes ou pour l'eau, ne sera plus soumis aux conditions plus ou moins gênantes de la servitude ; enfin, il ne sera plus exposé à être perdu par le non-usage dont il sera question plus loin et c'est là le côté défavorable au propriétaire du fonds servant qui perd toute chance de recouvrer la plénitude de son droit. Il y a donc compensation suffisante, pour les deux parties, entre les avantages gagnés et ceux qui sont perdus.

Au surplus, il y aura quelquefois lieu à l'abandon *entier* du fonds assujetti, c'est lorsque l'assujettissement frappera lui-même le fonds tout entier. On ne peut guère citer le cas du droit de vue, ou de prospect qui pourtant assujettit le fond servant en entier, ou, tout au moins, pour la partie commandée par la vue, parce que, dans ce cas, il ne peut être raisonnablement question de la stipulation d'entretien du bâtiment dominant à la charge du fonds servant ; mais on citerait le cas de la charge d'entretenir une digue destinée à préserver le fonds inférieur du débordement des eaux supérieures, ou celui de la charge d'entretenir le mur de soutènement d'une haute terrasse du fonds supérieur. Dans le premier cas, l'abandon de la digue elle-même placée sur le fonds assujetti n'aurait aucune utilité pour le fonds dominant, et dans le second cas, le mur à entretenir appartenant, en général, au fonds dominant et supérieur, l'abandon ne pourrait lui en être fait ; il faudrait bien abandonner le fonds assujetti tout entier.

Art. 306.—476. La disposition du 1er alinéa est un principe très-important dont l'application peut être infiniment variée. Il suffit d'en donner quelques exemples.

Ainsi, le propriétaire dont le fonds est assujetti à un droit de passage, n'est pas moins en droit de se clore et même d'exiger la contribution du fonds dominant à la clôture commune, conformément aux articles 266 et 267, pourvu qu'il laisse une porte de communication convenable entre les deux fonds.

De même, celui qui est soumis au droit de puisage ou de pacage ne perd pas pour lui-même le droit de se servir de son eau ou de faire paître ses animaux sur son fonds, pourvu qu'il n'épuise pas ou ne réduise pas abusivement l'eau ou les pâturages.

De même encore, celui qui est assujetti à un droit de vue ne perd pas le droit de planter des arbres à haute tige à la distance légale de six pieds (art. 282), quoique la vue doive par là être bornée, car le droit de *vue* n'est pas le *prospect* ou le droit de voir à distance et librement sur le fonds d'autrui (c), c'est seulement celui d'avoir l'air et la lumière plus libres que ne le permettent les jours de tolérance.

Au contraire, le droit de vue interdirait au fonds servant d'établir une construction, même sans ouvertures, sur la ligne séparative ; car, si le bâtiment du fonds dominant était lui-même sur cette ligne, il y aurait obstruction complète de la vue, et s'il était moins éloigné que de trois pieds de la ligne séparative, le bâtiment du fonds servant, placé sur cette ligne même, diminuerait considérablement le bénéfice de la servitude. Dans le premier cas, le bâtiment du fonds servant ne devrait être placé qu'à trois pieds de la ligne séparative et, dans le second, à trois pieds du bâtiment du fonds dominant.

(c) La servitude de *prospect* ou de *vue à distance* (voy. p. 528, c) doit être considérée, en général, comme entraînant celle de *ne pas bâtir ou planter* ; autrement, elle ne différerait pas de la servitude de vue. Comme elle n'est pas une servitude *légale*, mais *du fait* de l'homme, les parties feront bien d'en déterminer l'étendue.

§ IV.—EXTINCTION DES SERVITUDES.

Le Code italien (art. 590) veut, dans ce cas, que le bâtiment soit placé à une distance double de la distance légale (3 mètres); malheureusement, il n'explique pas si cette distance se calcule à partir de la ligne séparative ou à partir du bâtiment auquel appartient la vue: il semble qu'il faille l'entendre dans ce dernier sens.

Le 2ᵉ alinéa rappelle une disposition analogue établie pour les servitudes légales (voy. art. 255 et 256); il y a même motif d'utiliser pour les deux fonds les dépenses primitivement faites pour un seul; la conséquence en sera une économie pour les deux propriétaires, résultat que la loi doit toujours favoriser.

— —

§ IV.— DE L'EXTINCTION DES SERVITUDES.

Art. 307. Les servitudes s'éteignent : *Sept modes d'extinction.*
1° Par l'expiration du laps de temps pour lequel elles ont été constituées,
2° Par la révocation, la résolution ou la rescision du titre constitutif ou des droits du constituant,
3° Par l'expropriation du fonds servant pour cause d'utilité publique,
4° Par la renonciation,
5° Par la confusion,
6° Par le non-usage pendant trente ans,
7° Par la prescription acquisitive de la liberté du fonds servant au profit d'un tiers-acquéreur. [703 à 710.]

308. La renonciation à la servitude doit être expresse; toutefois, si les ouvrages exécutés *Renonciation.*

sur le fonds servant pour l'exercice d'une servitude continue ont été détruits ou mis hors d'usage, du consentement exprès du propriétaire du fonds dominant et sans réserves pour l'avenir, la servitude est réputée éteinte par renonciation.

La renonciation n'est valable que si le renonçant a la capacité d'aliéner ses droits immobiliers.

Confusion.

309. La servitude est éteinte par confusion, lorsque le fonds dominant et le fonds servant sont réunis dans les mêmes mains; toutefois, si l'acte qui a opéré la réunion du fonds est judiciairement révoqué, résolu ou annulé, la servitude est considérée comme n'ayant jamais été éteinte.

S'il s'agit d'une servitude continue et apparente et que, la disposition des lieux étant restée la même, les fonds soient de nouveau séparés à une époque quelconque et par quelque cause que ce soit, la servitude renaît, conformément à l'article 297.

Non-usage.

310. La servitude est éteinte par le non-usage, lorsque le propriétaire du fonds dominant a, volontairement ou non, laissé écouler trente ans sans exercer la servitude.

Les trente ans se comptent à partir du dernier acte d'usage, s'il s'agit d'une servitude discontinue et à partir du moment où il est survenu un obstacle matériel au fonctionnement

§ IV.—EXTINCTION DES SERVITUDES.

spontané de la servitude, si elle est continue. [706, 707.]

Dans l'un et l'autre cas, si l'obstacle à l'usage de la servitude provient d'un accident arrivé sur le fonds servant, le propriétaire du fonds dominant peut se faire autoriser à rétablir, à ses frais, l'ancien état de choses ; le rétablissement se fera aux frais du propriétaire du fonds servant, si l'obstacle provient de son fait.

311. Si le fonds dominant est indivis entre plusieurs, l'exercice de la servitude par un seul des co-propriétaires conserve le droit des autres. [709.] *Effet de l'indivision.*

Au surplus, les causes qui suspendent ou interrompent le cours de la prescription libératoire sont applicables au non-usage des servitudes.

312. La servitude est éteinte par prescription, lorsque le fonds servant a été acquis et possédé par un tiers comme libre de la servitude et que celle-ci n'a pas été exercée pendant le temps requis pour la prescription acquisitive des droits immobiliers. *Prescription.*

313. L'étendue des avantages conférés par la servitude peut être diminuée quant au mode, quant au temps et quant au lieu de son exercice, par l'effet du non-usage ou de la prescription. [708.] *Suite.*

COMMENTAIRE.

Art. 307.— 477. Des sept modes d'extinction des servitudes ici énumérés, les quatre derniers étant l'objet de développements dans les articles ci-après, les trois premiers seuls réclament ici quelques explications.

1er *mode*. On a déjà fait remarquer (p. 417 et 462) que la perpétuité n'est pas essentielle aux servitudes; sans doute, quand aucune limite de temps ne leur est assignée et quand elles n'ont pas une destination particulière que le temps ou les circonstances peuvent rendre inutile, elles seront perpétuelles dans l'intention des parties; mais le contraire peut arriver: l'article 251 en a donné déjà une application pour la servitude légale d'aqueduc, et les servitudes résultant du fait de l'homme en peuvent donner beaucoup d'autres exemples.

IIe *mode*. C'est au sujet des droits personnels, et des moyens tant de les acquérir que de les perdre, que la loi déterminera le caractère spécial de chacun de ces trois modes d'extinction des droits réels et personnels, connus sous les noms de révocation, résolution et rescision. Il suffit de donner ici, comme exemples: de la révocation, le cas d'un acte fait en fraude des créanciers; de la résolution, le cas d'inexécution des obligations mises à la charge d'une des parties; de la rescision, le cas d'incapacité de contracter. Leur caractère commun est la destruction ou annulation de ce qui a été fait; elle est ordinairement prononcée en justice, sauf quelques cas où elle a lieu de plein droit; elle rétroagit, de sorte que l'acte détruit est censé n'avoir jamais existé.

L'annulation peut porter, ici, soit sur le titre constitutif même de la servitude, soit sur les droits que celui qui l'a constituée prétendait avoir sur le fonds

§ IV.—EXTINCTION DES SERVITUDES.

servant; or, il est de principe qu'on ne peut conférer sur une chose plus de droits qu'on n'en a soi-même (a).

III° *mode.* L'article 285 nous a déjà dit que les servitudes légales ne peuvent grever les biens du domaine public; il en est de même, et à plus forte raison, des servitudes du fait de l'homme : il serait contraire à la nature et à la destination de ces biens d'être soumis à un droit exclusif, même minime, de la part d'un particulier. C'est par application de ce principe que si un fonds servant est exproprié pour cause d'utilité publique ou générale, il se trouve par cela même affranchi de la servitude; seulement, le propriétaire du fonds dominant recevra une indemnité, comme toute autre personne ayant un droit réel sur la chose expropriée (voy. art. 32).

Art. 308.— 478. Quoique la loi soit plus favorable à l'extinction des servitudes qu'à leur établissement, elle ne veut pas cependant que le titulaire d'une servitude régulièrement établie soit facilement considéré comme y ayant renoncé : ici, comme pour l'usufruit (voy. art. 102-8°), la loi n'admet, en principe, que la renonciation expresse et formelle, celle qui ne peut pas laisser de doutes sur l'intention du renonçant.

Le cas particulier prévu ensuite est moins une exception qu'une application de la règle, par une présomption légale de volonté chez le renonçant : s'il n'a pas expressément renoncé *au droit* de servitude, il a renoncé expressément *aux ouvrages* qui constituaient par eux-mêmes l'exercice de la servitude, puisque la loi la suppose *continue* et, comme telle, n'exigeant pas le fait actuel de l'homme.

(a) Il y a, à cet égard, deux axiomes souvent cités dans leur forme latine: *resoluto jure dantis resolvitur jus accipientis,* "le droit de celui qui a donné étant résolu (détruit), le droit de celui qui a reçu est également résolu ;" *nemo dat quod non ipse habet,* "personne ne peut donner ce qu'il n'a pas lui-même" (comp. c. civ. fr., art. 2125).

Quant à la capacité requise pour la validité de la renonciation, il est clair qu'elle doit être celle d'aliéner des droits immobiliers, puisque les servitudes foncières ont ce caractère. On trouvera ce qui concerne la capacité au Livre 1er et les conséquences de l'incapacité dans la IIe partie du présent Livre (voy. Tome II).

Le Code français n'a pas fait mention de ce mode d'extinction des servitudes, pas plus que des trois premiers énoncés par l'article 307.

Art. 309.— 479. L'extinction de la servitude par confusion est la conséquence naturelle du principe déjà mentionné, sous les articles 227 et 297, à savoir "qu'une personne ne peut avoir une servitude sur sa propre chose;" c'est aussi l'effet d'un principe plus général, bien qu'on le suive moins rigoureusement aujourd'hui que chez les Romains, à savoir que "les droits s'éteignent quand la situation devient telle que si ces droits n'existaient pas ils ne pourraient commencer."

Le 2e alinéa confirme cette règle, quoiqu'il paraisse y déroger: on a vu que la servitude continue et apparente peut être établie par le fait d'un seul propriétaire, lorsqu'ayant disposé diverses parties de son fonds de manière à améliorer l'une par l'autre, il sépare ensuite ces diverses parties par une aliénation; or, lorsque deux fonds sur lesquels une servitude continue et apparente était antérieurement établie se trouvent réunis dans la même main, si les ouvrages établis ne sont pas détruits, les fonds restent dans une situation où la servitude de cette nature pourrait commencer; l'extinction n'est donc pas définitive et elle se résout par la nouvelle séparation des fonds.

Il en sera de même dans les cas prévus à la fin du 1er alinéa, où l'acquisition qui a opéré la confusion est révoquée, résolue ou rescindée: il est clair qu'alors les choses sont remises dans l'état qui a précédé l'acquisi-

§ IV.—EXTINCTION DES SERVITUDES.

tion, et ici, sans distinguer si la servitude est continue ou discontinue et si les ouvrages ont été détruits ou non.

Art. 310.—480. Si les servitudes méritent quelque protection de la part de la loi, c'est, comme on l'a dit au début de ce Chapitre et répété plusieurs fois, chemin faisant, parce qu'elles procurent ordinairement plus d'avantages au fonds dominant qu'elles ne causent de préjudice au fonds servant; mais du moment que cette utilité a cessé, du moment qu'elles ne sont plus exercées, il n'y a pas de raison suffisante de laisser subsister l'assujettissement d'un fonds envers l'autre : la liberté respective des fonds doit être rétablie ; c'est ce que fait la loi, lorsqu'il y a trente ans de non-usage.

On a déjà rencontré une semblable disposition au sujet de l'usufruit (art. 102-4°).

La loi ne permet pas de distinguer si l'usage a été volontairement négligé ou s'il a été empêché par des circonstances majeures ou fortuites; le délai de trente ans est assez long pour que, dans ce dernier cas même, le titulaire de la servitude ait pu faire remettre les choses dans un état qui permette d'exercer la servitude. On peut donc, sans exagération, voir dans le non-usage une renonaiation *tacite* à la servitude, ce qui serait une exception à la règle posée par l'article 308; mais, du moment que ce mode d'extinction reçoit une autre qualification légale, il n'y a pas à insister sur son caractère de renonciation tacite.

481. Le 2ᵉ alinéa nous indique le point de départ du non-usage, suivant les diverses espèces de servitudes. Ainsi, s'il s'agit d'une servitude discontinue, comme celles de passage, de pacage ou de puisage, les trente ans commencent à courir depuis le dernier acte accompli en conformité à la servitude ; s'il s'agit d'une servitude continue, comme elle s'exerce sans le fait de

l'homme, il faut, pour concevoir le non-usage, "qu'il ait été fait un acte contraire à la servitude," comme disent le Code français (art. 607) et le Code italien (art. 667): telle serait la suppression d'une fenêtre d'aspect, pour la servitude de vue, ou la destruction d'une conduite d'eau, pour celle d'aqueduc.

Le présent article est plus exact, lorsqu'il exige "qu'il soit survenu un obstacle matériel au fonctionnement spontané de la servitude;" or, cet obstacle n'est pas toujours l'œuvre de l'homme, il peut aussi provenir de quelque accident, comme le suppose le 3e alinéa: enfin, s'il s'agit d'une servitude négative, nécessairement continue, le non-usage commencera du moment où le propriétaire du fonds servant aura contrevenu à la prohibition, en faisant l'acte que la servitude lui interdisait de faire. Ce cas particulier est peut-être celui qu'ont en vue les deux Codes précités: il est compris lui-même dans la formule plus large du Projet.

Le 3e alinéa ne présente pas de difficulté: la distinction qu'il présente quant aux frais de rétablissement de l'ancien état de choses est d'une équité évidente.

482. Le Projet n'a pas cru devoir s'expliquer sur un point que cependant le Code italien a réglé (art. 669) et sur lequel il y a des doutes, en France: à savoir, s'il y a non-usage suffisant pour l'extinction d'une servitude continue, lorsque la destruction des ouvrages n'est pas complète, et qu'il en reste "des vestiges." Rationnellement, si ces vestiges sont suffisants pour procurer un usage, même incomplet, de la servitude, celle-ci n'est pas éteinte: elle le sera dans le cas contraire; déjà l'article 308, ci-dessus, donne une solution analogue au sujet de la destruction volontaire des ouvrages ou de leur "mise hors d'usage."

483. Il est nécessaire d'examiner ici une question

§ IV.—EXTINCTION DES SERVITUDES.

trop négligée en France et qui pourtant présente un grand intérêt : à savoir, si les servitudes *légales* s'éteignent par le non-usage, comme celles du fait de l'homme; la question est la même pour la renonciation et c'est peut-être même à ce sujet qu'on aurait dû l'examiner, car le non-usage n'est autre chose, comme on l'a dit plus haut, qu'une renonciation tacite.

De ce que l'article 290 a déclaré certaines règles communes aux deux sortes de servitudes, il n'en faut pas conclure qu'elles le soient toutes : loin de là, on y trouverait plutôt un argument en sens contraire, *a contrario* (b).

Pour résoudre la difficulté, il faut se reporter à ce qui a été dit plus haut (p. 518) de la faculté de déroger, par le fait de l'homme, aux servitudes légales ; or, on a vu que cette faculté doit être reconnue dans certains cas et déniée dans d'autres.

Les principes seront les mêmes pour la renonciation, soit expresse, soit tacite par non-usage.

De même qu'on ne pourrait, par convention, affranchir son voisin de l'accès, ou du passage en cas d'enclave, de l'obligation de recevoir les eaux qui découlent naturellement du sol supérieur, de l'obligation de subir le bornage ou la clôture, dans certains cas, de même, on ne pourrait l'en affranchir par une renonciation expresse ou par le non-usage.

Au contraire, comme on pourrait, par convention, affranchir son voisin de l'obligation d'observer les distances légales pour les vues ou pour certains ouvrages susceptibles de causer dommage, on a perdu le droit de faire boucher les vues ou supprimer les ouvrages lorsqu'on y a renoncé formellement ou lorsqu'on a laissé

(b) C'est le cas d'appliquer un axiôme bien connu, mais dont il ne faut pas abuser : *qui dicit de uno negat de altero* " celui qui affirme " pour un cas nie pour les autres cas."

s'écouler le temps du non-usage sans exercer ce droit. On perdrait de même le droit légal d'aqueduc, si, l'aqueduc étant une fois établi, on avait laissé s'écouler trente ans sans qu'il fût en état de servir. On aurait bien encore le droit de demander un nouveau passage pour les eaux, mais ce serait à charge d'une nouvelle indemnité, comme s'il s'agissait d'un premier exercice du droit. Mais celui qui serait resté trente ans sans demander l'accès, le bornage ou la clôture, le passage des eaux, la cession de la mitoyenneté, n'aurait pas plus perdu la faculté légale qui lui appartient que ne l'aurait perdu un propriétaire qui serait resté trente ans sans bâtir ou sans planter sur son terrain. Les actes de pure faculté ne se perdent pas par le non-usage (comp. C. civ. fr., art. 2232).

S'il en est autrement lorsqu'il s'agit de faire boucher, après trente ans, des vues irrégulières, ce qui était, non plus une *simple faculté*, mais un *droit* proprement dit (c), c'est qu'il y avait, en même temps, possession d'ouvrages extérieurs et, par suite, prescription acquisitive du droit de vue, comme servitude du fait de l'homme.

Art. 311.— 484. L'indivisibilité des servitudes signalée par l'article 288 produit ici un effet très-saillant : l'exercice de la servitude par un des co-propriétaires indivis du fonds dominant préserve les autres de la perte par le non-usage. Il n'en serait plus de même, si le fonds dominant avait été partagé entre les co-propriétaires : il y aurait alors plusieurs fonds dominants et l'un pourrait conserver son droit pendant que les autres perdraient le leur.

Le non-usage a plus d'analogie avec la prescription *libératoire* des obligations qu'avec la prescription *ac-*

(c) On reviendra plus au long, au sujet de l'article 359, sur la distinction entre les *droits* et les *simples facultés*.

§ IV.—EXTINCTION DES SERVITUDES.

quisitive des droits réels, quoique les Romains l'aient quelquefois qualifié, et, après eux, les modernes: *"usucapion de la liberté du fonds."* Ce qui le rapproche de la prescription libératoire, c'est qu'il n'est pas nécessaire que le propriétaire du fonds servant fasse aucun acte de possession contraire à la servitude, avec les caractères de la possession requise pour l'usucapion ; ce serait forcer les mots que de dire que pendant le non-usage, le propriétaire du fonds servant possède sa liberté : la possession exige l'intention d'avoir à soi la chose possédée et le fait de se comporter, par des actes d'usage, comme si l'on avait réellement le droit qu'on exerce ; or, on ne rencontre pas nécessairement chez le propriétaire du fonds servant ces deux conditions de la possession utile pour prescrire: le fait et l'intention.

Le cas où il serait plus plausible de dire qu'il y a "usucapion de la liberté du fonds" serait celui où la servitude était négative, consistait, par exemple, dans une prohibition de bâtir, et où le propriétaire du fonds servant a bâti ; cependant, il pourrait arriver qu'il eût cessé de posséder ses bâtiments, par absence ou autre cause, et, malgré cela, l'extinction de la servitude par non-usage n'aurait pas moins lieu. Il faut donc reconnaître qu'en réalité le fonds servant est libéré par la seule négligence du propriétaire du fonds dominant, par sa renonciation tacite ; comme, dans le cas d'une obligation purement personnelle, le débiteur est libéré par la seule négligence du créancier, laquelle fait présumer, soit un abandon pur et simple de son droit, soit une transaction ou un arrangement dont la preuve est perdue.

Le 2° alinéa établit donc, comme principe général, l'assimilation qui précède entre le non-usage et la prescription libératoire ; il en laisse les conséquences à déduire à la sagacité des magistrats: il aurait pu, comme le Code français (art. 710) et le Code italien (art. 668), ajouter que "si, parmi les co-propriétaires du fonds "dominant, il se trouve une personne contre laquelle "la prescription n'ait pu courir, comme un mineur, il "aura conservé le droit des autres," ce qui est encore un effet de l'indivisibilité des servitudes; mais la question de savoir si, au Japon, la prescription courra, ou non, contre les mineurs, n'est pas encore tranchée, et il ne fallait pas la préjuger ici: si le système qui suspend la prescription à l'égard des mineurs et des interdits est admis ultérieurement, le présent article, restant dans la généralité des principes, n'y fera pas obstacle.

Art. 312.— 485. Le cas prévu par cet article est véritablement celui de "l'usucapion de la liberté" du fonds servant: en même temps qu'il y a eu non-usage de la part du propriétaire du fonds dominant, il y a eu, par un tiers, possession du fonds servant comme libre de la servitude. Le résultat sera que le délai de trente ans ne sera plus nécessaire: s'il y a, au profit du tiers-acquéreur, juste titre et bonne foi, ce qui est le cas le plus favorable pour la prescription (voy. pp. 333, 351 et s.), le délai pourra n'être que de dix ans, si, d'ailleurs, on admet les mêmes délais qu'en France (voy. art. 2265).

Il n'est pas nécessaire, pour l'application du présent article, que le tiers-acquéreur ait acquis le fonds lui-même par prescription, il suffit, et il arrivera plus souvent, sans doute, qu'il ait acquis le fonds servant par un titre régulier émané du vrai propriétaire. Mais il faut supposer qu'il n'a pas acheté la liberté du fonds, en traitant avec le titulaire de la servitude; autrement, la servitude serait éteinte par renonciation expresse: il a reçu comme libre le fonds vendu et s'il a ignoré l'existence de la servitude, ce qui ne sera admissible que si elle est non apparente, il s'en trouvera affranchi après dix ans de possession de cette liberté.

§ IV.—EXTINCTION DES SERVITUDES.

Tous les auteurs n'admettent pas cette solution, en droit français, et elle n'est même pas celle de la jurisprudence française; mais cela tient à l'absence d'un texte précis qui manque au Code français et qu'il ne fallait pas négliger d'introduire dans le Projet. Il y aura, de cette manière, une parfaite harmonie, quant au délai, entre l'établissement et l'extinction des Servitudes par la prescription (voy. art. 296).

Art. 313.— 486. Cet article répond à l'article 708 du Code français qui n'est pas sans quelque obscurité.

Il pourrait arriver que le propriétaire du fonds dominant, sans négliger entièrement l'usage de la servitude, ne l'eût pas exercée dans toute sa plénitude; en pareil cas, il ne l'aurait ni perdue ni conservée toute entière, elle se trouverait diminuée dans ses avantages, quant au mode, quant au temps et quant au lieu.

Ainsi, quant au mode: celui qui avait le droit de passage à pied et avec voitures serait resté trente ans sans faire passer de voitures; ou bien, ayant le droit d'ouvrir deux ou plusieurs vues droites, à moins de trois pieds de la ligne séparative, il n'en aurait ouvert qu'une seule; ayant le droit d'empêcher toute construction ou plantation dans une direction déterminée, il y aurait laissé élever un bâtiment ou des plantations plus ou moins élevées.

Quant au temps: pouvant puiser de l'eau à toute heure du jour et de la nuit, on serait resté trente ans sans en puiser pendant la nuit; de même pour le passage.

Quant au lieu: pouvant envoyer des animaux paître dans toutes les parties du fonds voisin, on n'aurait usé du droit que pour une portion déterminée; par exemple, le fonds servant ayant été partagé en plusieurs lots, on aurait négligé d'exercer le pâturage sur l'un des lots.

Dans ces divers cas, qu'il s'agît du non-usage ou

de la prescription, la perte serait la même, par application du principe déjà posé (p. 558): "autant de possession autant de prescription" *(quantum possessum tantum præscriptum)*.

La réciproque ne serait pas toujours vraie: si le propriétaire du fonds dominant avait changé le mode, le temps ou le lieu de l'exercice de la servitude, il ne pourrait pas nécessairement se prévaloir du changement, s'il y trouvait avantage; il faudrait, pour cela, que la servitude fût continue et apparente, c'est-à-dire susceptible de s'acquérir par la prescription.

487. Parmi les sept modes d'extinction des Servitudes, on n'a pas rencontré, comme pour l'usufruit, l'abus de jouissance. En France, où cette cause d'extinction n'est pas non plus formellement énoncée dans la loi, quelques auteurs ont pensé qu'elle pouvait être suppléée. On n'a pas cru devoir adopter cette opinion et la consacrer dans le Projet; il n'y a d'ailleurs pas identité de motifs: l'usufruitier, ayant la possession entière et exclusive de la chose soumise à son droit, se trouve, par cela même, en situation de la compromettre plus gravement que le titulaire d'une servitude; par la même raison, sa possession et ses actes n'ont pas le contrôle continu du nu-propriétaire, lequel, au contraire, peut être exercé facilement et à chaque instant par le propriétaire du fonds servant. Il suffit donc de soumettre le titulaire de la servitude au droit commun de la responsabilité de ses actes.

Au surplus, on pourrait, dans quelques cas, admettre la révocation pour abus de jouissance, d'après les principes généraux; ce serait dans le cas où, la servitude ayant été constituée à titre onéreux et synallagmatique, avec des charges et conditions protectrices des intérêts du fonds servant, le titulaire aurait manqué à remplir ces conditions; il y aurait lieu alors à la résolution pour inexécution des conditions ; mais ce cas d'extinction rentre dans celui, plus général, qui a été prévu et expliqué à l'article 307-2° et que l'on retrouvera, avec les développements nécessaires, au tome suivant, dans la matière des Obligations.

FIN DE LA Ire PARTIE DU LIVRE IIe
ET DU TOME PREMIER.

ADDITIONS ET CORRECTIONS.

Page 4, ligne 29, au lieu de "quatité," lire *qualité*.
,, 18, art. 23, ,, ,, ,, "l'eau des rivières," lire: l'eau *courante et celle des lacs ou étangs qui ne sont pas enclos dans des propriétés publiques ou priéves.*
,, 18, art. 25, compléter ainsi le 2° alinéa: "les routes, *les* "rivières navigables *ou flottables*, les canaux *de* "*navigation, avec leur lit et* les chemins de fer."
,, 26, après le 1ᵉʳ al. du n° 9, au lieu de: Quant à leur preuve ...., lire: "Les droits personnels accessoires seront l'objet du Livre IV°. Quant à la preuve des uns et des autres ...."
,, 33, l. 23, avant "desagrégé," lire: *indéfiniment*.
,, 75, l. 3, au lieu de "les actions possessoires ou en revendication," lire: "l'action en revendication ou les actions possessoires."
,, 75, sous l'art. 38, citer: C. it., 673 à 684.
,, 76, ,, ,, 39, ,, C. it., 676.
,, 76, ,, ,, 40, 2° al., C. it., 681.
,, 76, ,, ,, 40, 4° al., C. it., 683.
,, 77, ajouter, comme 2° alinéa à l'art, 42: "Chacun des co-propriétaires peut disposer de sa part comme d'une propriété divise."
,, 77, sous l'art. 42, citer: C. it., 562 à 564.
,, 93, l. 33, av.-dern. al., au lieu de "art. 312," lire: art. 212."
,, 95, Ajouter, après le 6° al., en note *f*:
Le Code italien (art. 674) a une disposition importante qui manque au Code français et qu'on n'a pas remarquée en temps opportun pour l'introduire dans le Projet: à savoir que "les parts des "co-propriétaires sont présumées égales jusqu'à

ADDITIONS ET CORRECTIONT.

prouve contraire." Mais cette disposition peut être suppléée, d'après les principes généraux et d'après les traditions romaines.

Page 100, à la fin du commentaire de l'article 42, ajouter: La Code français n'a pas été heureux en plaçant dans la matière des Servitudes ce cas de co-propriété divise ; le Code italien qui, par égard pour la théorie, avait présenté le Bornage et la Clôture comme des charges ordinaires de la Propriété, n'a pas été bien inspiré non plus en imitant ici le Code français.

,, 116, sous l'art. 53, citer : C. fr., 578.

,, 118, à la fin de l'art. 57, au lieu de Dispositions générales, lire: Disp. *préliminaires*.

,, 118, ajouter à l'article 58, comme 2e alinéa, les deux lignes de texte marquées d'un *, p. 130.

,, 122, sous l'art. 71, citer : C. fr., art 2125.

,, 138, après l'art. 66, au lieu de 00, lire *96*.

,, 154, au 1er al. mettre le n° 109 et au 3e, le n° 110.

,, 165, l. 30, après "à l'inventaire," ajouter : "et à l'état des immeubles, nonobstant toute dispense du constituant."

Page 207, l. 15, après : "le sol que couvrait l'édifice," ajouter : (l'aire, de *area*).

,, 223, l. 27, au lieu de "quatre Chapitres," lire: quatre *Sections*.

,, 231, au dernier alinaéa, ajouter: (v. p. 238).

,, 242, à l'art. 142, abaisser la *manchette* "Exception," du 2e al. au 4e.

,, 242, art. 143, au lieu de "d'un meuble," lire: d'un *im*meuble.

,, 243, après "art. 133," au lieu de—181, lire:—181 *bis*.

,, 262, à la fin du 1er al., ajouter: (v. art. 137).

,, 269, art. 158, après "perte de la chose louée," ajouter: "par cause majeure ou fortuite."

,, 277, à la fin du 4e al., ajouter : "Au contraire, le gage livré pour le premier bail subsisterait pour le nouveau (comp. p. 169)."

ADDITIONS ET CORRECTIONS.

Page 292, dernière ligne, après "insolvable, ajouter: "sur la poursuite d'autres créanciers."
,, 293, art. 112, 2° al., mettre en marge: "Précmption."
,, 305, *g*, après "Code italien" ajouter: (art. 1556).
,, 320, dernière ligne, après "également" ajouter: *et à perpétuité.*
,, 337, 1er al., au lieu de " les droits d'emphytéose et de "superficie qui ne s'acquierent pas ..." lire: *le "droit* d'emphytéose qui ne s'acqu*iert* pas ..."
,, 338, l. 2, ajouter: (v. ci-dessus, p. 231).
,, 342, mettre en marge du 1er al.: Droits susceptibles de possession.
,, 345, dern. al., après "v. p. 63," ajouter: voy. aussi art. 285.
,, 346, à la fin du n° 279, après "le rôle de défendeur," ajouter: "et le bénéfice ultérieur de la pres- "cription.
,, 377, art. 225, après " règles " ajouter: *de formes.*
,, 427, 2° l., ajouter: (v. 426-2°).
,, 510, note c, ajouter: le *ken* a 6 pieds japonais, ou un mètre, 83 cent.
,, 566, après le 4° al., ajouter: "C'est, au surplus, la "solution déjà admise plus haut (art. 275) et "par le Code français lui-même (art. 656), pour "l'affranchissement de l'entretien du mur mi- "toyen, où il suffit d'abandonner la mitoyen- "neté."

SOMMAIRE
DU TEXTE ET DU COMMENTAIRE.

LIVRE DEUXIÈME.
DES BIENS.

DISPOSITIONS PRÉLIMINAIRES.
De la division des Biens et des Choses. p. 7.

Texte. Commentaire.

N° 1. Rapports entre les Biens et les Choses, en général ; objet de ce Livre.

Art. 1ᵉʳ.— N° 2. Identité des Biens et des Droits.— 3. Nécessité d'admettre dans la Loi, au moins incidemment, quelques définitions et propositions dogmatiques.

2.— 4. Définition incidente des droits *réels*.— 5. Leur division en principaux et accessoires ; énumération des uns et des autres ; renvoi pour les droits réels accessoires.— 6. Remarque sur les droits de superficie et d'emphytéose.

3.— 7. Définition incidente des droits *personnels;* diversité de leurs causes; uniformité de leurs effets.— 8. Etendue du pouvoir des parties en cette matière ; droits personnels principaux et accessoires.— 9. Renvois à la 11ᵉ Partie de ce Livre, pour leurs règles communes, au Livre IVᵉ, pour les droits accessoires, au Livre Vᵉ, pour la preuve des uns et des autres.

4.— 10. Droits des écrivains, des artistes et des inventeurs ; en quoi ils sont *civils ;* ce qu'ils ont de réel et de personnel.— 11. Pourquoi ils ne figurent pas dans le Code civil.

SOMMAIRE.

TEXTE. COMM.

5.— 12. Douze divisions principales des choses : comment elles se cumulent et se combinent entre elles.—13. Rôle, dans ces divisions, de la nature des choses, de la volonté de l'homme et de la détermination de la loi.

6.— 14. Choses corporelles ou incorporelles ; observations sur les universalités de biens.

7.— 15. Choses mobilières ou immobilières ; raison de la grande importance pratique de cette division.—16. Suite.

8.— 17. Immeubles par *nature*; développements sur les douze cas présentés par le texte : ils ne sont pas limitatifs.

9 et 10.— 18. Immeubles par *destination*: trois conditions nécessaires.—18 bis (*a*). Développements sur les treize cas présentés par le texte de l'article 10 (*b*).— 19. Utilité de cette distinction.

11.— 20. Immeubles par la détermination de la *loi*: critique du Code français.— 21. Développements sur le troisième cas.

12.— 22. Meubles par nature.

13.— 23. Meubles par destination.

14.— 24. Meubles par détermination de la loi ; développements sur les cinq cas présentés par le texte.

15.— 25, 26 et 27. Détermination de la nature des droits par des faits postérieurs à leur naissance : 1° par le partage de biens indivis, 2° par le payement d'une dette alternative.— 27 bis. Transition.

16.— 28. Choses principales ou accessoires.

17.— 29 et 30. Corps certains et choses de quantité: utilité de la distinction.— 31. Collectivités et universalités: intérêt de la distinction.

18.— 32. Choses susceptibles, ou non, de consommation *primo usu*: renvoi.

19.— 33. Choses fongibles ou non fongibles.

(*a*) Ce n° 18 *bis* doit être placé en tête du 4° alinéa de la page 41.

(*b*) Au 5° alinéa de la même page 41, au lieu de *l'article*, il faut lire: l'article *10*.

SOMMAIRE.

Texte. Comm.
20.—34. Choses divisibles ou indivisibles.
21, 22 et 23.— 35 et 36. Choses appropriées, choses sans maître, choses communes.
24.— 37. Choses appropriées n'appartenant pas à des particuliers.
25.— 38. Choses du domaine public : énumération simplement énonciative : principe dirigeant pour les reconnaître.
26.— 39. Choses du domaine privé de l'Etat, des départements, des communes.
27.— 40. Choses dans le commerce ou hors du commerce.
28.— 41. Choses aliénables ou inaliénables.
29.— 42. Choses prescriptibles ou imprescriptibles.
30.— 43. Choses saisissables ou insaisissables.— 44. Observation sur l'insaisissabilité des rentes sur l'Etat. 45. Comment elle peut se justifier.— 46. Autres divisions moins importantes des choses.— 47. Choses perdues ou volées.— 48. Choses liquides et certaines. — 49. Choses excédant une valeur déterminée.— 50. Choses susceptibles de dépérissement.

PREMIÈRE PARTIE.
DES DROITS RÉELS.   p. 72.

N° 51. Division de ce Livre en deux Parties, pour les deux sortes de Droits.

CHAPITRE PREMIER.
De la Propriété.   p. 73.

Art. 31.— N° 52. Le droit de propriété mobilière et immobilière est de droit naturel.— 53. Attributs du droit de propriété.— 54. La propriété peut être sous condition, soit suspensive, soit résolutoire.— 55. Elle ne

TEXTE. COMM.

peut être affectée d'un terme, soit initial *(a quo)*, soit final *(ad quem)*.— 56. Le droit propriété, si *étendu* qu'on l'admette, n'est jamais *absolu*.

32.— 57 et 58. Expropriation des immeubles pour cause d'utilité publique.— 59. *Idem* des meubles.

33.— 60. Occupation temporaire de terrains pour l'utilité publique.

34.— 61. Servitudes d'utilité publique ; renvoi aux lois administratives.

35.— 62. Droits et facultés du propriétaire quant aux constructions.— 63. Pouvoir règlementaire de l'administration à ce sujet.— 64. Travaux au-dessus et au-dessous du sol ; restrictions à la liberté, dans l'intérêt général et dans celui du voisinage ; renvoi.

36.— 65. Droit de recherche des mines ; motif des conditions auxquelles est soumise leur exploitation ; renvoi aux lois spéciales à ce sujet.

37.— 66. Action en revendication ; action négatoire ; renvoi.— 67. Actions possessoires ; renvoi.

38.— 68. Co-propriété indivise ; différence entre l'indivision et l'indivisibilité ; limites du droit de chacun d'administrer la chose commune.

39.— 69. Limites du droit de disposer, d'hypothéquer et de donner à bail.

40.— 70. Inconvénients de l'indivision ; droit de demander le partage ; convention modificative de ce droit ; exception à l'égard de la mitoyenneté.

41.— 71. Renvoi pour des cas particuliers de co-propriété.

42.— 72. Co-propriété divise : ses effets.

43.— 73. Renvoi pour les modes d'acquérir et de transmettre la propriété.

44.— 74. Perte de la propriété, avec ou sans transmission.

45.— 75. Prescription acquisitive ou usucapion : exposé sommaire ; renvoi.

CHAPITRE II.

De l'usufruit, de l'usage et de l'habitation.   p. 108.

Texte. Comm.
Art. 46.— N° 76.   Nature et objet du droit d'usufruit.

SECTION PREMIÈRE.
De l'établissement de l'usufruit.   p. 110.

Art. 47.— N° 77. Trois causes de l'usufruit: la loi, la volonté de l'homme, la prescription ; renvoi à diverses parties de ce Code.
48.— 78. Des choses sujettes à usufruit.
49.— 79. Diverses modalités de l'usufruit.
50.— 80. Qui peut être appelé à l'usufruit ; cas de plusieurs titulaires, soit simultanés, soit successifs.

SECTION II.
Des droits de l'usufruitier.   p. 116.

Art. 51.— N° 81. Entrée en jouissance ; cas d'usufruit pur et simple, à terme ou conditionnel.
52.— 82. Point de départ du droit aux fruits ; des fruits attachés au sol, au moment de l'entrée en jouissance.
53.— 83. Assimilation de l'usufruitier au propriétaire, quant à l'étendue de son droit aux fruits.
54.— 84. Moment auquel l'usufruitier acquiert les fruits naturels et industriels ; séparation des fruits par vol ou par accident ; perception anticipée.
55.— 85. Croît et produits des animaux.
56.— 86. Acquisition des fruits civils jour par jour : motif.
57.— 87. Usufruit des choses qui se consomment par le premier usage : influence de l'estimation ; usufruit d'un fonds de commerce.
58.— 88. Usufruit du mobilier des habitations ; en quoi il diffère d'un simple usage.

TEXTE. COMM.

59.— 89. Usufruit d'une rente viagère et d'un usufruit déjà constitué : difficulté au sujet de la nature de la rente viagère.
60.— 90. Usufruit d'un troupeau, d'une magnanerie, &c.
61.— 91. Usufruit des bois taillis et autres mis en coupe réglée ; des cas où il n'y a pas encore aménagement.
62.— 92. Usufruit des baliveaux et futaies.
63.— 93. Prise de pieux et supports pour les autres arbres.
64.— 94. Usufruit des pépinières.
65.— 95. Usufruit des carrières, tourbières, marnières : distinction.
66.— 96. Usufruit des mines et minières déjà concédées ; distinction entre le sol et la mine.
67.— 97. Alluvions, îles et autres accroissements de la chose usufructuaire ; trésor.
68.— 98. Droit de pêche et de chasse.
69.— 99. Jouissance des servitudes foncières.
70.— 100. Actions réelles, possessoires et pétitoires, relatives à l'usufruit.— 101. Actions confessoire et négatoire de l'usufruitier relatives aux servitudes.— 102. Tableau résumé de ces diverses actions.
71.— 103. Cession, bail, hypothèque de l'usufruit : leur durée ; exception pour l'usufruit paternel ; renvoi pour l'usufruit du mari.
72.— 104. Fruits non perçus à la fin de l'usufruit ; améliorations incorporées à la chose ; améliorations susceptibles d'être séparées.
73.— 105. Droits du nu-propriétaire, au sujet des constructions et plantations faites par l'usufruitier ; digression au sujet des ouvrages faits par le possesseur de bonne foi ou de mauvaise foi. — 106. Systèmes soutenus en France.— 107. Dispositions du Projet : droit de préemption.— 108, 109 et 110. Formes et conditions de l'exercice de ce droit ; garantie de l'usufruitier : droit de rétention.

SOMMAIRE.

SECTION III.
Des obligations de l'usufruitier. p. 115.

TEXTE. COMM.

Art. 74.— N° 111. Inventaire des meubles, état des immeubles: leur utilité pour les deux parties.

75.— 112. Formes desdits actes.

76.— 113. Effets de l'estimation donnée aux meubles: distinction; frais des actes.

77.— 114. Dispense d'inventaire et d'état des immeubles par le constituant: droit du nu-propriétaire.

78.— 115. Sanction de cette première obligation de l'usufruitier: distinction entre les immeubles et les meubles; de la preuve par commune renommée.

79 et 80.— 116. Obligation de fournir caution.— 117. Autres garanties que peut fournir l'usufruitier.

81.— 118. Fixation des sommes ou valeurs à garantir: distinction.— 119. De l'extension de la garantie; si elle a lieu de plein droit: distinction.

82.— 120. Engagement personnel de la caution ou de l'usufruitier.

83.— 121. Sanction de cette seconde obligation de l'usufruitier.

84.— 122. Cas où l'usufruitier donne une garantie partielle.

85.— 123. Dispense de caution par le constituant; insolvabilité de l'usufruitier.

86.— 124. Dispense légale de cautionnement au profit des père et mère et du donateur sous réserve d'usufruit; insolvabilité.

87.— 125. Obligations de soins pour l'usufruitier: fautes positives et négligences.

88.— 126. Incendie: présomption simple de faute.

89 et 90.— 127. Réparations d'entretien; grosses réparations.— 128. Difficultés, en France, au sujet des grosses réparations; solution du Code italien.— 129. Solution du Projet japonais.

91.— 130. Détermination des réparations d'entretien.— 131. *Idem* des grosses réparations.

Texte. Comm.

92 et 93.— 132. Contributions annuelles ordinaires; charges extraordinaires: emprunts forcés.—133. Rapprochement entre l'émission de papier-monnaie à cours forcé et les emprunts forcés.—134. Impôts extraordinaires: moyen de les reconnaître.

94.— 135. Assurance contre l'incendie: nature de ce contrat.—136. Suite.—137. Assurance de la propriété par le nu-propriétaire; *idem* par l'usufruitier.

95.— 138. Assurance de l'usufruit seul, contre l'incendie et contre les accidents des récoltes.

96.— 139. Usufruit universel ou à titre universel: ses charges spéciales.

97.— 140. Usufruit à titre particulier: poursuite hypothécaire contre l'usufruitier; son recours en garantie.

98.— 141. Trois modes de contribution respective aux charges, lorsqu'il y a lieu.

99.— 142. Usurpations des tiers.

100.— 143. Procès intéressant l'usufruitier: contribution aux frais.

101.— 144. Mise en cause des intéressés: sanction.

SECTION IV.

De l'extinction de l'usufruit.   p. 192.

Art. 102.—N° 145. Causes générales d'extinction des droits réels; causes spéciales à l'usufruit.—146. Pourquoi le Projet japonais ne mentionne pas la consolidation.

103.— 147. Cas de plusieurs usufruitiers simultanés: accroissement aux survivants de la part des décédés.

104.— 148. Cas d'usufruit au profit de personnes incorporelles.

105.— 149. Renonciation de l'usufruitier: réserve des droits des tiers.

106.— 150. Non-usage: son analogie avec la prescription libératoire.

SOMMAIRE. 595

Texte. Comm.
107 et 108.— 151. Révocation pour abus de jouissance ; conciliation des intérêts respectifs des parties : pouvoirs du tribunal.—152. Suite.—153. Suite.
109.—154. Fruits non recueillis à la fin de l'usufruit. Observations sur les baux à loyer, à ferme, à part de fruits.
110.—155. Destruction totale des bâtiments.
111.—156. Cas où ils étaient assurés : jouissance de l'indemnité.
112.—157. Expropriation pour cause d'utilité publique : *idem*.
113.—158. Cautionnement par l'usufruitier dans ces deux cas.
114.—159. Changement de nature du sol usufructuaire ; son retour au premier état.
115.—160. Perte du troupeau usufructuaire.

APPENDICE.
Des droits d'usage et d'habitation.   p. 211.

Art. 116.— N° 161. Nature et limite des droits d'usage et d'habitation ; leur assimilation à l'usufruit, quant aux modes d'établissement et d'extinction.
117.— 162. Ce qu'il faut entendre, en cette matière, par la *famille* de l'usager ; condition d'habitation commune.
118.— 163. Mode d'exercice de l'usage et de l'habitation : pouvoir du tribunal.
119.— 164. Incessibilité de ces droits.
120.—165. Garanties dues au nu-propriétaire ; responsabilité de l'usager et de l'habitant ; leurs charges.

CHAPITRE III.
Du Bail, de l'Emphytéose et de la Superficie.   p. 218.

Art. 121.— N° 166. Nature du droit de bail : c'est un droit réel dans le Projet japonais, lorsqu'il porte sur une

TEXTE. COMM.
chose corporelle.— 167. Parallèle du droit de bail avec le droit d'usufruit.

122 et 123.— 168. Renvoi au Livre IIIe, pour le louage d'ouvrage ou d'industrie, pour le louage de services, pour le bail *à cheptel* et pour les baux des biens de l'Etat, des départements, etc.— Renvoi à l'Appendice pour l'Emphytéose et la Superficie.

SECTION PREMIÈRE.
De l'établissement du droit de bail.   p. 228.

Art. 124.— N° 169. Du contrat de bail ou de louage; du legs de bail; de la promesse de bail.— 170. Suite.— 171. Pourquoi le droit de bail ne peut s'acquérir, en général, par prescription.— 172. Cas excepté.

125.— 173. Nature du contrat de bail ou de louage.

126.— 174. Louage fait par les administrateurs légaux ou judiciaires: limites de leurs pouvoirs, quant à la durée du contrat.

127.— 175. Limites, quant au renouvellement.—176. Suite.

128.— 177. Limites, quant à la nature du prix et des prestations à fournir par le preneur.

129.— 178. Application des articles précédents aux mandataires conventionnels.

130.— 179. Louage fait par les personnes qui n'ont que l'administration de leurs biens.

131.— 180. Louage par les personnes qui ont excédé les bornes de leur capacité ou de leurs pouvoirs: droits du propriétaire; obligation du preneur.

132.— 181. Renvoi à l'Appendice pour les baux de plus de 30 ans.

SECTION II.
Des droits du preneur à bail.   p. 239.

Art. 133.— N° 181 bis. Etendue normale du droit de bail; modifications qu'y peuvent apporter les parties.

Texte. Comm.

134.— 182. Dispense, pour le preneur, d'inventaire des meubles, d'état des immeubles et de cautionnement.
135.— 183. Mise de la chose en bon état par le bailleur; réparation d'entretien au cours du bail; charges respectives du bailleur et du preneur.
136.— 184. Grosses réparations devenues nécessaires: indemnité due au preneur; résiliation.
137.— 185. Troubles causés par un tiers: mise en cause ou intervention du bailleur comme garant.
138.— 186 à 188. Privation de jouissance par force majeure; réduction du prix de bail, résiliation suivant les cas. Exclusion de l'indemnité pour accidents météorologiques.
139.— 189. Garantie du défaut de contenance.
140.— 190. Garantie spéciale due au preneur commerçant de détail.
141.— 191. Constructions et plantations faites par le preneur; droit de préemption du bailleur.
142.— 192. Cession du bail et sous-location: comparaison; exception.
143.— 193. Hypothèque du bail.
144.— 194. Actions réelles compétant au preneur.

SECTION III.
Des obligations du preneur.   p. 253.

Art. 145.— N° 195. Inventaire, état des lieux: facultatifs pour le bailleur; comment il y est suppléé.
146.— 196. Echéances des payements du prix de bail en argent ou en fruits.
147.— 197. Sanctions du défaut de payement.
148.— 198. Engrangement des fruits.
149.— 199. Charge des impôts.
150.— 200. Mode de jouissance du preneur.
151.— 201. Garde et conservation des choses louées; usurpation des tiers: avertissement au bailleur.

Texte. Comm.
152.—202. Incendie des bâtiments: solidarité des preneurs.
153.—203. Recours de celui qui a payé contre les autres : mode de répartition.
154.—204. Cas où le propriétaire habitait aussi les bâtiments incendiés.
155.—205. Actions du bailleur pour la restitution à la fin du bail.
156.—206. Droit de préemption du bailleur, à la fin du bail, à l'égard des constructions et plantations faites par le preneur.

SECTION IV.
De la cessation du bail.   p. 268.

Art. 157.— N° 207. Comparaison entre la cessation du bail et celle de l'usufruit.—208. Cessation de plein droit; développement des cinq causes.
158.—209. Perte partielle de la chose louée par cause majeure ou fortuite ; expropriation partielle.
159.—210. Tacite réconduction ; ce que deviennent les garanties fournies pour le premier bail.
160.—211. Bail de meubles ou de locaux meublés ou garnis ; fixation tacite de la durée de bail.
161.—212. Bail de locaux non meublés, sans durée fixe : —212 bis. Distinction des grandes, moyennes et petites habitations ; congé, intervalle, sortie.
162.—213. Bail de meubles et locaux meublés ; congé, au cas de tacite réconduction.
163.—214. Bail de biens ruraux sans durée fixée : époque du congé.
164.—215. Droit du preneur aux récoltes tardives ; droit du bailleur aux travaux agricoles anticipés.
165.—216. Résiliations facultatives convenues : congé.

SOMMAIRE. 599

APPENDICE.
De l'Emphytéose et de la Superficie.

§ I.— De l'Emphytéose.   p. 289.

Texte. Comm.

N°217. L'emphytéose dans le droit romain et dans le droit féodal de l'Europe; son absence dans le Code français; son maintien dans plusieurs autres législations actuelles de l'Europe.

218. Son existence dans l'ancien droit du Japon.— 219. Ses modifications depuis la Réforme politique de 1868.— 220. Nouvelles modifications du Projet; observation au sujet de la non-rétroactivité des lois.

Art. 166.— 221. Durée de l'emphytéose; sa réduction à 50 ans, possibilité de la renouveler.— 222. Baux anciens: distinction; non-rétroactivité de la loi.— 223. Moyen de distinguer l'emphytéose des baux ordinaires.

167.— 224. Mode d'établissement du droit.

168.— 225. Règles légales du droit d'emphytéose, à défaut de conventions particulières.

169, 170 et 171.— 226 à 229. Pouvoirs de l'emphytéote sur la chose: défrichements, desséchement des marais, modification des cours d'eau; conditions de la coupe des bois et de la suppression des bâtiments.

172.— 230. Droits du propriétaire aux bois et matériaux.

173.— 231. Absence du tout droit de l'emphytéote aux mines.

174.— 232. Droits de l'emphytéote sur les minières et carrières: distinction.

175 et 176.— 233. Délivrance de la chose en l'état où elle est, sans réparations.

177.— 234. Impôts à la charge de l'emphytéote.

178.— 235. Solidarité et indivisibilité pour le payement de la rente annuelle.

179.— 236. Cession et sous-location de l'emphytéose.

180.— 237. Résolution au profit de bailleur.

181.— 238. Résolution au profit du preneur.

Texte. Comm.

182.— 239. Droit du bailleur de garder sans indemnité les améliorations et plantations; droit de préemption pour les constructions.

§ II.— De la Superficie.   p. 310.

Art. 183.— N° 240. Nature du droit de superficie; son origine romaine, son absence des Codes français et italien; son admission dans d'autres législations de l'Europe; son extension au Japon.

184.— 241. Son établissement par les modes même d'acquisition de la propriété.

185.— 242. Application des règles de droit commun des aliénations d'immeubles.

186.— 243. Redevance: application des règles de l'emphytéose.

187.— 244. Fixation légale, à défaut de convention, du terrain accessoire des constructions et plantations.

188.— 245. Durée légale du droit de superficie, en l'absence de convention.— 246. Causes d'extinction du bail ordinaire applicables à la superficie.— 247. Droit de donner congé refusé au bailleur, accordé au superficiaire.

189.— 248. Droit de préemption du bailleur à l'égard des constructions et plantations faites par le superficiaire.

190.— 249. Dispositions transitoires; application de la loi nouvelle aux anciennes superficies: distinction.— 250. Admission rétroactive du droit de préemption.

CHAPITRE IV.
De la Possession.

EXPOSÉ GÉNÉRAL.   p. 321.

N° 251. Difficulté proverbiale de la matière. Insuffisance du Code français. Nécessité de recourir souvent au droit romain. Utilité d'un Exposé préalable.— 252. Définition et caractère général de la possession.— 253. Elle n'est pas seulement *un fait*, mais elle est souvent *un droit*.— 254. Deux éléments nécessaires à la possession pour qu'elle soit un droit: *la détention* physique de la chose et *l'intention* du détenteur "de l'avoir à soi." La représentation par autrui, admise pour la détention physique, à l'égard de tout possesseur, admise même pour l'intention, à l'égard des incapables et des personnes incorporelles.—255. Possession *précaire* ou pour le compte d'autrui.— 256. Possession de l'usufruitier et du créancier gagiste souvent appelée *quasipossession*: simplification de cette théorie.— 257. Possession *civile* et possession *naturelle*.— 258. Aspects divers de la possession civile.— 259. Possession *à juste titre* ou *à juste cause* et possession *sans titre*.— 260. Possession *de bonne foi* et *de mauvaise foi*.— 261. Premier avantage de la possession civile: *présomption* de l'existence du droit au profit de celui qui l'exerce; justification.— 262. Deuxième avantage: *acquisition des fruits* et produits périodiques par le possesseur de bonne foi; justification.— 263. Moment auquel les fruits sont acquis au possesseur: distinction nouvelle entre les fruits naturels et les fruits civils; moment auquel la bonne foi est requise.— 264. Restitution des fruits par le possesseur de mauvaise foi; remboursement des frais de culture par le propriétaire.— 265. Troisième avantage de la possession: prescription ou acquisition par l'usage (*usucapion*): justification. Vices de la possession civile (violence, clandestinité) mettant obstacle à l'usucapion.— 266. Actions *possessoires*, garanties *du droit* de possession.— 267. Choses ou droits susceptibles de possession: propriété, usufruit, usage, habitation, servitudes foncières.— 268. Suite: droit de bail: distinction.— 269. Des droits d'antichrèse et de gage.— 270. *Quid* du droit d'hypothèque?— 271. *Quid* des droits personnels ou de créance? Distinction.— 272. Créances au porteur.—

SOMMAIRE.

Texte. Comm.
273. Continuation et jonction des possessions.— 274. Transition au texte: division de la matière.

SECTION PREMIÈRE.
Des diverses espèces de possession et des choses qui en sont susceptibles. p. 241.

Art. 191.— N° 275. Deux causes ordinaires des droits, la nature et la loi, se retrouvant ici.
192.— 276. Possession *naturelle* ou *de pur fait*.— 277. Biens du domaine public susceptibles de cette seule possession.— 278. Effet de la possession *des choses hors du commerce*.
193.— 279. Caractère de la possession *civile*; son utilité quand elle est jointe au droit lui-même.— 280. Droits qui en sont susceptibles, renvoi pour la possession d'état.
194.— 281 et 282. Possession *à juste titre*: critiques de la définition du Code français.— 283. Possession *sans titre*.
195.— 284. Possession *de bonne foi*: remarque sur le *titre putatif*.— 285. Ignorance des vices du titre: erreur de fait; remarque sur l'erreur de droit.— 286. Possession *de mauvaise foi*; effets de la cessation de la bonne foi au cours de la possession; hypothèse inverse: cessation de la mauvaise foi.
196.— 287. Possession *vicieuse*: les vices de violence et de clandestinité sont compatibles avec la bonne foi; comment ces vices sont *purgés*; ils sont *relatifs* et *non absolus*.
197.— 288. *Précarité*: elle n'est pas, à proprement parler, un *vice* de la possession, mais seulement une qualité défavorable qui empêche la possession d'être *civile*. Double caractère, civil et précaire, de la possession des démembrements de la propriété.— 289. La précarité est *absolue* et *non relative*; comment cesse la précarité. — 290. Suite.— 291. Suite.
198, 199 et 200.— 292. Preuves des qualités de la possession: la non-précarité (l'*animus domini*) est présumée.

Texte. Comm.
— 293. Le *juste titre* ne se présume pas ; la *bonne foi* est présumée.— 294. L'absence de violence (la paisibilité) est présumée ; la publicité ne se présume pas. — 294 bis. La continuité est présumée.

SECTION II.
De l'acquisition de la possession.   p. 363.

Art. 201 et 202.— N° 295. Acquisition de la possession civile par le fait et par l'intention.— 296. Admission d'un tiers : distinction.— 297. Suite.

203.— 298. Tradition de brève main ; constitut possessoire.

204.— 299. *Transmission* ou continuation de la possession entre le possesseur et son successeur universel.— 300 et 301. Nouvelle possession à l'égard du successeur particulier ; par exception : *jonction* ou accession des possessions.

SECTION III.
Des effets de la possession.   p. 371.

Art. 205.— N° 302. Premier avantage de la possession civile : elle donne le rôle de défendeur aux actions réelles.

206.— 303. Deuxième avantage : elle fait acquérir les fruits et produits de la chose au possesseur de bonne foi ; justifications insuffisantes données par les jurisconsultes romains ; véritable raison.— 304. Moment auquel le possesseur acquiert les fruits naturels : raison de la différence avec l'usufruitier.— 305. Assimilation du possesseur à l'usufruitier pour les fruits civils : motif.— 306. Cas particulier du possesseur de bonne foi sans juste titre.— 307. Suite : solution nouvelle du Projet ; motif de la décision.— 308. Suite. 309. Survenance de la mauvaise foi ; effet de la demande en justice formée contre le possesseur.

SOMMAIRE.

Texte. Comm.

207. — 310. Situation du possesseur de mauvaise foi, quant aux fruits.— 311. Effet de la violence et de la clandestinité, quant à l'acquisition des fruits.

208. — 312. Dépenses nécessaires, utiles et voluptuaires faites par le possesseur.

209. — 313. Droit de rétention, garantie du possesseur, même de mauvaise foi.

210. — 314. Indemnité des dégradations : distinction de la bonne ou mauvaise foi du possesseur.

211. — 315. Troisième avantage : usucapion par le possesseur : renvoi.

212. — 316. Actions possessoires dans la loi française.— 317. Introduction, dans le Projet japonais, d'une nouvelle action possessoire.

213. 318. Action *en complainte* pour faire cesser le trouble de fait ou de droit.—319. Son double caractère réel et personnel.—320. Son application aux meubles comme aux immeubles : réfutation des objections.

214. — 321. *Dénonciation de nouvel œuvre*, pour prévenir un trouble éventuel.— 322. *Dénonciation de dommage imminent* empruntée au Code italien ; sa base dans le droit romain.

215. — 323. Conditions requises pour l'exercice des actions possessoires : de *l'annalité* de la possession.

216.— 324. Action *en réintégrande* : caractère illicite de la dépossession qui y donne lieu.— 325. Ses conditions chez le demandeur.— 326. Contre qui elle s'exerce : son caractère personnel.— 327. Elle appartient au possesseur précaire ; elle n'exige pas l'annalité de la possession chez le demandeur.

217. — 328. Durée des quatre actions possessoires.

218. — 329. Défense de cumuler le possessoire et le pétitoire : développement de la règle.

219. — 330. Sursis au pétitoire pour juger le possessoire.

220. — 331. Déchéance du droit d'agir au possessoire pour celui qui est déjà demandeur au pétitoire et pour celui qui a succombé au pétitoire, même comme défendeur.

| Texte. | Comm. |

221.— 332. Demande reconventionnelle du défendeur au possessoire.

222.— 333. Pouvoir du juge de l'action possessoire suivant les cas : injonctions prohibitives, ordre de restituer, condamnation aux dommages-intérêts, ordre de fournir caution.

223.— 334. Validité de la demande au pétitoire par celui qui a succombé comme défendeur au possessoire.

224.— 335. *Idem* pour le demandeur au possessoire qui a succombé.

225.— 336. Renvoi au Code de procédure civile, pour la compétence et les règles de formes des actions possessoires.

SECTION IV.
De la perte de la Possession. p. 409.

Art. 226.— N° 337. Pourquoi les causes de perte de la possession sont moins nombreuses que celles de perte de la propriété.— 338. 1re cause.— 339. 2e cause.— 340. 3e cause.— 341. 4e cause.

CHAPITRE V.
Des Servitudes foncières. p. 414.

Art. 227.— N° 342. Sens du mot français *servitude:* deux grandes classes de servitudes : *réelles* (dites aussi *prédiales* ou *foncières*) et *personnelles*.— 343. Sens particulier ici de la qualification de "réelles et personnelles:" il est tiré du *sujet actif* du droit et non de son *sujet passif*.— 344. Deux caractères essentiels pour l'existence d'une servitude réelle ou foncière : utilité pour le fonds dominant, différents propriétaires des deux fonds.— 345. La contiguïté des fonds et la perpétuité de la servitude sont naturels à la servitude, mais non essentiels.— 346. Les servitudes n'ont que deux

TEXTE. COMM.

causes: la loi et le fait de l'homme; pourquoi le Projet ne reconnaît pas de servitudes naturelles.— 347. Objection à l'admission de servitudes *légales*.— 348. Motifs de les admettre.— 349. Subdivisions, nécessairement différentes, des deux Sections.

SECTION PREMIÈRE.
Des Servitudes établies par la loi.

§ I.— Des droits d'accès et de passage.   p. 421.

Art. 228.— N° 350. Ancien usage français du *tour d'échelle*; sa disparition dans le Code français sans remplacement; ses inconvénients corrigés, dans le Projet, par le *droit d'accès*.

229.— 351. Epoque et lieux de l'exercice du droit d'accès.

230.— 352. Indemnité due au fonds servant.

231.— 353. Droit de passage au cas d'enclave : sa nécessité économique.— 354. Cas assimilés par la loi à l'enclave. — 355. Enclave momentanée ou résultant du fait de l'administration.

232.— 356. Nature et largeur du passage à fournir : distinction.— 357. Frais de premier établissement du passage.

233.— 358. Ligne du passage : pouvoirs des tribunaux.

234.— 359. Indemnité fixée en capital ou en annuités : effet de la cessation de l'enclave sur l'indemnité.

235.— 360. Rachat de l'indemnité au moyen d'un capital.

236.— 361. Cas où le passage est dû sans indemnité.

§ II.— De l'écoulement, de l'usage
et de la conduite des eaux.   p. 435.

N° 362. Objets et divisions de ce paragraphe.

Art. 37.— 363. Eaux pluviales et de sources; écoulement naturel ou résultant de travaux anciens.— 364. Inutilité de deux dispositions des Codes français et italien.

SOMMAIRE. 607

Texte. Comm.
— 365. Eau d'un puits jaillissant creusé par le voisin.
— 366. Terres, sables, pierres entraînées par les eaux : obligations respectives des voisins.

238.— 367. Rupture des berges, digues ou autres ouvrages : dénonciation du dommage imminent, frais de réparation.— 368. Des conventions particulières tendant à modifier la servitude légale.

239.— 369. Eau ménagères et industrielles ; égoût des toits.

240.— 370. Libre usage des sources par leur propriétaire : exception, renvoi.

241.— 371. Suite : exception en faveur d'une agglomération d'habitants.— 372. Droits comparés du propriétaire de la source et des bénéficiaires de la servitude. — 373. Travaux permis sur le fonds servant aux frais des usagers de l'eau ; indemnité.

242.— 374. Eaux perdues au dehors : usage précaire.

243.— 375. Eau courante bordant les propriétés : droit des riverains ; condition. Retour à la division des cours d'eau.— 376. Controverses, en droit français, sur les cours d'eau non navigables ni flottables.— 377. Distinction du Projet entre le lit et l'eau courante.— 378. Suite.

244.— 379. Suite : rôle des tribunaux.

245.— 380. Police des eaux.

246.— 381. Curage des cours d'eau.

247.— 382. Endiguements.

248.— 383. Lacs, étangs : distinctions.

249.— 384. Eaux du domaine public.

250.— 385. Servitude d'aqueduc pour amener les eaux naturelles ou artificielles : indemnité.

251.— 386. Il suffit d'avoir un droit à des eaux pendant cinq ans, pour en réclamer le passage.

252.— 387. Servitude d'aqueduc pour évacuer les eaux surabondantes, tant ménagères qu'agricoles et industrielles.— 388. Utilité d'une loi spéciale sur le desséchement des marais.

253.— 389. Analogie avec le passage en cas d'enclave.

TEXTE. COMM.
- **254.**—390. Suite. Principe général que "les servitudes "n'obligent pas le propriétaire du fonds servant à "*faire*, mais seulement *à souffrir*."
- **255.**—391. Usage commun des canaux déjà existants: digression économique sur le mal des travaux inutiles. 392. Si l'indemnité doit être modifiée par la mise en commun des canaux.
- **256.**—393 et 394. Barrage des eaux courantes: droit d'appui; motif de la place donnée à cet article: usage commun du barrage.

§ III—Du Bornage. p. 469.

- **Art. 257.**—N° 395. Droit respectif des voisins au bornage: droit commun de la propriété, improprement appelé *servitude légale;* les deux fonds sont dominant et servant; le droit au bornage est réel.—396. Nature des signes du bornage.
- **258.**—397. Trois sortes de fonds exclus du bornage, parce qu'il leur est inutile.
- **259.**—398. Imprescriptibilité du droit au bornage: on peut la justifier de quatre manières.—399. Cas où l'action en bornage doit être précédée d'une action possessoire ou en revendication.
- **260.**—400. Etablissement des limites: sursis, s'il y a lieu, jusqu'au jugement du pétitoire.
- **261.**—401. Mise en cause des arrière-voisins : répartition de l'excédant total ou du *déficit*.
- **262.**—402. Cas où il y a lieu à indemnité du *déficit*.
- **263.**—403. Constatation des limites, à l'amiable ou par jugement.
- **264.**—404. Répartition différente des frais de poteaux-bornes, de l'arpentage et de la procédure.
- **265.**—405. Compétence et formes de procéder : renvoi.

§ IV.—De la Clôture. p. 480.

- **Art. 266.**—N° 406. Le droit de se clôre est un des attributs de la propriété: exception, s'il doit faire obstacle aux servitudes du voisin.

SOMMAIRE.

TEXTE. COMM.
267.— 407. Cas où la clôture est obligatoire : distinction des lieux ; motifs.
268.— 408. Mode de clôture.
269.— 409. Entretien commun de la clôture : exception.

§ V.— De la Mitoyenneté.   p. 485.

Art. **270.**— N° 410. Fondement du droit de mitoyenneté ; nature de cette co-propriété particulière.
271.— 411. Présomption de mitoyenneté ; trois modes de preuve contraire : la possession annale ne suffit pas à la démentir.
272.— 412. Signes de non-mitoyenneté : quatre sortes.
273.— 413. Limite et exclusion de la présomption pour certains murs.
274— 414. Cas de divers signes en sens contraires.
275.— 415. Charges de la mitoyenneté : faculté de s'y soustraire ; double limite de cette faculté.
276.— 416. Droits résultant de la mitoyenneté dans ses diverses applications.
277.— 417. Cession forcée de la mitoyenneté : justification économique.— 418. Trois limites au droit de l'exiger. — 419. Calcul de l'indemnité.

§ VI.— Des Vues et des Jours de tolérance sur la propriété d'autrui.   p. 497.

Art. **278.**— N° 420. Vues droites : leurs inconvénients ; vues obliques : inconvénients moindres.— 421. Leur détermination géométrique : insuffisance du Code français sur ce point.— 422. Système du Projet japonais : explication par deux figures.
279.— 423. Fenêtres masquées par un auvent ; jours de de tolérance.
280.— 424. Exception aux conditions précédentes.

§ VII.— Des Distances requises pour certains Ouvrages.   p. 506.

Art. **281.**— N°s 425 et 426. Distances pour les excavations : distinctions, d'après leur objet et leur profondeur.

Texte. Comm.

282.— 427. Distances pour les plantations : distinction, d'après la hauteur des arbres.

283.— 428. Respect, à ce sujet, des usages locaux, anciens et non contestés.— 429. Observation sur la mitoyenneté.

284.— 430. Renvoi aux lois administratives pour les établissements industriels.

DISPOSITION COMMUNE

AUX SEPT PARAGRAPHES PRÉCÉDENTS.   p. 512.

Art. 285.— N° 431. Application, active et passive, des règles précédentes aux biens du domaine privé de l'Etat, des départements et des communes; application, active seulement, aux biens du domaine public.

SECTION II.

Des Servitudes établies par le fait de l'homme.

§ Ier.— De la Nature des servitudes
et de leurs diverses Espèces.   p. 513.

Art. 286.— N° 432. Liberté pour l'établissement des servitudes.— 433. Cas où on peut, par convention, déroger aux servitudes légales.— 434. Cas où on ne le peut : effets de la convention, même dans ces cas, à l'égard de l'indemnité.— 435. Renonciation au droit d'acquérir la mitoyenneté.— 436. Caractère particulier de certaines charges, valables comme droits *personnels*.—437. *Idem* de certains droits, valables comme droits *réels* d'usage.— 438. Cas où la charge personnelle n'est qu'accessoire de la servitude *réelle*.— 439. Cas inverse où l'avantage personnel n'est aussi qu'accessoire de l'amélioration du fonds.— 440. Caractère perpétuel ou temporaire de la servitude, suivant ces circonstances.

TEXTE. COMM.
- **287.**—441. Caractère *réel*, activement et passivement, des servitudes foncières.—442 et 443. Motif de la prohibition de céder, louer ou hypothéquer les servitudes, et de les grever d'une autre servitude.
- **288.**—444. Indivisibilité des servitudes: ses conséquences. 445. Suite.—446. Exceptions à l'indivisibilité.
- **289.**—447. Actions relatives aux servitudes : leur indépendance des actions relatives au droit de propriété. Action *confessoire* et *négatoire*.—448. Suite : moyen de les distinguer : intérêt.—449. Actions *possessoire* et *pétitoire*.
- **290.**—450. Application des règles précédentes aux servitudes légales.
- **291.**—451. Trois divisions des servitudes.—452. Pourquoi le Projet n'a pas reproduit la division en *urbaines* et *rurales* du Droit romain et du Code français.
- **292.**—453. Servitudes continues.—454. Servitudes discontinues.
- **293.**—455. Servitudes apparentes et non apparentes.
- **294.**—456. Servitudes positives et négatives.—457. Combinaison de ces divers caractères entre eux.

§ II.—De l'Établissement des servitudes. **p. 542.**

- **Art. 295.**— N° 458. Etablissement par titre : convention ou testament.
- **296.**— 459. Etablissement par prescription : conditions particulières.— 460. Application du droit commun, quant à la durée.— 461. Acquisition par prescription de l'usage de l'eau du voisin.— 462. Observation critique sur une disposition du Code italien.
- **297.**— 463. Etablissement par la destination du propriétaire ; difficulté, en France, résultant du rapprochement des articles 692 et 694 : solution du Code italien et du Projet japonais.
- **298.**— 464. Application du titre seul aux servitudes discontinues ou non apparentes.

TEXTE. COMM.
299.— 465. Titre récognitif: extension de son emploi dans le Projet; critique des Codes français et italien.

§ III.— De l'Effet des servitudes. p. 553.

Art. 300.— N° 466. Droits accessoires des servitudes.— 467. Interprétation ordinaire des titres d'après l'intention des parties et les circonstances du fait; procédé analogue au cas de prescription et de destination du propriétaire.
301.— 468 et 469. Pouvoir des tribunaux, pour déterminer l'étendue, le temps, le mode d'exercice de la servitude.
302.— 470. Manque de l'eau; cas où il donne lieu à la garantie ou à la responsabilité du constituant.— 471. Insuffisance de l'eau: répartition ou ordre de préférence entre le fonds servant et le fonds dominant.— 472. Cas où il y a plusieurs fonds dominants.
303.— 473. Changements à l'exercice de la servitude.
304.— 474. Charge des travaux nécessaires à l'établissement.
305.— 475. Entretien des ouvrages; dérogation au principe " que les servitudes n'obligent pas à faire: " part laissée au principe; réponse aux objections.
306.— 476. Droits restant intacts au fonds servant; droit d'utiliser les travaux faits sur ledit fonds dans l'intérêt du fonds dominant.

§ IV.— De l'Extinction des servitudes. p. 569.

Art. 307.— N° 477. Sept modes d'extinction des servitudes : développement des trois premiers.
308.— 478. Renonciation expresse.
309.— 479. Confusion; sa résolution : renaissance de la servitude.
310.— 480. Non-usage: motif de son effet extinctif.— 481. Point de départ du non-usage.— 482. Destruction partielle des ouvrages nécessaires à l'usage.— 483.

SOMMAIRE.

TEXTE. COMM.
Examen de la question de savoir si les servitudes *légales* s'éteignent par le non-usage ou la renonciation.
311.— 484. Effets, sur le non-usage, de la combinaison de l'indivisibilité des servitudes avec l'indivision entre les co-propriétaires du fonds dominant : la conservation du droit par les uns profite aux autres.
312.— 485. Prescription extinctive de la servitude ou usucapion de la liberté du fonds servant.
313.— 486. Modification, par le non-usage ou par la prescription, de l'étendue, du mode, du temps ou du lieu de l'exercice de la servitude.

Dernières Corrections.

Page 20, l. 2, au lieu de C. fr. 128, lire 1128.
„ 117, l. dern. „ „ 514, lire 584.
„ 122, art. 71, reporter la citation de l'art. 2118, C. fr. sous le 1ᵉʳ al. de l'article, et citer l'art. 2125 sous le 2ᵉ al.
„ 252, l. 32, au lieu de 124, lire : 121.
„ 336, l. 9, effacer : *superficie* (comme à la page suivante).
„ 342, sous l'art. 193, citer : C. fr., 320 à 322.
„ 372, l. 4, au lieu de C. fr. 538, lire 549.
„ „ l. 24, „ „ „ „ 549, lire 548.
„ 481, l. 26, „ „ „ superficie, lire : surface.
„ 506, art. 281, au lieu de C. fr. 874, lire 674.
„ 516, art. 293, „ „ „ „ 639, lire 689.
„ 586, (aux Corrections), au lieu de 426, lire 496.

TABLE
ALPHABÉTIQUE ET ANALYTIQUE
DES MATIÈRES (a).

Abandon, page 409, 555.
— noxal, 398.
Absolu, relatif, 22, 355 à 358.
Absolu (droit), 83.
Abus de jouissance, 183, 273.
Accession, 56, 73, 77, 102, 121, 259, 474;
— de la possession, 367.
Accessoire :
— droit, 9, 15;
— terrain, 311.
(Voy. *Servitudes*.)
Accroissement, 199.
Actif, passif :
— effet, 312;
— sujet, 415.
Actions :
— confessoire, 122, 515;
— négatoire, 75, 93, 94, 122, 515;
— pétitoire, 75, 94, 122, 143 à 145, 515;
— possessoire, 75, 94, 122, 334, 373, 375, 515;
— réelle, 122, 242, 256.
Actus, 559.
Administration (actes d'), 75, 96, 233, 237.
Administrateur (bon), 109, 133, 134, 136, 137, 158.

Administrateurs conventionnels, légaux, judiciaires, 224, 225.
Agrément, 450.
Air, 18.
Aliénations, 310.
Aliéner, 101.
Alluvion, 121.
Améliorations, 122, 291, 293.
Aménagement, 119, 134.
Animaux, 12, 13, 14, 41, 42;
— de basse-cour, 133;
— sauvages, 18.
Animus :
— *domini*, 336, 369;
— *sibi habendi*, 326.
Annalité, 374, 398.
Antichrèse, 23, 337.
Appareils électriques, hydrauliques, 11, 12, 13.
Appui, 441, 694.
Aqua profluens, 456.
Aqueduc, 435.
(Voy. *Eaux*, *Servitudes*.)
A quo, ad quem, dies (terme initial, terme final, 82, 83.
Arbres, Arbustes, 11, 14, 120, 311, 507.
(Voy. *Plantations*.)
Arcs-boutants, 484.

(a) La plupart des Mots composant cette Table sont tirés du Texte; mais, il va sans dire qu'ils se retrouvent dans le Commentaire, avec les développements qu'ils comportent, sous l'article correspondant qu'on peut facilement y retrouver.

Arrière-voisins, 471.
Artistes, 27, 28.
Aspect (fenêtres d'), 504.
(Voy. *Vues droites.*)
Assurances, 160.
Attérissements, 121.
Auteurs (droits des), 27, 28.
Auvent, 498.
Axiômes de droit, 22, 34, 59;
— 113, 186, 187, 191, 196, 285;
— 323, 324, 328, 349, 353, 360, 379, 383, 387, 394, 395, 400;
— 401, 403, 417, 420, 466, 476, 495;
— 526, 573, 577.

Bacs, Barques, Bateaux, 13.
Bail, 122, 130, 218 et s., 336.
Baliveaux, 119.
Barrage, 441.
Bastiat, 467.
Bâtiments, 290, 440, 470.
(Voy. *Choses immobilières.*)
Biens (objet de ce Livre):
— abandonnés, 18;
— ruraux, 271.
(Voy. *Choses.*)
Bois, 119, 290.
Bona, 8.
Bon père de famille, 109.
(Voy. *Administrateur.*)
Bonne foi (voy. *Possession*).
Bornage, 469 et s.
Brève-main (v. *Tradition*).

Canaux, 11, 18, 441.
Carrières, 38, 120, 291.
Cas fortuit (v. *Force majeure*).
Cautionnement, 156, 195, 239, 398.
Cautio damni infecti, 398.

Cave, 506.
Cession:
— de bail, 242, 292;
— de la mitoyenneté, 488, 520.
(Voy. *Mitoyenneté.*)
Charges de l'usufruit, 159, 160.
Chasse, 121, 522.
Chaussées, 11.
Chemin de fer, 18.
Cheptel, 222, 271.
Chirographaires, 200.
Choses:
— divisions, 7 et s.;
— accessoires, 15;
— aliénables ou non, 20;
— appropriées ou non, 17;
— certaines et liquides, 70;
— collectives, 16, 58;
— dans le commerce, ou non, 19, 65, 347;
— communes, 17, 18;
— de consommation, 16, 118;
— corporelles, incorp., 10, 322;
— divisibles, indiv., 17;
— fongibles, ou non, 17, 59, 164;
— immobilières, 10 et s.;
— mobilières, 14, 15;
— perdues, volées, 70;
— prescriptibles, ou non, 20;
— principales, 15;
— saisissables, ou non, 20;
— sans maître, 17, 18.
Citernes, 506, 508.
Clôtures, 11, 480 et s.
Collections, 16, 58.
Co-locataires, 255, 264.
Colonage, 129, 206, 242, 254.
Commerce (v. *Choses*).
— de détail, 241, 249.
Communautés de biens, 33, 52.
Commune renommée, 156, 166.
Communes, 437, 481.

TABLE ALPHABÉTIQUE ET ANALYTIQUE. 617

Compétence, 377, 472.
Complainte (v. *Act. possess.*).
Condition, 81, 82, 111, 114, 123, 268.
Conducere, 276.
Confiscation, 102, 196.
Confusion, 433, 570.
Congé, 269 à 272, 311, 312.
Consolidation, 197.
Consommation (v. *Choses*).
Constitut possessoire, 363.
Constructions, 122, 150, 151, 242, 293, 310.
Contenance, 241.
Continuation de la possession, 340, 363.
Contradiction au propriétaire, 343.
Contrats, gratuits ou onéreux, synallagmatiques ou unilatéraux, 232.
Contribution aux charges, 161.
Conventions particulières, 511, 518, 520.
Co-propriété :
— divise, 76, 100 ;
— indivise, 75, 489.
Corps certains, 16, 57.
Corps de logis, 269.
Cours d'eau, 290.
Cours forcé, 179.
Cumul (v. *Non-cumul*).
Curage, 240, 438.

Définitions, 22.
Demande reconventionnelle, 407.
Démembrement de propriété, 80, 109.
Déni de justice, 404.
Dénonciation :
— de dommage imminent, 374, 436 ;

— de nouvel œuvre, 374.
Dépenses du possesseur de mauvaise foi, 372, 387.
Dépérissement (choses susceptibles de), 71, 118.
Destination du propriétaire :
— immeubles, meubles, 10, 12 ;
— établissement de servitudes, 542, 548.
Digues, 11, 436.
Dispense d'inventaire, de cautionnement, 156, 158.
Disposition :
— de la loi, 22 ;
— de l'homme, 80, 97.
Dispositions :
— transitoires, 312.
— préliminaires, 7 et s. ;
— communes, 512 ;
Distances requises, 506 et s.
Divisions du Projet, 72.
Domaine de l'Etat, etc. :
— privé, 18, 19, 63, 228, 512 ;
— public, 18, 63 s., 341, 439, 512.
Dommage injuste, 495.
Domus, 449.
Dot, 47, 66.
Do-zô, 489, 496.
Drainage, 420, 440, 464.
Droit français, (Code civil et lois spéciales), Introduction ;
— 21, 22, 23, 28, 31, 44, 45, 46, 48, 50, 51, 54, 59, 60, 62, 66, 70, 72, 83, 84, 85, 88, 90, 91, 92, 69 ;
— 101, 127, 132, 138, 139, 140, 141, 149, 150, 167, 169, 171, 172, 173, 175, 176, 199 ;
— 201, 207, 213, 216, 217, 219, 245, 246, 248, 251, 259, 262, 279, 280, 286, 287, 295 ;

618   TABLE ALPHARÉTIQUE ET ANALYTIQUE.

— 313, 321, 334, 339, 348, 351, 357, 358, 381, 382, 387, 388, 391, 394, 395, 397, 400;
— 425, 428, 430, 431, 434, 443, 450, 451, 452, 454, 457, 459, 460, 461, 462, 464, 465, 473, 479, 482, 486, 490;
— 501, 505, 509, 510, 520, 535, 546, 547, 548, 551, 553, 556, 562, 566, 581.

Droit italien (Code civil) :
— 21, 43, 51, 95;
— 171, 175, 177;
— 207, 248, 265, 299;
— 305, 308, 313, 387, 388, 397;
— 435, 443, 445, 446, 451, 452, 461, 462, 464, 473, 479, 494;
— 505, 506, 509, 510, 537, 538, 540, 546, 547, 548, 551, 563, 569, 576.

Droit naturel, 73, 79.

Droit romain :
— 31, 32, 33, 60, 80, 85;
— 101, 105, 109, 113, 127, 131, 133, 148;
— 209, 213, 219, 286, 287, 293;
— 308, 323, 333, 355, 357, 370, 380;
— 414, 415, 456, 466;
— 535, 537, 559.
(V. aussi *Axiômes latins*.)

Droit d'accès, 421, 422.

Droits ou **Biens**, 7 et s., 21.

Droits :
— acquis, 319, 320;
— des écrivains, artistes, inventeurs, 9, 15;
— personnels, 9, 24, 25, 338;
— réels, 8, 9 et *passim*.

Eaux :
— agglomérées (voy. *Etangs, lacs*);
— agricoles, industrielles, ménagères, 436, 440;
— artificielles, 442;
— courantes, 18, 437, 455;
— insuffisantes, 554;
— perdues, 437;
— navigables ou flottables, 452 et suiv.;
— pluviales, 435;
— de sources, 435.

Echaffaudages, étais, 14.

Economie politique (intérêts économiques), 47, 152, 267, 296, 416, 424, 425, 427, 451, 466, 495.

Ecrivains, 27, 28.

Edition du Projet (1re), 431, 462, 509, 510.

Egoût des toits, 436.

Ei gho saku, 295.

Emphytéose, 23, 226, 289 et s.

Enclave, 427.

Endignements, 439.

Enfant conçu, 115.

Engawa, 498.

Engrais humain, 509.

Engrangement, 254.

Enrichissement indû, 332, 387.

Entrée en jouissance, 116.

Epaves, 19,

Erreur de droit, 342, 351, 352.

Estimation, 118, 155.

Etablissement de droits réels (v. *Usufruit, Bail, Servitudes*).

Etablissements :
— industriels, 507;
— publics, 219.

Etangs, lacs, 11, 195, 439, 460.

Etat, départements, communes (voy. *Domaine*, privé, public).

… TABLE ALPHABÉTIQUE ET ANALYTIQUE. 619

Etat civil, 342, 347.
Etat des immeubles, 155, 239.
   (v. *Inventaire*).
Europe, 291, 294, 319 et *passim*.
Eviction, 188, 221, 240, 268, 378.
Ex nunc, ex tunc, 273.
Excavations, 506.
Excès de pouvoir, 403.
Exercice d'un droit, 124, 211, 554, 571.
Expropriation, 73, 84, 85, 86, 195, 217, 268, 269, 569.
Extinction :
  — de l'usufruit, 192 et s. ;
  — des servitudes, 569 et s.

Facultés (simples), 319, 578.
Famille (de l'usager), 211.
Fautes, 158.
Femmes mariées, 225.
Fenêtres d'aspect, 499.
   (v. *Vues droites*.)
Féodalité, 78, 294, 297, 520.
Fongibilité (voy. *Choses fongibles*).
Force majeure, 241, 269.
Fosse, 506.
Fossés, 11, 485 à 488, 506.
Frais :
  — de procès, 162 ;
  — d'établissement, 422, 440 ;
  — de bornage, 471.
Fraude, 201.
Friches, 290.
Fruits, 11 :
  — civils, industriels, naturels, 116, 117, 126, 127, 329, 331, 372, 380, 381 ;
  — non perçus, 122, 194 ;
  — restitution, 332.
Fusiyama, 482, 528.
Futaies, 119.

Gage (possession du), 337.
Garantie, 156, 212, 292 ;
  — continue, 221 ;
  — extension, 169, 277 ;
  — d'éviction, 210 ;
  — spéciale au commerce 211.
Gestion d'affaires, 185, 365.
Go-down, 496.
   (Voy. *Koura*.)
Grecs, 85, 200, 293.

Habitation, 211 et s.
Haies, 11, 485 à 488.
Hameau, 449, 481.
Haras, 118, 133.
Héberge, 491.
Heï, 475.
Hi kaï, 484.
Hygiène, 438.
Hypothèque, 45, 122, 242, 227, 269, 514.

Iles, 121.
Immeubles (v. *Choses*).
Impenses (v. *Dépenses*).
Impôts, 180, 254, 292.
Imprescriptibilité, 470.
   (v. *Choses*.)
Incapables, 363.
Incendie, 158, 194, 255.
Incessibilité, 211.
   (v. *Choses*.)
Indemnité 195, 240, 422, 423, 447, 468, 471.
Indivisibilité, 17, 60, 95, 292, 514.
   (v. *Choses*.)
Indivision, 53, 76, 95, 490, 571.
Insolvabilité, 158.
Insuffisance (Voy. *Eaux*).
Intention, 410.
   (Voy. *Possession*, *passim*.)
Intervention, 241.

Interversion de titre, 343.
Inventaire, 155. 239, 253.
Inventeurs, 27, 28.
Irlande, 297.
Irrigation, 438, 439, 461.
Ishi dôrô, 13.
Iter, 559.

Japon :
— 1, 3, 37, 39, 42, 46, 47, 55, 62, 66, 78, 79, 84, 88, 92, 100 ;
— 109, 133, 134, 178, 179, 181, 182, 185, 190 ;
— 222, 258, 261, 265, 280, 295, 296 à 298 ;
— 313, 318, 351 ;
— 425, 465, 477 ;
— 508, 509, 511, 521.
Jouir, Jouissance, 80, 96.
(voy. *Usufruit*.)
Jonctions des possessions
(v. *Continuation de possession*).
Jours de tolérance, 498.

Ken (mesure), 507, 510.
Koura, 178, 427, 489, 496.

Lacs, 11, 18.
(v. *Eaux agglomérées*.)
Lautius vixit, 380.
Legs (de bail), 224.
Liberté (pour l'établissement des servitudes), 512.
Lit des cours d'eau, 452 et s.
Lois :
— administratives, 18, 74, 219, 459 ;
— nouvelles, 289 ;
— spéciales, 10, 73, 74, 289.

Machines, 11, 12, 13.
(v. *Appareils*.)

Magnaneries, 12, 118, 133.
Main (brève), 32.
Majorats, 46.
Marais, 290.
Marchandises, 118.
Mari, 110, 112.
Marnières, 11, 38, 120.
Matériaux, 13, 291.
Mauvaise foi (V. *Possession*).
Métairie, 206.
Meublé (local), 269, 270, 271.
Meubles loués, 270.
(v. *Choses*.)
Mines, Minières, 11, 20, 38, 74, 91, 92, 121, 138 à 140, 291.
Mineurs émancipés, 225.
Mitoyenneté, 76, 99, 485, 487, 488, 520.
Modalités :
— de la propriété, 81 ;
— de l'usufruit, 111, 114.
(V. *Condition, Terme*.)
Moulins, 11.
Murs (v. *Mitoyenneté, Réparations*).

Naissance (d'un droit), 123.
Négatif, positif, 361.
(Voy. *Servitudes*.)
Navigabilité, 453.
Négligences, 158.
Néri beï, 475.
Non-cumul du possessoire et du pétitoire, 375.
Non-rétroactivité des lois.
(v. *Rétroactivité*.)
Non-usage, 121, 193, 272, 570.
Novation, 251.
Noxa, 398.
Noxal (abandon), 398.
Nullité relative (de bail), 226.

Occupation temporaire, 74.

Onus probandi, 384, 531.
Ordre public, 518.
Ornements, 13, 122.
Ouvrages :
— apparents, 542, 547 ;
— extérieurs, 516, 539.

Pacage, 538, 540, 533.
Papier-monnaie, 179.
Part de fruits (bail à) voy. *Colonage*.
Part virile, 263.
Partage, 53 et s., 98, 99 ;
— déclaratif, 76 ;
— provisionnel, 96.
Passage :
— des eaux, 439 ;
— en cas d'enclave, 422, 423.
Pêche, 121, 438.
Pépinières, 14, 120.
Père de famille (Voy. *Administrateur, Destination*).
Perpétuité (non) :
— de l'emphytéose, 295, 299 ;
— des servitudes, 417, 431, 523, 572.
Personnes civiles, incorporelles, juridiques, morales, 19, 33, 193, 199, 363.
Perte de la chose, 194, 268, 410.
Pieux, 11, 13, 120.
Plantations, 122, 242, 293, 310, 312, 507.
Poissons, 13, 18, 438.
Police des eaux, 438, 457.
Population :
— flottante, 283 ;
— de plus de 10,000 âmes, 481.
Porteur (titre au), 339.
Positif, négatif, 361.
(voy. *Servitudes*.)

Possession :
— Exposé général, 321 et s. ;
— civile, 326, 341, 363, 371 ;
— naturelle, 326, 341 ;
— à juste titre, sans titre, 327, 342 ;
— de bonne foi, de mauvaise foi, 328, 342, 372 ;
— paisible, 374 ;
— précaire, 325, 343 ;
— publique, 374 ;
— vicieuse, 342, 372, 386 ;
— de droits réels, 336, 337, 338 ;
— de droits personnels, 338 ;
— d'état civil, 342, 347 ;
— continuation, 340, 363 ;
— jonction, 340, 364 ;
— perte, 409 ;
— constructions, 150 ;
— dépenses, 372, 373.
(V. *Actions possessoires*.)
Pouvoir :
— de l'administration, 88 à 90, 457, 459 ;
— des tribunaux, 156, 157, 438, 553 ;
— (excès de), 403.
Précarité, 452.
(v. *Possession précaire*.)
Prédiales (v. *Servitudes*).
Préemption, 123, 152, 242, 256, 293, 312, 313.
Préfets, 457, 458.
Prescription, 4, 5, 67, 104 à 107, 110, 113, 230, 231, 333, 373, 542, 571.
Présomption, 156, 253, 328, 343, 344, 371, 485.
Preuve, 253, 384, 531.
Prime, 182.
Prix de bail, 225.
Prædium, 414, 415, 536.
Projet (plan du), 1 à 6.

Promesse de bail, 224.
Propriété, 73 et s.
— démembrée, 108, 109 ;
— grevée, *ibidem* ;
— nue, *ibid.* ;
— pleine, *ib.* ;
— littéraire, artistique, industrielle, 10, 27, 28.
Prospect, 528, 568.
Publicité, 545.
(V. *Possession*.)
Puisards, 447.
Puits, 506, 508.
Putatif (titre, mariage, fils), 350.

Qualité des fonds, 517.
Quantités (choses de) 16, 57.
Quantum possessum, 558, 582.
Quasi-contrat, 332, 564.
Quasi-possession, 322, 325, 391.
Quasi-usufruit, 130.
Questions préjudicielles, 529.

Rachat, 289, 423, 433.
Récoltes, 11, 271.
Réconduction tacite, 269.
Réconfortation, 88, 93, 311, 317.
Reconventionnelle (demande). 376.
Redevance, 310.
Relatif (v. *Absolu*).
Réintégrande, 375, 390.
(V. *Act. possess.*)
Renonciation, 193, 200, 273, 569, 574, 577.
Rentes sur l'Etat, 48, 68.
Rente viagère, 118, 131, 161.
Réparations, 119, 120, 291, 311 ;

— d'entretien, 159 ;
— grosses, 159 ;
— locatives, 240.
Répartition (incendie), 255.
Rescision, résolution, révocation, 102, 293, 569.
Résiliation, 240, 241, 254, 269, 271, 273.
Rétention, 9, 123, 373.
Rétroactivité des lois (non), 298, 319, 320.
Revendication, 92.
Révocation, 193.
Rivières, 18 ;
— navigables, 452 ;
— flottables, 453.
Rus, 535.

Saisies, 45.
(V. *Choses saisissables*.)
Saltus hiberni, 412.
Salva rerum substantia, 109.
Séquestre, 203.
Servitudes :
— droit accessoire, 9, 514, 556 ;
— généralités, 142, 414 et s., 517 et s. ;
— durée, 417 ;
— divisions, 515 ;
— foncières, 121, 414 s. ;
— proprement dites, 421 ;
— du fait de l'homme, 513 et suiv. ;
— légales, 418, 421 et s., 515 ;
— naturelles, 418 ;
— personnelles, 415 ;
— réelles ou prédiales (v. *Serr. foncières*) ;
— d'utilité publique, 74, 87 ;
— apparentes ou non, 516 ;
— continues ou non, 516 ;
— positives, négatives, 516 ;
— établissement, 542, 543 ;

TABLE ALPHABÉTIQUE ET ANALYTIQUE.

— effets, 553 s. ;
— actions, 243, 529 s. ;
Shakou, 599.
Signes :
— extérieurs, 516, 539 ;
— de non mitoyenneté, 486.
Socialisme, 78.
Sociétés, 33, 51, 52, 228.
Solidarité, 255, 292.
Sources, 437.
Sous-location, 242, 292.
Sous-usufruit, 118.
Stercus, 509.
Subrogation, 188.
Succession (deux sens), 33.
Sujet (actif, passif), 24, 415.
Superficie, 24, 310 et s.
Sursis (au pétitoire), 376.

Tableau :
— des actions de l'usufruitier, 145, 146 ;
— des divisions des choses, 29, 30, 31.
Tatami, Tatégou, 13, 240.
Tenure, 294.
Terme, 82, 83, 111, 123, 268, 274, 569.
Terrasses, 11, 567.
Titre, 542 ;
— interprétation, 553 ;
— récognitif, 543.
Titulaires d'usufruit, 111.
Tolérance :
— passage de, 545 ;
— jours de, 498.
Tourbières, 11, 38, 120.
Tour d'échelle, 424, 519.
Tradition de brève-main, 363.
Travaux :
— agricoles, 271 ;

— d'établissement des servitudes, 555 ;
— d'entretien des serv., *ibid.*
Tréfonds, 24, 92, 296.
Trésor, 121.
Tribunaux (v. *Pouvoir*).
Trouble, 240.
Troupeau, 118, 133, 195.

Universalités, 16, 58, 161, 394.
Urbs, 535.
Usage (droit d') 211 et s.
Uusages locaux, 507.
Ustentiles (v. *Appareils*).
Usucapion (v. *Prescription*).
— de la liberté du fonds, 579.
Usufruit :
— nature, 108 ;
— établissement, 110 ;
— à titre universel, 161, 186 ;
— paternel, 158 ;
— retenu, 172 ;
— pluralité, 193 ;
— quasi-usufr., 130 ;
— sous-us., 118 ;
— extinction, 192 et s.
Usurpation, 162, 255.
Utilité des fonds, 416, 450.

Valeur :
— déterminée, 70 ;
— estimative, 118 ;
— à garantir, 156.
Vérandas, 498.
Via, 559.
Vices (v. *Possession*).
Vues, droites, obliques, 497 et s.

Yaraï, 475.

TABLE DE CONCORDANCE

DE LA

LOI FRANÇAISE AVEC LE PROJET JAPONAIS (a).

I. Code civil français.

C. FR.	PROJ. JAP.
Art. 516........	Art. 7.
— 518 à 520.	8.
— 523........	8.
— 524, 525...	9.
— 526........	11.
— 528........	12.
— 529........	14.
— 532........	9.
— 537........	21.
— 538........	25.
— 539........	26.
— 544........	31.
— 545........	32.
— 546........	31.
— 548........	207.
— 549, 550...	206.
— 550........	194, 195.
— 552........	35, 36.
— 578........	46, 53.

C. FR.	PROJ. JAP.
Art. 579........	Art. 47.
— 580........	48.
— 581........	49.
— 582........	53.
— 583........	54.
— 584........	56.
— 585........	52.
— — 2ᵉ al...	109.
— 586........	56.
— 587........	18, 57.
— 588........	59.
— 589........	58.
— 590, 1ᵉʳ al.	61.
— — 2ᵉ al.	64.
— 591........	61.
— 592........	62.
— 593........	55, 63.
— 595........	71.
— — 1ᵉʳ al...	72.
— 596........	67.
— 597........	69.

(a) On trouve déjà, sous chaque article du Projet, sa concordance avec la Loi française : ceci en est la contre-partie.

TABLE DE CONCORDANCE.

C. FR.	PROJ. JAP.	C. FR.	PROJ. JAP.
Art. 598...Art.	65, 66, 67.	Art. 635......Art.	120.
− 599.........	72.	− 637.........	227.
− 600.........	51, 74.	− 639.........	227.
− 601.........	85, 86.	− 640.........	237.
− 602, 603...	83.	− 641.........	240.
− 605.........	89.	− 642.........240,	296.
− 606.........	91.	− 643.........	241.
− 607.........	90.	− 644.........	243.
− 608.........	92.	− 645.........	244.
− 609.........	93.	− 646.........	257.
− 610.........	96.	− 649.........	266.
− 611.........	97.	− 650.........	34.
− 612, 1er al.	96.	− 652.........	276.
− 612.........	98.	− 653... 270, 271,	273.
− 613.........	100.	− 654.........	272.
− 614.........	99.	− 655, 656...	275.
− 615, 616...	115.	− 657, 658...	276.
− 617.........	102.	− 660, 661...	277.
− 618.........	107.	− 664.........	42.
− — 2^e al...	108.	− 667.........	275.
− 619.........	104.	− 671, 672, 673.	282.
− 622.........	105.	− 674.........	281.
− 624.........	110.	− 675.........	276.
− 625.........	116.	− 676, 677...	279.
− 626, 627...	120.	− 678, 679...	278.
− 628, 629...	118.	− 681.........	239.
− 630.........116,	117.	− 682.........	231.
− 631.........	119.	− 683.........	233.
− 632.........116,	117.	− 686.........	286.
− 633.........	116.	− 688.........	292.
− 634.........	119.	− 689.........	293.

TABLE DE CONCORDANCE.

C. FR.	PROJ. JAP.	C. FR.	PROJ. JAP.
Art. 690, 691.	⎧ Art. 295,	Art. 1710, 1711.	Art. 122.
— — —	⎩ 296.	— 1712	123.
— 691	298.	— 1713	121.
— 692, 693, 694.	297.	— 1714	124.
— 696	300.	— 1717	142.
— 697	299, 304.	— 1718	126.
— 698, 699	305.	— 1722	157, 158.
— 701, 702	303.	— 1724	136.
— 705	309.	— 1725	137.
— 708	313.	— 1726, 1727.	137, 151.
— 709, 710	288, 311.	— 1728-1°	150, 151.
— 713	26.	— 2°	146.
— 717	23, 26.	— 1729	157.
— 815	40.	— 1731	145.
— 874	97.	— 1733, 1734.	152.
— 1003	17.	— 1736	159, 161.
— 1017	17.	— 1737	157.
— 1024	97.	— 1738	159.
— 1125	131.	— 1739	157, 159.
— 1128	27.	— 1740	159.
— 1217, 1218,	⎫ 20.	— 1741	147, 157.
— 1219, 1221.	⎭	— 1744 à 1751.	165.
— 1291	19.	— 1750	135.
— 1429, 1430.	126, 127.	— 1754, 1756.	135.
— 1554	28.	— 1757	162.
— 1560, 1561.	29.	— 1758	160.
— 1598	28.	— 1759	159.
— 1611	16.	— 1760	147, 157.
— 1632	210.	— 1761, 1762.	165.
— 1634	208.	— 1763	142.
— 1708, 1709.	121.	— 1764	157.

C. FR.	PROJ. JAP.	C. FR.	PROJ. JAP.
Art. 1765	...... Art. 139.	Art. 2230	...... Art. 198.
– 1766	...... 157.	– 2234	...... 200.
– 1767	...... 148.	– 2235	...... 204.
– 1769, 1770.	138.	– 2236, 2237,	
– 1774, 1775.	157, 163.	– 2238	} 197.
– 2083	...... 20.	– 2268	...... 199.
– 2114	...... 20.		
– 2118	...... 71.	**Code de procédure civile.**	
– 2125	...... 71.		
– 2226	...... 29.	Art. 23 à 27	... 212 et s.
– 2228	...... 193, 202.	– 581, 582	... 30.
– 2229	...... 196.	– 592, 593	... 30.

Lois Spéciales.

L. 25 mai 1838,
sur la *Compétence*, art. 6 ... 212 et s., 265.

L. 3 mai 1841,
sur l'*Expropriation*, art. 39. 112, 113.

L. 29 avril 1845,
sur les *Irrigations* .... 250.

L. 11 juillet 1847,
sur les *Irrigations* .... 250, 256.

L. 10 juin 1854,
sur le *Drainage* .... 252 à 255.

L. 20 août 1881,
sur le *Droit rural* .... 231, 233, 236, 272, 282.

TABLE DES DIVISIONS.

	ARTICLES.	PAGES.
AVERTISSEMENT		VII à VIII.
INTRODUCTION		1 à 6.

LIVRE DEUXIÈME.
DES BIENS.

DISPOSITIONS PRÉLIMINAIRES.

De la division des Biens et des Choses .... 7.

Texte	1er à 30.	8- 21.
Commentaire	—	21- 71.

PREMIÈRE PARTIE.
DES DROITS RÉELS.

CHAPITRE PREMIER.
De la Propriété.

Texte	31-45.	73- 78.
Commentaire	—	78-107.

CHAPITRE II.
De l'Usufruit, de l'Usage et de l'Habitation.

Texte	46.	108.
Commentaire	—	108-110.

SECTION PREMIÈRE.
De l'Etablissement de l'usufruit.

Texte	47-50.	110-111.
Commentaire	—	111-115.

	Articles.	Pages.
SECTION II.		
Des Droits de l'usufruitier.		
Texte..	**51-73.**	116–123.
Commentaire.....................................	—	123–154.
SECTION III.		
Des Obligations de l'usufruitier.		
Texte..	**74-101.**	155–163.
Commentaire.....................................	—	163-192.
SECTION IV.		
De l'Extinction de l'usufruit.		
Texte..	**102-115.**	129–195.
Commentaire.....................................	—	196–210.
APPENDICE.		
Des droits d'Usage et d'Habitation.		
Texte..	**116-120.**	211–212.
Commentaire.....................................	—	212–217.

CHAPITRE III.
Du Bail, de l'Emphytéose et de la Superficie.

	Articles.	Pages.
Texte..	**121-123.**	218–219.
Commentaire.....................................	—	219–224.
SECTION PREMIÈRE.		
De l'Etablissement du droit de bail.		
Texte..	**124-132.**	224–226.
Commentaire.....................................	—	226–239.
SECTION II.		
Des Droits du preneur à bail.		
Texte..	**133-144.**	239–243.
Commentaire.....................................	—	243–253.
SECTION III.		
Des Obligations du preneur.		
Texte..	**145-156.**	253–256.
Commentaire.....................................	—	256–268.
SECTION IV.		
De la Cessation du bail.		
Texte..	**157-165.**	268–272.
Commentaire.....................................	—	272–288.

APPENDICE.
De l'Emphytéose et de la Superficie.

	Articles.	Pages.
§ Ier.—De l'Emphytéose.		
Texte	166-182.	289-293.
Commentaire	—	293-310.
§ II.—De la Superficie.		
Texte	183-190.	310-313
Commentaire	—	313-320.

CHAPITRE IV.
De la Possession.

EXPOSÉ GÉNÉRAL. 321-341.

SECTION PREMIÈRE.
Des diverses Espèces de possession et des Choses qui en sont susceptibles.

Texte	191-200.	341-344.
Commentaire	—	344-362.

SECTION II.
De l'Acquisition de la possession.

Texte	201-204.	363-364.
Commentaire	—	364-371.

SECTION III.
Des Effets de la possession.

Texte	205-225.	371-377.
Commentaire	—	377-409.

SECTION IV.
De la Perte de la possession.

Texte	226.	409-410.
Commentaire	—	410-413.

CHAPITRE V.
Des Servitudes foncières.

Texte	227.	414.
Commentaire	—	414-421.

TABLE DES DIVISIONS.

SECTION PREMIÈRE.
Des Servitudes établies par la Loi.

	ARTICLES.	PAGES.
§ 1ᵉʳ.—Des droits d'Accès et de Passage.		
Texte	**228-236.**	421-424.
Commentaire	—	424-435.
§ II.—De l'écoulement, de l'usage et de la conduite des Eaux.		
Texte	**237-256.**	435-441.
Commentaire	—	441-469.
§ III.—Du Bornage.		
Texte	**257-265.**	469-472.
Commentaire	—	472-480.
§ IV.—De la Clôture.		
Texte	**266-269.**	480-482.
Commentaire	—	482-485.
§ V.—De la Mitoyenneté.		
Texte	**270-277.**	485-489.
Commentaire	—	489-497.
§ VI.—Des Vues et des Jours de tolérance sur la propriété d'autrui.		
Texte	**278-280.**	497-499.
Commentaire	—	499-506.
§ VII.—Des Distances requises pour certains ouvrages.		
Texte	**281-284.**	506-507.
Commentaire	—	507-512.

DISPOSITION COMMUNE
AUX SEPT PARAGRAPHES PRÉCÉDENTS.

Texte	**285.**	512.
Commentaire	—	512-513.

SECTION II.
Des Servitudes établies par le fait de l'Homme.

	Articles.	Pages.
§ Ier.—De la Nature des servitudes et de leurs diverses Espèces.		
Texte	286-294.	513-517.
Commentaire	—	517-542.
§ II.—De l'Etablissement des servitudes.		
Texte	295-299.	542-543.
Commentaire	—	543-553.
§ III.—De l'Effet des servitudes.		
Texte	300-306.	553-556.
Commentaire	—	556-569.
§ IV.—De l'Extinction des servitudes.		
Texte	307-313.	569-571.
Commentaire	—	572-583.

Additions et Corrections .... 584-586.
Sommaire du Texte et du Commentaire .... 587-613.
Dernières Corrections .... 614.
Table alphabétique et analytique des Matières. 615-623.
Table de Concordance du Code français et du Projet japonais .... 625-628.
Table des Divisions .... 629-633.

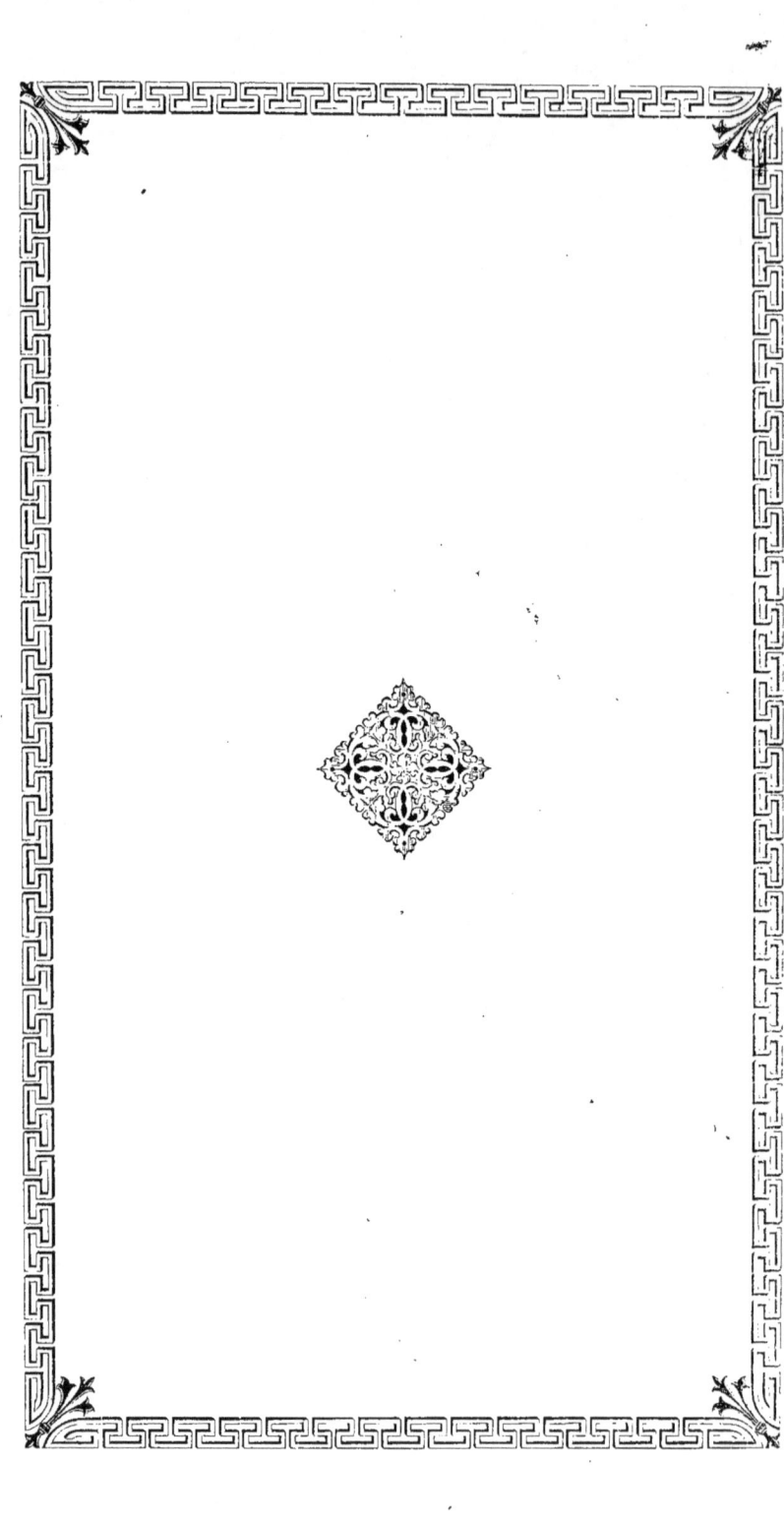

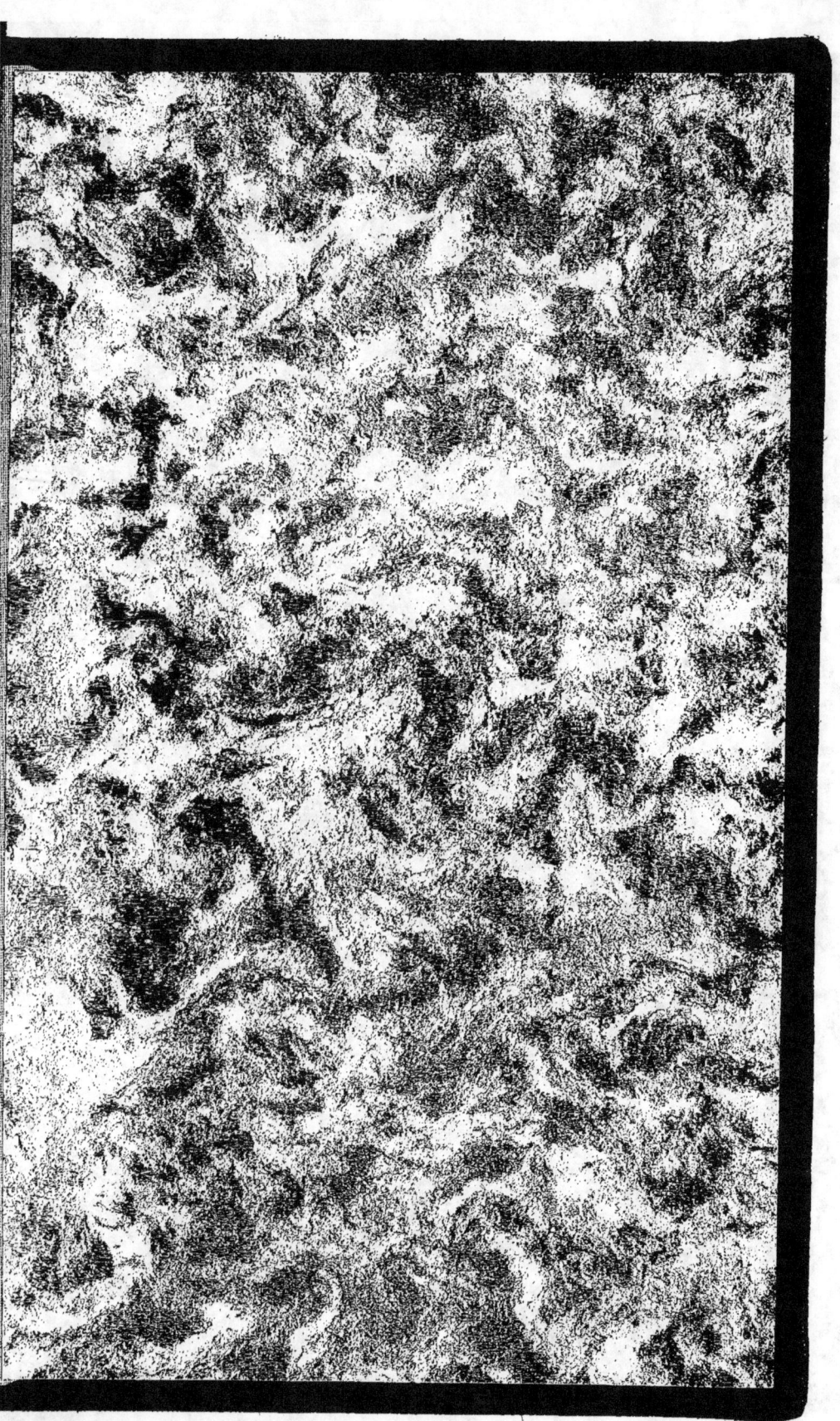

www.ingramcontent.com/pod-product-compliance
Lightning Source LLC
Chambersburg PA
CBHW050320240426

43673CB00042B/1473